机动车驾驶教练员职业资格培训系列教材

（三级机动车驾驶教练员）

主　编　王　囤
副主编　林立军

人民交通出版社股份有限公司
China Communications Press Co.,Ltd.

内 容 提 要

本套系列教材是根据《机动车驾驶教练员国家职业技能标准》的要求编写的，共分《基础知识》、《三级机动车驾驶教练员》、《二级机动车驾驶教练员》、《一级机动车驾驶教练员》四个分册，内容包括：机动车驾驶教练员必须具备的基础知识；三级、二级、一级机动车驾驶教练员应该掌握的相关理论知识及专业技能。主要用于机动车驾驶教练员职业技能鉴定与培训，也可作为交通类职业院校相关专业的教学参考书。

图书在版编目(CIP)数据

机动车驾驶教练员职业资格培训系列教材：三级机动车驾驶教练员/王囤主编. —北京：人民交通出版社股份有限公司，2015.4

ISBN 978-7-114-12160-9

Ⅰ.①机… Ⅱ.①王… Ⅲ.①汽车驾驶 - 教练员 - 技术培训 - 教材 Ⅳ.①U471.3

中国版本图书馆 CIP 数据核字(2015)第 066660 号

书　　名：机动车驾驶教练员职业资格培训系列教材(三级机动车驾驶教练员)
著 作 者：王　囤
责任编辑：赵瑞琴
出版发行：人民交通出版社股份有限公司
地　　址：(100011)北京市朝阳区安定门外外馆斜街 3 号
网　　址：http://www.ccpress.com.cn
销售电话：(010)59757973
总 经 销：人民交通出版社股份有限公司发行部
经　　销：各地新华书店
印　　刷：北京市密东印刷有限公司
开　　本：787×1092　1/16
印　　张：20
字　　数：426 千
版　　次：2015 年 4 月　第 1 版
印　　次：2015 年 4 月　第 1 次印刷
书　　号：ISBN 978-7-114-12160-9
印　　数：0001～5000 册
定　　价：48.00 元

机动车驾驶教练员职业资格培训系列教材
（三级机动车驾驶教练员）
编写人员

主　　编：王　囤

副 主 编：林立军

参编人员（按姓氏笔画排名）：

王　静　刘兆辉　江振禹　李新伟　杨宇峰
吴显强　张桂兰　张博华　林国赓　易志刚
罗怡彬　彭晓东　谢炬民

前　　言

为了满足广大机动车驾驶教练员技能等级鉴定的需要，我们组织了相关专家，根据《机动车驾驶教练员国家职业技能标准》（以下简称《标准》）的要求，编写了本套系列教材。

本套系列教材共分《基础知识》、《三级机动车驾驶教练员》、《二级机动车驾驶教练员》、《一级机动车驾驶教练员》四个分册。在编写的过程中，体现了“以职业活动为导向，以职业能力为核心”的基本原则，突出了机动车驾驶教练员的职业特色。在内容上，针对《标准》所规定的职业活动领域，结合当前我国机动车驾驶员培训行业技能型人员发展和工作实际的需要，注重机动车驾驶教练员能力培养和素质提升，图文并茂，编排科学，具有较强的针对性和可操作性，便于培训教学和学员自学。

本套系列教材由广州市交通技师学院组织编写，参编人员主要是来自广州市交通技师学院培训中心及相关部门的教师。在编写过程中，除参照《标准》外，还进行了广泛的调研，征询了大量来自一线的机动车驾驶教练员及相关驾驶培训机构的意见，反复论证与修改，力求做到尽善尽美。

本套系列教材主要用于三级、二级、一级机动车驾驶教练员职业技能鉴定与培训，也可作为交通类职业院校相关专业的教学参考书，还可满足机动车驾驶教练员继续教育的实际需要。

由于水平有限，本套系列教材一定还存在很多问题，诚恳希望广大读者多提宝贵意见。另外，在本套系列教材的编写过程中，我们从网上搜集了大量的资料，并对这些资料进行了汇总整理，部分经过整理后的资料也收录入了本套教材。在此，特向这些资料的相关作者表示诚挚的谢意！

编　者

2015 年 1 月

前　言

2015年1月

目　录

第一篇　理论教学

第二篇　专业知识应用

第三篇　教学管理

第一篇

理论教学

第一章 教 学 准 备

第一节 编写理论教案和教学实施计划

一、教案编写

(一)教案定义

教案是教师为顺利而有效地开展教学活动,根据教学大纲和教科书要求及学生的实际情况,以课时或课题为单位,对教学内容、教学步骤、教学方法等进行具体设计和安排的一种实用性教学文书。教案通常又叫教学设计,包括教材简析和学生分析、教学目的、重难点、教学准备、教学过程及练习设计等。

(二)教案的内容

教案中的每个课题或每个课时的教学内容、教学步骤的安排、教学方法的选择、板书设计、教具或现代化教学手段的应用以及各个教学步骤教学环节的时间分配等都要经过周密考虑,精心设计后才确定下来。

(三)教案的编写依据

编写教案要依据教学大纲和教科书,从学生实际情况出发,精心设计。一般要符合以下要求:明确地制订教学目的,具体规定传授基础知识、培养基本技能、发展能力以及思想政治教育的任务,合理地组织教材,突出重点,解决难点,便于学生理解并掌握系统的知识。恰当地选择和运用教学方法,调动学生学习的积极性;面向大多数学生,同时注意培养优秀生和提高后进生,使全体学生都得到发展。

编写教案的繁简,一般是有经验的教师写得简略些,而新教师写得详细些。平行班用的同一课题的教案设计,根据上课班级学生的实际差异宜有所区别,原定教案,在上课进程中可根据具体情况做适当的必要的调整,课后随时记录教学效果,进行简要的自我分析,有助于积累教学经验,不断提高教学质量。

在实际教学活动中,教案起着十分重要的作用。编写教案有利于教师彻底掌握教材的内容,准确把握教材的重点与难点,进而选择科学、恰当的教学方法,以便科学、合理地支配课堂时间,更好地组织教学活动,提高教学质量,收到预期的教学效果。

(四)教案的内容

1. 课题:说明本课名称;

2. 教学目的:或称教学要求,或称教学目标,说明本课所要完成的教学任务;

3. 课型：说明属新授课，还是复习课；

4. 课时：说明属第几课时；

5. 教学重点：说明本课所必须解决的关键性问题；

6. 教学难点：说明学习本课时易产生的困难和障碍以及知识传授与能力培养点；

7. 教学方法：要根据学生实际，注重引导自学，注重启发思维；

8. 教学过程：或称课堂结构，说明教学进行的内容、方法步骤；

9. 作业处理：说明如何布置书面或口头作业；

10. 板书设计：说明上课时准备写在黑板上的内容；

11. 教具：或称教具准备，说明辅助教学手段所使用的工具；

12. 教学反思：教者对该堂课教授后的感受及学生的收获、改进方法。

（五）教案编写方法

1. 教学目标：说明本课所要完成的教学任务。

2. 教学重难点：说明本课所必须解决的关键性问题和学习时易产生的困难和障碍以及知识传授与能力培养点。

3. 教学过程设计

（1）导入新课

要点：温故而知新，提问复习上节内容；设计要新颖活泼，精简概括；怎样进行，复习哪些内容？提问哪些学生，需用多少时间等。

（2）讲授新课

要点：针对不同教学内容，选择不同的教学方法；怎样提出问题，如何逐步启发、诱导？教师怎么教？学生怎么学？详细步骤安排，需用时间。

（3）巩固练习

要点：练习设计精巧，有层次、有坡度、有密度；怎样进行，谁上黑板板演？需要多少时间？

（4）归纳小结

要点：怎样进行，是教师还是学生归纳？需用多少时间？

（5）作业布置

要点：布置哪些作业内容，要考虑到课本知识巩固积累和运用，兼顾知识的拓展性和学生运用语言能力的培养。教师要注意：需不需要给学生以解题提示、点拨或必要的解释。

二、教学实施计划的制定

（一）教学实施计划的作用

教学实施计划是指各级教育行政管理部门、学校、教师规范实施教学，为达到预期的教学目标而制订的指导性文件，它决定着教学内容总的方向和总的结构，并对有关学校的教学、教育活动，生产劳动和课外活动校外活动等各方面作出全面安排。从狭义的角度来讲，教学实施计划是基于教学设计方案实施教学的文档说明。

教学实施计划是课程设置的整体规划，它规定不同课程类型相互结构的方式，也规定了不同课程在管理学习方式的要求及其所占比例，同时，对学校的教学、生产劳动、课外活动等作出全面安排，具体规定了学校应设置的学科、课程开设的顺序及课时分配，并对学期、学年、假期进行划分。

（二）教学实施计划的构成要素

教学实施计划是教学活动的具体安排，一般有文字式、表格式、“文字+表格”式三种形式，其要素包括：培训目的、培训对象、培训总学时数、培训内容、课时安排、培训方式、方法、考试考查及实施要求等。

在培训内容、课时安排及培训方式、方法选择方面，应该充分满足相应教学大纲的要求，不得随意“偷工减料”，也不得随意改变内容。

（三）教学实施计划编制方法

任课教师应根据课程《教学任务书》、《教学大纲》或《课程标准》的要求，结合授课专业班级的实际情况进行编写。

第二节　编写道路货运企业驾驶员及经理人培训理论教案和教学实施计划

编写道路货运企业驾驶员及经理人培训理论教案和教学实施计划时，应该参照相应的教学大纲。

一、《道路货运输驾驶员从业资格培训教学大纲》（见本套教材“基础知识”部分）

二、《道路货运经理人从业资格培训教学大纲》

（一）培训目标

掌握道路运输法规及相关政策；了解现代企业管理和经济学相关知识；掌握生产组织和企业经营业务知识；掌握安全生产和质量保证流程。

（二）理论和技能知识（表1-1-2-1）

道路货运经理人从业资格培训教学大纲　　表1-1-2-1

教学项目	教学内容	教学目标	学时安排
政策法规	①公司法；②合同法；③劳动法、劳动合同法；④安全生产法；⑤《中华人民共和国道路运输条列》及相关规章；⑥道路货物运输及站场管理规定；⑦道路危险货物运输管理规定；⑧放射性物品道路运输管理规定；⑨公路安全保护条例	掌握公司法、合同法、劳动法、劳动合同法和《中华人民共和国道路运输条列》生产经营法律、法规的有关内容；掌握道路运输法规的有关内容	5
现代管理	①现代管理原理；②人力资源管理；③企业文化；④企业战略	了解现代管理原理、人力资源管理、企业文化和企业战略的相关理论和管理方法	2

续上表

教学项目	教学内容	教学目标	学时安排
经济学	①供求理论；②成本与收益；③市场理论	了解供求理论、成本与收益、市场理论的相关理论和方法	2
生产组织	①货物运输分类；②企业分级；③运输组织；④节能减排管理；⑤仓储；⑥装卸搬运	了解货物运输分类、企业分级和节能减排管理；掌握运输组织、仓储和装卸搬运流程	3
经营管理	①市场营销；②车辆及专用设备管理；③财务与成本管理；④档案管理；⑤信息化管理	掌握市场营销的手段和方法；掌握车辆及专用设备和财务与成本的管理；了解档案和信息化管理	2.5
安全质量	①安全生产管理；②质量信誉考核	掌握安全生产管理的质量信誉考核的方法	1.5
学时总计			16

三、编写道路货运企业驾驶员及经理人培训教学实施计划

（一）道路货运企业驾驶员培训教学实施计划与大纲（“文字＋表格”式）

1. 教学目的

通过从业资格培训，使驾驶员熟悉道路运输法规及相关知识；提高职业道德素质；掌握在各种条件下安全行车知识；了解汽车的使用技术及常见故障的处理知识；掌握道路货物运输相关知识；掌握车辆的安全检视及轮胎更换相关知识。

2. 教学内容及要求

(1) 理论部分

①道路运输法规

包括《中华人民共和国道路运输条例》；《道路运输从业人员管理规定》；《道路货物运输及站场管理规定》。

要求：熟悉《中华人民共和国道路运输条例》的有关内容及相关规定；了解并熟悉《道路运输从业人员管理规定》、《道路货物运输及站场管理规定》相关内容及规定。

②职业道德与安全行车知识

包括职业道德规范；安全驾驶基础知识；疲劳驾驶的危害；高速公路安全行车；紧急情况的处理；危险化学品的基础常识及消防知识。

要求：了解道路运输驾驶员的职业道德行为要求及规范；了解驾驶员的心理因素、生理因素对安全驾驶的影响及谨慎驾驶基础知识；了解疲劳驾驶的特征，疲劳驾驶形成的原因以及如何预防和改善疲劳驾驶；掌握高速公路安全行车的基础知识；熟悉并掌握发生紧急情况的处理方法及处理原则；了解危险化学品的分类等基础知识及消防知识。

③汽车使用技术

包括汽车维护的基础知识；道路运输车辆技术要求；轮胎的合理使用；节约燃料的基础

知识；汽车与环保；行驶记录仪和车用导航系统；汽车保险要求。

要求：了解汽车维护的分类及作业内容；了解道路运输车辆的技术要求和有关规定；了解影响轮胎使用寿命的因素并掌握正确使用轮胎的方法；了解燃料消耗的影响因素及代用燃料的使用常识，掌握节约燃料的驾驶方法；了解汽车排放的主要污染物的种类及危害，掌握降低排放污染物的操作方法；了解汽车行驶记录仪和车用导航的使用方法。

④常见故障

包括汽车发动机常见故障；汽车底盘常见故障；汽车电气设备常见故障。

要求：掌握发动机常见异响的判断与处理方法，掌握发动机润滑系、冷却系故障的判断与处理方法；掌握汽车地盘的常见故障的判断与处理方法；掌握电气设备常见故障的判断及处理方法。

⑤道路货物运输知识

包括道路货物运输的基本知识；普通货物运输；特种货物运输。

要求：了解货物运输的分类及运输中禁止的行为，掌握货运驾驶员安全驾驶行为的要求及货运应急处置的方法；了解普通货物运输的分类及特点，掌握零担货物运输的要求及普通货物的装载与保管要求；了解限运、禁运、凭证运输物品的种类，掌握大件运输、鲜活和易腐货物运输、贵重货物运输的特点及装卸运输中的要求。

(2)实操部分

主要掌握专业知识的应用能力，包括以下内容。

①车辆安全检视

②轮胎更换

要求：熟悉掌握车辆安全检视的内容；熟练掌握轮胎更换操作步骤以及气压表、千斤顶的使用。

(3)学时分配(表1-1-2-2)

学时分配表　　表1-1-2-2

序　号	教学内容	课　时
1	理论部分	8
2	道路运输法规	6
3	职业道德与安全行车知识	8
4	汽车使用技术	8
5	常见故障	10
6	道路货物运输知识	6
7	实操部分	16
8	专业知识应用能力	8
9	轮胎更换	8
10	车辆安全检视	8

(4)推荐教材

推荐教材为：《道路运输驾驶员从业资格培训教材》，人民交通出版社出版。

（二）道路货运经理人培训教学实施计划（见表1-1-2-3）

道路货运经理人培训教学实施计划表

表1-1-2-3

部分	项　目	模　块	教学内容	教学方法	学　时
公共基础知识	政策法规	公司法	①公司的概念、分类与法律特征；②有限责任公司的设立和组织机构；③股份有限责任公司的设立和组织机构；④股份有限责任公司董事、监事、高级管理人员资格和义务；⑤公司合并、分类、增资、减资；⑥公司解散和清算	多媒体讲授	0.5
		合同法	①运输合同；②订立合同的主体资格；③合同的形式及主要条款；④要约与承诺制度；⑤合同的变更、转让与解除；⑥违约责任；⑦合同争议的解决		0.5
		劳动法、劳动合同法	①劳动关系的认定；②用人单位培训制度和最低工资保障制度；③工作时间和休假规定；④劳动合同的订立、解除与终止；⑤经济补偿金和赔偿金的支付；⑥用人单位的法律责任		0.5
		安全生产法	①生产经营单位安全职责及法律责任；②生产经营单位主要负责人的安全职责及法律责任；③生产经营单位从业人员的权利和义务及法律责任；④安全生产的监督管理		0.5
		《道路运输条列》、交通运输部相关规章	①道路运输条例的立法目的；②道路运输管理的职责分工；③道路运输执法监督；④外商投资经营道路运输业形式、条件、程序、材料；⑤道路运输经理人职业能力评价管理规定；⑥道路运输从业人员管理规定		0.5
	现代管理	现代管理原理	①管理的计划职能（计划、目标管理、决策）；②管理的组织职能（组织设计、人员配备）；③管理的领导职能（领导、激励、沟通）；④管理的控制职能（控制基础、控制系统与方法）	多媒体讲授	0.5
		人力资源管理	①人力资源规划；②员工绩效管理；③建立市场竞争的薪酬体制；④人员培训、保留与开发；⑤沟通与激励	多媒体讲授\讨论	0.5
		企业文化	①企业文化的内涵与功能；②企业文化的结构层次；③企业文化塑造	多媒体讲授	0.5
		企业战略	①战略环境分析与战略制定；②战略选择与评价；③战略实施与控制	多媒体讲授\讨论	0.5

续上表

部分	项目	模块	教学内容	教学方法	学时
公共基础知识	经济学	供求理论	①需求与供给;②均衡价格理论;③弹性理论;④定价原理	多媒体讲授	0.5
		成本与收益	①成本、收益的概念;②会计成本、机会成本、经济成本;③成本、收益和利润之间的关系;④利润最大化原则	多媒体讲授\讨论	0.5
		市场理论	①市场类型与结构;②完全竞争市场;③完全垄断市场;④垄断竞争市场	多媒体讲授	0.5
		学时小计			6
专业知识	政策法规	道路货物运输及站场管理规定	①经营许可;②车辆管理;③经营行为管理;④法律责任	多媒体讲授	0.5
		道路危险货物运输管理规定	①运输许可;②专用车辆、设备管理;③危险货物运输;④法律责任		0.5
		放射性物品道路运输管理规定	①运输许可;②专用车辆、设备管理;③放射性物品运输;④法律责任		0.5
		公路安全保护条例	①超限运输许可;②货运企业源头治超主体责任		0.5
	生产组织	货物运输分类	①普通货运;②专用运输;③大型物件运输;④危险货物运输	多媒体讲授/讨论	0.5
		企业分级	道路货物运输企业等级(JTT—631—2005)		0.5
		运输组织	①订单管理;②运输计划;③配送物流;④国际运输;⑤供应链管理		0.5
		节能减排管理	①燃油消耗定额管理;②轮胎管理;③车型选择(道路运输燃料消耗量检测和监督管理办法)	多媒体讲授/讨论	0.5
		仓储	①货物仓储技术;②库存管理与优化;③货物出入库管理;④自动化仓储系统		0.5
		装卸搬运	①装卸搬运设备的使用、维护管理;②特殊货物装卸搬运的注意事项		0.5
	经营管理	市场营销	①市场调查;②营销策略;③客户群的建立及维护;④客户投诉处理	多媒体讲授/讨论	0.5

续上表

部分	项目	模块	教学内容	教学方法	学时
专业知识	经营管理	车辆及专用设备管理	①车辆的购置、使用、维修、检测、维护及报废管理；②专用设备的管理；③车辆保险、费用缴纳和管理	多媒体讲授\讨论	0.5
		财务与成本管理	①定价策略；②企业营收；③企业资产管理；④企业财务分析	多媒体讲授\讨论	0.5
		档案管理	①档案内容；②档案整理；③档案保管；④档案统计	多媒体讲授	0.5
		信息化管理	①办公自动化；②业务管理信息系统；③门户网站	多媒体讲授\讨论	0.5
	安全质量	安全生产管理	①安全生产管理制度；②操作规程；③应急预案	多媒体讲授	1
		质量信誉考核	①适用范围及考核机构；②信誉等级及考核指标；③考核程序；④质量信誉管理	多媒体讲授\讨论	0.5
	学时小计				9

第三节　编写道路危险货物运输从业人员资格培训理论教案和教学实施计划

道路危险货物运输从业人员包括：危险货运运输企业驾驶员、装卸管理人员、押运人员及经理人等。理论培训教案和教学实施计划的编写应该参照教学大纲的相关要求。

一、道路危险货物运输从业人员培训教学大纲

（一）培训目的

通过培训，使道路危险货物运输从业人员了解我国道路危险货物的法律、法规和技术标准方面的基本知识；熟悉所运危险货物的安全知识；掌握常见危险货物的基本常识；熟练使用道路危险货物运输应急预案。

（二）课程设置及基本要求

（1）课程内容设置

①公共基础知识

a. 概述；b. 道路危险货物运输法规及标准简介；c. 道路危险货物运输管理；d. 危险货物的分类与相关特性；e.《危险货物品名表》及其适用；f. 危险货物包装常识；g. 道路危险货物运输托运及承运；h. 道路危险货物运输事故应急预案。

②驾驶员课程内容

a. 道路危险货物运输驾驶人员基本要求；b. 道路危险货物运输车辆基本要求；c. 道路危险货物运输安全及事故应急措施；d. 道路危险货物运输事故典型案例分析。

③押运人员课程内容

a. 概述；b. 道路危险货物运输押运安全及事故应急措施；c. 道路危险货物运输押运安全

及事故典型案例分析。

④装卸管理人员课程内容

a. 概述；b. 道路危险货物运输装卸条件及基本要求；c. 道路危险货物运输装卸作业安全及事故应急措施；d. 道路危险货物运输装卸事故典型案例分析

⑤新技术应用推广课程内容

a. "悍士防御性驾驶技术"——三层空间驾驶法；b. 道路危险货物运输车辆安全实时监控管理系统；c. 车辆抢险救援无火花堵漏技术；d. 道路集装箱运输的产生、发展与新产品；e. HAN阻隔防爆油(气)罐车

(2)课程基本要求

驾驶、押运和装卸管理人员要熟知道路危险货物运输基础知识；重点了解道路危险货物运输包装常识和有关法规、标准；了解道路危险货物运输管理知识；掌握《危险货物品名表》及其适用，掌握道路危险货物运输的托运与承运，掌握道路危险货物运输事故应急预案的事项。了解道路危险货物运输行业中，常用的一些先进技术和产品。

①驾驶人员

驾驶人员要掌握道路危险货物运输车辆基本要求；熟知道路危险货物运输安全及事故应急措施。

②押运人员

押运人员要掌握道路危险货物押运过程基本要求，熟知道路危险货物押运过程安全及事故应急措施。

③装卸管理人员

装卸管理人员要掌握危险货物装卸机具基本要求，熟知各类危险货物装卸作业安全及事故应急措施。装卸管理人员要熟知危险货物装卸作业安全及事故应急措施；熟知危险货物运输车辆及设备特殊要求和危险货物运输及装卸安全。

(3)危险货运企业驾驶员、装卸管理人员、运押运人员教学大纲

危险货运企业驾驶员、装卸管理人员、运押运人员教学大纲由基础知识和专业知识组成，其中基础知识通用，专业知识按危险货运企业驾驶员、装卸管理人员、运押运人员分类，见表1-1-3-1。

危险货运企业驾驶员、装卸管理人员、运押运人员教学大纲　　表1-1-3-1

教学项目	教学内容	教学目标要求
基础知识	概述	了解道路危险货物运输的重要性
	道路危险货物运输法规及标准	①了解道路危险货物运输有关行政法规体系和主要要求；②了解道路危险货物运输有关技术标准体系和主要要求
	道路危险货物运输管理	①了解道路危险货物运输企业资质要求；②了解道路危险货物运输管理的特点；③了解道路危险货物运输管理的内容；④了解道路危险货物运输行业管理的内容；⑤了解道路危险货物运输管理人员的基本要求

续上表

教学项目	教学内容	教学目标要求
基础知识	危险货物的分类与相关特性	①了解货物物理及化学特性；②熟悉危险货物分类及品名编号；③熟悉各类危险货物定义及特性
	《危险货物品名表》及其适用	①熟悉《危险货物品名表》的结构和作用；②熟悉危险货物运输的限制；③了解相关免除
	危险货物运输包装常识	①了解危险货物运输包装基本要求；②了解危险货物运输包装分类；③熟悉危险货物运输包装标志；④了解危险货物运输包装英文标识
	道路危险货物运输托运及承运	①熟悉道路危险货物运输托运人责任；②掌握道路危险货物运输承运人责任；③熟悉道路危险货物运输受理；④熟悉道路危险货物运输相关文件
	道路危险货物运输事故应急预案	①了解制定事故应急预案的原则；②了解制定事故应急预案的基本指导思想；③了解制定事故应急预案的基本要求和基本内容
驾驶人员专业知识	道路危险货物运输驾驶人员基本要求	熟悉道路危险货物运输驾驶人员职业道德和基本要求
	道路危险货物运输车辆基本要求	①了解道路危险货物运输车辆车型要求；②了解道路危险货物运输车辆基本要求
	道路危险货物运输安全及事故应急措施	①熟悉道路危险货物运输安全及事故应急措施；②掌握常运危险货物安全及事故应急措施
	道路危险货物运输事故典型案例分析	①了解典型案例发生的基本过程、原因分析；②了解典型案例给予的经验与教训
押运人员专业知识	概述	了解道路危险货物运输押运人员须知
	道路危险货物运输押运过程安全及事故应急措施	①掌握各类道路危险货物运输押运过程安全及事故应急措施；②掌握着火防范措施、医疗急救常识；③掌握危险化学品事故的报告和上报程序
	道路危险货物运输押运事故典型案例分析	①了解典型案例发生的基本过程、原因分析；②了解典型案例给予的经验与教训
装卸管理人员	概述	了解道路危险货物运输装卸概念、地位、特点、分类以及汽车运输装卸作业的机械化、自动化
	道路危险货物运输装卸条件及基本要求	①了解道路运输装卸机具及设备条件；②熟悉道路运输装卸危险货物基本要求
	道路危险货物运输装卸安全及事故应急措施	掌握各类道路危险货物运输及散装危险货物装卸安全及事故应急措施
	道路危险货物运输典型事故案例分析	①了解典型案例发生的基本过程、原因分析；②了解典型案例给予的经验与教训
	新技术应用推广	了解在道路危险货物运输行业中，常用的一些先进技术和产品

二、道路危险货物运输从业人员培训教学计划

（一）培训目的

通过培训，使道路危险货物运输从业人员了解我国道路危险货物的法律、法规和技术标准方面的基本知识；熟悉所运危险货物的安全知识；掌握常见危险货物的基本常识；熟练使用道路危险货物运输应急预案。

（二）课程设置及基本要求

1. 课程内容

（1）基础知识

基础知识包括：①概述；②道路危险货物运输法规及标准简介；③道路危险货物运输管理；④危险货物的分类与相关特性；⑤《危险货物品名表》及其适用；⑥危险货物包装常识；⑦道路危险货物运输托运及承运；⑧道路危险货物运输事故应急预案。

（2）驾驶员课程内容。

驾驶员课程内容包括：①道路危险货物运输驾驶人员基本要求；②道路危险货物运输车辆基本要求；③道路危险货物运输安全及事故应急措施；④道路危险货物运输事故典型案例分析。

（3）押运人员课程内容

押运人员课程内容包括：①概述；②道路危险货物运输押运安全及事故应急措施；③道路危险货物运输押运安全及事故典型案例分析。

（4）装卸管理人员课程内容

装卸管理人员课程内容包括：①概述；②道路危险货物运输装卸条件及基本要求；③道路危险货物运输装卸作业安全及事故应急措施；④道路危险货物运输装卸事故典型案例分析。

（5）新技术应用课程内容

新技术应用课程内容包括：①“悍士防御性驾驶技术”——三层空间驾驶法；②道路危险货物运输车辆安全实时监控管理系统；③车辆抢险救援无火花堵漏技术；④道路集装箱运输的产生、发展与新产品；⑤HAN阻隔防爆油（气）罐车。

2. 课程基本要求

驾驶、押运和装卸管理人员要熟知道路危险货物运输基础知识；重点了解道路危险货物运输包装常识和有关法规、标准；了解道路危险货物运输管理知识；掌握《危险货物品名表》及其适用，掌握道路危险货物运输的托运与承运，掌握道路危险货物运输事故应急预案的事项。了解在道路危险货物运输行业中，常用的一些先进技术和产品。

（1）驾驶人员

驾驶人员要掌握道路危险货物运输车辆基本要求；熟知道路危险货物运输安全及事故应急措施。

（2）押运人员

押运人员要掌握道路危险货物押运过程基本要求，熟知道路危险货物押运过程安全及

事故应急措施。

(3)装卸管理人员

装卸管理人员要掌握危险货物装卸机具基本要求，熟知各类危险货物装卸作业安全及事故应急措施。装卸管理人员要熟知危险货物装卸作业安全及事故应急措施；熟知危险货物运输车辆及设备特殊要求和危险货物运输及装卸安全。

3.道路危险货物运输从业人员培训课时安排(表1-1-3-2)

道路危险货物运输从业人员培训课时安排 表1-1-3-2

教学项目	教学内容	驾驶人	押运人员	装卸管理人员
基础知识	基础知识	16	16	16
	概述	(6)	(6)	(6)
	道路危险货物运输法规及标准简介			
	道路危险货物运输管理	(2)	(2)	(2)
	危险货物的分类与相关特性	(2)	(2)	(2)
	《危险货物品名表》及其适用	(2)	(2)	(2)
	危险货物包装常识	(1)	(1)	(1)
	道路危险货物运输托运及承运	(2)	(2)	(2)
	道路危险货物运输管理应急预案	(1)	(1)	(1)
驾驶人员	驾驶人员专业知识	8		
	道路危险货物运输驾驶人员基本要求	(2)		
	道路危险货物运输车辆基本要求	(2)		
	道路危险货物运输安全及事故应急措施	(2)		
	道路危险货物运输事故典型案例分析	(2)		
押运人员	押运人员专业知识		8	
	概述		(2)	
	道路危险货物运输押运过程安全及事故应急措施		(4)	
	道路危险货物运输押运过程事故典型案例分析		(2)	
装卸管理人员	装卸管理人员专业知识			8
	概述			
	道路危险货物运输装卸条件及基本要求			(4)
	道路危险货物运输装卸作业安全及事故应急措施			
	道路危险货物运输装卸典型事故案例分析			(4)
学时小计		24	24	24

第四节 编写机动车驾驶培训机构结业考试员及经理人理论教案和教学实施计划

机动车驾驶培训机构结业考试员及经理人教学大纲见表1-1-4-1。教学实施计划应该参照该大纲制定。理论教案应该参照各教学内容的教学目标及学时安排,在广泛搜集资料及选择最佳教学方法的基础上进行编写。

机动车驾驶培训机构结业考试员及经理人教学大纲 表1-1-4-1

项目归类	教学项目	教学内容	教学目标	学时安排
公共知识部分	政策法规	公司法	①了解公司的概念、分类与法律特征;②了解有限责任公司的设立和组织机构;③了解股份有限责任公司的设立和组织机构;④掌握股份有限责任公司董事、监事、高级管理人员资格和义务;⑤掌握公司合并、分类、增资、减资;⑥了解公司解散和清算	0.5
		合同法	①掌握运输合同;②掌握订立合同的主体资格;③掌握合同的形式及主要条款;④了解要约与承诺制度;⑤掌握合同的变更、转让与解除;⑥掌握违约责任;⑦掌握合同争议的解决	0.5
		劳动法、劳动合同法	①掌握劳动关系的认定;②了解用人单位培训制度和最低工资保障制度;③了解工作时间和休假规定;④掌握劳动合同的订立、解除与终止;⑤掌握经济补偿金和赔偿金的支付;⑥了解用人单位的法律责任	0.5
		安全生产法	①掌握生产经营单位安全职责及法律责任;②掌握生产经营单位主要负责人的安全职责及法律责任;③掌握生产经营单位从业人员的权利和义务及法律责任;④掌握安全生产的监督管理	0.5
		《道路运输条列》、交通运输部相关规章	①了解道路运输条例的立法目的;②了解道路运输管理的职责分工;③了解道路运输执法监督;④掌握外商投资经营道路运输业形式、条件、程序、材料;⑤了解道路运输经理人职业能力评价管理规定;⑥掌握道路运输从业人员管理规定	0.5

续上表

<table>
<tr><th>项目归类</th><th>教学项目</th><th>教学内容</th><th>教学目标</th><th>学时安排</th></tr>
<tr><td rowspan="8">公共知识部分</td><td rowspan="4">现代管理</td><td>现代管理原理</td><td>①了解管理的计划职能（计划、目标管理、决策）；②了解管理的组织职能（组织设计、人员配备）；③了解管理的领导职能（领导、激励、沟通）；④了解管理的控制职能（控制基础、控制系统与方法）</td><td>0.5</td></tr>
<tr><td>人力资源管理</td><td>①掌握人力资源规划；②掌握员工绩效管理；③掌握建立市场竞争的薪酬体制；④掌握人员培训、保留与开发；⑤了解沟通与激励</td><td>0.5</td></tr>
<tr><td>企业文化</td><td>①了解企业文化的内涵与功能；②了解企业文化的结构层次；③了解企业文化塑造</td><td>0.5</td></tr>
<tr><td>企业战略</td><td>①掌握战略环境分析与战略制定；②掌握战略选择与评价；③掌握战略实施与控制</td><td>0.5</td></tr>
<tr><td rowspan="3">经济学</td><td>供求理论</td><td>①了解需求与供给；②了解均衡价格理论；③了解弹性理论；④了解定价原理</td><td>0.5</td></tr>
<tr><td>成本与收益</td><td>①了解成本、收益的概念；②掌握会计成本、机会成本、经济成本；③了解成本、收益和利润之间的关系；④了解利润最大化原则</td><td>0.5</td></tr>
<tr><td>市场理论</td><td>①了解市场类型与结构；②了解完全竞争市场；③了解完全垄断市场；④了解垄断竞争市场</td><td>0.5</td></tr>
<tr><td colspan="3">学时小计</td><td>6</td></tr>
<tr><td rowspan="7">道路货物运输及站场经理人专业知识</td><td rowspan="4">政策法规</td><td>道路货物运输及站场管理规定</td><td>①了解经营许可；②掌握车辆管理；③了解经营行为管理；④了解法律责任</td><td>0.5</td></tr>
<tr><td>道路危险货物运输管理规定</td><td>①了解运输许可；②掌握专用车辆、设备管理；③掌握危险货物运输；④了解法律责任</td><td>0.5</td></tr>
<tr><td>放射性物品道路运输管理规定</td><td>①了解运输许可；②掌握专用车辆、设备管理；③掌握放射性物品运输；④了解法律责任</td><td>0.5</td></tr>
<tr><td>公路安全保护条例</td><td>①了解超限运输许可；②了解货运企业源头治超主体责任</td><td>0.5</td></tr>
<tr><td rowspan="3">生产组织</td><td>货物运输分类</td><td>①了解普通货运；②了解专用运输；③了解大型物件运输；④了解危险货物运输</td><td>0.5</td></tr>
<tr><td>企业分级</td><td>了解道路货物运输企业等级（JTT 631—2005）</td><td>0.5</td></tr>
<tr><td>运输组织</td><td>①掌握订单管理；②掌握运输计划；③掌握配送物流；④掌握国际运输；⑤掌握供应链管理</td><td>0.5</td></tr>
</table>

续上表

项目归类	教学项目	教学内容	教学目标	学时安排
道路货物运输及站场经理人专业知识	生产组织	节能减排管理	①掌握燃油消耗定额管理；②掌握轮胎管理；③掌握车型选择（道路运输燃料消耗量检测和监督管理办法）	0.5
		仓储	①了解货物仓储技术；②了解库存管理与优化；③掌握货物出入库管理；④掌握自动化仓储系统	0.5
		装卸搬运	①掌握装卸搬运设备的使用、维护管理；②掌握特殊货物装卸搬运的注意事项	0.5
	经营管理	市场营销	①了解市场调查；②了解营销策略；③掌握客户群的建立及维护；④掌握客户投诉处理	0.5
		车辆及专用设备管理	①掌握车辆的购置、使用、维修、检测、维护及报废管理；②掌握专用设备的管理；③掌握车辆保险、费用缴纳和管理	0.5
		财务与成本管理	①了解定价策略；②掌握企业营收；③掌握企业资产管理；④掌握企业财务分析	0.5
		档案管理	①了解档案内容；②了解档案整理；③了解档案保管；④了解档案统计	0.5
		信息化管理	①掌握办公自动化；②掌握业务管理信息系统；③了解门户网站	0.5
	安全质量	安全生产管理	①了解安全生产管理制度；②了解操作规程；③了解应急预案	1
		质量信誉考核	①了解适用范围及考核机构；②了解信誉等级及考核指标；③考核程序；④了解质量信誉管理	0.5
	学时小计			9
机动车驾驶培训经理人专业知识	政策法规	机动车驾驶员培训管理规定	①了解经营许可条件；②掌握教练员管理；③掌握经营管理；④了解法律责任	0.5
		道路运输从业人员管理规定（教练员内容）	①掌握管理原则、职责分工；②掌握教练员从业资格条件；③掌握证件管理；④掌握从业行为规范；⑤掌握法律责任	0.5
		机动车驾驶培训机构资格条件（JT/T 433）	①掌握组织管理；②掌握人员管理；③掌握教学设施设备	0.5
		机动车教练场技术条件（JT/T 434）	①掌握教练场规模条件；②掌握教练场设施设备条件	0.5
		机动车驾驶员培训教学大纲	①了解普通机动车驾驶员培训大纲要求；②了解道路运输驾驶员培训大纲要求	0.5
		机动车驾驶证申领和使用规定	掌握机动车驾驶证考试内容及合格标准	0.5

续上表

项目归类	教学项目	教学内容	教学目标	学时安排
机动车驾驶培训经理人专业知识	生产组织	生产运作	①了解报名程序；②掌握培训过程；③掌握培训合同	0.5
		教练员管理	①掌握教练员日常管理；②了解教练员职业素质的培养；③了解教练员继续教育；④了解教练员的行为规范；⑤掌握教练员诚信考核	0.5
		教学车辆管理	①掌握教学车辆使用管理；②掌握教学车辆维护维修；③掌握教学车辆检查、检测、更新	0.5
		教学管理	①掌握教学计划的制定；②掌握教学内容的掌握；③掌握现代化教学设备的使用；④掌握教育心理学的应用	0.5
		档案管理	①了解档案内容；②了解档案整理；③了解档案保管；④了解档案统计	0.5
	经营管理	驾校市场营销	①了解驾校的营销策略；②了解驾校的服务创新	0.5
		驾校财务与成本管理	①掌握驾校的成本分析；②掌握驾校的营收管理	0.5
		驾校服务管理	①掌握驾校的服务规范；②掌握投诉处理	0.5
		驾校位置的选择及功能设置	①掌握驾校位置的通达性、科学性；②掌握驾校场地功能设置地功能设置	0.5
		节能减排	了解节能设备的配置和使用	0.5
	安全质量	驾校安全管理	①了解安全管理制度；②了解安全岗位责任制；③了解安全行车管理；④了解教练员安全教育；⑤了解训练场地的安全管理预案	0.5
		驾校培训质量信誉考核	①了解目的意义；②了解信誉等级及考核指标；③了解考核程序	0.5
	学时小计			9

第五节　编写多媒体课件脚本

一、多媒体课件基本知识

（一）含义

多媒体课件是辅助教学的工具。创作人员根据自己的创意，先从总体上对信息进行分类组织，然后把文字、图形、图像、声音、动画、影像等多种媒体素材在时间和空间两方面进行集成，使之融为一体并赋予交互特性，从而制作出各种精彩纷呈的多媒体应用软件产品。

(二)多媒体课件特点和作用

1. 丰富的表现力

多媒体课件不仅可以更加自然、逼真地表现多姿多彩的视听世界；还可以对宏观和微观事物进行模拟，对抽象、无形事物进行生动、直观的表现；对复杂过程进行简化再现等等。这样，就使原本艰难的教学活动充满了魅力。

2. 良好的交互性

多媒体课件不仅可以在内容的学习使用上提供良好的交互控制，而且可以运用适当的教学策略，指导学生学习、更好地体现出“因材施教的个别化教学”。

3. 极大的共享性

网络技术的发展，多媒体信息的自由传输，使得教育在全世界交换、共享成为可能。以网络为载体的多媒体课件，提供了教学资源的共享。多媒体课件在教学中的使用，改善了教学媒体的表现力和交互性、促进了课堂教学内容、教学方法、教学过程的全面优化，提高了教学效果。

(三)多媒体信息的种类

1. 文本(Text)

包括数字、字母、符号和汉字。

2. 声音(Audio)

包括语音、歌曲、音乐和各种发声。

3. 图形(Graphics)

由点、线、面、体组合而成的几何图形。

4. 图像(Image)

主要指静态图像，如照片、画片等。

5. 视频(Video)

指录像、电视、视频光盘(VCD)播放的连续动态图像。

6. 动画(Animation)

由多幅静态画片组合而成，它们在形体动作方面有连续性，从而产生动态效果。包括二维动画(2D、平面效果)、三维动画(3D、立体效果)。

(四)制作软件

1. PowerPoint

微软公司出品的制作幻灯片的软件，用它制作的电子文稿广泛地应用于学术报告，会议等场所，用它制作课件也是目前中学老师最常用的手段。其优点是做课件比较方便，不用多学，很容易上手，制作的课件可以在网上通过 IE 来进行演示文稿的播放；图片、视频、文字资料的展示制作较为方便，很容易起到资料展示的作用，但是如果要达到交互方面较好的效果那就比较繁琐。由于 Office 软件具有一定的普遍性，所以 PowerPoint 课件的使用一般也不需要进行打包等处理，只是需要注意易机使用时的音、视频文件的路径。

2. 基于图标事件的创作工具

如 Macromedia 公司开发的 Authorware 等。此类软件具有较强的编程能力，可脱离开发环境运行，具有强大的动画功能、超文本功能及数据库管理功能，适合制作教学型多媒体教学软件。

3. 基于时序的创作工具

如 Macromedia 公司开发的 Director 等。此类软件具有较强的编程能力，可脱离开发环境运行，具有强大的绘画与动画功能，适合制作课堂演示型的多媒体教学软件。

二、多媒体课件脚本作用

（一）脚本是多媒体课件设计、制作和使用的联结纽带

多媒体课件设计的结果包含着两个方面的内容：一是从教与学的需求出发，确定课件中的教学内容、教学过程、教学策略和教学信息呈现方式等；二是从多媒体技术的特点出发，确定课件的系统结构等。这里还没有从计算机角度考虑相应的设计结果实现时的一些问题，如各种信息在屏幕上的排列、显示和交互控制方式，以及多媒体信息处理中的各种方法和技巧等。如果在课件制作前不做出统一的、细致的计划和设计，将大大影响开发效率和质量。

在通常情况下，特别是一些较大的课件，必须充分考虑制作脚本的编写。脚本是基于课件设计的结果编写出来的，不是将课件设计的结果翻版。脚本设计是一种创造性劳动，有效的脚本设计既能充分体现课件的设计思想和要求，又能对课件制作给予有利的支持。

（二）脚本是多媒体课件制作的直接依据

脚本中应给出各种教学信息，学生的应答、对答的判断、处理和评价以及交互控制方式等内容，同时对课件制作中的各种要求和指示给予表示。例如，课件运行时各种内容的显示及其位置的排列，显示的特点（颜色、动画）和方法，即课件制作人员要从脚本中得到编程的指示和要求。课件制作只是在实现脚本时提出的蓝图，脚本设计是保证课件质量、提高课件开发效率的重要手段，没有优秀的脚本，就不可能形成优秀的课件。

（三）脚本帮助完成每一帧屏幕的画面设计

界面设计是对课件运行时每一屏幕中的各种信息的排列格式和显示特点的设计。当然，对某一屏幕的设计，不能只考虑这一帧画面，还应该基于整个课件的设计思想和设计要求，使画面具有统一性、连续性和系统性。

多媒体课件脚本设计是一项非常重要、非常细致又很繁杂的工作，它直接关系到课件的成功与否。必须在实践中多探索、多借鉴他人成功的经验，不断提高自己的设计水平，进而提高课件的制作水平。

三、撰写脚本的步骤

（一）选题

首先要了解计划制作的课题采用课件进行辅助教学的必要性和可能性，要调查该课题在采用课堂教学方式或其他较易实现的教学方式时，是否能较好的达到教学目标，要从经

费、设备、时间、技术水平和教学效果等方面加以综合考虑。在初步确定某一课题需要且可以采用课件方式之后,还应调查现有的课件,如果确认没有合适的现成课件,才可选定该课题。

(二)制订课题计划

课题计划包括确定教学目的要求、划分课时和教学基本单元、选择教学方法、确定调试方式等。计算机辅助教学(CAI)每节课的时间要少于通常的课堂教学。CAI课件调度各教学基本单元的方式一般有程序式、菜单式和混合式三种。所谓程序式是在事先编好的程序控制下,由计算机根据学生在学习时的反应决定有关教学单元之间的连接顺序;所谓菜单式是由计算机在屏幕上显示教学内容的目录,由学生根据需要加以选择调用;至于混合式,则是将上述两种方式混合采用,一般以菜单式为纲,以程序式为目的。

(三)绘制画面

脚本纸的选择应根据计算机屏幕的显示格式来选取。课件中的画面应按比例绘制在脚本纸上。如果在若干页画面中都有相同的图,则可在该图第一次出现时,对其进行标号,此后以图号代替。这样处理不仅可以节省绘制时间,还可方便软件编程。

(四)标注说明

对一些有特殊要求的画面,如闪烁、动画、视频等,要在脚本上标注简短的文字说明。每页脚本都要编制"本页流程图",用以说明本页的画面是由哪些画面组成;在什么情况下进入什么画面;显示的先后次序和动画、切换效果等。每页脚本纸(包括分支),还需编上页码。

(五)重叠检查

各页画面绘制完成后,应重点检查连续画面重叠时是否配合,如练习与答案的显示位置是否配合等。如不认真进行重叠检查,很容易出现画面不配合现象,给编程带来麻烦。

(六)编制顺序

在逐页绘制画面的过程中,还应根据需要不断地调整页码的顺序。全部画面绘制好后,应将初步排好的顺序与每页的流程图对照。对照核实后重新编上页码。

(七)绘制课题流程图

"本页流程图"只是一个局部的片段。"课题流程图"是指一课时脚本的整体流程图。脚本各页的顺序编排好后,要沿着不同的学习路线和分支,按几种路线再分别检查,确定无错误后,最后绘制好课题流程图。

四、课件脚本流程

课件的流程可分为导入课程、呈现资料等阶段。下面按简单总结导入课程和呈现资料的脚本撰写方法和技巧。

(一)导入课程

导入课程是课件流程的第一阶段,一般包括以下几部分:

1. 封面

脚本的首页即是它的封面。封面应使学生明确这是一个课程的开始。封面一般应标明课程名称、作者姓名、版权等内容。在封面中适当地运用图片、动画等可以引起学生的学习兴趣，尤其是对于低年级学生。如果是同一系列的脚本，则每一个课题封面的格式要一致。

2. 操作说明

课件的操作方法（如课程的流程控制、交互方式等），最好能结合各种菜单、按钮等单独设立一个文本说明。在脚本相应页应建立适当的帮助链接进入文本说明。分散处理的操作提示应直观明了。

3. 陈述教学目标

一般来说，对于高年级学生可以扼要地陈述教学目标，但对低年级，或对于比较复杂的教学目标，则应以菜单目录代替。

4. 菜单

菜单可使操作者了解课程的纲目，知道教学内容，快速进入学习单元。每一单元结束后，应该能自然返回到菜单入口处，以便快速进入下一学习单元。

根据学习心理理论，以上几部分内容可导入课程，使学生进入学习过程的第一阶段，传达学习目标，是激发学习动机和学习兴趣的阶段。

（二）呈现资料

计算机是以文字、符号、图形、声音和动画等来呈现资料的。学习心理学家指出，人类各种感觉器官的功能作用是各不相同的。视、听、嗅、触、味五官中，视觉和听觉器官在获取知识中所起的作用最大，而且同时利用二种知觉比利用单一知觉的学习成效高。因此视听协同活动，可以大大提高学习的效率。这就要求在计算机辅助教学中充分发挥计算机的特点，图、文、声、影相互配合，协调一致。呈现资料时应讲究画面简洁大方，要给屏幕留出适当的空白，使学生获得视觉的美感，切忌一次性呈现资料太多，而使画面过于拥挤。

图形或动画在增强教学效果方面，可以节省大量的文字说明，而且形象生动，便于理解、加深记忆，尤其是以文字配合图形时更是如此。而适当运用色彩（例如绿色能使人加速消除神经紧张和大脑疲劳，使头脑保持清醒），也能提高学习效果。开窗口可突出要显示的重要内容（“窗口”也称视窗，是屏幕上设置的特定显示区域）。安宁静谧的环境有利于维持大脑神经细胞的兴奋性，使人的注意力集中。因此，适当地利用低音量音乐也可起到良好的效果，特别是对于低年级学生。此外，在解说图表时，运用箭号指示也是一种引起学生注意的有效技术。在需要使用色彩时，最好能使用绿色，不要使用太鲜艳的颜色；色彩的用法应与日常生活中的习惯用法应保持一致。一般来说，所呈现图形的数量与学生的年龄成反比。

但滥用这些技巧会适得其反。例如，与教学无关的图形或者在非重点处运用动画，有可能分散学生的注意力；有时逼真的图画反而有碍于学生对特殊部分的了解；红色会对人产生强烈的刺激，影响注意力的集中；课件中滥用音乐，也会分散学生的注意力。

脚本的每一页画面上，最好只出现一个教学概念。如果某一教学概念要较多的资料表达，那么就应将这些资料适当地划分成若干独立的小段，一个画面只出一段。

此外，设计脚本时，切不可认为个个学生都会自发地注意到画面上的重点内容，欲使学生特别注意画面的某一部分，需充分利用计算机的功能，使该部分不同于别的部分。

每节课的时间是有限的，应尽可能地缩短绘画和模拟的时间。一般来说，封面图形呈现时间不超过 12 秒，内页图形呈现时间不超过 5 秒。

根据学习心理学的理论，在呈现资料的这一阶段，如能充分地考虑以上几方面，可使学生顺利进入学习过程的第二阶段，即学习过程的感知和理解阶段。

从某种程序讲，脚本相当于课件制作的工具。工欲善其事，必先利其器。在课件制作中我们应该切实重视脚本的作用。良好的开端是成功的一半；只有走好第一步，才能少走弯路、冤枉路，少做重复劳动，节约时间和精力，也只有这样才能出精品，出成果。

五、课件脚本编写稿纸样本（表 1-1-5-1）

课件脚本编写稿纸样本　　表 1-1-5-1

页号：

<table>
<tr><td rowspan="7">讲解内容：</td><td>版 面 布 局</td></tr>
<tr><td></td></tr>
<tr><td>采用字号（以宋体为准）
□ 18 号（满屏约 520 个字）
□ 20 号（满屏约 430 个字）
□ 22 号（满屏约 360 个字）
□ 24 号（满屏约 260 个字）
□ 其他字体：字号：____</td></tr>
<tr><td>解说音：</td></tr>
<tr><td>图片：</td></tr>
<tr><td>动画：</td></tr>
<tr><td>影视：</td></tr>
</table>

第二章　货运及道路运输从业人员管理规定

第一节　道路运输及从业人员管理

一、道路运输知识

（一）道路运输经营知识

1. 道路运输的概念

道路运输是指在公共道路上使用汽车或其他运输车辆从事旅客或货物运输及其相关业务活动的总称。

2. 道路运输经营的对象

道路运输业作为一个相对独立的行业，主要由直接从事客、货运输的物质生产活动和为运输生产活动服务的车辆维修、搬运装卸、运输服务构成。

道路运输业按性质分为营业性道路运输和非营业性道路运输。非营业性道路运输指为个人或本单位生产、生活服务、不发生费用结算的道路运输；营业性道路运输指为社会提供劳务、发生费用结算的道路运输。

3. 道路运输经营的主体

道路运输业户是指在道路运输市场上，从事道路旅客运输、道路货物运输、道路搬运装卸、道路运输汽车维修、道路运输服务活动的道路运输企业或个体。

道路运输业户是道路运输市场的主体之一，接受各级政府交通主管部门的管理和监督，遵循“自主经营、平等竞争、协调发展”的原则。道路运输经营业户是涵盖了道路运输企业和个体运输户的较为宽泛的概念，狭义的道路运输业户就是道路运输企业，广义的概念还要包括占我国道路运输市场经营主体大多数的个体运输业户。

4. 道路运输经营基本条件

基本条件规定了道路旅客经营者六个方面的条件，即：业户资格、车辆状况、经营设施、应有资金、人员素质、管理制度（单位）。

（1）业户资格

要求道路旅客运输业户是具有法人资格；独立核算；从事经营活动的单位或个人。

（2）车辆状况

道路旅客运输业户的营运车辆必须经综合性能检测达一级车况；并且持有效的车辆行驶证。

（3）经营设施

道路旅客运输业户有固定的办公场所或联络地点；停车场地较坚实平整；场地适应经营

规模,车辆投影面积不小于1.5倍;如果租用他人场地应有租用合同。

(4)应有资金

要求道路旅客运输业户拥有固定资产;流动资金数量不少于车辆原值的5%;除车辆外,还应有2万元或3万元以上的事故赔偿保证金;持有有效的资信证明或资金担保书。

(5)人员素质

道路旅客运输业户经营和管理人员,应熟悉客运有关政策、法规和业务知识、遵守职业道德和纪律;持经营资格证上岗;驾驶员应持有驾驶相应车辆和班线的驾驶证或驾驶资历;聘用人员应有聘用合同。

(6)管理制度

要求道路旅客运输业户有合法的法人代表;根据《公司法》制定较完善的企业章程和经营机构;有生产经营管理制度。

(7)经营补充条件

道路旅客运输按照经营方式分为班车客运、旅游客运、出租客运、包车客运等。其中经营包车客运需要达到道路旅客运输经营的一般条件。

①班车客运

班车客运分为一、二、三、四类。经营一类班车客运的运输业户要求营运里程在801公里以上,拥有40辆营运客车的生产经营规模或车辆固定资产原值不少于800万元。其中高、中级客车或卧铺客车不少于5辆;驾驶员必须具有安全行车10万公里,或5年以上客车安全驾驶经历,配双班;中途救援单位每400公里设置一个。

②二类班车

经营二类班车客运的运输业户要求营运里程在401~800公里之间,拥有20辆营运客车的生产经营规模或车辆固定资产原值不少于400万元。其中高、中级客车或卧铺客车不少于3辆;驾驶员必须具有安全行车5万安全公里或3年以上客车安全驾驶经历,配双班。

③三类班车

经营三类班车客运的运输业户要求营运里程在151~400公里,大中型客车不少于5辆。驾驶员必须具有安全行车3万公里或2年以上客车安全驾驶经历。

④四类班车

经营四类班车客运的运输业户营运里程在150公里以下,要求达到道路旅客运输经营的一般条件。

⑤旅游客运

从事道路旅游客运的经营业户要求大、中型豪华、舒适旅游客车不少于5辆;驾驶大、中型客车5万安全公里或安全行车3年以上驾驶经历的驾驶员不少于5名;专(兼)职导游员不少于5人;有固定发车地点。

⑥出租客运

从事道路出租客运的经营业户必须拥有符合要求的小型客车;符合交通运输部《出租汽车客运服务规范(试行)》的要求;符合本省有关出租汽车客运管理规定。

(二)道路运输业务知识

1.道路运输业务流程

(1)接单

①公路运输主管从客户处接受(传真)运输发送计划。

②公路运输调度从客户处接出库提货单证。

③核对单证。

(2)登记

①运输调度在登记表上分送货目的地,分收货客户标定提货号码。

②驾驶员(指定人员及车辆)到运输调度中心拿提货单,并在运输登记本上确认签收。

(3)调用安排

①填写运输计划。

②填写运输在途,送到情况,追踪反馈表。

③电脑输单。

(4)车队交接

①根据送货方向,重量、体积、统筹安排车辆。

②报运输计划给客户处,并确认到厂提货时间。

(5)提货发运

①按时到达客户提货仓库。

②检查车辆情况。

③办理提货手续。

④提货,盖好车棚,锁好箱门。

⑤办好出厂手续。

⑥电话通知收货客户预达时间。

(6)在途追踪

①建立收货客户档案。

②驾驶员及时反馈途中信息。

③与收货客户电话联系送货情况。

④填写跟踪记录。

⑤有异常情况及时与客户联系。

(7)到达签收

①电话或传真确认到达时间。

②驾驶员将回单用 EMS 或 FAX 传真回公司。

③签收运输单。

④定期将回单送至客户处。

⑤将当地市场的住处及时反馈给客户。

(8)回单

①按时准确到达指定卸货地点。

②货物交接。

③百分之百签收,保证运输产品的数量和质量与客户出库单一致。

④了解送货人对客户产品在当地市场的销售情况。

(9)运输结算

①整理好收费票据。

②做好收费汇总表交至客户,确认后交回结算中心。

③结算中心开具发票,向客户收取运费。

2. 道路运输成本控制

(1)运输成本的构成

①固定成本

在一定的运量范围之内与行驶里程和运量无关的相对固定的成本支出。

固定成本包括车辆折旧费、银行利息、保险费、车船使用税、管杂费、人员费用(工资/福利等)、驾驶员通讯费、燃油费等。

②可变成本

随着行驶里程变动或运输量而变动的成本。

可变成本包括车辆常规维护、维修费、车辆计提大修费用、过桥、过路费、燃油税等。

③联合成本

联合成本是指决定提供某种特定的运输服务而产生的不可避免的费用。联合成本对运输费用有很大的影响,因为承运人索要的运价中必须包括隐含的联合成本,它的确定要考虑托运人有无适当的回程货,或者这种回程运输由原先的托运人来弥补。

④公共成本

这类成本是承运人代表所有的托运人或某个分市场的托运人所支付的费用:公共成本,诸如端点站或管理部门之类的费用,具有企业一般管理费用的特征,通常是按照活动水平,如装运处理(如递送约定)的数目之类分摊给托运人来承担。

⑤端点成本与线路成本

端点成本:在运输过程的起点与终点产生的费用。包括固定成本和与运量有关的装卸、收货、存货和发货成本。

线路成本:在运输线路上产生的费用。线路成本通常包括工资、燃油、润滑油和运输工具的维护成本。线路成本的两个重要决定性因素是运距和运量。

(2)运输成本的控制

所谓成本控制,是指企业在生产经营活动中,用一定的标准对成本的形成进行监测、调整,保证企业达到成本目标的过程。其目的是以最少的资金消耗完成更多的工作量,并要在生产经营过程的各个环节,厉行节约,降低成本,提高经济效益。其任务是通过建立健全成本控制系统,运用各种控制手段与方法,对成本开支进行适时、全面、有效的控制,防止生产经营活动中的损失和浪费,避免成本偏差的发生,保证企业成本目标的实现。

对于道路运输企业来说,运输成本通常是运营成本中最大的单项成本,影响运输成本的主要因素有运输量、货物的密度、转运、服务水平、市场等。了解这些因素对运输成本的影响程度,合理安排运输,能降低运输成本,提高企业的经济效益。为此,应做好以下几点:

①充分利用运输的规模经济效益,进行满载运输

运输企业的运输成本是由变动成本和固定成本两方面构成的。变动成本是指与每一次运输直接相关的运输费用,包括路桥费、燃料费及维修维护费等。固定成本是指与每一次运

输没有直接关系的费用，包括不受装运量直接影响的费用。

运输过程中的运输量与运输成本密切相关。运输量越大、单位运输成本就越低。在运输活动中，固定成本在一定时间内是保持不变的，固定成本随运输量的增加而被分摊，运输量越大，单位运输量的固定成本越小，单位运输成本随之下降。这就是运输的规模经济效益。因此在运输活动中，应尽量通过拼装整车运输，将小批量的装载整合成更大的装载量，使运输工具在准许的载重量下进行满载，提高运输量，降低运输成本。

②充分利用运输工具的运输空间，增加运输货物的平均密度

货物密度是指货物重量与体积之比。货物密度是把货物重量与空间的因素结合起来考虑运输成本。通常，密度小的货物每单位所占的运输成本比密度大的要高。在重量和空间方面，单独的一辆运输车辆更多受到空间的限制，而不是重量的限制。即使该货物很轻，车辆一旦装满，就不可能再增加装运的数量。所以运输的货物密度大，相对的可以把固定成本分摊到增加的数量上，因此增加产品的密度一般可以降低运输成本。企业在运输货物时，可以通过轻重配装变相增加运输平均产品密度，从而有效提高运输工具的使用率。另外，还应该通过解体运输和多样堆码充分提高运输工具空间利用率。某些运输产品可能具有不规则的尺寸和形状，以及超重或超长等特征，通常不能很好地利用空间。运输企业可以根据运输工具的吨位情况以及所运输货物的形状，将体积大、笨重的货物，拆卸后分别包装，以减小占用空间，方便搬运，提高运输效率。

③注意起点和终点相向运输货物的平衡，避免返回空载现象

运输的起点和终点相向运输货物是否平衡，必然会引起运输成本的增减。如果来回程货物不平衡，会出现返回空载的现象，造成运力的浪费，使运输成本增加。所以企业在运输活动中，应和其他企业进行联合运输，保持来回货物的平衡，降低运输成本。

④减少转运次数

在货物运输时，两端的装卸费用要算入运输成本。转运次数越多装卸次数越多，运输成本越大。所以企业在进行货物运输活动中，应尽量采用直达运输，减少货物转运。

⑤企业应制定合理的油耗标准，控制油耗成本

每一辆车在制造完成出厂时，一般都有最低的油料消耗标准，但是油料的消耗与车辆的车型、驾驶员操作、路面等级、车辆新旧程度、季节变化等都有关。企业应根据具体线路，用正规操作的驾驶员，总共消耗多少升的油料，然后除以总行程，进行多次测算，以求取平均值来作为油耗标准。并据此对驾驶员进行奖励或者处罚。

另外，企业应该加强燃料发票管理，堵塞报销漏洞。企业应对每一辆车的油耗严加控制，将同一辆车、同一线路、不同驾驶员的油耗进行对比，或将同一车型、不同线路的油耗进行对比。如果有明显超支，则应进行分析每一次加油所行驶路程，是否与实际相符。另外应当尽量采取磁卡加油方式，预防驾驶员与定点加油站互相勾结，一旦发现有不正当的交易，对当事者按有关规定严肃处理。

⑥加强维修费用的控制

一方面，车辆的维修需要较强的专业知识，修理费用与修理人员技术的好坏直接相关。另一方面，如果没有设置技术监督部门，就很难界定是否需要修理，是更换小零件还是更换总配件。因此，企业应该做好以下两点：

第一，规范维修站点管理，提高维修人员业务素质。正常的维护及小修都应在修理厂内进行，月底由单位统一结算。由于车辆的维修需要很强的专业知识，一般管理人员是很难全面掌握的。这就要求业务人员提高素质，不断加强自我学习，努力提高业务水平。如果企业没有自已的修理厂，应指定修理厂定点维修，月底由单位统一结清费用。如果车辆需要大修理时，应经有关技术鉴定部门审核及领导的批准。

第二，严格把好临时维修费用关。如果车辆是在行驶过程中损坏，那么这就有可能存在维修时驾驶员与临时维修点相互勾结，存在虚开发票多报销的现象，以及修理人员为图方便，不更换小零件而更换配件的现象。对于这种情况，可以同意进行更换修理，但是，要求将所更换的零部件带回，以备技术鉴定人员对整个更换的零件进行仔细检查。

⑦优化运输路线

不合理运输，如重复运输、迂回运输的存在，造成了运力的浪费，增加了不必要的运输成本。而优化运输路线可减少不合理运输，降低运输成本。

⑧减少运输事故损失

在运输途中，有可能发生货物丢失、货物变质、甚至出现事故，这些都造成了运输成本不必要的增加，因此对运输事故的关注十分必要。应该注意做好以下几点：日常防范；购买保险；积极理赔。

随着科学技术的发展，市场竞争的加剧，企业生产经营环境正发生着深刻的变化，成本控制越来越成为企业发展的新的利润增长点，也是企业提高市场竞争力的重要手段。科学地组织实施成本控制，可以促进企业改善经营管理，转变经营机制，全面提高企业素质，使企业在市场竞争的环境下更好地生存、发展和壮大。

（三）道路运输设备、人员管理

1. 安全生产操作规程

（1）驾驶员必须经过专业训练，经有关部门考试合格，取得执业资格证后，方可独立驾驶车辆。实习驾驶员除持有实习驾驶证外，应有正式驾驶员随车驾驶。严禁无证驾驶。

（2）行车前严禁饮酒，行车及加油时不准吸烟、饮食和闲谈，驾驶室必须按核定人数乘坐，严禁超员乘坐。

（3）每次行车前必须检查制动、转向盘、喇叭、照明、信号灯等主要装置是否齐全完好，消除隐患。

（4）行车时车辆的时速应严格遵守有关规定，前后两车应保持必要的安全间距。

（5）严格遵守公安部、交通运输部《城市和公路交通管理规则》。

（6）禁止在雨天、雪天、雾天、夜间盲目行驶。夜间行车前，应预先检查灯光，并特别注意指挥信号和施工信号。

（7）严禁盲目强行涉水。汽车涉水后，必须连续轻踏制动踏板，待制动效能恢复后，方可再正常行驶。

（8）严禁机动车挂空挡或踩离合器溜坡。下长坡、陡坡前，应试踏制动器是否有效，下险峻山坡前，须停车检查转向系、制动系及轮胎等。下坡时应挂挡，利用发动机阻力控制车速。下坡使用制动器时间较长久时，应停车休息以便制动鼓自然冷却，严禁向高温的制动鼓泼水。

(9)认真做好出车，途中和回厂例检，发现问题，及时报修。修理时，必须挂好排挡，拉紧驻车制动，垫好三角木，以确保安全。在修理中凡接触易燃物品，必须随时注意防火。

(10)及时做好车辆清洁、维护工作。

2. 机动车驾驶员管理

(1)驾驶员应是作风正派，组织纪律性强，身体健康的从业人员。

(2)驾驶员必须领取驾驶证、从业资格证，方可驾驶车辆。

(3)驾驶员的正常培训由本人负责，定期培训由本道路运输经营者安全生产管理部门组织实施。

(4)发生不安全情况，应及时报告本道路运输经营者安全生产管理部门，不准隐瞒事故真相，并积极配合事故的处理。

(5)驾驶员应服从调度，按照规定路线行驶，连续行车不准超过 4 小时，杜绝各种违章行为。

(6)驾驶员要认真做好车辆日常维护工作，保持车容整洁、文明驾驶，严格遵守交通规则，树立良好的职业道德。

(7)车辆正常出车前，应将文明卫生与安全工作结合检查。

(8)驾驶员必须遵守下列规定：

驾驶营运车辆时，须携带驾驶证、行车证、道路运输证、从业资格证等其他证件；不准转借、涂改和伪造驾驶证、行车证、道路运输证、从业资格证等证件；不准将营运车辆交给没有驾驶证和从业资格证的人驾驶；不准驾驶与驾驶证、从业资格证车型不相符合的车辆；未按规定审验或审验不合格的，不准继续驾驶车辆；饮酒后不准驾驶车辆；不准驾驶安全设备不全或机件失灵的车辆；不准驾驶不符合装载规定的车辆；患有妨碍安全行车的疾病或者过度疲劳时，不准驾驶车辆；驾驶车辆时不准吸烟、饮食、闲谈、打手机或其他妨碍安全行车的行为。

3. 机动车辆管理

(1)本道路运输经营者所属机动车辆由其驾驶员负责日常具体管理与考核，安全生产管理部门负责监督与考核，并参与交通事故的处理。

(2)机动车辆的年检审，由本道路运输经营者安全生产管理部门组织实施。

(3)认真执行春查和冬查的各项内容要求，严格车辆检查制度，确保车辆安全运行。

(4)牢固树立“安全第一”的思想，做好日常维护和车辆换季维护工作，特别是冬季“四防”(防火、防冻、防滑、防事故)工作。

(5)遇有雾、雨、雪等天气及路况不良，严格控制出车，若生产等急需可配备有经验的 2 名驾驶员出车，以保安全和处理应急情况。

(6)禁止私自用车，以车代步或将车辆乱停乱放。

(7)车辆调配人员要合理安排行车日程，做到行车前有交待，回库后有检查，严禁“三违”(违章指挥、违章作业、违反劳动纪律)。

4. 车辆、设施、设备安全管理制度

(1)驾驶员不能带着思想包袱开车，不能在心情沮丧时开车，不能在闹情绪时开车，要控制情绪、情感，保证行车安全。

(2)接受运输任务，按时到岗，对车辆情况进行自检，存在故障隐患要立即维修。

(3)驾驶员对车辆的日常维护应做到：

第一，坚持“三检”，即出车前、行车中、收车后检视汽车的灯光、转向、制动、传动、冷却、润滑及各部机件连接的有效情况。

第二，保持“四清”，即保持机油、空气、燃油滤清器和蓄电池的清洁。

第三，防止“四漏”，即防止漏水、漏油、漏气、漏电。

二、道路运输资格证知识

(一)道路运输从业资格证定义

道路运输从业资格证是通过交通部门道路运输有关知识、技能考试合格后核发的一种证件。也是一种通过职业驾驶等活动而获取报酬的一种资质。

根据《道路运输从业人员管理规定》(交通部令 2006 年第 9 号)规定，《中华人民共和国道路运输从业人员从业资格证》和《中华人民共和国机动车驾驶培训教练员证》统称道路运输从业人员从业资格证件。

道路运输从业人员包括：经营性道路客货运输驾驶员、机动车驾驶培训教练员、道路危险货物运输从业人员、机动车维修技术人员、道路运输企业经理人和其他道路运输从业人员。

(二)申请条件

1. 经营性道路旅客运输驾驶员应当符合下列条件

(1)取得相应的机动车驾驶证 1 年以上；

(2)年龄不超过 60 周岁；

(3)3 年内无重大以上交通责任事故；

(4)掌握相关道路旅客运输法规、机动车维修和旅客急救基本知识；

(5)经考试合格，取得相应的从业资格证件。

2. 经营性道路货物运输驾驶员应当符合下列条件

(1)取得相应的机动车驾驶证；

(2)年龄不超过 60 周岁；

(3)掌握相关道路货物运输法规、机动车维修和货物装载保管基本知识；

(4)经考试合格，取得相应的从业资格证件。

3. 道路危险货物运输驾驶员应当符合下列条件

(1)取得相应的机动车驾驶证；

(2)年龄不超过 60 周岁；

(3)3 年内无重大以上交通责任事故；

(4)取得经营性道路旅客运输或者货物运输驾驶员从业资格 2 年以上；

(5)接受相关法规、安全知识、专业技术、职业卫生防护和应急救援知识的培训，了解危险货物性质、危害特征、包装容器的使用特性和发生意外时的应急措施；

(6)经考试合格，取得相应的从业资格证件。

4. 道路危险货物运输装卸管理人员和押运人员应当符合下列条件

(1)年龄不超过 60 周岁；

（2）初中以上学历；

（3）接受相关法规、安全知识、专业技术、职业卫生防护和应急救援知识的培训，了解危险货物性质、危害特征、包装容器的使用特性和发生意外时的应急措施；

（4）经考试合格，取得相应的从业资格证件。

5. 机动车维修技术人员应当符合下列条件

（1）技术负责人员

具有机动车维修或者相关专业大专以上学历，或者具有机动车维修或相关专业中级以上专业技术职称；熟悉机动车维修业务，掌握机动车维修及相关政策法规和技术规范。

（2）从事机修、电器、钣金、涂漆、车辆技术评估（含检测）作业的技术人员

具有初中以上学历；熟悉所从事工种的维修技术和操作规范，并了解机动车维修及相关政策法规。

6. 机动车驾驶培训教练员应当符合下列条件

（1）理论教练员

取得相应的机动车驾驶证，具有2年以上安全驾驶经历；年龄不超过60周岁；具有汽车及相关专业中专以上学历或者汽车及相关专业中级以上技术职称；掌握道路交通安全法规、驾驶理论、机动车构造、交通安全心理学、常用伤员急救等安全驾驶知识，了解车辆环保和节约能源的有关知识，了解教育学、教育心理学的基本教学知识，具备编写教案、规范讲解的授课能力。

（2）驾驶操作教练员

取得相应的机动车驾驶证，符合安全驾驶经历和相应车型驾驶经历的要求，年龄不超过60周岁；具有汽车及相关专业中专或者高中以上学历；掌握道路交通安全法规、驾驶理论、机动车构造、交通安全心理学和应急驾驶的基本知识，熟悉车辆维护和常见故障诊断、车辆环保和节约能源的有关知识，具备驾驶要领讲解、驾驶动作示范、指导驾驶的教学能力。

7. 道路客货运输驾驶员从业资格培训教练员应当符合下列条件

（1）具有汽车及相关专业大专以上学历或者汽车及相关专业高级以上技术职称；

（2）掌握道路旅客运输法规、货物运输法规以及机动车维修、货物装卸保管和旅客急救等相关知识，具备相应的授课能力；

（3）具有2年以上从事普通机动车驾驶员培训的教学经历，且近2年无不良的教学记录。

8. 危险货物运输驾驶员从业资格培训教练员应当符合下列条件

（1）具有化工及相关专业大专以上学历或者化工及相关专业高级以上技术职称；

（2）掌握危险货物运输法规、危险化学品特性、包装容器使用方法、职业安全防护和应急救援等知识，具备相应的授课能力；

（3）具有2年以上化工及相关专业的教学经历，且近2年无不良的教学记录。

（三）提交材料

1. 申请参加经营性道路客货运输驾驶员从业资格考试的人员，应当向其户籍地或者暂住地设区的市级道路运输管理机构提出申请，填写《经营性道路客货运输驾驶员从业资格考试申请表》，并提供下列材料：

(1)身份证明及复印件；

(2)机动车驾驶证及复印件；

(3)申请参加道路旅客运输驾驶员从业资格考试的，还应当提供道路交通安全主管部门出具的3年内无重大以上交通责任事故记录证明。

2. 申请参加道路危险货物运输驾驶员从业资格考试的，应当向其户籍地或者暂住地设区的市级交通主管部门提出申请，填写《道路危险货物运输从业人员从业资格考试申请表》，并提供下列材料：

(1)身份证明及复印件；

(2)机动车驾驶证及复印件；

(3)道路旅客运输驾驶员从业资格证件或者道路货物运输驾驶员从业资格证件及复印件；

(4)相关培训证明及复印件；

(5)道路交通安全主管部门出具的3年内无重大以上交通责任事故记录证明。

3. 申请参加道路危险货物运输装卸管理人员和押运人员从业资格考试的，应当向其户籍地或者暂住地设区的市级交通主管部门提出申请，填写《道路危险货物运输从业人员从业资格考试申请表》，并提供下列材料：

(1)身份证明及复印件；

(2)学历证明及复印件；

(3)相关培训证明及复印件。

4. 申请参加机动车维修技术人员从业资格考试的，应当向其户籍地或者暂住地设区的市级道路运输管理机构提出申请，填写《机动车维修技术人员从业资格考试申请表》，并提供下列材料：

(1)身份证明及复印件；

(2)学历证明及复印件，申请参加技术负责人员从业资格考试的，也可以提供技术职称证明及复印件。

申请质量检验人员从业资格考试的，还应当同时提供机动车驾驶证及复印件和维修技术工作经历证明。

5. 申请参加机动车驾驶培训教练员从业资格考试的，应当向其户籍地或者暂住地省级道路运输管理机构提出申请，填写《机动车驾驶培训教练员从业资格考试申请表》，并提供下列材料：

(1)身份证明及复印件；

(2)机动车驾驶证及复印件；

(3)学历证明或者技术职称证明及复印件；

(4)道路交通安全主管部门出具的安全驾驶经历证明；

(5)相应车型驾驶经历证明。

6. 申请参加道路客货运输驾驶员从业资格培训教练员和危险货物运输驾驶员从业资格培训教练员从业资格考试的，还应当提供相应的教学经历证明。

（四）道路从业人员从业行为规定

1. 经营性道路客货运输驾驶员以及道路危险货物运输从业人员应当在从业资格证件许可的范围内从事道路运输活动。道路危险货物运输驾驶员除可以驾驶道路危险货物运输车辆外，还可以驾驶原从业资格证件许可的道路旅客运输车辆或者道路货物运输车辆。

2. 道路运输从业人员在从事道路运输活动时，应当携带相应的从业资格证件，并应当遵守国家相关法规和道路运输安全操作规程，不得违法经营、违章作业。

3. 道路运输从业人员应当按照规定参加国家相关法规、职业道德及业务知识培训。

4. 经营性道路客货运输驾驶员和道路危险货物运输驾驶员不得超限、超载运输，连续驾驶时间不得超过 4 个小时。

5. 经营性道路旅客运输驾驶员和道路危险货物运输驾驶员应当按照规定填写行车日志。行车日志式样由省级道路运输管理机构统一制定。

6. 经营性道路旅客运输驾驶员应当采取必要措施保证旅客的人身和财产安全，发生紧急情况时，应当积极进行救护。

经营性道路货物运输驾驶员应当采取必要措施防止货物脱落、扬撒等。严禁驾驶道路货物运输车辆从事经营性道路旅客运输活动。

7. 道路危险货物运输驾驶员应当按照道路交通安全主管部门指定的行车时间和路线运输危险货物。

道路危险货物运输装卸管理人员应当按照安全作业规程对道路危险货物装卸作业进行现场监督，确保装卸安全。

道路危险货物运输押运人员应当对道路危险货物运输进行全程监管。道路危险货物运输从业人员应当严格按照《汽车运输危险货物规则》（JT 617—2004）、《汽车运输、装卸危险货物作业规程》（JT 618—2004）操作，不得违章作业。

8. 在道路危险货物运输过程中发生燃烧、爆炸、污染、中毒或者被盗、丢失、流散、泄漏等事故，道路危险货物运输驾驶员、押运人员应当立即向当地公安部门和所在运输企业或者单位报告，说明事故情况、危险货物品名和特性，并采取一切可能的警示措施和应急措施，积极配合有关部门进行处置。

9. 机动车维修技术人员应当按照维修规范和程序作业，不得擅自扩大维修项目，不得使用假冒伪劣配件，不得擅自改装机动车，不得承修已报废的机动车，不得利用配件拼装机动车。

10. 机动车驾驶培训教练员应当按照全国统一的教学大纲实施教学，规范填写教学日志和培训记录，不得擅自减少学时和培训内容。

第二节　道路货物运输及站场管理

一、相关规定的要点

（一）规定颁布和实施时间

《道路货物运输及站场管理规定》于 2005 年 6 月 16 日交通部发布，该《规定》分总则、经营许可、货运车辆管理、货运经营管理、货运站经营管理、监督检查、法律责任、附则8章79条,自2005年8月1日起施行。此后经过2008年7月23日、2009年4月20日和2012年3月14日三次修订并于修订之日起执行。

(二)规定的内容

1.2012年3月14日第三次修订内容

将《道路货物运输及站场管理规定》(交通运输部令2009年第3号)第六十一条修改为:“道路货物运输经营者违反本规定的,县级以上道路运输管理机构在做出行政处罚决定的过程中,可以按照行政处罚法的规定将其违法证据先行登记保存。做出行政处罚决定后,道路货物运输经营者拒不履行的,做出行政处罚决定的道路运输管理机构可以将其拒不履行行政处罚决定的事实通知违法车辆车籍所在地道路运输管理机构,作为能否通过车辆年度审验和决定质量信誉考核结果的重要依据。”

2.道路货物运输经营和道路货物运输站(场)经营的规定

(1)道路货物运输经营定义

道路货物运输经营是指为社会提供公共服务、具有商业性质的道路货物运输活动。道路货物运输包括道路普通货运、道路货物专用运输、道路大型物件运输和道路危险货物运输。

(2)道路货物专用运输定义

道路货物专用运输是指使用集装箱、冷藏保鲜设备、罐式容器等专用车辆进行的货物运输。

(3)道路货物运输站(场)定义

道路货物运输站(场)简称“货运站”是指以场地设施为依托,为社会提供有偿服务的具有仓储、保管、配载、信息服务、装卸、理货等功能的综合货运站(场)、零担货运站、集装箱中转站、物流中心等经营场所。

3.货运车辆管理规定

(1)道路货物运输经营者应当建立车辆技术管理制度,按照国家规定的技术规范对货运车辆进行定期维护,确保货运车辆技术状况良好。

(2)货运车辆的维护作业项目和程序应当按照国家标准《汽车维护、检测、诊断技术规范》(GB 18344—2001)等有关技术标准的规定执行。

(3)严禁任何单位和个人为道路货物运输经营者指定车辆维护企业;车辆二级维护执行情况不得作为路检项目。

(4)道路货物运输经营者应当定期进行货运车辆检测,车辆检测结合车辆定期审验的频率一并进行。

(5)道路货物运输经营者在规定时间内,到符合国家相关标准的机动车综合性能检测机构进行检测。机动车综合性能检测机构按照国家标准《营运车辆综合性能要求和检验方法》(GB 18565—2001)和《道路车辆外廓尺寸、轴荷及质量限值》(GB 1589—2004)的规定进行检测,出具全国统一式样的检测报告。并依据检测结果,对照行业标准《营运车辆技术等级划分和评定要求》(JT/T 198—2004)评定车辆技术等级。货运车辆技术等级分为一级、二级和三级。

(6)禁止使用报废的、擅自改装的、拼装的、检测不合格的和其他不符合国家规定的车辆从事道路货物运输经营。

(7)道路货物运输经营者和县级以上道路运输管理机构应当分别建立货运车辆技术档案和管理档案,并妥善保管。对相关内容的记载应当及时、完整和准确,不得随意更改。

①道路货物运输经营者车辆技术档案主要内容为:车辆基本情况、主要部件更换情况、修理和二级维护记录(含出厂合格证)、技术等级评定记录、车辆变更记录、行驶里程记录、交通事故记录等。

②道路运输管理机构管理档案主要内容为:车辆基本情况、二级维护和检测情况、技术等级记录、车辆变更记录、交通事故记录等。

③道路货物运输车辆办理过户变更手续时,道路货物运输经营者应当将货运车辆技术档案完整移交。县级以上道路运输管理机构对经营者车辆技术档案建立情况实施监督管理。

(8)道路货物运输经营者对达到国家规定的报废标准或者经检测不符合国家强制性标准要求的货运车辆,应当及时交回《道路运输证》,不得继续从事道路货物运输经营。

4. 货运经营管理规定

(1)道路货物运输经营者应当按照《道路运输经营许可证》核定的经营范围从事货物运输经营,不得转让、出租道路运输经营许可证件。

(2)道路货物运输经营者应当对从业人员进行经常性的安全、职业道德教育和业务知识、操作规程培训。

(3)道路货物运输经营者应当按照国家有关规定在其重型货运车辆、牵引车上安装、使用行驶记录仪,并采取有效措施,防止驾驶人员连续驾驶时间超过4个小时。

(4)道路货物运输经营者应当要求其聘用的车辆驾驶员随车携带《道路运输证》,《道路运输证》不得转让、出租、涂改、伪造。

(5)道路货物运输经营者应当聘用持有从业资格证的驾驶人员。

(6)营运驾驶员应当驾驶与其从业资格类别相符的车辆。驾驶营运车辆时,应当随身携带从业资格证。

(7)运输的货物应当符合货运车辆核定的载质量,载物的长、宽、高不得违反装载要求。禁止货运车辆违反国家有关规定超限、超载运输。禁止使用货运车辆运输旅客。

(8)道路货物运输经营者运输大型物件,应当制定道路运输组织方案。涉及超限运输的应当按照交通部颁布的《超限运输车辆行驶公路管理规定》办理相应的审批手续。

(9)从事大型物件运输的车辆,应当按照规定装置统一的标志和悬挂标志旗;夜间行驶和停车休息时应当设置标志灯。

(10)道路货物运输经营者不得运输法律、行政法规禁止运输的货物。道路货物运输经营者在受理法律、行政法规规定限运、凭证运输的货物时,应当查验并确认有关手续齐全有效后方可运输。货物托运人应当按照有关法律、行政法规的规定办理限运、凭证运输手续。

(11)道路货物运输经营者违反本规定后拒不接受处罚的,县级以上道路运输管理机构可以暂扣其《道路运输证》等道路运输管理机构颁发的相关证件,签发待理证,待接受处罚后交还。

(12)道路运输管理机构的工作人员在实施道路运输监督检查过程中,对没有《道路运输证》又无法当场提供其他有效证明的货运车辆可以予以暂扣,并出具《道路运输车辆暂扣凭证》。对暂扣车辆应当妥善保管,不得使用,不得收取或者变相收取保管费用。

违法当事人应当在暂扣凭证规定时间内到指定地点接受处理。逾期不接受处理的,道路运输管理机构可依法作出处罚决定,并将处罚决定书送达当事人。当事人无正当理由逾期不履行处罚决定的,道路运输管理机构可申请人民法院强制执行。

(13)违反下列规定将由县级以上道路运输管理机构责令限期整改,整改不合格的,予以通报:

①没有建立货运车辆技术档案的;②没有按照国家有关规定在货运车辆上安装行驶记录仪的;③大型物件运输车辆不按规定悬挂、标明运输标志的;④发生公共突发性事件,不接受当地政府统一调度安排的;⑤因配载造成超限、超载的;⑥运输没有限运证明物资的;⑦未查验禁运、限运物资证明,配载禁运、限运物资的。

二、道路运输经营许可相关知识

(一)道路运输经营许可证定义

道路运输经营许可证是单位、团体、和个人有权利从事道路运输经营活动的证明,即从事物流和货运站场企业经营时必须取得的前置许可,物流公司根据经营范围的不同视当地政策情况办理道路运输经营许可证,有此证的公司方可有营运的车辆,是车辆上营运证的必要条件。道路运输经营许可证是地方道路运输管理局颁发的证件,有效期为4年到期需换证。

(二)审批方法

1. 申请途径

申请人向区政务服务中心交通局窗口提出申请,提交申请条件规定的相关材料并填写申请表;

2. 许可审查

受理区政府政务服务中心交通局窗口收到申请后,应当自受理申请之日起20日内审查完毕,做出许可或者不予许可的决定。予以许可的,向申请人颁发道路运输经营许可证,并向申请人投入运输的车辆配发车辆营运证;不予许可的,应当书面通知申请人并说明理由。依法应当报送上级机关的向申请人作出说明。

(三)办理流程

申请从事道路运输经营及相关业务的企业或个人提出申请,填写申请书,提交行政许可申请材料清单;提交材料;申请材料审核、汇总,材料核准后发送《行政许可受理通知书》;申请材料汇总、审批;发放道路运输经营许可证。

(四)办理资料

1. 从事县际道路旅客运输经营的申请材料

（1）从事旅客运输经营资格的申请材料

《道路旅客运输经营申请表》；企业章程文本；投资人、负责人身份证明及其复印件，经办人的身份证明及其复印件和委托书；安全生产管理制度文本；已聘用或者拟聘用驾驶人员的驾驶证和从业资格证及其复印件，公安部门出具的3年内无重大以上交通责任事故的证明。

（2）道路客运班线经营的申请材料

《道路旅客运输班线经营申请表》；可行性报告，包括申请客运班线客流状况调查、运营方案、效益分析以及可能对其他相关经营者产生的影响等；进站方案。已与起讫点客运站和停靠站签订进站意向书的，应当提供进站意向书；运输服务质量承诺书。

（3）新增客运班线的申请材料

申请道路客运班线经营的所有材料；《道路运输经营许可证》复印件；拟聘用驾驶人员的驾驶证和从业资格证及其复印件，公安部门出具的3年内无重大以上交通责任事故的证明；经办人的身份证明及其复印件，所在单位的工作证明或者委托书。

2. 从事县际道路旅客运输班线经营的申请材料

（1）在申请开业同时申请道路客运班线经营的，除提供申请开业的相关材料外，还需提供下列材料。

《道路旅客运输班线经营申请表》；进站方案，已与起讫点客运站和停靠站签订进站意向书的，应提供进站意向书；运输服务质量承诺书。

（2）已获得道路班车客运经营许可的经营者，申请新增客运班线时，除提供上述4项材料外，还应提供下列材料。

《道路运输经营许可证》复印件；与所申请客运班线类型相适应的企业自有营运客车的行驶证、《道路运输证》复印件；拟投入车辆承诺书，包括客车数量、类型及等级、技术等级、座位数以及客车外廓长、宽、高等。若拟投入客车属于已购置或者现有的，应提供行驶证、车辆技术等级证书（车辆技术检测合格证）、客车等级评定证明及其复印件；拟聘用驾驶人员的机动车驾驶证、从业资格证及其复印件、公安部门出具的3年内无重大以上交通责任事故的证明；经办人的身份证明及其复印件，所在单位的工作证明或者委托书。

3. 从事道路危险货物运输经营的申请材料

（1）《道路危险货物运输经营申请表》；

（2）拟运输的危险货物类别、项别及运营方案；

（3）企业章程文本；

（4）投资人、负责人身份证明及其复印件，经办人的身份证明及其复印件和委托书；

（5）拟投入车辆承诺书，内容包括专用车辆数量、类型、技术等级、通讯工具配备、总质量、核定载质量、车轴数以及车辆外廓长、宽、高等情况，罐式专用车辆的罐体容积，罐体容积与车辆载质量匹配情况，运输剧毒、爆炸、易燃、放射性危险货物的专用车辆配备行驶记录仪或者定位系统情况。若拟投入专用车辆为已购置或者现有的，应提供行驶证、车辆技术等级证书或者车辆技术检测合格证、罐式专用车辆的罐体检测合格证或者检测报告及其复印件；

（6）拟聘用驾驶人员、装卸管理人员、押运人员的从业资格证及其复印件，驾驶人员的驾驶证及其复印件；

(7)具备停车场地、专用停车区域和安全防护、环境保护、消防设施设备的证明材料；

(8)有关安全生产管理制度文本。

4. 从事水路货物运输经营的申请材料

(1)具有与经营范围相适应的运输船舶；

(2)有较稳定的客源或货源；

(3)经营旅客运输的，应当落实客船沿线停靠(站)点，并具备相应的服务设施；

(4)有经营管理的组织机构和负责人；

(5)有与运输业务相适应的自有流动资金。

三、货运站场的相关知识

(一)货运站场的基础知识

货运站场定义：货运站场是货物运输过程中进行货物集结、暂存、装卸搬运、信息处理、车辆检修等活动的场所。

货运站场的功能：中转换装功能；装卸储存功能；多式联运和运输代理功能；通讯信息功能；综合服务功能。

货运站场的分类：主要有汽车货运站和铁路货运站两种。

(二)货运站场布局

(1)根据货运站的功能和生产规模统一布局，并结合货运业务的实际情况突出重点，分期实施。在布局中要优先考虑生产区域，重点是确保库、场位置。分期实施的建设项目，应考虑分期建设过程中相互的衔接要求。

(2)与现有设施的改造利用相结合，减少用地和节约投资。

(3)按货运业务不同，分区设置相应设施，并具有合理生产关系，生产设施、设备要符合生产工艺的要求。危险货物的储存与作业应在相对独立的专门区域内进行。

(4)站内道路统一规划，合理利用，使站内车流、货流、机械流、人流便捷通畅，互不干扰。

(5)符合国家和当地政府现行的安全、消防、环保等有关规定。

(三)汽车货运站设施组成

生产设施：业务办公设施；库(棚)设施；场地设施；道路设施。

生产辅助设施：维修维护设施；动力设施；供水供热设施；环保设施。

生活辅助设施：食宿设施；其他服务设施。

(四)货运站－铁路货运站的设备组成

(1)为接发、解体、编组列车，装卸货物及其他需要的足够的站线，如到发线、编组线、装卸线、存车线、机车行走线等。

(2)设置必要的货场设备，如仓库、货物站台、雨棚及散装货场等。

(3)装卸设备等。

(4)办公用房和吊车、装卸工人间休室。

第三节　道路危险货物运输管理规定

一、相关规定

（一）规定颁布和实施时间

《道路危险货物运输管理规定》已于2012年12月31日颁布，自2013年7月1日起施行。

（二）《道路危险货物运输管理规定》的要点

1. 道路危险货物运输相关名词的定义

（1）危险货物

指具有爆炸、易燃、毒害、感染、腐蚀等危险特性，在生产、经营、运输、储存、使用和处置中，容易造成人身伤亡、财产损毁或者环境污染而需要特别防护的物质和物品。危险货物以列入国家标准《危险货物品名表》（GB 12268）的为准，未列入《危险货物品名表》的，以有关法律、行政法规的规定或者国务院有关部门公布的结果为准。

（2）道路危险货物运输

指使用载货汽车通过道路运输危险货物的作业全过程。

（3）道路危险货物运输车辆

指满足特定技术条件和要求，从事道路危险货物运输的载货汽车（以下简称专用车辆）。

2. 申请从事道路危险货物运输经营的企业需要的材料

（1）《道路危险货物运输经营申请表》，包括申请人基本信息、申请运输的危险货物范围（类别、项别或品名，如果为剧毒化学品应当标注"剧毒"）等内容。

（2）拟担任企业法定代表人的投资人或者负责人的身份证明及其复印件，经办人身份证明及其复印件和书面委托书。

（3）企业章程文本。

（4）证明专用车辆、设备情况的材料，包括：

①未购置专用车辆、设备的，应当提交拟投入专用车辆、设备承诺书。承诺书内容应当包括车辆数量、类型、技术等级、总质量、核定载质量、车轴数以及车辆外廓尺寸；通讯工具和卫星定位装置配备情况；罐式专用车辆的罐体容积；罐式专用车辆罐体载货后的总质量与车辆核定载质量相匹配情况；运输剧毒化学品、爆炸品、易制爆危险化学品的专用车辆核定载质量等有关情况。承诺期限不得超过1年。

②已购置专用车辆、设备的，应当提供车辆行驶证、车辆技术等级证明或者车辆综合性能检测技术合格证明；通讯工具和卫星定位装置配备；罐式专用车辆的罐体检测合格证或者检测报告及复印件等有关材料。

（5）拟聘用专职安全管理人员、驾驶人员、装卸管理人员、押运人员的，应当提交拟聘用承诺书，承诺期限不得超过1年；已聘用的应当提交从业资格证及其复印件以及驾驶证及其复印件。

(6)停车场地的土地使用证、租借合同、场地平面图等材料。

(7)相关安全防护、环境保护、消防设施设备的配备情况清单。

(8)有关安全生产管理制度文本。

3. 从事道路危险货物运输经营的其他规定

(1)设区的市级道路运输管理机构应当定期对专用车辆进行审验，每年审验一次。审验按照《道路货物运输及站场管理规定》进行，并增加以下审验项目：

①专用车辆投保危险货物承运人责任险情况；

②必需的应急处理器材、安全防护设施设备和专用车辆标志的配备情况；

③具有行驶记录功能的卫星定位装置的配备情况。

(2)驾驶人员、装卸管理人员和押运人员上岗时应当随身携带从业资格证。

(3)严禁专用车辆违反国家有关规定超载、超限运输。

道路危险货物运输企业或者单位使用罐式专用车辆运输货物时，罐体载货后的总质量应当和专用车辆核定载质量相匹配；使用牵引车运输货物时，挂车载货后的总质量应当与牵引车的准牵引总质量相匹配。

(4)道路危险货物运输企业或者单位应当要求驾驶人员和押运人员在运输危险货物时，严格遵守有关部门关于危险货物运输线路、时间、速度方面的有关规定，并遵守有关部门关于剧毒、爆炸危险品道路运输车辆在重大节假日通行高速公路的相关规定。

4. 违反《道路危险货物运输管理规定》的法律责任

(1)违反有下列情形之一的，由县级以上道路运输管理机构责令停止运输经营，有违法所得的，没收违法所得，处违法所得2倍以上10倍以下的罚款；没有违法所得或者违法所得不足2万元的，处3万元以上10万元以下的罚款；构成犯罪的，依法追究刑事责任：

①未取得道路危险货物运输许可，擅自从事道路危险货物运输的；

②使用失效、伪造、变造、被注销等无效道路危险货物运输许可证件从事道路危险货物运输的；

③超越许可事项，从事道路危险货物运输的；

④非经营性道路危险货物运输单位从事道路危险货物运输经营的。

(2)道路危险货物运输企业或者单位非法转让、出租道路危险货物运输许可证件的，由县级以上道路运输管理机构责令停止违法行为，收缴有关证件，处2000元以上1万元以下的罚款；有违法所得的，没收违法所得。

(3)道路危险货物运输企业或者单位有下列行为之一，由县级以上道路运输管理机构责令限期投保；拒不投保的，由原许可机关吊销《道路运输经营许可证》或者《道路危险货物运输许可证》，或者吊销相应的经营范围：

①未投保危险货物承运人责任险的；

②投保的危险货物承运人责任险已过期，未继续投保的。

(4)道路危险货物运输企业或者单位未按规定维护或者检测专用车辆的，由县级以上道路运输管理机构责令改正，并处1000元以上5000元以下的罚款。

(5)道路危险货物运输企业或者单位不按照规定随车携带《道路运输证》的，由县级以上道路运输管理机构责令改正，处警告或者20元以上200元以下的罚款。

(6)道路危险货物运输企业或者单位以及托运人有下列情形之一的，由县级以上道路运输管理机构责令改正，并处5万元以上10万元以下的罚款，拒不改正的，责令停产停业整顿；构成犯罪的，依法追究刑事责任：

①驾驶人员、装卸管理人员、押运人员未取得从业资格上岗作业的；

②托运人不向承运人说明所托运的危险化学品的种类、数量、危险特性以及发生危险情况的应急处置措施，或者未按照国家有关规定对所托运的危险化学品妥善包装并在外包装上设置相应标志的；

③未根据危险化学品的危险特性采取相应的安全防护措施，或者未配备必要的防护用品和应急救援器材的；

④运输危险化学品需要添加抑制剂或者稳定剂，托运人未添加或者未将有关情况告知承运人的。

(7)道路危险货物运输企业或者单位未配备专职安全管理人员的，由县级以上道路运输管理机构责令改正，可以处1万元以下的罚款；拒不改正的，对危险化学品运输企业或单位处1万元以上5万元以下的罚款，对运输危险化学品以外其他危险货物的企业或单位处1万元以上2万元以下的罚款。

(8)道路危险化学品运输托运人有下列行为之一的，由县级以上道路运输管理机构责令改正，处10万元以上20万元以下的罚款，有违法所得的，没收违法所得；拒不改正的，责令停产停业整顿；构成犯罪的，依法追究刑事责任。

①委托未依法取得危险货物道路运输许可的企业承运危险化学品的；

②在托运的普通货物中夹带危险化学品，或者将危险化学品谎报或者匿报为普通货物托运的。

(9)道路危险货物运输企业擅自改装已取得《道路运输证》的专用车辆及罐式专用车辆罐体的，由县级以上道路运输管理机构责令改正，并处5000元以上2万元以下的罚款。

二、道路危险货物运输经营许可

(一)有符合下列要求的专用车辆及设备

(1)自有专用车辆(挂车除外)5辆以上；运输剧毒化学品、爆炸品的，自有专用车辆(挂车除外)10辆以上。

(2)专用车辆技术性能符合国家标准《营运车辆综合性能要求和检验方法》(GB 18565—2001)的要求；技术等级达到行业标准《营运车辆技术等级划分和评定要求》(JT/T 198—2004)规定的一级技术等级。

(3)专用车辆外廓尺寸、轴荷和质量符合国家标准《道路车辆外廓尺寸、轴荷和质量限值》(GB 1589—2004)的要求。

(4)专用车辆燃料消耗量符合行业标准《营运货车燃料消耗量限值及测量方法》(JT 719—2008)的要求。

（5）配备有效的通讯工具。

（6）专用车辆应当安装具有行驶记录功能的卫星定位装置。

（7）运输剧毒化学品、爆炸品、易制爆危险化学品的，应当配备罐式、厢式专用车辆或者压力容器等专用容器。

（8）罐式专用车辆的罐体应当经质量检验部门检验合格，且罐体载货后总质量与专用车辆核定载质量相匹配。运输爆炸品、强腐蚀性危险货物的罐式专用车辆的罐体容积不得超过20立方米，运输剧毒化学品的罐式专用车辆的罐体容积不得超过10立方米，但符合国家有关标准的罐式集装箱除外。

（9）运输剧毒化学品、爆炸品、强腐蚀性危险货物的非罐式专用车辆，核定载质量不得超过10吨，但符合国家有关标准的集装箱运输专用车辆除外。

（10）配备与运输的危险货物性质相适应的安全防护、环境保护和消防设施设备。

（二）有符合下列要求的停车场地

（1）自有或者租借期限为3年以上，且与经营范围、规模相适应的停车场地，停车场地应当位于企业注册地市级行政区域内。

（2）运输剧毒化学品、爆炸品专用车辆以及罐式专用车辆，数量为20辆（含）以下的，停车场地面积不低于车辆正投影面积的1.5倍，数量为20辆以上的，超过部分，每辆车的停车场地面积不低于车辆正投影面积；运输其他危险货物的，专用车辆数量为10辆（含）以下的，停车场地面积不低于车辆正投影面积的1.5倍；数量为10辆以上的，超过部分，每辆车的停车场地面积不低于车辆正投影面积。

（3）停车场地应当封闭并设立明显标志，不得妨碍居民生活和威胁公共安全。

（三）有符合下列要求的从业人员和安全管理人员

（1）专用车辆的驾驶人员取得相应机动车驾驶证，年龄不超过60周岁。

（2）从事道路危险货物运输的驾驶人员、装卸管理人员、押运人员应当经所在地设区的市级人民政府交通运输主管部门考试合格，并取得相应的从业资格证；从事剧毒化学品、爆炸品道路运输的驾驶人员、装卸管理人员、押运人员，应当经考试合格，取得注明为“剧毒化学品运输”或者“爆炸品运输”类别的从业资格证。

（3）企业应当配备专职安全管理人员。

（四）有健全的安全生产管理制度

（1）企业主要负责人、安全管理部门负责人、专职安全管理人员安全生产责任制度。

（2）从业人员安全生产责任制度。

（3）安全生产监督检查制度。

（4）安全生产教育培训制度。

（5）从业人员、专用车辆、设备及停车场地安全管理制度。

（6）应急救援预案制度。

（7）安全生产作业规程。

（8）安全生产考核与奖惩制度。

（9）安全事故报告、统计与处理制度。

三、危运车辆管理规定

（一）车辆检查工作要求

（1）危运车辆每日由调度表上的驾驶员对安排车辆进行检查，检查内容包括：机油、水箱、轮胎、发动机、车身外表、制动性能、出车里程、备胎、灯光电路、车辆卫生、随车维修工具、紧急情况通讯录，并如实填写表上内容。星期一为危运车车况日，在18:00前驾驶员完成对车辆的全面检查。

（2）非危运车辆每日上班时由负责保管人安排人员对车辆按照检查表要求对车辆进行检查，检查内容包括：机油、水箱、轮胎、发动机、车身外表、制动性能、里程数、备胎、灯光电路、车辆卫生，随车维修工具、紧急情况通讯录，并对车辆进行预热起动（发动机运转约3分钟后熄车，以确保汽车的正常运行）。

（3）危运车辆押运员每日出车前，对随车灭火器、防静电胶垫、易燃液体标志、危险运输标志、防火帽、防静电带、捆绑用绳索、驾驶员危运证和驾驶证、押运员押运证进行检查，并确认完好及有效。发现失效，立即上报场站专管。检查完毕后，填写防护设施记录表格。对于槽车，不需要填写该项表格，而填写槽车检查表。

（4）汽车罐车并非每日运营，押运员每次出车前对罐车的罐体、安全阀、爆破片、压力表、液位计、温度计、紧急切断装置、管接头、人孔、管道阀、导静电装置及灭火器材等附件的外观、性能及完好状况进行检查，驾驶员并按要求带齐随车证件及维修工具，并由押运员复查。押运员检查后，填写填写槽车检查表。

（5）车辆管理员每15日需要完成全部车辆的1次检查工作，并填写车辆定期检查记录表。

（6）发现车辆存在异常，驾驶员需要立即上报对应管辖车辆的班组长，并由班组长上报生产运行部车辆管理员，并由车辆管理员按公司制度要求处理。

（7）车辆管理员根据车辆行驶的历程，按公司要求制定相关维修、维护计划，每月填写维修计划表，报负责人审批后备案。

（8）车辆管理员根据车辆存在问题及维修计划表相关内容，制定解决方法，需要送修的，填写维修申请表，按申请表要求送修。并建立车辆维修维护档案，将车辆维修维护事项记录在该档案内。

（二）车辆行驶规定

（1）车辆行驶需要遵守相关国家法律法规，需要遵守公司制度进行行驶。

（2）车辆按道路的性质、限速进行行驶，并不得超过限制速度进行行驶。危险化学品运输车里按公司指定时间及路线进行行驶，最高速度不得超过60km/h。

（3）车辆运载货物时，货物必须堆放整齐，并系牢固。

（4）危运车辆不得载人装物，超重、漏气以及没有橡胶圈的钢瓶不得擅车运输。

（5）危险化学品运输车辆运送货物时，必须随车押运。

（6）危险化学品运输车辆，不准拖带挂车，不得携带其他危险品，不准在车上吸烟，严禁其他人员搭乘。

(7)一切车辆，通过隧道、涵洞、立交桥时。必须注意标高并减速行驶。

(8)当液化石油气瓶、槽车罐内液温达到40℃时，应及时采取遮阳或罐外水冷等降温措施。

(9)危险化学品运输车辆，包括槽车及液化气气瓶运送车辆，应遵守以下规定：

①不得停靠在机关、学校、厂矿、桥梁、仓库和人员稠密的地方。

②停车位置应通风良好、停车地点10m内不得有明火和建筑物。

③停车检修应使用不产生火花的工具，不得有明火作业。

④槽车途中停车若超过6h，应上报车辆管理员及当地公安部门联系，按其指定的安全地点停放。

⑤途中发生故障，若槽车检修时间长或故障程度危及安全时，应将汽车槽车转移至安全场地，并由车辆管理员看管，方可维修。

⑥危险运输车辆在途中因故障发生险情，如火灾、爆炸等，押运员、驾驶员立即采取应急措施，在可控的情况下，进行灭火及上报110和部门负责人。若不可控，则迅速离开现场，及警告过往车辆不要驶进，并报警和上报部门负责人。

⑦重新行车前，驾驶员、押运员、车辆管理员对全车进行认真检查，遇有异常情况应妥善处理，达到要求后方可行车。

⑧停车时，驾驶员和押运员不得同时离开车辆。

(三)槽车装卸车要求

(1)汽车槽车返回气站要及时卸液，不得带液入库停放。槽车不得兼做储罐使用，禁止直接向钢瓶灌装。卸液时，不准采用空气加压或蒸汽加热等提高卸液速度的办法。卸液槽车应留有不低于0.5MPa的剩余压力。

(2)汽车罐车的装卸作业应严格按照操作规程进行操作，严禁槽车或储罐超装。装卸作业完毕后，填写装卸作业记录。

(3)遇有雷雨天火附近有明火，周围有易燃易爆介质泄漏，罐体内压力异常或其他不安全的情况时，要立即停止装卸作业，并由作业现场负责人做出相应的处理措施。

(四)汽车驶回停放要求

(1)工作完毕后，由驾驶员负责对车辆垃圾进行清理，保持车辆整洁，并由驾驶员负责对随车物品堆放整齐。

(2)驾驶员每周至少1次对车辆外表使用自来水清洗一次，并使用抹布清理车内卫生。

(3)驾驶员有权利安排1名随车人员协助车辆清理工作。

(4)车辆锁匙、行驶证等按保管要求进行交换确认。

(5)停放时，汽车按规定位置进行停放，并且停放整齐，不得影响其他车辆进出。

四、货运站场管理规定

(1)货运站经营者应当按照经营许可证核定的许可事项经营，不得随意改变货运站用途和服务功能。

(2)货运站经营者应当依法加强安全管理，完善安全生产条件，健全和落实安全生产责任制。货运站经营者应当对出站车辆进行安全检查，防止超载车辆或者未经安全检查的车辆出站，保证安全生产。

(3)货运站经营者应当按照货物的性质、保管要求进行分类存放，危险货物应当单独存放，保证货物完好无损。

(4)货物运输包装应当按照国家规定的货物运输包装标准作业，包装物和包装技术、质量要符合运输要求。

(5)货运站经营者应当按照规定的业务操作规程进行货物的搬运装卸。搬运装卸作业应当轻装、轻卸，堆放整齐，防止混杂、撒漏、破损，严禁有毒、易污染物品与食品混装。

(6)货运站经营者应当严格执行价格规定，在经营场所公布收费项目和收费标准。严禁乱收费。

(7)进入货运站经营的经营业户及车辆，经营手续必须齐全。货运站经营者应当公平对待使用货运站的道路货物运输经营者，禁止无证经营的车辆进站从事经营活动，无正当理由不得拒绝道路货物运输经营者进站从事经营活动。

(8)货运站经营者不得垄断货源、抢装货物、扣押货物。

(9)货运站要保持清洁卫生，各项服务标志醒目。

(10)货运站经营者经营配载服务应当坚持自愿原则，提供的货源信息和运力信息应当真实、准确。

(11)货运站经营者不得超限、超载配货，不得为无道路运输经营许可证或证照不全者提供服务；不得违反国家有关规定，为运输车辆装卸国家禁运、限运的物品。

(12)货运站经营者应当制定有关突发公共事件的应急预案。应急预案应当包括报告程序、应急指挥、应急车辆和设备的储备以及处置措施等内容。

(13)货运站经营者应当建立和完善各类台账和档案，并按要求报送有关信息。

第四节　道路运输驾驶员诚信考核

一、相关知识

(一)颁布和实施时间

《道路运输驾驶员诚信考核办法》于2008年4月1日由交通部发布，自2009年4月1日起施行。

(二)道路运输驾驶员诚信考核办法相关术语定义

1. 道路运输驾驶员定义

道路运输驾驶员是指经营性道路客货运输驾驶员和道路危险货物运输驾驶员。

2. 诚信考核定义

诚信考核是指对道路运输驾驶员在道路运输活动中的安全生产、遵守法规和服务质量等情况进行的综合评价。

(三)道路运输驾驶员诚信考核办法相关规定

1. 扣分规定

(1)道路运输驾驶员在考核周期内累计计分达到20分的,应当在计满20分之日起15日内,到档案所在地有培训资格的机构,接受不少于18个学时的道路运输法规、职业道德和安全知识的继续教育。继续教育结束后,道路运输驾驶员凭继续教育合格证明到设区的市级道路运输管理机构办理清除计分手续。

(2)设区的市级道路运输管理机构应当审核并收存继续教育合格证明,在驾驶员从业资格证件的“继续教育记录”栏内标注继续教育起止时间,并将相关信息录入道路运输驾驶员数据库,清除继续教育前的计分。在本次诚信考核周期内,道路运输驾驶员诚信考核等级为B级。

(3)道路运输驾驶员应当在诚信考核周期届满后20日内,持本人的从业资格证件到档案所在地设区的市级道路运输管理机构签注诚信考核等级,并填写《道路运输驾驶员诚信考核表》。

(4)道路运输驾驶员发生重大以上道路交通事故,且在诚信考核周期届满后20日内尚未有责任认定结论的,道路运输驾驶员应当自收到公安机关交通管理部门出具的交通事故认定书后15日内,到档案所在地设区的市级道路运输管理机构办理诚信考核等级签注手续。

2. 道路运输驾驶员奖惩措施

(1)道路运输经营者应当及时掌握本单位道路运输驾驶员的诚信考核等级,并作为培训、辞退道路运输驾驶员,调整道路运输驾驶员工资和奖励的重要依据。

(2)道路运输经营者应当加强对诚信考核等级为B级的道路运输驾驶员的教育和管理。对存在重大安全隐患的,应当及时调离驾驶员工作岗位。

(3)道路运输管理机构应当鼓励道路运输经营者以及其他相关的社团组织对诚信考核等级为AAA级的道路运输驾驶员进行表彰奖励。

(4)道路运输经营者不得安排诚信考核等级为B级的道路运输驾驶员,承担具有重大政治和国防战备意义、社会影响大、安全风险高的运输生产任务;不得安排其承担黄金周和春运期间的道路旅客运输任务。

(5)道路运输驾驶员有下列情形之一的,道路运输管理机构应当将其列入黑名单,并向社会公告:

在考核周期内累计计分达到20分,且未按照规定参加继续教育培训的;无正当理由超过规定时间,未签注诚信考核等级的;从业资格证件被吊销的。

(6)道路运输驾驶员存在以下情形之一的,道路运输管理机构应当根据《国务院关于特大安全事故行政责任追究的规定》,按照其不具备安全生产条件,依法撤销其从业资格证件:

连续3个考核周期诚信考核等级均为B级的;在一个考核周期内累计计分有3次以上达到20分的。

（7）道路运输经营者在一个年度内，所属取得从业资格证件的道路运输驾驶员累计有20%以上诚信考核等级为B级的，道路运输管理机构应当向其下发整改通知书，责令限期整改，并不得将其作为道路运输行业表彰评优的对象。道路运输经营者连续两个年度，所属取得从业资格证件的道路运输驾驶员均累计有20%以上诚信考核等级为B级的，道路运输管理机构还应当向社会公告，且1年内不得批准其新增运力。

二、道路运输驾驶员诚信考核细则

（一）道路运输驾驶员有下列情形之一的，一次计20分：

（1）从事道路运输经营活动，发生重大以上道路交通事故，且负同等责任的；

（2）转让、出租从业资格证件的；

（3）超越从业资格证件核定范围，从事道路运输活动的；

（4）驾驶未取得《道路运输证》的危险货物运输车辆，从事道路危险货物运输的；

（5）本次诚信考核过程中或者上一次诚信考核等级签注后，发现其有弄虚作假、隐瞒相关诚信考核情况，且情节严重的。

（二）道路运输驾驶员有下列情形之一的，一次计10分：

（1）从事道路运输经营活动，发生重大以上道路交通事故，且负次要责任的；

（2）驾驶无《道路运输证》的车辆，从事道路旅客或者货物运输经营活动的；

（3）驾驶无包车客运标志牌、包车票、包车合同的车辆，从事客运包车经营的；

（4）驾驶未取得《超限运输车辆通行证》的车辆，从事超限运输经营活动的；

（5）擅自涂改、伪造、变造从业资格证件上相关记录的；

（6）有受到省级及以上交通运输主管部门或者道路运输管理机构通报批评的服务质量记录的。

（三）道路运输驾驶员有下列情形之一的，一次计5分：

（1）驾驶无道路客运班线经营许可的车辆，从事班车客运经营的；

（2）超越《道路运输证》上注明的经营类别或者经营范围，从事道路运输经营活动的；

（3）驾驶擅自改装的车辆，从事道路运输经营活动的；

（4）驾驶客运班车不按批准的客运站点停靠或者不按规定的线路、班次行驶的；

（5）驾驶客运包车未按照约定的时间、起始地、目的地和线路行驶的；

（6）未配合汽车客运站执行车辆安全例行检查以及出站检查制度，擅自驾驶客车出站的；

（7）在旅客运输途中擅自变更运输车辆或者将旅客移交他人运输的；

（8）驾驶的危险货物运输车辆未按照危险化学品的特性采取必要安全防护措施的；

（9）有受到设区的市级交通运输主管部门或者道路运输管理机构通报批评的服务质量记录的。

（四）道路运输驾驶员有下列情形之一的，一次计3分：

（1）没有采取必要措施防止货物脱落、扬撒的；

(2)驾驶未按规定维护、检测的车辆,从事道路运输经营活动的;

(3)驾驶未按规定投保承运人责任险的车辆,从事道路旅客或者危险货物运输经营活动的;

(4)无正当理由超过规定时间 30 日以上未签注诚信考核等级的;

(5)超过规定时间 30 日以上未参加继续教育培训的;

(6)有受到县级交通运输主管部门或者道路运输管理机构通报批评的服务质量记录的。

(五)道路运输驾驶员有下列情形之一的,一次计 1 分:

(1)未按规定携带《道路运输证》、《道路运输从业人员从业资格证》,从事道路运输经营活动的;

(2)未按规定随车携带《道路客运班线经营许可证明》,从事班线客运经营的;

(3)未在规定位置放置客运标志牌,从事道路旅客运输经营活动的;

(4)服务单位变更,未申请办理从业资格证件变更手续的;

(5)道路危险货物运输和经营性道路旅客运输驾驶员未按规定填写行车日志的;

(6)超过规定时间,未签注诚信考核等级,且未达 30 日的;

(7)超过规定时间,未参加继续教育培训,且未达 30 日的。

第五节 道路运输企业质量信誉考核

2006 年 6 月 23 日交通部发布了《道路运输企业质量信誉考核办法》,这是道路运输企业质量信誉考核的依据。

一、规定的要点

(一)质量信誉考核定义和实施范围

1. 质量信誉考核定义

质量信誉考核是指在考核年度内对道路运输企业的安全生产、经营行为、服务质量、管理水平和履行社会责任等方面进行的综合评价。

2. 质量信誉考核的实施范围

质量信誉考核的实施范围是对道路旅客运输企业、道路货物运输企业(以下统称为道路运输企业)进行质量信誉考核,应当遵守本办法。

(二)质量信誉等级相关知识

1. 道路运输企业质量信誉等级

分为优良、合格、基本合格和不合格,分别用 AAA、AA、A 和 B 表示。

2. 道路运输企业质量信誉考核指标

(1)安全指标:交通责任事故率、交通责任事故死亡率、交通责任事故伤人率;

(2)经营行为指标:经营违章率;

(3)服务质量指标:旅客、货主投诉率;

(4)社会责任指标:国家规费缴纳情况、政府指令性运输任务完成情况;

(5)企业管理指标:质量信誉档案建立情况、企业稳定情况、企业形象、科技应用情况、获得荣誉称号等。

3.道路运输企业质量信誉考核

实行计分制,总分为1000分,其中安全指标400分、经营行为指标150分、服务质量指标150分、社会责任指标150分、企业管理指标150分,加分项目80分。具体考核计分标准见附件。

4.道路运输企业质量信誉等级的评定

道路运输企业质量信誉等级,由道路运输管理机构按照下列标准进行评定:

(1)考核期内未发生一次死亡3人以上的特大交通责任事故,且考核总分不低于900分的,质量信誉等级为AAA级;

(2)考核期内未发生一次死亡3人以上的特大交通责任事故,且考核总分不低于700分的,质量信誉等级为AA级;

(3)考核期内未发生一次死亡10人以上的特大交通责任事故,且考核总分不低于600分的,质量信誉等级为A级;

(4)有下列情形之一的,质量信誉等级为B级:

发生一次死亡10人以上的特大交通责任事故;发生2起以上(含2起)一次死亡3人以上的重大交通责任事故;考核总分低于600分的。

二、质量信誉考核的办法(表1-2-5-1)

道路运输企业质量信誉考核记分标准 表1-2-5-1

考核项目			考核分数	记分标准
运输安全(300分)	交通责任事故率	客运企业	50	每增0.01次/车,扣5分
		货运企业	50	每增0.01次/车,扣5分
	交通责任事故死亡率	客运企业	150	每增0.01人/车,扣25分
		货运企业	150	每增0.005人/车,扣25分
	交通责任事故伤人率	客运企业	100	每增0.01人/车,扣10分
		货运企业	100	每增0.005人/车,扣10分
经营行为(200分)	经营违章率	客运企业	200	每增0.01次/车,扣10分
		货运企业	200	每增0.01次/车,扣10分
服务质量(200)	社会投诉率	客运企业	200	每增0.01次/车,扣10分
		货运企业	200	每增0.005次/车,扣10分
社会责任(150)	规费缴纳		80	不按规定为营运车辆缴纳运管费、养路费、客货运附加费的,每台次扣10分
	投保承运人责任险		70	不按法律法规要求为营运车辆投保承运人责任险的,每台次扣10分

续上表

<table>
<tr><th colspan="2">考核项目</th><th>考核分数</th><th>记分标准</th></tr>
<tr><td rowspan="2">企业管理
(150)</td><td>质量信誉档案</td><td>50</td><td>质量信誉档案不健全的,每缺一项,扣10分;不按要求上报质量信誉情况但能及时纠正的,扣30分</td></tr>
<tr><td>企业稳定</td><td>100</td><td>由于企业管理原因,导致发生违反《信访条例》规定、出现过激行为、严重扰乱社会秩序、造成恶劣社会影响的群体性事件的,不得分;情节不严重,或经批评教育后及时改正的,每次扣50分</td></tr>
<tr><td rowspan="4">加分项目
(100分)</td><td>企业形象</td><td>20</td><td>营运车辆统一标识和外观的,加10分;服务人员统一服装的,加10分</td></tr>
<tr><td>科技设备应用</td><td>30</td><td>50%以上营运车辆安装GPS或行车记录仪并有效应用的,加20分;全部营运车辆安装并有效应用的,加30分</td></tr>
<tr><td>省部级以上荣誉称号</td><td>20</td><td>获得省、部级以上荣誉称号的,加20分</td></tr>
<tr><td>完成政府指令性运输任务</td><td>30</td><td>圆满完成县级以上人民政府、交通主管部门或道路运输管理机构指令性应急运输任务的,加30分;未按要求完成的,不加分,并发生一次从考核总分中扣30分</td></tr>
</table>

注:质量信誉考核记分标准说明:

①所有项目的考核分,不计负分,扣完本项目规定考核分数为止。

②交通责任事故限于考核周期内道路运输企业承担同责及同责以上、有人员伤亡的交通事故。

交通责任事故率=企业发生交通责任事故的次数/营运客车数(或营运货车数)

交通责任事故死亡率=企业发生交通责任事故导致的死亡人数/营运客车数(或营运货车数)

交通责任事故伤人率=企业发生交通责任事故导致的受伤人数/营运客车数(或营运货车数)

③经营违章限于企业及其从业人员违反交通行业管理行政法规、规章和规定,受到各级交通主管部门、道路运输管理机构行政处罚的违章行为。

经营违章率=企业被查处的违章行为的次数/营运客车数(或营运货车数)

④服务质量的社会投诉是指道路运输企业及其从业人员违反有关规定,损害他人正当权益,旅客、货主、其他相关人向道路运输管理机构进行投诉,或新闻媒体对企业的服务质量事件曝光,经查属实的。

社会投诉率=服务质量投诉次数/营运客车数(或营运货车数)

⑤省、部级以上荣誉称号指道路运输企业在考核周期内获得的国家部委、省级党政机关以上单位(不含下设机构)授予的在评优创先、安全生产、文明服务、精神文明建设方面的集体荣誉称号。

⑥各项考核指标的有效数据按四舍五入的原则保留到小数点后2或3位,具体要求见每项的记分标准。

⑦上述计算公式中营运客车数系指企业上年度末企业在册的营运客车总数,包括客运班车、客运包车、旅游客车,但不包括出租汽车和城市公共汽车;营运货车数系指企业上年度末企业在册的营运货车总数,包括非经营性道路危险货物运输车辆。

(1)道路运输企业质量信誉考核每年进行一次。考核期为当年的1月1日至12月31日。考核工作应当在次年的3月至5月进行。

(2)道路运输企业应在每年的3月10日前对本企业上年度的质量信誉情况进行总结,向所在地的县级以上道路运输管理机构申请考核,并如实报送下列资料:

①企业基本情况，包括分公司名称、注册地，上年度末企业在册的营运客车、货车数量；

②安全生产情况，包括交通责任事故次数、责任事故死亡人数、责任事故受伤人数，平均单车责任事故率、平均单车责任事故死亡率、平均单车责任事故伤人率等；

③经营违章情况，包括营业车辆违章记录，被道路运输管理机构行政处罚的次数等；

④服务质量情况，包括旅客、货主及其他相关人投诉及媒体等披露的有关本企业运输服务质量事件的次数及处理记录等；

⑤运管费、客货附加费的缴纳情况；

⑥完成政府指令性运输任务的情况；

⑦发生不稳定事件的情况；

⑧营运车辆安装、使用 GPS 和行车行驶记录仪的情况；

⑨营运车辆喷涂统一标志和员工统一着装情况；

⑩企业获得省、部级以上表彰的情况。

三、质量信誉考核的奖惩措施

(1)道路客运企业的年度质量信誉考核结果，作为道路客运班线许可的重要依据之一。

①对两个以上道路客运企业同时申请同一客运班线经营权的，在符合许可条件的前提下，许可机关应当将经营权优先许可给上一年度质量信誉等级高的企业；

②道路客运班线经营权实行服务质量招投标的，企业的质量信誉等级作为评标指标之一。具体办法另行规定；

③企业质量信誉等级上两年度连续被评为 AAA 级的，其客运班线经营期限届满且申请继续经营的，在符合许可条件的情况下，原许可机关应当允许其经营权自动延续，但不得超过《中华人民共和国道路运输条例》规定的期限，并按照有关规定重新办理手续；

④企业上一年度质量信誉考核为 B 级，或上两年度连续考核为 A 级的，其原有客运班线经营期限届满后，班线经营权由许可机关收回。有其他经营者申请的，优先授予质量信誉等级高的企业经营，或通过经营权招标方式，重新确定经营者。

(2)鼓励大宗货源单位在选定货运企业时优先选择质量信誉等级高的运输企业。

(3)道路运输企业上一年度质量信誉等级为 B 级或上两年度连续考核为 A 级的，道路运输管理机构应当责令其进行整改。存在重大安全隐患，经整改仍不合格的，由原许可机关按照相关规定吊销其相应的道路运输经营许可。

(4)道路运输企业有下列情形之一的，其年度质量信誉考核为 B 级。

①不按要求参加年度质量信誉考核，拒不改正的。

②在质量信誉考核过程中弄虚作假，隐瞒情况或提供虚假情况，经查实的。

③未按要求建立质量信誉考核档案，导致质量信誉考核无法进行的。

第三章 安全装置教学

第一节 牵引汽车制动系统组成和功能

一、牵引汽车制动系统的要求

牵引汽车必须具备一般汽车制动系要求的减速、驻车灯功能和制动力大、制动平稳、散热性好等性能外，还需满足下列要求：

(1)牵引汽车与挂车的制动系统应相互关联，工作可靠。

(2)牵引汽车和挂车的制动应协调，即满足一定的制动顺序。例如半挂汽车列车的制动顺序是牵引车前轮、半挂车车轮及牵引车后轮；对于全挂车列车，挂车制动应早于牵引汽车，以免因挂车滞后制动造成列车折叠或甩尾等现象。

(3)当挂车意外自行脱挂，制动管路切断时，挂车制动系统应能立即使挂车自行制动。

(4)汽车列车满载拖挂时能在16%的坡道上停住；此外，挂车应另设驻车制动系统，以保证脱挂停放时可靠制动。

二、牵引汽车制动系统组成

牵引汽车的制动系统与载货汽车的制动系统基本相同，都包括实现行驶中减速和停车功能的行车制动装置，使停驶的车辆驻留原地不动的驻车制动装置，防止因制动器过热而降低制动效能的辅助制动装置和在行车制动失效的情况下实现汽车减速或停车的应急制动装置。

不同点是牵引汽车设置了向挂车输送压缩空气的气压制动管路、紧急制动管路、起动控制管路及气管接头等。另外，在驾驶室内设置了驻车制动阀，可直接操纵挂车制动。为了提高制动性能，有的牵引车在后桥处装有感载阀以改善轴间制动力的合理分配。

三、半挂车制动气路布置

目前国内生产的半挂车采用双管路设计，如图1-3-1-1所示；1为控制管路，2为供气管路，通过控制接头3连接到牵引车，常见的供气管路为红色螺旋管，控制管路一般为黄色或者蓝色螺旋管。

(一)供气管路

牵引汽车通过供气管路2，经过紧急继动阀5向储气筒6供气，同时通过手动阀8向驻车制动分泵(制动分泵驻车气室部分)供气。当储气筒超过4×10^5Pa之后，驻车制动解除。

（二）控制管路

当踩下制动踏板时，控制管路1内进气，顶开紧急继动阀5，这时储气筒6开始向各个轴的制动分泵4供气，车辆开始进入制动状态。

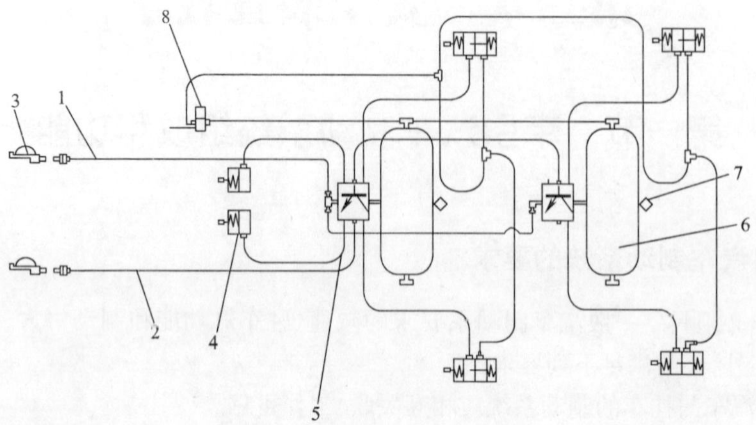

图 1-3-1-1　三轴半挂车制动系统原理图

1-控制管路；2-供气管路；3-控制器接头；4-制动分泵；5-紧急继动阀；6-储气筒；7-放水阀；8-手动阀

第二节　牵引汽车制动系统工作情况

现代牵引汽车均装有双回路制动系统，即用一个双回路保护阀，将空气压缩机产生的压缩空气分别充入两个独立的储气罐（制动气源），然后，由一个回路到前制动气室，另一个回路到后制动气室，实施制动。当一个回路发生故障失效时，另一个回路仍能继续工作，使制动系统能够维持一定的制动能力，保证汽车行车制动的安全性。

牵引汽车的双回路气力制动系统的工作原理如图1-3-2-1所示。

在双回路制动系统中，挂车的一条主制动管路由牵引车储气筒引出，对挂车的储气筒充气，称为供气管路，其管接头往往漆成红色。另一条管路由牵引车的制动控制阀引出，操纵挂齿制动阀（又称继动阀或分配阀）。通过挂车储气罐给挂车制动气室供气实现制动。这一管路称为操纵管路，其管接头一般漆成蓝色。正常行驶时，空压机产生的压缩空气经调节阀2、双回路保护阀3、充入牵引汽车储气筒4。前者的压缩空气一路进入牵引汽车前制动阀5，另一路经双管路分别进入挂车制动阀11、充气管路7、紧急继动阀9和挂车储气筒8，而牵引车储气筒4的压缩空气则进入牵引车后制动阀5。若一条回路漏气，则双回路保护阀3可使另一条回路保持一定的气压。制动时，踩下牵引汽车制动阀5的踏板，压缩空气经阀5进入牵引汽车前后制动气室15，同时进入挂车制动阀11的上腔，经操纵管路12，打开紧急继动阀9的进气门，使挂车储气筒8的压缩空气经阀和调压阀10进入挂车制动气室13，实施制动。

双回路制动系统在驾驶室内设有驻车制动阀，实施挂车的驻车制动，若需要单独解除挂车制动，则要将调压阀放在“松开”位置，挂车意外脱挂时，该系统能将挂车自行制动，压力保护阀 6 可防止牵引车储气筒压缩空气外泄。

双回路制动系统的挂车储气筒无论列车在行驶或制动时一直处于充气状态，在列车下长坡连续制动时压缩空气也能得到及时的供应，使制动连续、可靠，以保证车辆的安全行驶，这是双管路系统的主要优点。

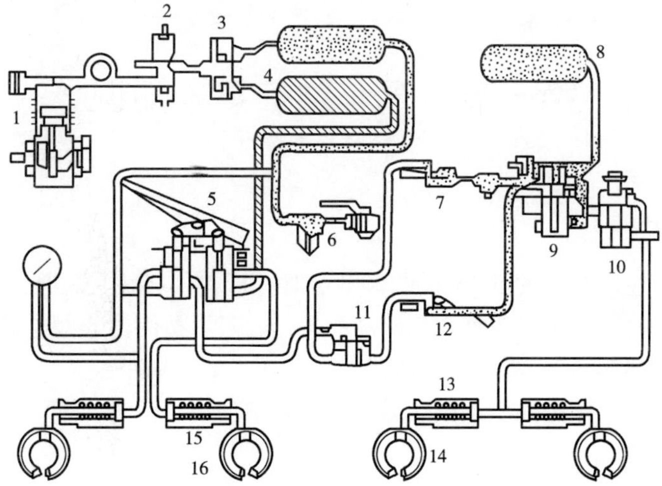

图 1-3-2-1　双回路气压制动系统

1-空气压缩机；2-调节阀；3-双回路保护阀；4-牵引车储气筒；5-牵引车制动控制阀（前、后）；6-压力保护阀；7-充气管路；8-挂车储气筒；9-紧急继动阀；10-调压阀；11-挂车制动阀；12-操纵管路；13-挂车制动气室；14-挂车制动器；15-牵引车制动气室；16-牵引车制动器

第四章　汽车使用技术教学

第一节　汽车维护基本知识

一、一级维护

一级维护一般在汽车行驶到1500～2000km时进行，它以紧固、润滑为主。

其中要内容为：检查、紧固车外露部松动的螺栓、螺母，按润滑表规定的润滑部位加注润滑脂和为各总成添加润滑油，清洗各滤清器。

一级维护的中心工作是润滑紧固。通常作业要求如下：

（一）驾驶员作业项目

（1）向值班检验员汇报汽车技术状况，根据情况提出报修项目；

（2）清洁车箱、驾驶室、汽车外表、发动机、底盘部分的泥污和积垢；

（3）清除火花积炭，检查调整电极间隙及分电器断电角点间隙。

（二）保修工人作业项目

1. 发动机部分

（1）起动发动机，倾听发动机在怠速、中速和高速运转时有无杂声异响；

（2）检查风扇皮带的松紧紧度，并进行调整；

（3）检查、清洗化油器、汽油泵、汽油滤清器、空气滤清器（视需要更换机油）；

（4）检查汽缸盖，进、排气歧管及消声器的连接紧固情况，检查并紧固发动机固定螺栓、螺母及飞轮壳螺栓；

（5）清洁机油粗、细滤清器及滤芯，放出滤清器中的沉淀物，检查机油的多少和质量，检查润滑系（接头）有无漏油现象，紧固油底壳螺栓；

（6）检查空气压缩机的固定情况及管道有无漏油、漏气，排除储气筒内的油水及污物；

（7）检查散热器、水泵固定情况及水管有无渗漏、百叶窗的效能及水泵轴加润滑脂的情况。

2. 离合器和传动部分

（1）检查离合器效能及底盖螺栓，踏板自由行程，踏板轴加润滑脂；

（2）检查变速器紧固情况，油平面及有无漏油现象，根据需要添加齿轮油；

（3）检查万向节、传动轴、伸缩套、中间轴承及支架、拖车钩等紧固及润滑情况；

（4）检查驻车制动器工作情况，必要时调整工作行程，向制动蹄销加注润滑脂；

（5）检查主减速器壳有无漏油现象，检查油面，必要时加齿轮油。

3. 前桥部分

(1)检查前制动鼓有无漏油现象,检查并调整前轮毂轴承的松紧度,检查转向节和主销工作情况,并加注润滑脂,紧固轮胎螺栓、螺母。

(2)检查转向器,加注润滑油,检查、调整转向盘的转动量和游隙,检查转向横、直拉杆,直拉杆臂转向臂各接头的连接接和紧固情况,并加注润滑脂。

(3)检查减振器固定情况,钢板弹簧有无折断,钢板销加注润滑脂,检查骑马螺栓与螺母的紧固情况。

(4)紧固前保险杠、翼板、发动机罩、脚踏板、驾驶室螺栓、螺母,检查制动器室连接情况并紧固螺栓、螺母,制动凸轮轴加注润滑脂。

(5)检查前轴(工字梁)有无弯曲、断裂现象,检查和调整前束。

4. 后桥部分

(1)检查后制动鼓有无漏油现象,检查调整后轮毂轴承松紧度,检查轴距,检查紧固半轴凸缘螺栓、螺母,轮胎螺栓、螺母,制动室螺栓、螺母,制动凸轮轴加润滑脂。

(2)检查钢板弹簧有无折断,吊耳是否良好,钢板销加注润滑脂,检查骑马螺栓、螺母的紧固情况。

(3)检查紧固油箱架螺栓、螺母,挡泥板螺栓、螺母等。

(4)检查紧固备胎架、工具箱。

5. 电气设备部分

(1)检查蓄电池电解液液面,不足时加蒸馏水,冬季加水后需充电,以防冻结。电柱头涂凡士林,以防腐蚀,疏通盖上的通气孔。紧固蓄电池支架。

(2)检查喇叭、指示灯、制动灯、转向灯、前照灯等的照明设备,以及电气仪表的工作状况。

(3)检查发动机、起动机的工作状况是否良好,并润滑轴承。

6. 轮胎部分

(1)检查轮胎外表及气压情况,按标准充足气压并配齐胎嘴帽。

(2)除去胎纹里的石子和一部分杂物,若发现油眼则用生胶塞补,检查轮胎配备是否合理。

(3)检查轮胎与钢板弹簧、车厢、挡泥板或其他部分有无摩擦碰刮现象。

(三)整车检验项目

检查汽车全部外表完好状态以及油漆情况,检查车架有无裂缝、铆钉有无松动现象,检查制动系统的工作效能及管路密封情况,检查转向系统的工作情况以及信号、照明设备的工作情况,按照"全车润滑图"中的规定检查润滑情况,如发现故障,应由有关工种及各工位调整修理。

二、二级维护

二级维护一般在汽车行驶6000~8000km时进行。

二级维护以检查、调整为中心,对行驶一定里程的车辆进行一次较深入的技术状况检查和调整,其目的是为了保持车辆在以后较长时间内,能保持良好的运行性能。

二级维护的作业较多，除进行一级维护的全部工作外，还必须消除一些维护工作中发现的故障和隐患，维护的时间较长，一般由维护工实施。进行二级维护前，驾驶员应将本车运行中的不良技术情况提供给执行维护的维护工，以提高维护质量。驾驶员也应了解二级维护的主要内容，以便对维护的质量有所了解。

二级维护的中心是检查、调整、润滑。

（一）驾驶员作业项目

（1）向值班检验员汇报汽车技术状况，根据情况提出报修项目。

（2）清洁车厢、驾驶室、汽车外表、发动机、底盘部分的泥污和积垢。

（3）清除火花积炭，检查调整电极间隙及分电器断电角点间隙。

（二）维修工作业项目

1. 发动机部分

（1）起动发动机，倾听发动机在怠速、中速和高速运转时有无杂声异响。

（2）检验汽缸压力或真空度，必要时清除燃烧室积炭及研磨汽门、调整汽门脚间隙，检查油封及曲轴后轴承有无漏油现象。

（3）根据情况拆卸化油器、汽油泵，必要时在试验台上试验、调整，使其符合标准；拆洗空气滤清器和更换机油，清理汽油滤清器检查管道和接头。

（4）检查紧固汽缸盖，进、排气歧管及消声器的螺栓、螺母，检查发动机固定情况，飞轮壳与缸体的连接和紧固情况。

（5）清理机油粗、细滤清器（更换细滤芯），拆洗油底壳，清洗机油泵和机油集滤器，擦拭和检查汽缸壁，检查轴瓦（必要时进行调整），装上油底壳并紧固，按规定加注对号的新机油至规定油面。

（6）检查空气压缩机工作情况及管道密封性，调整皮带松紧度，排除储气室内的油水及污物，检查刮水器及其气。

（7）检查散热器及罩盖的固定情况、水泵工作情况，有无漏水，水泵轴加润滑脂，检查百叶窗工作效能。

2. 离合器及传动部分

（1）检查离合器效能及底盖螺栓，调整踏板自由行程，向踏板轴加注润滑脂。

（2）检查变速器，放出齿轮油，清洗变速器及齿轮；检查齿轮、轴及变速机构的磨损情况与飞轮罩螺栓的紧固情况，复原安装变速器盖，加注与原型号相同的齿轮油至规定高度。

（3）检查万向节，根据情况调换十字轴的方向，检查传动轴、伸缩套的松旷情况；检查中间支承架及轴承；加注润滑脂，紧固拖车钩螺母。

（4）检查驻车制动器工作情况，机件连接紧固情况，调整驻车制动部分，制动蹄销加注润滑脂。

（5）根据情况检查主减速器和差速器，检查齿轮的啮合情况，调整轴承的松紧度，添加或更换齿轮油，疏通通气孔，检查是否漏油，紧固螺栓、螺母。

3. 前桥部分

（1）拆检前制动鼓、制动蹄片、弹簧、轴承、油封、蹄片轴、凸轮的磨损情况，调整制动蹄片间隙及前轮毂轴承的松紧紧度，补充或更换润滑脂，紧紧固轮胎螺栓、螺母。

(2)检查调整转向器，加注润滑；检查调整转向盘的转动量及游隙，紧固固定螺栓、螺母，拆检转向横、直拉杆，直拉杆臂、转向臂球头及弹簧等；调整松紧度，紧固并加注润滑脂。

(3)检查减振器紧固情况及功能，根据情况补充减振液、拆检钢板弹簧、钢板销、支架和吊耳、夹子、骑马螺栓、螺母的技术状况，加注润滑脂，复原安装并紧固。

(4)紧固前保险杠，前拖钩、翼板、发动机罩、踏板、驾驶室的固定螺栓、螺母等；检查制动器室的工作情况并紧固螺栓、螺母，制动凸轮轴加注润滑脂。

(5)检查前轴(工字梁)有无弯曲、断裂现象检查主调整前束；拆检转向横拉杆球头，加注润滑脂，并调整紧固。

4. 后桥部分

(1)拆检后制动鼓、制动蹄片、弹簧、轴承、油封、蹄片轴、凸轮的磨损情况，调整制动蹄片间隙及后轮毂轴承松紧度，补充或更换润滑脂，检查轴距，根据情况进行半轴换位，紧固半轴凸缘螺栓、螺母，紧固轮胎螺栓、螺母和制动室螺栓、螺母，制动凸轮轴加注润滑脂。

(2)拆检主、副钢板弹簧、钢板销、支架和吊耳、夹子、骑马螺栓、螺母，加注润滑脂，进行复原安装和紧固。

(3)检查紧固油箱架螺栓、螺母，车厢挡板、后门挡板，车厢固定螺栓、螺母，挡泥板螺栓、螺母等。

(4)检查和紧固备胎架、工具箱。

5. 电气设备部分

(1)检查蓄电池电解液密度，加注电解液，加注蒸馏水并充电，电桩头涂凡士林，以防腐蚀，疏通盖上的通气孔，检查启动线路，紧固蓄电池支架。

(2)检查汽车全部电气设备的完好状况，检查调整喇叭、指示灯、制动灯、转向灯、前照灯等以及电气仪表的工作状况，拆检、清理和润滑分电器，检验离心块弹簧拉力和真空调节器的工作情况，检验电容器和点火线圈和工作性能。

(3)检查、清理和润滑发电机、调节器起动机，试验其工作性能，每行驶6000～8000km(可根据具体情况适当增减)进行二级维护时，必须对发电机、起动机解体进行预防性检查，消除隐患。

6. 轮胎部分

(1)清除胎纹里的石子等夹杂物，检查外胎有无鼓包、脱层、裂伤、变形、老化等现象。

(2)拆卸轮胎，对轮辋进行除锈，检查内胎和垫带有无损伤或折叠现象，按规定气压充气，进行轮胎翻边或换位。

(3)检查轮胎与翼板、车厢底板、钢板弹簧、挡泥板等有无摩擦碰刮现象。

(三)整车检验项目

检查汽车全部外表完好状况及油漆情况；检查车架有无裂缝、铆钉有无松动；检查制动系统工作效能及管路密封情况；检查转向系统的工作情况以及信号、照明设备的工作情况；按照“全车润滑图”中的规定检查润滑情况，如发现有故障或不合要求时，分别由有关工种及工位调整修理。进行汽车路试，倾听发动机在加速、减速时的运转情况，有无不正常的响声，底盘部分有无不正常的响声，在各种不同速度下试验制动器的制动性能，应无跑偏、振颤及制动不灵现象和不正常的响声，汽车停在陡坡上，拉紧制动器后，车辆应停住不动。路试一段距离后，检查变速器壳、后桥主减速器壳、各制动鼓等处是否过热。路试后，发现有不正常现象，应立即予以检查、调整、排除。

三、三级级维护

三级级维护周期一般为36000～40000km，是经几次二级维护后，为了巩固和保持各个总成、组合件的正常使用性能而采取的维护措施。在汽车行驶较长里程后，对总成和组合件进行的维护作业。

三级级维护以总成解体、清洗、检查、调整和清除隐患为中心。

三级级维护的中心是总成解体、清洗、拆检、调整、消除隐患。通常作业要求如下：

（一）驾驶员作业项目

（1）向值班检验员汇报汽车技术状况，根据情况提出报修项目。

（2）清洗车厢、驾驶室、汽车外表、发动机、底盘部分的泥污和积垢。

（3）清理电系、燃烧系、冷却系、润滑系、空气压缩机等部件上的污物。

（二）维修工人作业项目

1. 发动机部分

（1）起动发动机，倾听发动机在怠速、中速和高速运转时有无杂声异响，拆下发动机总成。

（2）清洗、拆卸发动机，清除积炭、油污和结胶，清理水垢、主油道、油底壳；检查各机件的技术状况，研磨汽门；检验汽门弹簧，修铰轴承衬瓦，根据情况更换活塞环；检查油封，根据情况进行更换。

（3）拆检、清洗化油器汽油泵，在试验台上进行试验和使其符合标准，拆洗空气滤清器和更换机油，清洗汽油滤清器及其管道。

（4）检验汽缸盖，根据情况更换汽缸盖衬垫，清洗进、排气歧管及消声器并紧固其螺栓、螺母，检查并紧固飞轮罩与缸体的螺栓。

（5）清理机油粗、细滤清器，更换细滤芯，拆检机油泵、机油滤清器装，上油底壳并紧固；发动机装配后，按规定加注和原型号相同的新机油至规定高度。

（6）检查空气压缩机工作情况及管道密封性，根据情况进行拆修，调整皮带松紧度，清除储气筒内的油水及污物，检查刮水器及其气道。

（7）拆检水泵，根据情况更换密封皮碗和垫圈，水泵轴加注润滑脂，检查节温器疏通水道及分水管。

2. 离合器及传动部分

（1）分解、清洗、检查和调整离合器（根据情况更换被动盘摩擦片和分离轴承）调整离合器踏板的自由行程，向踏板轴加注润滑脂。

（2）分解、清洗、检查和调整变速器，根据情况进行修整或更换，按规定加注原型号相同的齿轮油至所需高度；运转，检验质量，检查并紧固变速器壳与飞轮罩螺栓。

(3)拆检万向节,根据情况进行更换,检查传动轴的弯曲度并进行校正,检查传动轴与伸缩套的松旷程度;拆检中间轴承及支架,加注传动系统润滑脂;检查并紧固拖车螺栓及螺母。

(4)拆检、清洗、调整驻车制动器(根据情况更换制动摩擦片),向制动蹄销加注润滑脂。

(5)拆检、清洗、高速主减速器和差速器(根据情况更换垫片),更换齿轮油,疏通通气孔,检查其紧固情况和有无漏油现象。

3. 前桥部分

(1)拆卸、清洗、检查前制动鼓、制动蹄片(根据情况更换制动摩擦片),弹簧、轴承、油封(根据情况更换)、蹄片轴、凸轮的磨损情况,调整制动蹄片与制动鼓之间的间隙,调整前轮毂轴承的松紧度,更换润滑脂,拆检转向节和主销磨损情况,根据需要更换衬套、垫圈或推力轴承,加注润滑脂,紧固轮胎螺母。

(2)拆检、清洗、调整转向器加注润滑脂,检查调整转向盘的转动量和游隙,拆检、清洗、润滑横、直拉杆,直拉杆臂和转向臂球头及弹簧、钢碗(根据情况更换),调整松紧度,紧固并加锁销。

(3)拆卸、清洗、检查减振器更换减振液,试验其减振效果,拆检、清洗、润滑钢板弹筑、钢板销、去架和吊耳(根据情况更换钢板销或衬套),检查、清洗夹子、骑马螺栓、螺母、复原安装并紧固。

(4)紧固前保险杠、前拖钩、翼板、发动机罩、脚踏板、倒车镜、驾驶室的固定螺栓、螺母等,拆检制动器气室、软管(根据情况更换橡皮膜片或软管),拆检制动器气室、管(根据情况更换橡皮膜片或软管),拆检制动凸轮调整臂向凸轮轴加润滑脂。

(5)检查前轴(工字梁)有无弯曲、断裂现象,铰削主销孔上下平面,拆检转向横拉杆球头,加注润滑脂,并调整其松紧度,调整前轮的定位及转向角。

4. 后桥部分

(1)拆卸、清洗、检查后制动鼓、制动蹄片(根据情况更换制动摩擦片)、弹簧、轴承、油封(根据情况更换)、蹄片轴、凸轮的磨损情况,调整制动蹄片与制动鼓的间隙,调整后轮毂轴承的松紧度,更换润滑脂,检查轴距,检查半轴,紧固半轴凸缘螺栓、螺母和轮胎螺栓、螺母,拆卸制动器气室(根据情况更换橡皮膜片和软管),检查通气管道,拆检制动凸轮高速臂,向制动凸轮轴加润滑脂。

(2)拆检、清洗、润滑主、副钢板弹簧、钢板销、支架和吊耳(根据情况更换钢板销和衬套),检查和清洗夹子、骑马螺栓、螺母。

(3)检查、紧固油箱架螺栓、螺栓、螺母,车厢挡板、后门挡板、车厢固定螺栓、螺母、挡泥板螺栓、螺母等。

(4)检查、紧固备胎架,工具箱。

5. 电气设备部分

(1)检查蓄电池,如110h放电容量小于40%额定容量时,可根据具体情况进行充电或解体修理,检查或修整起动导线。

(2)检查汽车全部电气设备,检查各仪表、保险器及各开关和线路的清理,拆检、清理和润滑分电器,检验离心块弹簧拉力、真空调节器的作用,检验电容器点火线圈、火花塞、灯光、喇叭、转向开关及闪光灯等,必要时进行拆修或调整。

(3)清理、检查、高速发电机及调节器，起动机的工作性能，根据情况进行拆检修整。

6. 轮胎部分

(1)清除胎纹里的石子等夹杂物，检查外胎有无鼓泡、脱层、断线、裂伤、变形、老化等。

(2)拆检轮胎，检查钢圈有无变形，清除轮辋锈污和补漆，检查内胎和垫带有无损伤或折叠，按规定充足气压，配齐胎嘴帽，进行轮胎翻边或换位。

(3)检查轮胎与翼板、车厢底板、钢板弹簧、挡泥板等有无摩擦碰刮现象。

7. 车架部分

(1)检修保险杠，检查车架有无断裂、扭曲或变形，铆钉有无松动，并根据情况进行修整。

(2)清洗散热器水垢并焊修渗漏，清洗油箱并焊修渗漏。

(3)修整车头面、翼板、驾驶室等裂缝及不平整等缺陷。

(4)检查全车门窗及下班是否完整，开关是否灵活合适，门锁是否良好，并根据情况进行修整。

(5)检修坐垫、篷布。

(6)检修车厢、工具箱等。

(7)检查车头面、翼板、驾驶室、车门、车厢等油漆情况，根据情况进行补漆，车架、前后桥、脚踏板等处的补漆。

(三)整车检验项目

检查汽车全部外表完好状态及油漆情况，检查制动系统的工作效能及管路密封情况，调整制动阀拉臂自由行程和最大气压，调整制动跳板自由行程，按照“全车润滑图”中的规定检查润滑情况，如发现故障或不合技术要求时，应由修理工修理。进行路试，倾听发动机的加速、减速时的运转情况，有无不正常的响声，底盘部分有无不正常的响声，在各种不同速度下试验制动器的制动性能，应无跑偏、震颤及制动不灵现象及不正常的响声。汽车停在陡坡上，将驻车制动器拉紧，应停止不动。检查变速器壳、后桥主减速器壳、各制动鼓处是否过热。路试发现有不正常现象，应予以消除。

第二节　道路运输车辆技术要求

一、《道路运输车辆日常维护作业技术规范》相关知识

(一)颁布实施时间

《道路运输车辆日常维护作业技术规范》根据《中华人民共和国道路运输条例》、交通部《道路货物运输及站场管理规定》、《道路危险货物运输管理规定》和《道路旅客运输及客运站管理规定》，制定本规范。于2008年2月1日起施行。

(二)《道路运输车辆日常维护作业技术规范》要点

(1)规范适用范围：本规范适用于在本市取得道路运输经营许可，从事经营性客、货运输的道路运输经营业户和从业人员。

(2)经营性道路运输驾驶员出车前及收车后按照本规范规定的作业项目对车辆进行检视,若发现超出日常维护作业范围的修理项目要及时报修,由专业修理人员对报修项目进行修理,及时排除故障。

(3)经营性道路运输车辆驾驶人员应当按照规定填写行车日志(见表1-4-2-1),危险货物运输车辆行车日志另行规定。日常维护作业检查记录应记入行车日志。

道路运输营运车辆行车日志 表1-4-2-1

单位: 年 月 日 天气: 编号:

<table>
<tr><td>车 牌 号</td><td></td><td>驾驶员姓名</td><td></td><td>载运类别</td><td></td></tr>
<tr><td rowspan="2">运行线路</td><td rowspan="2"></td><td>始发时间</td><td></td><td>到达时间</td><td></td></tr>
<tr><td>行驶里程</td><td></td><td>载客(货)量</td><td></td></tr>
<tr><td>道路状况</td><td colspan="5"></td></tr>
<tr><td>托运(租用)人情况</td><td colspan="5"></td></tr>
<tr><td>出车前检查记录</td><td colspan="5"></td></tr>
<tr><td rowspan="5">运行中
检查记录</td><td colspan="2">中途停车情况
(填写停车地点(站名)、何时停车、何时驶离)</td><td colspan="3"></td></tr>
<tr><td colspan="2">行车中发生车辆故障、隐患、事故情况记录</td><td colspan="3"></td></tr>
<tr><td colspan="2">运行途中对车辆检查或修理情况记录</td><td colspan="3"></td></tr>
<tr><td colspan="2">安全状况</td><td colspan="3"></td></tr>
<tr><td colspan="2">运行状况</td><td colspan="3"></td></tr>
<tr><td>收车后检查记录</td><td colspan="5"></td></tr>
<tr><td rowspan="2">交接班记录</td><td colspan="3" rowspan="2"></td><td>交班人员签名</td><td></td></tr>
<tr><td>接班人员签名</td><td></td></tr>
</table>

注:1. 此表由驾驶员负责填写,企业专人负责管理。

2. 载运类别:填“客”或“货”;运行线路:须填写始发站或地名、终点站或地名、中途主要停靠站或地名;租用人情况:填写租用单位名称、车辆用途等;出车前检查记录:检查合格的,填写“符合《驾驶员日常维护作业项目表》”,有问题并处理完毕的,需分项目具体填写。

(4)行车日志是道路运输管理部门对道路运输经营业户进行质量信誉考核和对经营性道路运输驾驶员进行年度考核的依据。经营性道路运输驾驶员在从事道路运输活动中,应当随车携带行车日志,接受运管部门的监督检查。

(5)驾驶员日常维护作业项目、作业内容及技术要求按照《驾驶员日常维护作业项目表》(见表1-4-2-2)执行。

驾驶员日常维护作业项目表 表1-4-2-2

项目	作业项目	作业内容	技术要求
出车前	车辆外观及附属设施	检查车身、车厢,防护栏、板、网,随车工具	车身整洁、完好;车厢底板平整;安全防护设施牢固、齐全;随车工具齐全有效
		检查轮胎气压	轮胎气压符合车型规定
		检查、清洁风窗、后视镜;调整后视镜角度	前风窗、后视镜应保持清洁
		危险品运输车辆检查标志灯、标志牌、标线、标色、导静电装置、熄灭火星装置等	标志灯、导静电装置、熄灭火星装置工作正常 标志牌、标线、标色等齐全、清晰
		罐车检查罐体、罐盖、管线,各阀门及泵体工作情况	罐体、罐盖、管线、阀门及泵体无损伤、无渗漏 密封橡胶件不老化、无龟裂
		客车检查车门、行李舱门和发动机舱门锁止情况	各部舱门开启自如,锁止可靠、位置正确
		挂车检查安全锁止机构及机挂连接线路	锁止机构安全可靠,各部连接线路工作正常
		厢式货车检查封闭状态	锁止机构位置正确,无遗撒、泄漏
		自卸车检查举升锁止装置	锁止机构安全可靠、位置正确
	添加作业	检查发动机机油	清洁不变质;液面应在油尺的上、下刻线之间
		检查发动机冷却液液面高度、动力转向储油罐液面、制动液罐油面	液面高度符合规定
		检查燃油箱油量	油箱盖应安装牢固,燃油不足应及时添加
	发动机运转	检查发动机怠速及运转状况、听查发动机各部响声	发动机运转平稳、无异响,怠速及踩下加速踏板时排气管无严重冒烟现象
		查看有无漏油、漏水、漏电、漏气现象	各部位无泄漏
	灯光、仪表及警报装置	检查仪表盘指示、显示状态及警报装置的工作状况	各类仪表指示、显示示值符合原厂要求;警报装置工作正常
		检查喇叭、灯光、刮水器及电器设备的工作状况	各灯光、喇叭、刮水器、信号装置应齐全有效
		检查行车记录仪、GPS工作情况	行车记录仪、GPS正常
	转向	检查转向盘自由行程	转向盘自由行程符合规定
	制动	检查制动踏板行程及工作情况检查驻车制动器工作情况	制动踏板自由行程符合规定,制动灵敏有效 驻车制动器自由行程符合规定
行车中	车辆状况	观察车辆各总成工作、运转情况	各总成无异响、无异味;发动机运转过渡平稳;换挡顺利,无跳挡现象;直线行驶不跑偏;轮毂无过热现象;制动灵敏有效
	仪表	观察各仪表工作情况	各仪表工作正常,无异常现象

续上表

项　目	作业项目	作业内容	技术要求
收车后	全车清洁	清除车辆内外杂物、尘土及油污	全车清洁(禁止用水冲洗发动机)
	风扇皮带	检查风扇皮带	皮带应无剥落、老化现象;松紧度符合要求
	空气滤清器	必要时清洁空气滤清器 定期清洁空气滤清器滤芯	空气滤清器应清洁有效;各部连接管路应连接可靠,不得有破损或短路现象;滤芯堵塞严重应及时更换
	蓄电池	清洁蓄电池、桩头及通气孔;检查蓄电池液面高度和桩头连接	清洁紧固蓄电池、桩头,通气孔应畅通;蓄电池液面高度符合规定
	泄漏情况	检查车辆"四漏"情况	车辆应无漏油、漏气、漏水、漏电等现象
	轮胎、车轮	检查轮胎胎间有无夹嵌物;查看轮胎螺栓有无松动	剔除轮胎间夹石、扎钉;轮胎螺栓、轴头螺丝无松动
	转向	检查转向臂,横、直拉杆及各部连接	横直拉杆无松旷;各部连接牢固、锁销齐全
	制动	检查制动系统各连接部位 气制动检查储气罐	制动系统工作可靠、无泄漏现象 排净储气罐内的污水
	车架及车身	检查车架及车身	各部件应齐全、完好;连接螺栓无松动;车身周正无歪斜
	其他	切断电源	按规定的地点停放、摆正后将电源置于关闭状态

二、车辆外廓尺寸、轴荷、质量限额知识

(一)颁布实施时间

《道路车辆外廓尺寸、轴荷和质量限值》(GB 1589—2004)由中华人民共和国国家质量监督检验检疫总局发布,于2005年1月1日实施。

(二)主要内容

1. 道路车辆外廓尺寸、轴荷和质量限值范围

(1)规定了汽车、挂车及汽车列车的外廓尺寸、轴荷及质量的限值。

(2)本标准适用于在道路上使用的汽车(最大设计总质量超过26000kg的汽车起重机除外)、挂车及汽车列车。

2. 道路车辆外廓尺寸、轴荷和质量限值要求

(1)车辆外廓尺寸要求

①车辆外廓尺寸限值:汽车、挂车及汽车列车的外廓尺寸应符合表1-4-2-3的规定。

②车辆外廓尺寸的其他要求。

当汽车或汽车列车处于满载状态、外后视镜底边离地高度小于1800mm时,其单侧外伸量不得超出汽车或汽车列车最大宽度处200mm。外后视镜底边离地高度大于或等于

1800mm 时，其单侧外伸量不得超出汽车或汽车列车最大宽度处 250mm。

汽车的顶窗、换气装置等处于开启状态时不得超出车高 300mm。

汽车的后轴与挂车的前轴之间的距离不得小于 3.00m（牵引中置轴挂车除外）。

汽车和汽车列车（不计具有作业功能的专用装置的突出部分）必须能在同一个车辆通道圆内通过，车辆通道圆的外圆直径 D1 为 25.00m，车辆通道圆的内圆直径 D2 为 10.60m。

汽车、挂车及汽车列车外廓尺寸的最大限值（mm） 表 1-4-2-3

车辆类型				车长①	车宽	车高
汽车	三轮汽车②、③			4600	1600	2000
	货车⑤、⑥及半挂牵引车	最高设计车速小于 70km/h 的四轮货车④		6000	2000	2500
		二轴	最大设计总质量≤3500kg	6000	2500⑧	4000
			最大设计总质量 >3500kg，且≤8000kg	7000⑦		
			最大设计总质量 >8000kg，且≤12000kg	8000⑦		
			最大设计总质量 >12000kg	9000⑦		
		三轴	最大设计总质量≤20000kg	11000		
			最大设计总质量 >20000kg	12000		
		四轴		12000	2500⑧	4000⑨
	乘用车及客车	乘用车及二轴客车		12000		
		三轴客车		13700		
		单铰接客车		18000		
挂车	半挂车⑩	一轴		8600	2500⑧	4000
		二轴		10000⑪		
		三轴		13000⑫		
	中置轴（旅居）挂车			8000		
	其他挂车	最大设计总质量≤10000kg		7000		
		最大设计总质量 >10000kg		8000		
汽车列车	铰接列车			16500⑬	2500⑧、⑭	4000⑮
	货车列车			20000		

注：①挂车车长为挂车最前端至最后端的距离；

②即原三轮农用运输车，下同；

③当采用转向盘转向、由传动轴传递动力、具有驾驶室且驾驶员座椅后设计有物品放置空间时，车长、车宽、车高的限值分别为 5200mm、1800mm、2200mm；

④指低速载货汽车，即原四轮农用运输车，下同；

⑤车长限值不适用于不以运输为目的的专用作业车；

⑥最大设计总质量不超过 26000kg 的汽车起重机的车长限值为 13000mm；

⑦当货厢与驾驶室分离且货厢为整体封闭式时，车长限值增加 1000mm；

⑧对于货厢为整体封闭式的厢式货车（且货厢与驾驶室分离）、整体封闭式厢式半挂车及整体封闭式厢式汽车列车，以及车长大于11000mm的客车，车宽最大限值为2550mm；

⑨定线行驶的双层客车车高最大限值为4200mm；

⑩运送不可拆解物体的低平板专用半挂车车宽限值3000mm；车长限值不适用于运送不可拆解物体的低平板专用半挂车、运送车辆的专用半挂车（但与牵引车组成的列车长度需符合本标准规定）和运送单箱长度大于12.2m（40ft）集装箱的框架式集装箱半挂车；

⑪对于整体封闭式厢式半挂车、集装箱半挂车，以及组成五轴汽车列车的罐式半挂车，车长最大限值为13000mm；

⑫自2008年1月1日起，在高等级公路上使用的整体封闭式厢式半挂车，车长最大限值为14600mm；

⑬运送不可拆解物体的低平板列车和运送单箱长度大于12.2m（40ft）集装箱的框架式集装箱列车除外；自2008年1月1日起，与整体封闭式厢式半挂车组成的铰接列车在高等级公路上使用时，车长最大限值为18100mm；

⑭运送不可拆解物体的低平板挂车列车车宽限值3000mm；

⑮对于集装箱挂车列车指装备空集装箱时的高度。2007年1月1日以前，集装箱挂车列车的车高最大限值为4200mm。

3.车辆的最大允许轴荷限值

（1）单轴

汽车及挂车单轴的最大允许轴荷不得超过表1-4-2-4规定的最大限值。

汽车及挂车单轴的最大允许轴荷的最大限值（kg）　　表1-4-2-4

车辆类型			最大允许轴荷最大限值
挂车及二轴货车	每侧单轮胎		6000①
	每侧双轮胎		10000②
客车、半挂牵引车及三轴以上（含三轴）货车	每侧单轮胎		7000①
	每侧双轮胎	非驱动轴	10000②
		驱动轴	11500

注：①安装名义断面宽度超过400（公制系列）或13.00（英制系列）轮胎的车轴，其最大允许轴荷不得超过规定的各轮胎负荷之和，且最大限值为10000kg；

②装备空气悬架时最大允许轴荷的最大限值为11500kg。

（2）并装轴

汽车及挂车并装轴的最大允许轴荷不得超过表1-4-2-5规定的最大限值。

汽车及挂车并装轴的最大允许轴荷的最大限值（kg）　　表1-4-2-5

车辆类型			最大允许轴荷最大限值
汽车	并装双轴	并装双轴的轴距 <1000mm	11500
		并装双轴的轴距≥1000mm，且<1300mm	16000
		并装双轴的轴距≥1300mm，且<1800mm	18000①

续上表

车辆类型			最大允许轴荷最大限值
挂车	并装双轴	并装双轴的轴距 <1000mm	11000
		并装双轴的轴距≥1000mm，且<1300mm	16000
		并装双轴的轴距≥1300mm，且<1800mm	18000
		并装双轴的轴距≥1800mm	20000
	并装三轴	相邻两轴之间距离≤1300mm	21000
		相邻两轴之间距离>1300mm，且≤1400mm	24000

注：①驱动轴为每轴每侧双轮胎且装备空气悬架时，最大允许轴荷的最大限值为19000kg。

(3)其他类型的车轴

对于其他类型的车轴，其最大允许轴荷不得超过该轴轮胎数×3000kg。

4. 车辆总质量限值

(1)最大允许总质量

汽车、挂车及汽车列车的最大允许总质量不得超过各车轴最大允许轴荷之和，且不得超过表4规定的最大限值。

(2)最大设计总质量

货车、挂车的最大设计总质量不得小于表1-4-2-6规定的最小限值。

汽车、挂车及汽车列车最大允许总质量的最大限值

及最大设计总质量的最小限值(kg)

表1-4-2-6

车辆类型			最大允许总质量最大限值	最大设计总质量最小限值
汽车	三轮汽车		2000[①]	—
	乘用车		4500	
	客车	二轴客车	18000	
		三轴客车	25000[②]	
		单铰接客车	28000	
	半挂牵引车	二轴半挂牵引车	18000	
		三轴半挂牵引车	25000[②]	
	货车	二轴货车	16000[③、④]	—
		三轴货车	25000[②]	16000
		具有双转向轴的四轴汽车	31000[⑤]	24000
挂车	半挂车	一轴半挂车	18000	10000
		二轴半挂车	35000	19000[⑥]
		三轴半挂车	40000	28000[⑥]

续上表

车辆类型			最大允许总质量最大限值	最大设计总质量最小限值
挂车	其他挂车	二轴挂车，每轴每侧为单轮胎	12000	8000
		二轴挂车，一轴每侧为单轮胎、另一轴每侧为双轮胎	16000	11000
		二轴挂车，每轴每侧为双轮胎	20000	14000
汽车列车		二轴汽车和一轴挂车组成的汽车列车	27000	—
		二轴汽车和二轴挂车组成的汽车列车	35000⑦	
		具有五轴的汽车列车	43000	
		具有六轴的汽车列车	49000	

注：①当采用转向盘转向、由传动轴传递动力、具有驾驶室且驾驶员座椅后设计有物品放置空间时，最大允许总质量最大限值为3000kg；

②当驱动轴为每轴每侧双轮胎且装备空气悬架时，最大允许总质量的最大限值为26000kg；

③当驱动轴为每轴每侧双轮胎且装备空气悬架时，最大允许总质量的最大限值为17000kg；

④对于最高设计车速小于70km/h的四轮货车，最大允许总质量的最大限值为4500kg；

⑤当驱动轴为每轴每侧双轮胎且装备空气悬架时，最大允许总质量的最大限值为32000kg；

⑥不适用于运送车辆的专用半挂车；

⑦驱动轴为每轴每侧双轮胎并装备空气悬架、且半挂车的两轴之间的距离 $d \geqslant 1800$mm 的铰接列车，最大允许总质量的最大限值为37000kg。

5. 其他要求

（1）汽车或汽车列车驱动轴的轴荷不得小于汽车或汽车列车最大总质量的25%。

（2）四轴汽车（自卸车除外）的最大允许总质量的数值（t）不能超过其最前轴至最后轴的距离的数值（m）的5倍。

（3）挂车及二轴货车的货箱栏板高度不得超过600mm，二轴自卸车、三轴及三轴以上货车的货箱栏板高度不得超过800mm，三轴及三轴以上自卸车的货箱栏板高度不得超过1500mm。

三、道路运输车辆改装管理规定

（一）颁布实施时间

《关于进一步加强道路运输车辆改装管理工作的通知》由交通部于2006年4月13日颁布并实施。

（二）“通知”的主要内容

1. 依法认定非法改装道路运输车辆

非法改装道路运输车辆，是指未经有关部门批准，擅自改变已获得《道路运输证》车辆结构、构造或者特征的车辆，主要包括：

（1）擅自改变车辆类型或用途。指擅自将客车改为货车、货车改为客车、普通货车改为专用货车、专用货车改为普通货车、卧铺客车改为座位客车、座位客车改为卧铺客车。

(2)擅自改变车辆颜色。指擅自将驾驶室和车身改为与原车辆不同的外观颜色。

(3)擅自改变车辆主要总成部件。指擅自更换与原车型不一致的发动机、变速器、前桥、后桥或者车架.擅自更换车辆车身或者罐车罐体;擅自改变车辆悬架形式(空气悬架、合悬架、钢板弹簧式悬架等悬架形式之间的改变)。

对于小型、微型道路客运车辆加装前后防撞装置,道路货运车辆加装防风罩、水箱、工具箱、备胎架等,道路运输车辆增加车内装饰等,在不影响安全和识别号牌的情况下,可由道路运输经营者自行决定,交通主管部门和道路运输管理机构不得将其认定为非法改装道路运输车辆。

(4)擅自改变车辆外廓尺寸或者承载限值指擅自加高、加宽、加长、拆除货厢拦板或者增加车辆外廓尺寸;擅自增加或者减少轮胎数量;擅自增加或者减少车轴数量;擅自增加客车座位或者卧铺铺位。

非法改装道路运输车辆,将破坏车辆本身的结构和性能,给车辆行驶带来安全隐患,同时会造成道路运输市场的不公平竞争,不利于道路运输市场健康协调发展,危害很大。各级交通主管部门和道路运输管理机构必须按照《中华人民共和国道路运输条例》及相关配套规章的规定,严格道路运输车辆改装管理,对擅自改装车辆的行为要予以产厉打击。

2. 坚决防止非法改装车辆进入道路运输市场

各级交通主管部门和道路运输管理机构必须严把道路运输车辆市场准入关。对非法改装等不符合技术标准的车辆,一律不得允许进入道路运输市场。对准许非法改装等不符合技术标准的车辆进入道路运输市场的单位和个人,要依法追究责任。

3. 规范已取得《道路运输证》车辆的改装行为

已获得《道路运输证》的车辆确需改装的,道路运输经营者应当事先获得有关部门的批准,交由合法改装企业实施车辆改装作业。改装完毕后,道路运输经营者应当到有关部门办理车辆行驶证变更手续,并经车辆综合性能检测合格后,到交通主管部门和道路运输管理机构办理《道路运输证》变更手续。

第三节　轮胎使用教学

一、轮胎的使用知识

(一)轮胎的标识

正确运用轮胎首先要认识轮胎,认识轮胎首先要懂得看轮胎上的标识。以 195/65R15(91V)的轮胎标示为例,它表示胎面宽度 195mm,高宽比 65,R15 指子午线轮胎、轮胎内径 15in,载重指标 91 表示最大承载量 615kg,速度代号 V,表示安全速度是 240km。有些轮胎还标示 M + S,表示泥地、雪地适用,TUBELESS 表示无内胎,TreadWear 表示胎面磨损指数等。

(二)轮胎的高宽比

对于轿车轮胎来讲,重要的参数之一是高宽比,也就是扁平率,它是根据公式$(H/W) \times 100\%$而得出,式中H指轮胎横截面高度,W指轮胎两侧的最大宽度。公式数值越小表示轮胎横截面越扁平。有些车主为了使车有较好的行驶稳定性,喜欢改用低高宽比的轮胎,对于不同高宽比的轮胎互换,最好以同一外径为基础,若轮胎内径和轮圈直径不变,高宽比低者胎面会显得更宽些,接触面也会更大,令汽车行驶及转向更为平稳。如果轮胎内径不一样,必须要与轮圈一起更换,则涉及范围较大,例如轮鼓的接座相配问题、悬架几何参数、转弯半径等都可能有关联,必须要慎重。

(三)轮胎胎压

对于轮胎日常使用来讲,要注意胎压问题。有人认为爆胎是打气太足而致,以为轮胎欠压问题不大,这是十分片面的。一般轿车的行驶速度是很快的,轮胎的形状处于一种高频交变状态,如果气压不足变形就会加大,胎面两边的胎纹会过度磨损,胎体因无法抵御地面的压力而扭曲变形,产生高温而加速轮胎的磨损,最终导致爆胎。如果气压过大也会使轮胎过硬失去应有的弹性及吸震能力,不但抓地力变差,中央胎纹过度磨损会产生胎纹深度不均的现象,轮胎在高速运转下也有可能因无法承受过度的膨胀压力而发生爆胎。所以轮胎气压过高或过低都有爆胎危险,不可小视气压问题。应当按照厂家要求保持轮胎的标准气压,包括备胎气压。胎压的测量可自行用胎压计测量,不过必须在轮胎常温的状态下测量,因为在热胎状态下测量的结果是不准确的。

(四)轮胎的位置互换

轮胎每隔一段时间就应当互换位置。因为一般汽车的发动机放置在前面,前桥与后桥的分配负荷是不一样的;轿车在制动过程中由于惯性作用,前轮的负荷通常占汽车全部负荷的70%~80%,四个轮胎上的载荷既然不均等,就必然造成前轮轮胎磨损较大。为了减轻这一现象,最好的方法就是用互换位置的办法了。

(五)良好的驾车习惯

在轿车运行之中,应当尽量避免急加速、急制动和急转向,这不但对汽车本身的机械性能有好处,对轮胎的寿命也有好处。如果反复进行急加速、急制动、急转向等不正常的行驶,会引起轮胎的急剧变形,胎冠不均衡磨损,纵向沟纹撕裂,轮胎内部温度上升,帘布疲劳,使轮胎处于容易爆裂的危险状态。

(六)动平衡检查

轮胎应当定期做动平衡检查。轮胎平衡分为动态平衡和静态平衡两种。动态不平衡会使车轮摇摆,令轮胎产生波浪型磨损;静态不平衡会产生颠簸和跳动现象,往往使轮胎产生平斑现象。因此,定期检测平衡不但能延长轮胎寿命,还能提高汽车行驶时的稳定性,避免在高速行驶时因轮胎摆动、跳动,失去控制而造成的交通事故。

(七)禁止混装

同一辆车不能混装两种不同规格的轮胎。子午线轮胎和斜交轮胎的侧向力不同,如果将两种不同的轮胎同时装在同一轴上,就会造成转向过度或不足,或容易造成侧滑,轻者影响汽车的操纵灵活性，重者会发生车祸。因此，同一轮轴上不能混装不同结构的轮胎。

（八）更换轮胎

至于轮胎的淘汰，要看轮胎的磨损程度，当有磨损标志显露时就要更换了。一般而言，建议轮胎的使用寿命是4万公里左右，如果行驶里程较少，当使用时间超过2年同样建议更换，因为橡胶材质受到环境影响，时间一长会有变质老化现象，容易产生龟裂，使用时不无发生意外之忧。

更换轮胎应到有专用机械设备的专业店去更换，避免使用大锤和撬棍的老办法以免伤胎伤毂。

二、影响轮胎使用寿命的因素

影响轮胎使用寿命的因素很多，造成轮胎损坏的原因主要有：

（一）温度对轮胎的影响

轮胎是热的不良导体，其导热性仅为铁的1/232。一般轮胎使用时胎体温度约在100℃以内，可认为是正常温度。在100℃时帘线强度大约已降低20%。橡胶与帘线间的粘附强度大约降低一倍，轮胎在100～121℃是临界温度，超过121℃时，轮胎在较高温度影响下，帘线的物理性能将急剧下降，而导致引起轮胎的脱层或爆破。

（二）轮胎的花纹

（1）纵向花纹：主要优点是滚动阻力小、防滑性能好、散热性能好及噪声小；缺点是牵引性能差。

（2）横向花纹：特别是越野花纹，轮胎与路面的接触性能好。在道路较差或泥泞路面上牵引和通过性好，轮胎的自洁性也好；但行驶噪声大且防滑性能差。

（3）混合花纹：混合花纹轮胎抓着性介于纵向花纹和横向花纹之间，主要缺点是耐磨性较差，胎肩部花纹容易产生磨耗不均现象。

（三）负荷对轮胎的影响

轮胎承受的静负荷对轮胎的行驶里程有很大的影响，有超负荷现象就会显著地降低轮胎的行驶里程。轮胎在超负荷下轮胎的下沉量变形将增加，从而使轮胎的内部材料及帘线间所受的应力，特别是剪切力增加，将导致轮胎的使用寿命缩短。在轮胎超负荷时，适当增加内压可以使轮胎的下沉量减少，但不能完全弥补轮胎超负荷的损失。

（四）气压对轮胎的影响

气压是轮胎的生命，不按标准充气是轮胎早期损坏的主要原因之一。内压不足会降低轮胎的行驶里程，因轮胎的变形，会因气压的降低而增大，使轮胎的内部材料生热和应力增加。但内压增加引起轮胎与路面的接触面积缩小，使轮胎接触面中部的单位压力增加，胎面所受的应力和热量都随之增大，降低了轮胎的耐磨性能和抗刺扎性能，直接影响轮胎的使用寿命。通常内压提高25%，轮胎的行驶里程下降10%～15%。总之，正确地掌握轮胎的使用气压是延长轮胎及汽车使用寿命和汽车行驶安全有着直接的关系。

1. 气压偏低

在同样的载重条件下，气压偏低胎体变形增大，行驶时轮胎温度升高、橡胶老化，容易产生帘线脱层、油皮胶起泡等问题；气压偏低轮胎下沉量大、胎冠凹陷，使用时容易产生磨胎肩现象；气压偏低时双胎并装间距小，造成胎侧互相碰撞摩擦、滚动阻力大、燃料消耗大、导向性能差。因此，气压偏低对汽车的使用性能特别是弹簧、钢板都会产生不利因素。

2. 气压偏高

气压偏高容易产生磨冠现象，胎体硬弹性差，汽车行驶时冠部受冲击力大，容易产生冠部帘线损伤，严重的引起轮胎爆破。汽车在同样的使用条件下，轮胎缓冲性能差，冲击振动大，驾驶操作性能差，特别是在坏路面上行驶，容易造成机械损坏，严重影响车辆安全。

(五)路面对轮胎的影响

路面的类型和状况对轮胎的使用寿命有直接的影响，是影响轮胎行驶里程的关键之一 。

例如：轮胎在甲级路面上行驶里程为100%；在乙级路面上行驶里程为75% ~80%；在丙级路面上行驶里程为50% ~55%。通常轮胎最适宜的内压值取决于路面的性质；避免轮胎在坏路面使用，由于动力负荷过大会引起的轮胎刺穿，应予避免。轮胎花纹还会影响到轮胎的散热空间等，特别是轮胎花纹深度；对轮胎散热性影响最大，因橡胶是不良导体，花纹越深胎面胶越厚，轮胎散热性能越差。

(六)行驶速度对轮胎的影响

轮胎的制造材料，包括橡胶和帘线都不是完全弹性材料，因此轮胎行驶时，每次变形都会产生滞后损失和消耗部分能量，这部分能量变成了热量。因此车速提高时轮胎变形次数和频率都增加，轮胎的热量随之增加。胎体温度的升高，帘线静疲劳强度降低，引起轮胎的早期损坏。

行驶速度的提高，轮胎的离心力增加，轮胎的径向变形增大，也就是说轮胎的动负荷也随之增大，当轮胎的速度接近“临界速度”时，轮胎的周向将发生波浪形的变形分布，也称为“驻波现象”。同时轮胎的变形性质也发生了变化，轮胎的滚动损失显著增加，胎体温度明显提高，轮胎将在短期内很快损坏。

(七)使用条件与磨耗

磨耗和磨损是轮胎损坏的主要原因，也是轮胎受各种外力作用的综合反映和结果。轮胎在负荷作用下高速滚动，胎体不断地反复伸张和压缩，引起轮胎内部材料的相互摩擦，胎面与路面之间也相对产生摩擦，这是轮胎磨耗的重要因素。

轮胎的负荷和内压对磨耗的影响是最大的。在超负荷或内压不足的情况下，轮胎的变形增大，由于胎面的向内弯曲，胎面中部的负荷变小，胎肩的负荷变大，使胎肩的应力也相对增大，从而使胎肩产生脱空的可能性增大，同时会出现胎冠边缘严重磨损。

轮胎在超负荷时，将轮胎的牵引力、制动力、侧向力和摩擦力增加，因而使轮胎的磨耗增大。通过试验表明，当轮胎负荷提高30%时，轮胎磨耗量将增大50%。

轮胎的磨耗与轮胎行驶的偏移角和转矩都有很大的关系，摩擦和磨耗量随偏移角和转矩增大而增高。

胎面的磨耗受汽车前束角的影响很大，前束角由 1 度增至 2 度时，轮胎的磨耗可增大 2～3倍。

在轮胎的使用安全性上，轮胎的质量固然是一个很重要的方面，而轮胎的使用、维护也都对轮胎的使用寿命有着直接的影响。

三、轮胎的正确使用方法

（一）保持轮胎气压正常

轮胎气压一般稍高于厂家标注气压。并勤检查气压。尤其出长途时更要检查，因为轮胎里的空气会有正常损耗。（轮胎的气压很关键。一般爆胎 90% 都是气压过低，导致内部温度升高造成的。建议夏天或跑长途时，换成氮气，因为氮气惰性气体，比较稳定，只要轮胎不破气压就不会损失。）

（二）经常检查轮胎

检查有无扎的钉子、铁屑等等，确保无隐患。可以在维护时上升降机时到地盘下检查。若有问题则及时排除。

（三）轮胎四轮定时换位

定时换位可以保证轮胎胎面磨损均匀。延长使用寿命。（因为制动时受力最大是两前轮胎，所以建议把新胎或相对好胎装在前面。）

（四）时常检查轮胎动平衡

如果感觉到跑高速时方向发抖，那其中原因就是某个轮胎不平衡了，这时就需要做轮胎动平衡。还有在更换新胎时也要做动平衡。

（五）正确驾驶

提前预判路况，保持匀速，不要太多的急制动（因为急制动对轮胎寿命影响最大，尤其前胎），注意远方的路面，安全情况下提前避开小坑，不要硬上道牙，恶劣路面请慢速驾驶。

第四节　营运车辆节能驾驶

一、有关专业名词

（一）有效热效率

燃料燃烧所产生的热量转化为有效功的百分数被称为有效热效率。显然，为获得一定数量的有效功所消耗的热量越少，有效热效率越高，发动机的经济性越好。

（二）有效燃油消耗率

发动机每输出 1W · h 的有效功所消耗的燃油消耗量称为有效燃油消耗率，显然，有效燃油消耗率越低，经济性越好。

(三)百公里油耗

汽车行驶100kg消耗的燃油量称为百公里油耗,单位为L。而它又有等速百公里油耗和循环工况百公里油耗之分。

(四)等速百公里油耗

是指在平坦、无坡度、硬质的路面上,汽车以最高挡分别以不同车速等速行驶这段路程,往返一次取平均值(消除风和坡度的影响),记录下油耗量,即可获得不同车速下汽车的百公里耗油量。

(五)循环工况油耗

指在一段指定的典型路段内汽车以设定的不同工况(起动、等速、加速、减速和怠速停驶等)行驶时的耗油量,然后折算成百公里耗油量。一般而言,循环工况油耗与等速百公里油耗(指定车速)加权平均取的综合油耗值,就比较客观地反映了汽车的耗油量。一些汽车技术性能表上将循环油耗标注为"城市油耗"。

二、汽车燃料消耗的主要影响因素与有效解决方案

(一)机械部分

汽车发动机燃料燃烧热能转换为机械能的有效利用率仅为30%～40%,损失形式主要是:热能、机械摩擦。

1. 全车各部位(配合副)的润滑状况

轴承、齿轮润滑不良,造成配合副各部件因早期磨损而产生机械损坏,同时造成能量损失。

解决方案:装配、使用过程清洁,定期润滑,合理选用润滑油。

2. 发动机工况

(1)汽缸压力:是反映汽缸组件技术状况的综合参数——汽缸磨损,活塞及环和汽门密封工作状况。

(2)配气机构:汽门间隙,凸轮轴有效升程(直接影响汽门开启度)。

(3)冷却系统:温度过低——早期磨损导致发动机工况变差,影响动力经济性;温度过高——功率降低,能耗增加,机械磨损加剧。

解决方案:装配清洁卫生,配合间隙规范;杜绝冷车高速运行及以硬水作冷却液;定期检查调整汽门间隙,检查凸轮轴及挺柱磨损情况。

3. 离合器、传动部分

(1)离合器打滑:摩擦片脏污、磨损,弹簧疲软——力矩传递不足。

(2)传动带张紧力:过松——打滑,部件工作不良;过紧——部件损坏,动力损失增加。

(3)传动轴偏移:剧烈振动,增加动力损失。

(4)齿轮啮合不当:过松——机件强度不足导致机械损坏;过紧——机件磨损加剧,动力损失增加。

解决方案:定期检查、调校。

4. 制动系统

（1）制动拖滞：复位弹簧疲软、机构卡滞、排气不畅——增加摩擦损失；

（2）轮毂配合过紧：预紧力过大、润滑失效——轴承过热损坏，增加摩擦损失。

解决方案：定期检查、合理调校、适时维护。

5. 制动气压系统

（1）系统漏气：空压机长期处于工作状态——增加能耗；

（2）系统压力设置过高：空压机长期处于大负荷工作状态——增加能耗；

（3）调压器失效：不能对空压机有效卸荷，空压机长期处于大负荷工作状态——增加能耗。

解决方案：定期检查，适时维护调校。

6. 轮胎气压

（1）气压过高：行驶阻力较小，能耗损失相对较少；胎冠中部异常磨损；

（2）气压过低：行驶阻力较大，能耗损失相对较大；胎冠两边缘异常磨损。

（二）汽车点火系统

1. 可燃混合气的燃烧特性

（1）稀混合气（1:15～1:18）：空气剩余，燃烧彻底，经济性较好。

（2）标准混合气（1:15）：完全燃烧，理想混合气。

（3）浓混合气（1:12～1:15）：燃料剩余，燃烧迅速，动力好，经济性较差。

2. 点火能量

（1）点火能量越大，混合气燃烧速率越快，即爆发力越大，动力性越好，可点燃相对较稀混合气，经济性较好。

（2）燃烧速率快，能量损失少（热量散发时间短），有效消除或减少发动机过热现象。此原理同点火时间：点火早，动力好，有爆燃趋向；点火晚，动力差，温度高。

3. 点火系统部件

（1）分电器

分电器轴、分电盘间隙：轴旷或极爪变形——间隙不均匀，点火信号不准确或间断；

分火头：本身烧蚀或与分电器盖间隙过大——导电差，损失点火能量。

（2）点火线圈及点火模块

温度过高：离高温区过近或散热差——工作性能降低，点火能量降低；油水脏污：造成短路或漏电——无法工作或点火能量降低。

（3）高压线（中心高压线与分缸线）

导电能力：阻值过大或流通截面过小——导电性能低，点火能量弱；

接触状况：接线头烧蚀，接触不良——损失点火能量；

绝缘保护：线头护套坏或线老化破损——漏电，缸外跳火，损失点火能量，形成安全隐患。

（4）火花塞

火花塞间隙：间隙大，点火能量大；过大，则点火次级电压无法击穿而无火；

积炭：减小点火间隙或形成炽热点——降低点火能量或早燃；

电极：损伤或烧蚀——点火能量小或间隙过大而无火。

(三)进气系统

1. 系统密封性与工况

(1)外泄、内漏:管道接头外漏或装置内漏—燃气浪费燃气不受装置控制而使混合气过浓,燃耗增加。

(2)系统部件脏污、磨损、老化:供气不畅或供气过浓,工作不稳定,燃耗增加。

2. 空气滤清器

(1)脏污:空气进气不畅,混合气过浓,燃耗增加;

(2)破损:进气真空度不足,混合气过稀,动力不足。

(四)使用操作

(1)城市道路行驶,车速过快或行车无预见性,频繁制动:过多能量消耗于制动;

(2)低挡位发动机高速运转行车:发动机最大转矩输出点利用不足,浪费燃气;

(3)高挡位发动机低速运转行车(拖挡):输出力矩不足,发动机工况变差;

(4)换挡提速加油过猛:供油(气)空挡,车辆提速反而更慢。

解决方案:中速行驶少制动,缓踏加速踏板勤换挡;熄火滑行不坐空,安全节油更轻松。

三、节油方法

(一)保证汽车本身技术状况良好

一辆汽车能否节油,除了与驾驶员的驾驶习惯有关外,汽车本身技术状况的好坏也是节油的关键,而技术状况的好坏与车辆的维护有着直接的关系。车主在平时的驾车生活中,一定要养成定期维护爱车的习惯。

1. 维护空气滤清器

空气滤清器的作用是净化进入汽缸内的空气,如果加油超过标准或太脏,都会阻碍空气畅通,从而造成燃油消耗增加。试验证明,如燃油太脏、油面太高会增耗燃油20%以上。

2. 清除积炭

燃烧室的积炭增多后,容易引起可燃混合气的自燃,造成功率下降,如果积炭过多,会增耗燃油8%左右。

3. 维护消声器

消声器阻碍废气的排出,消耗部分功率。如果消声器破裂损坏,则会进一步阻碍废气的排除畅通,增加油耗。

4. 检查火花塞

试验证明:一只火花塞不工作,要多消耗燃油25%;两只不工作就要多消耗燃油60%以上。另外火花塞间隙的大小、积炭的多少等等都对功率和耗油有直接的影响。

5. 调整轮胎气压

由于轮胎在按标准充气后,经过一段时间就会自然消耗掉一部分,而轮胎气压的下降,对行驶阻力、轮胎的使用寿命及燃油的消耗有较大的影响。

6. 保证制动性能

良好的制动装置可以提高汽车行驶的平均技术速度和运输效率,如果制动性能不好,就难以保证行车安全，也同样影响发动机燃油的消耗量。

（二）良好的驾驶技术

1. 柔和起步

挂低挡起步，缓缓地踩下加速踏板，缓慢加速。让汽车达到一定挡位速度时，学会听着发动机的声音来逐步把挡位从低换到高。这可以减少发动机的升温时间，增加燃油的利用率。

2. 使用经济车速

一般车辆的经济时速处在60~80km/h之间。

3. 轻抬加速踏板

如果猛抬加速踏板，则会使发动机转速突然降低而起到牵阻作用，抵消一部分行驶惯性，并使汽车产生“颤动”，造成耗油量增加。

4. 换挡及时

换挡要快而及时。

5. 减少使用制动

制动实质上是一种能量转化的过程，制动意味着能量的消耗。所以在通过交叉路口、下坡，都应提前抬起加速踏板。

6. 保持跟车距离

如果道路拥塞，而前车又经常制动，就应该和前车保持足够的跟车距离，这样既可以从容减速，又可以减少制动次数，以达到省油的目的。

7. 高挡行车

一般来说，尽可能使用高速挡行车，少用中间挡。当然，也不要在高挡位拖挡行驶。要学会听发动机的声音来换挡，并且要了解自己车的情况。当发动机要“发抖”前，就要把挡位降下来，让车速提上去再换回高挡。

第五节　汽车行驶记录仪、车用导航系统

一、汽车行驶记录仪

（一）定义

汽车行驶记录仪，俗称汽车黑匣子，是对车辆行驶速度、时间、里程以及有关车辆行驶的其他状态信息进行记录、存储并可通过接口实现数据输出的数字式电子记录装置。

行车记录仪可说是汽车使用的黑匣子，借助发动机随即可以录像录影的功能，透过高清镜头摄影记录车辆行驶途中的影像及声音，当意外发生时，立刻提出证据，保障驾驶人自我权利。安装行车记录仪后，能够记录汽车行驶全过程的视频图像和声音，内部的传感器能够设置冲击力的敏感度，当外界的冲击力大于所设置值，导致该冲击力的现场数据将被记录下来，可为交通事故提供证据。喜欢自驾游的人，还可以用它来记录征服艰难险阻

的过程。开车时边走边录像，同时把时间、速度、所在位置都记录在录像里，相当“黑匣子”。

（二）结构组成

1. 主机

主机包括微处理器、数据存储器、实时时钟、显示器、操作键、打印机、数据通信接口等装置。如果主机本体上不包含显示器、打印机，则应留有相应的数据显示和打印输出接口。

2. 车速传感器

3. 数据分析软件

4. 红外线摄像头

红外线摄像头是夜视功能必不可少的重要组件。

（三）主要功能

1. 自检功能

记录仪通电后会对系统各部件及接口进行检测，自检通过后“嘀”的一声响提示用户记录仪开始正常工作；

2. 身份识别功能

驾驶员每次开车时利用 U 盘验证身份，记录仪分类保存每个驾驶员的行驶数据；

3. 记录及存储功能

详实记录存储车辆行驶的时间、速度及里程；

4. 超速报警及记录功能

当汽车超过预先设置的超速值时，会第一时间报警提醒，并记录下来；

5. 超时驾驶（疲劳驾驶）报警及记录功能

驾驶员连续驾驶接近 4h，记录仪会声音提示，超过 4h 就开始记录；

6. 事故疑点记录分析功能

记录仪会以 0.2s 间隔记录事故发生前 20s 车辆行驶速度、制动等信息；

7. 显示打印功能

可通过液晶 LCD 显示和即时打印最 近 15min 内每分钟的平均车速记录、超时驾驶（疲劳驾驶）记录、超速记录及车辆相关信息；

8 数据通讯功能

可通过标准 USB 或串口采集记录仪数据、设置记录仪参数，车辆信息、驾驶员档案的管理功能；

9. 软件的人机界面

管理软件提供良好的人机界面，实现车辆信息、驾驶员档案录入、修改、查询统计及报表打印功能；增加经济效益，科学合理地进行员工调度，车辆维护。

10. 存储视频图像（选配摄像头、SD 卡）

（四）使用方法

主要根据菜单进行设置以及软件的升级，根据不同的型号不同按照使用说明书操作。

二、车用导航系统

（一）工作原理

车用导航系统是指汽车上使用的、利用 GIS（地理信息系统）中的导航电子地图和 GPS（全球定位系统）接收机的实时定位技术，组成 GPS + GIS 的电子导航系统。

GPS 是由空间卫星、GPS 地面监控和用户接收等三大部分组成。在太空中有 24 颗卫星组成一个分布网络，分别分布在 6 条离地面 2 万 km、倾斜角为 55°的地球准同步轨道上，每条轨道上有 4 颗卫星。GPS 卫星每隔 12h 绕地球一周，使地球上任一地点能够同时接收 7 ~ 9 颗卫星的信号。地面共有 1 个主控站和 5 个监控站负责对卫星的监视、远测、控制。它们负责对每颗卫星进行观测，并向主控站提供观测数据。主控站收到数据后，计算出每颗卫星在每一时刻的精确位置，并通过 3 个注进站将它传送到卫星上，卫星再将这些数据通过无线电波向地面发射至用户接收端设备——车载导航仪。

车载导航仪的硬件部门主要由芯片、天线、处理器、内存、屏幕、按键、扬声器等组成部分，软件部分主要包括电子舆图、导航软件等。

（二）车载导航电子地图的应用模式

车载导航电子地图的应用模式主要有如下两种：

1. GPS 单机定位 + 矢量电子地图

系统可根据目标位置（工作时输入）和车船当前位置（由 GPS 测定）自动计算和显示最佳路径，引导司机最快地到达目的地，并可用多媒体方式向驾驶员提示。

2. GPS 差分定位 + 矢量电子地图

系统通过固定站与移动车船之间的两台 GPS 伪距差分技术，可使定位精度达到 1 ~ 3m，当采用双向通讯方式时，则可构成车船的自动导航系统，又可将移动车船上的 GPS 定位结果准确实时地传送到控制中心，并在电子地图上显示出来，构成交通网络监控指挥系统。为了防止在楼群遮挡时收不到足够的 GPS 卫星信号，在车上除装有 GPS 接收机以外，还装有压电振荡陀螺。利用卡尔曼滤波算法同时处理 GPS、里程计和陀螺仪的数据来进行运载体的实时定位。

（三）中心监控式的导航系统的构成、技术特征、运行流程

GPS/GSM 卫星定位车载系统（以下简称车载机）由 GPS 接收模块、GSM 信息收发模块、数据处理单元 MCU 三部分构成。这三部分的工作流程是：GPS 接收模块接收到 GPS 卫星发射的原始电文，并根据从三颗以上不同卫星发来的电文，以 1s 的刷新间隔提供该车辆的状态，如：经度、纬度、高度、时间、速度、航向等数据，送给数据处理单元 MCU，单片机再对这条数据进行压缩和加密的处理，然后通过 GSM 模块将按照设定好的格式，定时（1 ~ 1440min）将这条数据通过 GSM 无线网络传输到远端监控中心的数据接收机中。数据接收机与数据库服务器是通过 RS232 口直接物理连接的，通过控制软件，其数据便存储到了 SQL SERVER 数据库中，结合 GIS 系统中的电子地图，在监控软件中便可以直接看到车辆的位置、速度、高度等信息，从而达到监控的目的。如果车载机数量的增加和车载机不断发送数据的增多，此数据库将不断扩大。通过编写程序，再通过对数据库的操作，从而实现对车辆的调度、监控、

跟踪和查询等操作。

MCU 负责整个车载机的协调工作，它接收到控制中心发来的指令信息或采集到功能信号后，对指令进行分析，然后输出命令到相应的执行端。数据处理单元是以 MCU 单片机为核心的微型计算机系统，其功能电路还具有其他功能，如免提通话、接听、自动拨号、断油断电等功能；通过汽车上各种输出的电平脉冲信号，触发单片机的控制系统，达到各种前端信号的采集、报警等功能，此处不一一列举。

中心监控式的车载 GPS 系统在汽车终端处没有地图显示，只有在中央控制室有地图，每个车上有一个 GPS 终端，这样就只能在中央控制室可以知道这些汽车的地理位置。驾车者只能通过中心的帮助才能间接获取空间地理位置信息的支持。

（四）自主导航系统的构成与技术特征

GPS 自主导航系统就是能够帮助用户准确定位当前位置，并且根据既定的目的地计算行程，通过地图显示和语音提示两种方式引导用户行至目的地的汽车驾驶辅助设备。它包括两个重要的组成部分：一是全球定位系统（简称 GPS），由空间卫星、地面监控和用户接收等三部分组成；二是汽车导航系统，GPS 接收设备，要想实现路线导航功能，还需要一套完善的包含硬件设备、电子地图、导航软件在内的汽车导航系统。GPS 导航仪硬件包括芯芯片、天线、处理器、内存、屏幕、按键、扬声器等组成部分。但就目前情况看来，市场中的 GPS 汽车导航仪在硬件上的差距并不大，主要区别还是集中在内置的软件和地图上。

GPS 自主导航系统实现了野外踏勘、出游旅行的数字化智能导航，具有准确的地图、地理信息，清晰的行进路线，提供多种的数据信息，包括位置坐标、航行路程、航行时间、方位、偏航方位角、偏航距离、预设报警等。作为成熟的 GPS 车载导航设备，应具有的基本功能包括：GPS 卫星导航定位、电子地图浏览查询、智能的路线规划、全程的语音提示。其中，电子地图的数据量与详细程度最为重要，除了丰富的城市地图外，交通信息也是不可或缺的。此外，机器的外形、安装方式、物理性能也是值得注意的。

（五）车载导航仪的核心功能

1. 地图查询功能

可以在操作终端上搜索你要去的目的地位置。

可以记录你常要去的地方的位置信息，并保留下来，也和可以和别人共享这些位置信息。

模糊的查询某个位置附近的兴趣点（POI），如：加油站，宾馆、取款机等信息。

2. 路线规划功能

GPS 导航系统会根据你设定的起始点和目的地，自动规划一条线路。规划线路可以设定是否要经过某些途径点，也可以设定是否避开高速等功能。

3. 自动导航功能

语音导航：用语音提前向驾驶者提供路口转向，导航系统状况等行车信息，就像一个懂路的向导告诉你如何驾车去目的地一样。导航中最重要的一个功能，使你无须观看操作终端，通过语音提示就可以安全到达目的地。

画面导航：在操作终端上，会显示地图和车辆现在的位置、行车速度、目的地的距离、规划的路线提示以及路口转向提示等行车信息。

重新规划线路：当没有按规划的线路行驶，或者走错路口时候，GPS 导航系统会根据现在的位置，重新规划一条新的到达目的地的线路。

（六）自主导航系统相关产品形式

GPS 汽车导航仪的种类繁多，有汽车内置 DVD 系统导航仪、外置便携式车载导航仪、手持 PDA 手机导航设备等，按安装方式一般可分为两类：一类为嵌入型，这种形式只适合于汽车的中控台内安装。另一类为外置型，则是在中控台内无法安装时采用。按整合情况又可分为两类：一种是导航系统作为单一产品销售安排。另一种为汽车 AV 导航系统，即导航与 AV（音频、视频）构成一个多媒体系统捆绑销售。

（七）自主车载导航定位系统产品趋势

（1）功能性的增强：表现在增加语音、声控、娱乐等功能。

（2）高科技的运用：在汽车导航表现上更多运用高科技的表现，突出表现为运用了三维技术的三维影像导航。

（3）两用型：市场上已推出手持导航的产品，实现手机和车载两用。

（4）提供信息服务：可显示塞车信息的车载导航系统，已经受到大众关注。

第五章　汽车常见故障

第一节　汽车发动机常见故障处理

发动机故障就是发动机部分或完全丧失工作能力的现象,也就是发动机不能正常工作。

一、发动机常见故障现象

(一)声响异常

异响是发动机不正常的响声,据资料表明:70%的发动机故障有异响的表现。异响故障症状明显,一般可以及时发现,可以诊断零部件松动或机械磨损等故障。

(二)过热现象

发动机正常工作时,应保持一定的工作温度范围,若发动机温度超过正常工作温度,会导致发动机功率不足,加速发动机性能恶化,甚至出现爆震、烧瓦、拉缸等现象。

(三)渗漏现象

渗漏是汽车的燃油、机油、冷却液、电解液等渗透漏出,这是一种明显的故障症状。渗漏会造成发动机油耗增加、过热、烧损等现象,应及时排除。

(四)排烟颜色不正常

发动机在工作过程中,正常的燃烧生成物主要成分应当是二氧化碳和少量的水蒸气。如果发动机燃烧不正常,废气中会掺有未燃烧完全的碳粒、碳化氢、一氧化碳及氮氧化物等,表现为冒黑烟、蓝烟、白烟现象。烟色不正常是诊断发动机故障的重要依据。

(五)消耗过大

消耗过大也是一种故障症状。如燃油、机油、冷却水消耗过大,油底壳油面不降反升等。消耗异常有时不易觉察,不可掉以轻心。

二、发动机常见故障原因

(一)机械磨损、断裂、变形

机械磨损主要包括:汽缸和活塞环、活塞,活塞销和连杆衬套、活塞销和座孔,连杆轴颈和连杆轴瓦,曲轴主轴颈和主轴颈轴瓦,凸轮轴颈和轴套,汽门和汽门座,汽门杆和汽门导管,凸轮轴和挺柱或液压挺柱,飞轮和启动爪等有旋转配合或相互移动的零部件。

机械变形主要包括：汽缸体、汽缸盖、连杆、曲轴、凸轮轴、挺杆、活塞环、汽门杆等工作环境恶劣、受力大、呈细长的薄弱零部件。

机械断裂主要包括：汽缸体、汽缸盖、曲轴和飞轮等受冲击力大、转速高的零部件。

机械磨损、断裂、变形主要存在曲轴连杆机构和配气机构，其故障表现是异响、汽缸压力不够、发动机功率不足等，一般是发动机运行较长时间才出现。

（二）泄漏

燃油管路泄漏：油管破裂、连接接头松动、汽油滤清器等燃油流经的位置。

机油泄漏：油底壳与曲轴箱接合周边，油底壳放油塞，机油滤清器周围，机油压力传感器与汽缸连接处，机油泵与集滤器连接处等。

冷却水泄漏：水箱，进、出水管连接处，水泵与机体接合面，汽缸体和汽缸盖水套接合处，汽缸垫。

（三）密封不严

进气管、汽门和汽门座，汽缸体和汽缸盖接合面，活塞、活塞环与汽缸等。

（四）电路故障

电路故障是指启动系和点火系的故障。电路故障有各线路接头松动、断路、短路（搭铁）、电气设备调整不当、耗损和电气线路错接等。将导致起动机不转、无火、断火、火花弱、错火和点火不正时等现象。

三、发动机故障诊断方法

诊断故障时应遵循“先易后难、先简后繁、先外后内、分段查找、逐步缩小范围”的原则，通常采用人工直观法、仪器设备法、故障树分析法对故障予以分析诊断。

（一）人工直观法

人工直观法就是通过问、看、嗅、摸、试、听等直接感观的方法，或借助一些简单工具，以确定机器技术状况和故障的方法。其特点是不需要专用设备，诊断结果的准确性依赖于诊断人员的技术水平和实践经验。

1. 问

了解汽车使用、维护情况。即向驾驶员询问查核故障前后的诸如车辆行驶里程、使用年限、维护修理情况、故障预兆、故障发生过程，是渐变还是突变等有关情况。

2. 看

观察汽车日常维护情况。即观察有故障疑点的机构、总成和零件的状况，如各仪表指示数值、机体裂痕和变形、消声器排放废气的颜色、滴漏的油迹和水迹。比如：有无油、水泄漏，有无连接松动，排气颜色是否正常，空气滤清器有无堵塞等，再结合其他有关情况分析、判断发动机的工作情况。

3. 嗅

凭发动机在运转中所发出的某些特殊气味来判断故障之所在。即根据发动机运行中散发出的异常气味判断故障部位，如有汽油味，表明有漏油或燃烧不良等故障。

4. 摸

用手触摸产生故障部位的温度、振动情况等，从而判断出诸如发动机油管路的脉动以及油、水的温度等。

5. 试

通过各种试验方法，使故障现象充分地显现出来，如按喇叭、打开点火开关或灯开关、火花塞"断火"、拉阻风门、使发动机转速迅速升高或降低等，必要时还可换装好的总成或零件进行对比试验。

6. 听

根据发动机在不同工作情况、不同部位发出的声响及声响的规律，判断哪些是正常的，哪些是异常的。如汽缸内有无爆震声、化油器有无"回火"、排气消声器有无放炮声或"突、突"等。

以上方法并非每一种故障诊断都必须遵循该程序，不同的故障应视其具体情况灵活运用。

(二) 仪器设备法

仪器设备法是在总成不解体条件下，使用专用仪表或设备，检测汽车某些特定参数的，以判断其技术状态和故障情况。这种诊断方法具有诊断速度快、结果准确、不需解体（或只需拆除个别小零部件）、能发现隐蔽性故障等优点，但需要多种设备，投资较大。

目前可供利用的仪器设备有：万用表、点火正时灯、汽缸压力表、真空表、燃油压表、声级计、流量计、油耗仪、示波器、汽缸漏气量检测仪、曲轴箱窜气量检测仪、气体分析仪、烟度计、以及功能比较齐全的测功机、发动机综合检测仪等。

四、典型发动机故障及诊断方法

(一) 电控发动机维修基础

1. 维修注意事项

(1) 汽油喷射系统对汽油的清洁度要求很高，应使用牌号和质量完全符合要求的去铅汽油。燃油滤清器要定期更换，以防止燃油中的异物堵塞喷油器。

(2) 严格按照要求使用电源。安装蓄电池时极性必须正确，否则电子元件会烧毁。

(3) 尽量避免电脑受到剧烈振动，并要防止水分浸入电控系统各零(部)件内。

(4) 在蓄电池亏电导致发动机无法正常启动时，应及时给蓄电池充电或更换新的蓄电池，而尽量不要使用跨接电路的方法来启动发动机。

(5) 不可用水冲洗微机控制单元和其他电子装置。发动机存放地点环境的湿度不宜太大，在夏季尽量不用水冲刷地板。

(6) 防止微机系统受到剧烈的机械冲击震动。

(7) 发动机要远离能发射电磁场的电气设备，避免空间强电磁场对微机系统的干扰。

2. 燃油系统检查要点

(1) 打开点火开关，在发动机未启动时，警告灯应点亮。发动机正常启动后，警告灯应熄灭，如果不熄灭，则表示电脑自诊断系统检测到故障或异常现象。此时不能将蓄电池从电路中断开，以防微机中存储的故障代码及有关信息丢失。应根据警告灯闪烁的次数或输出的故障编码，判断电子汽油喷射系统的故障，并用专用设备读取故障码。

(2)对供油系统进行检修操作前，应先拆除蓄电池的搭铁线。

(3)电动汽油泵除受点火开关控制外，还受空气流量计内的开关控制。点火开关接通后，只有在发动机处于正常工作或启动状态，且空气流量计检测到空气流量信号或微机检测到转速和点火信号时，汽油泵才连续工作。它的出油压力比一般的供油系高，损坏后，只能使用原型号的电动汽油泵进行更换。

(4)检修时，不论发动机是否运转，只要点火开关接通，决不可断开任何正在工作的电气装置。因为这些装置往往有一定的电感，当突然切断其工作电流时，会在电路中产生很高的瞬时电压，会造成电子器件的严重损坏。

(5)如需要进行电弧焊接，应断开电控单元的供电电源线。

(6)对微机及与之连接的传感器、执行器进行检修时，操作人员须预先消除身上的静电，一定要带上接铁金属带，将其一端缠在手腕上，另一端夹到车身上，避免静电造成微机系统的损坏。

（二）发动机不能发动故障诊断

1. 故障现象

打开点火开关，将点火开关拨到启动位置，发动机发动不着。

2. 故障产生的可能原因

(1)启动系统故障使发动机不能转动或转动太慢

①蓄电池存电不足，电极桩柱夹松动或电极桩柱氧化严重。

②电路总保险丝断。

③点火开关故障。

④起动机故障。

⑤启动线路断路或线路连接器接触不良。

(2)点火系统故障

①点火线圈工作不良，造成高压火花弱或没有高压火花。

②点火器故障。

③点火时间不正确。

(3)燃油喷射系统故障

①油箱内没有燃油。

②燃油泵不工作或泵油压力过低。

③燃油管泄漏变形。

④断路继电器断开。

⑤燃油压力调节器工作不良。

⑥燃油滤清器过脏。

(4)进气系统故障

①怠速控制阀或其控制线路故障。

②怠速控制阀空气管破裂或接头漏气。

③空气流量计故障。

(5)ECU 故障。

3. 诊断排除方法和步骤

(1)打启动挡,起动机和发动机均不能转动,应按启动系故障进行检查。首先,检查蓄电池存电情况和极柱连接和接触情况;如果蓄电池正常,检查启动线路、保险丝及点火开关;

(2)踏下加速踏板到中等开度位置,再打起动机。如果此时,发动机能够发动,则说明故障为怠速控制阀及其线路故障或者是进气管漏气,如果踏下加速踏板到中等开度位置时,仍然发动不着,应进行下一步骤的检查;

(3)进行外观检查。检查进气管路有无漏气之处;检查各软管及其连接处是否完好;检查曲轴箱通风装置软管有无漏气或破裂;

(4)检查高压火花。如果高压火花不正常,应检查高压线、点火线圈、分电器和电子点火器;

(5)检查点火顺序是否正确;

(6)检查供油系统的供油情况。在确认油箱有油的情况下,检查燃油管中的供油压力;

(7)检查点火正时及各缸的点火顺序;

(8)检查装在空气流量计上的燃油泵开关的工作情况;

(9)检查各缸火花塞的工作情况;

(10)检查点火正时。如点火正时不正确,应进一步检查点火正时的控制系统;

(11)检查 ECU 的供电情况和工作情况,确定是否是 ECU 的故障。

(三)发动机失速故障诊断

1. 故障现象

发动机工作时,转速忽高忽低,这种现象即为发动机失速现象,其故障被称为发动机失速故障。

2. 故障原因

造成发动机转速忽高忽低的原因有燃油喷射系统的故障,也有点火控制系统的故障,还有进气系统的故障。常见的故障原因有以下几点:

(1)进气系统存在漏气处。如各软管及连接处漏气,PVC 阀漏气,EGR 系统漏气,机油尺插口处漏气,机油滤清器盖漏气等;

(2)空气滤清器滤芯过脏;

(3)空气流量计工作不正常;

(4)燃油喷射系统供油压力不稳。如油管变形,系统线路连接接触不良,燃油泵泵油压力不足,燃油压力调节器工作不稳定,燃油滤清器过脏,断路继电器触点抖动等;

(5)点火正时不正确;

(6)冷启动喷油器和温度正时开关工作不良;

(7)ECU 故障。

3. 诊断排除方法和步骤

(1)检查进气管路有无漏气现象。检查各软管及连接接头处、PVC 阀管子、EGR 系统、机油尺插口、机油滤清器盖;

(2)检查供油压力。检查油箱中燃油是否过少,检查燃油管内的压力是否不稳。具体方法与检查发动机不能发动时相同；

(3)检查空气滤清器滤芯是否过脏；

(4)检查点火提前角；

(5)检查各缸火花塞工作情况；

(6)检查冷启动喷油器和温度－时间控制开关的工作情况；

(7)检查空气流量计的输出电压及与发动机工况的变化关系；

(8)检查喷油器的喷油情况；

(9)检查 ECU 的工作情况。

(四)发动机怠速不良故障诊断

1. 故障现象

发动机在中等以上转速运行时工作正常，当转速为怠速或接近怠速时，出现怠速不稳甚至熄火的现象，即为怠速不良故障。

2. 故障原因

造成怠速不良通常是由于进气系统和喷油控制系统的原因，个别时候也会因发动机机械故障造成怠速不良。常见引起怠速不良的原因有：

(1)进气系统有漏气处；

(2)冷启动喷油器和温度－时间控制开关工作不正常；

(3)喷油系统供油压力不正常；

(4)喷油器故障引起喷射雾化质量差；

(5)ECU 故障。

3. 诊断排除方法和步骤

(1)检查进气管、PVC 阀软管、机油尺处是否漏气；

(2)检查空气滤清器滤芯是否过脏；

(3)检查冷启动喷油器和温度－时间控制开关是否正常；

(4)检查燃油系统压力是否过低；

(5)检查喷油器喷射情况；

(6)必要时检查汽缸压力和气门间隙；

(7)检查 ECU。

(五)混合气稀故障诊断

1. 故障现象

发动机转速不稳，动力明显不足，且有回火现象，则可认为发动机存在混合气过稀的故障。

2. 故障原因

(1)进气系统存在漏气现象；

(2)冷起动喷油器和温度定时开关有故障；

(3)系统燃油压力过低；

(4)喷油器卡阻或堵塞；

(5)空气流量计故障；

(6)水温传感器故障;
(7)节气门位置传感器故障;
(8)ECU 故障。
3. 诊断排除方法和步骤
(1)检查进气系统有无漏气现象;
(2)检查冷启动喷油器的定时开关;
(3)检查喷油器有无堵塞、卡阻故障;
(4)检查空气流量计工作情况;
(5)检查水温传感器;
(6)检查节气门位置传感器工作情况;
(7)检查 ECU 各端子输入、输出信号。

(六)加速不良故障诊断

1. 故障现象

发动机在加速踏板由低速缓慢加速到高速时,工作完全正常,但在急加速时,发动机转速变化缓慢,有时有喘气或回火现象。

2. 故障原因
(1)进气系统存在漏气故障;
(2)系统供油压力过低;
(3)点火电压过低;
(4)点火时间过迟;
(5)汽缸压力过低或汽门间隙过小;
(6)节气门位置传感器工作不正常;
(7)ECU 故障。
3. 诊断排除方法和步骤
(1)检查进气系统有无漏气现象;
(2)检查高压火花情况;
(3)检查点火提前角是否正常;
(4)检查系统供油压力;
(5)检查节气门传感器工作是否正常;
(6)检查 ECU 各端子信号是否正常;
(7)必要时检查汽门间隙和汽缸工作压力。

第二节 汽车底盘常见故障处理

一、离合器的检测与故障诊断

汽车在长期使用中,由于离合器工作频繁、过载和使用中的不当操作,造成离合器的损坏，出现打滑、分离不彻底、抖动和异响等故障，影响离合器的正常工作；为此，在维修离合器时，要有序地检查离合器各部分零件的磨损、烧蚀、变形、破裂等损坏情况，并予以彻底修复。

离合器常见故障有打滑、分离不彻底、发抖、发响等。

（一）离合器打滑

1. 故障现象

（1）汽车用低速挡起步时，放松离合器踏板后，汽车不能顺利起步；

（2）汽车加速行驶时，车速不能随发动机转速的提高而提高，感到行驶无力，严重时产生焦臭味或冒烟等现象；

（3）当拉紧驻车制动器，进行起步试验时，发动机本应熄火，若不熄火，表示离合器确实打滑。

2. 故障原因

（1）离合器踏板自由行程过小或没有自由行程，使分离轴承一直压在分离杠杆上；

（2）从动盘上有油污，造成从动盘表面摩擦力减小；

（3）从动盘摩擦片、压盘或飞轮工作面磨损严重，离合器盖与飞轮的连接松动，使压紧力减弱；

（4）从动盘摩擦片油污、烧蚀、表面硬化，铆钉外露或表面不平，使摩擦力下降。压力弹簧疲软或折断，膜片弹簧疲软或开裂，使压紧力下降；

（5）分离轴承套筒与导管间油污严重，使分离轴承不能复位。

3. 故障诊断与排除

（1）检查离合器踏板自由行程是否合适，若不合适则应进行调整；

（2）除从动盘油污并排除漏油故障；

（3）检查从动盘摩擦片、压盘或飞轮工作面磨损情况，若磨损严重则应及时更换；

（4）检查压力弹簧、膜片弹簧是否疲软、折断或弹性不足，若弹性不足或破坏则应及时更换；

（5）检查从动盘、分离轴承套筒与导管，若有油污则应及时清理。

（二）离合器分离不彻底

1. 故障现象

发动机怠速运转时，踩下离合器踏板，挂挡时有齿轮撞击声，且难以挂入；如果勉强挂上挡，则在离合器踏板尚未完全放松时发动机熄火。

2. 故障原因

（1）离合器踏板自由行程过大；

（2）新换的摩擦片太厚或从动盘正反面装错；

（3）从动盘钢片翘曲、摩擦片破裂或铆钉松动；

（4）液压传动离合器的液压系统漏油造成油量不足，或有空气侵入；

（5）分离杠杆调整不当，其内端不在同一平面内或内端高度太低，或分离杠杆弯曲变形、支座松动、支座轴销脱出，使分离杠杆内端高度难以调整。

3. 故障诊断与排除

(1)检查离合器踏板自由行程是否合适,若自由行程过大,应进行调整;

(2)检查离合器从动盘或摩擦片安装是否正确,若从动盘变形或损坏应及时更换;

(3)检查液压系统管路、管接头是否漏油;

(4)检查分离杠杆是否变形,支座是否松动,分离杠杆调整是否合适;

(5)检查变速器第一轴和离合器从动盘配合是否良好,若配合不当应及时调整。

(三)离合器发响

1. 故障现象

车辆起步或换挡时操纵离合器,有不正常响声。

2. 故障原因

分离轴承磨损严重或缺油,轴承复位弹簧过软、折断或脱落;从动盘铆钉松动或减振弹簧折断;踏板复位弹簧过软、脱落或折断。

3. 故障诊断与排除

稍稍踩下离合器踏板,膜片弹簧与分离轴承接触,听到有“沙沙”的响声,为分离轴承响。若加油后仍响,为轴承磨损松旷或损坏,应予以更换;踩下、放松离合器踏板时,如出现间断的碰击声,为分离轴承前后滑动响(分离轴支承弹簧失效),应更换支承弹簧;发动机一起动就有响声,将踏板提起后响声消失,为踏板弹簧失效,应更换踏板弹簧;连踩踏板,在离合器刚接触或分开时响,为从动盘铆钉松动和摩擦片铆钉外露,应修复铆钉。

(四)车辆起步时离合器发抖

1. 故障现象

车辆起步时,离合器不能平稳接合,使车身产生抖动。

2. 故障原因

离合器压盘或从动盘发生翘曲,或从动盘铆钉松动;变速器与飞轮壳或者离合器盖与飞轮固定螺栓松动;膜片弹簧弹力不均。

3. 故障诊断与排除

让发动机怠速运转,挂上低速挡,缓慢松开离合器踏板并踩下加速踏板起步,如车身有明显的抖动,则为离合器发抖;检查变速器与飞轮壳、离合器盖与飞轮固定螺钉是否松动,检查膜片弹簧的高度;拆开离合器盖测量膜片弹簧的高度是否一致;若上述各项均符合要求,则拆下离合器,分别检查压盘、从动盘是否变形,铆钉是否松动,膜片弹簧的弹力是否在允许范围内。

二、手动变速器的检测与诊断

手动变速器常见故障是跳挡、乱挡、异响、换挡困难和漏油。

(一)变速器跳挡

1. 故障现象

车辆在重载加速或爬坡行驶时,变速杆自动从某挡跳回空挡。

2. 故障原因

(1)操纵杆系磨损松旷或变速器内拨叉弯曲变形、推力垫片磨损,使齿轮不能完全啮合;

(2)相啮合的齿轮或齿圈磨损严重;

(3)自锁装置的凹槽、钢球磨损严重,自锁弹簧疲劳或折断;

(4)轴或轴承磨损严重,使相啮合的齿轮或齿圈不同心;

(5)齿轮与轴的花键严重磨损,使配合间隙过大。

3. 故障诊断与排除

(1)检查操纵杆系是否松旷或严重磨损,变速器内拨叉是否弯曲变形,推力垫片严重磨损,若松旷或损坏严重,应及时调整或更换零件;

(2)检查相啮合的齿轮或齿圈的磨损情况,若磨损严重或断齿应更换;

(3)检查自锁装置的凹槽、钢球是否严重磨损,自锁弹簧是否疲劳或折断,若磨损严重或损坏应及时更换拨叉轴、钢球;

(4)检查轴或轴承是否磨严重,必要时应更换;

(5)检查齿轮与轴的花键的磨损情况,若磨损严重应更换。

(二)变速器乱挡

1. 故障现象

汽车在起步挂挡或行驶中换挡时,挂不上所需挡位;挂挡后不能退回空挡;车辆静止时可能同时挂上两个挡。

2. 故障原因

(1)互锁装置的凹槽、锁销或钢球磨损严重;

(2)变速杆下端长度不足、下端工作面磨损过大或拨叉导致凹槽磨损过大;

(3)变速杆球头定位销磨损松旷、折断或球头、球孔磨损过大。

3. 故障诊断与排除

(1)检查互锁装置的凹槽、锁销和钢球的磨损情况,若磨损严重,应及时更换;

(2)检查变速杆下端长度与下端工作面的配合情况,若磨损严重、间隙过大应予更换;

(3)检查变速杆球头定位销,若松旷、折断或球头、球孔磨损严重,应及时更换。

(三)变速器异响

1. 故障现象

变速器异响主要有变速器齿轮的啮合声、轴承的运转声等。一般若在各挡都有连续响声,为轴承损坏;某挡位有连续、较尖细的响声,为该挡齿轮响声;挂上某挡时有断续、沉闷的冲击声,为该挡个别齿轮折断;停车时踩下离合器踏板不响,松开离合器踏板发响,为常啮合齿轮响。应根据响声特点,着重检修相应部位。

2. 故障原因

(1)变速器第一轴、第二轴或拨叉弯曲变形,轴承、同步器毂磨损、失圆;

(2)齿轮加工精度或热处理工艺不当等造成齿轮偏磨或齿形发生变化,齿轮啮合间隙或花键配合间隙过大;

(3)自锁装置的凹槽、钢球磨损过甚或自锁弹簧疲劳、折断;

(4)齿轮油不足、变质、规格不符合要求或油中有杂物。

(四)变速器换挡困难

1. 故障现象

变速器不易挂上挡或挂上挡后不易脱出。

2. 故障原因

离合器分离不彻底;拨叉轴弯曲或叉轴与导向孔严重锈蚀、拨叉固定螺栓松动;同步器磨损或弹簧安装不正确。

3. 故障诊断与排除

检查离合器操纵机构能否灵活移动,离合器能否分离彻底。拆开变速器盖,查看拨叉轴是否弯曲,如弯曲应校直或更换;若离合器轴与导向孔锈蚀应除锈修复;若拨叉固定螺钉松动,应拧紧。若同步器磨损或损坏,应更换。

三、自动变速器常见故障及诊断

(一)自动变速器换挡冲击大故障的排除

1. 故障现象

起步时,选挡手柄从 P 或 N 挂入 D 或 R 位时,汽车振动大;行驶中,自动变速器升挡瞬间产生振动。

2. 故障原因

发动机怠速过高;节气门拉线或节气门位置传感器调整不当,主油路油压高;升挡过迟;真空式节气门阀真空软管破损;主油路调压阀故障,使主油路油压过高;减振器活塞卡住,不起减振作用;单向阀球漏装,制动器或离合器接合过快;换挡组件打滑;油压电磁阀故障;电控单元故障。

3. 排除方法

检查发动机怠速;检查、调整节气门拉线和节气门位置传感器;检查真空式节气门阀的真空软管。路试检查自动变速器升挡是否过迟,升挡过迟是换挡冲击大的常见原因。

检测主油路油压。如果怠速时主油路油压高,说明主油路调压阀或节气门阀存在故障;如果怠速油压正常,而起步冲击大,说明前进离合器、倒挡及高挡离合器的进油单向阀损坏或漏装。

检查换挡时主油路油压。正常情况下,换挡时主油路油压瞬时应有下降。若无下降,说明减振器活塞卡住,应拆检阀体和减振器。

检查油压电磁阀的工作是否正常;检查电控单元在换挡瞬间是否向油压电磁阀发出控制信号。如果电磁阀本身有问题则应更换;如果线路存在问题则应修复。

(二)自动变速器打滑故障的排除

1. 故障现象

起步时踩下加速踏板,发动机转速上升很快但车速升高缓慢;上坡时无力,发动机转速上升很高。

2. 故障原因

液压油油面太低;离合器或制动器磨损严重;油泵磨损严重,主油路漏油造成主油路油压低;单向超越离合器打滑;离合器或制动器密封圈损坏导致漏油;减振器活塞密封圈损坏导致漏油。

3. 排除方法

检查液压油油面高度和油的品质;若液压油变色或有烧焦味,说明离合器或制动器的摩擦片烧坏,应拆检自动变速器。

（三）自动变速器不能升挡故障的排除

1. 故障现象

行驶途中自动变速器只能升1挡,不能升2挡及高速挡;或可以升2挡,但不能升3挡或超速挡。

2. 故障原因

节气门拉线或节气门位置传感器调整不当;调速器存在故障;调速器油路漏油;车速传感器故障;2挡制动器或高挡离合器存在故障;换挡阀卡滞或挡位开关故障。

3. 排除方法

电控自动变速器应先进行故障诊断。检查调整节气门拉线和节气门位置传感器;检查车速传感器;检查挡位开关信号。测量调速器油压,如果车速升高后调速器油压为零或很低,说明调速器有故障或漏油。如果控制系统无故障,应拆检自动变速器,检查换挡执行组件是否打滑,用压缩空气检查各离合器、制动器油缸或活塞有无泄漏。

四、万向转动装置故障诊断

万向传动装置的常见故障有传动轴振动和噪声、起动撞击及滑行异响等。

（一）传动轴的振动和噪声

1. 故障现象:汽车在中速或高速行驶时,传动轴振动,并引起车身的振动和噪声。

2. 故障原因

（1）传动轴弯曲或扭转变形;

（2）传动轴不平衡;

（3）十字轴万向节的轴承磨损或失效。

3. 故障诊断与排除

（1）首先检查传动轴直线度误差,若超过允许范围,应进行校正或更换;

（2）检查传动轴是否平衡。若不平衡应检查装配标记是否对正,轴两端万向节叉是否装在同一平面内;

（3）检查十字轴万向节的轴承是否磨损严重或失效,若磨损严重或失效应及时更换;

（4）检查支承、花键、缓冲橡胶垫等是否损坏,紧固螺栓是否松动,若有松动或损坏,应予以紧固、检修或更换。

（二）起动时万向传动装置有撞击声或滑行时异响

1. 故障现象

启动发动机时,传动轴有撞击声,或滑行时传动轴异响。

2. 故障原因

(1)万向节磨损或损伤;

(2)变速器输出轴花键及传动轴滑动叉花键处磨损或损伤;

(3)连接部位松动。

3. 故障诊断与排除

(1)首先检查万向节是否磨损严重或损伤,若磨损严重或损伤,应更换零件;

(2)检查变速器输出轴花键及传动轴滑动叉花键处是否磨损严重或损伤,若磨损严重或损伤,应予以修理或更换;

(3)检查传动轴连接部位是否松动,若松动需拧紧各螺栓或螺母。

五、驱动桥故障诊断

驱动桥的常见故障有异响、发热和漏油等。

(一)驱动桥异响

1. 故障现象

汽车起步、转弯或突然改变车速行驶时驱动桥异响。驱动桥的异响可分为驱动时发出的异响、滑行时发出的异响和转弯时发出的异响。当汽车起步、转弯或突然改变车速行驶时,驱动桥发出较大响声,而当直行、滑行或低速行驶时响声减弱或消失。

2. 故障原因

(1)后桥壳内润滑不良;

(2)圆锥滚子轴承预紧度调整不当;

(3)圆锥或圆柱主、从动齿轮、行星齿轮和半轴齿轮等啮合间隙过大或过小,齿面磨损严重、轮齿折断、变形或啮合印痕不符合要求;

(4)半轴齿轮与半轴的花键配合松旷,差速器壳与十字轴配合松旷或行星齿轮孔与十字轴配合松旷;

(5)主减速器主动齿轮紧固螺母或从动齿轮连接螺栓松动,或驱动桥壳体、主减速器壳体变形。

3. 故障诊断与排除

(1)检查后桥壳内润滑情况,若漏油应更换垫圈,油量不足应及时补充。

①将驱动桥架起,起动发动机并挂上挡,然后急剧改变车速,查听驱动桥响声来源,以判断故障所在部位。

②将发动机熄火,并将变速器放入空挡,在传动轴停止转动后,用手转动主动齿轮凸缘,若齿轮啮合间隙过大,则会有松旷的感觉。若感到一点活动量都没有或很小,则说明啮合间隙过小,应分别进行调整;若感到活动量很大或没有,且有不正常的响声,应拆下主减速器进行修理。

(2)行车检查

①当汽车加速前进或放松加速踏板降速时,听到“嗞、嗞”的噪声. 这可能是齿轮啮合间隙过小或啮合不良,应按规定重新调整。

②当汽车在行驶中连续发响,车速愈高,噪声愈大,而在滑行时,噪声减小或消失。则轮毂轴承、主减速器轴承或差速器轴承磨损松旷,应更换轴承。

③当汽车下坡或速度急剧变化时，发出“咯啦、咯啦”的碰撞声，而正常行驶中消失或减小，则为齿轮啮合间隙过大，应予以调整，如调整后还不能消除，则应更换齿轮。

④当汽车转弯时发响严重，而在直行时响声不明显，则可能是差速器两侧轴承端隙过大、差速器齿轮或推力垫片磨损严重、半轴齿轮及键磨损严重，应分别调整轴承的预紧度，或更换垫片及齿轮等。

（二）驱动桥过热

1. 故障现象

汽车在行驶一段路程后，用手触摸后桥，有烫手感觉。

2. 故障原因

（1）齿轮油型号不对或油量不足；

（2）轴承预紧度过大；

（3）齿轮磨损严重；

（4）主、从动锥齿轮啮合间隙过小。

3. 故障诊断与排除

（1）检查齿轮油的量是否充足，若不足应按规定将齿轮油加至规定高度；

（2）检查齿轮油型号是否正确。若不正确应将原油放尽，并冲洗桥壳内部，换上规定型号的齿轮油；

（3）检查驱动桥轴承的预紧度是否过大，若过大应重新调整；

（4）检查齿轮的磨损，若磨损严重应更换齿轮；

（5）检查主、从动锥齿轮啮合间隙是否过小，若过小应重新调整。

（三）驱动桥漏油

1. 故障现象

驱动桥减速器衬垫或放油螺塞周围漏油。

2. 故障原因

（1）油面过高；

（2）通气塞堵塞；

（3）油型号不对；

（4）油封磨损或损坏，放油螺塞松动或垫片损坏；

（5）桥壳有裂纹。

3. 故障排除

（1）首先检查齿轮油的油面高度，若油面过高，应放掉多余的齿轮油，调整至合适位置；

（2）检查通气塞是否堵塞，若堵塞应予以检修；

（3）检查放油螺塞是否松动，垫片是否损坏，若损坏应更换垫片，并拧紧放油螺塞；

（4）检查油封是否磨损或损坏，若磨损或损坏应更换油封；

（5）检查油齿轮油型号是否正确，若不正确应放出所有齿轮油，并加注规定型号的齿轮油；

（6）检查桥壳有无裂纹，若有裂纹应修理或更换。

六、传动系异响综合诊断

汽车传动系是由离合器、变速器、万向传动装置和驱动桥等主要部件组成。若其中某个部件调整不当或严重磨损，都会造成传动系的异响。

（一）故障现象

汽车起步或车速突然提高时，传动系发出“吭”的一声；汽车静止，发动机熄火，将变速器挂在某一挡位上，抬起离合器踏板，松开驻车制动器，在车下反复转动传动轴时，感到松旷量很大。

（二）故障原因

（1）传动系游动角度过大；

（2）离合器从动盘与变速器第一轴花键配合松旷；

（3）变速器中传动齿轮的啮合间隙太大，或滑动齿轮与花键轴配合松旷；

（4）万向传动装置的万向节松旷，或传动轴伸缩节松旷；

（5）驱动桥内齿轮的啮合间隙太大、轴承松旷，或半轴齿轮与半轴配合松旷。

（三）诊断方法

首先起动发动机，待热车后熄火，根据经验检查传动系游动角度，分段检查传动系各部分的游动角度是否过大，若过大应进行调整。

1. 离合器与变速器游动角度的检查

变速器挂在要检查的某一挡位上，松开驻车制动器，离合器处于接合状态，在车下将变速器的输出轴或其上的驻车制动盘（鼓）从一个极端位置转到另一个极端位置，两极端位置之间的转角即为在该挡位下离合器与变速器的游动角度。依次挂入每一挡，可获得不同挡位的游动角度。

2. 万向传动装置游动角度的检测

支起驱动桥，拉紧驻车制动器，然后在车下将驱动桥凸缘盘从一个极端位置转到另一个极端位置，两极端位置之间的转角即为万向传动装置的游动角度。

3. 驱动桥游动角度的检查

松开驻车制动器，变速器置于空挡位置，驱动桥着地或处于制动状态，然后在车下用手将驱动桥凸缘盘从一个极端位置转到另一个极端位置，两极端位置之间的转角即为驱动桥的游动角度。

第三节　汽车电器常见故障处理

一、汽车电器常见故障及其部位

（一）断路故障

断路故障是汽车电子电器中最常见的故障，因为某根导线或连接点断开，电流没有回路，从而导致设备不工作。常见原因有：

1. 搭铁线松动导致接触不良

接触不良会使设备工作时好时坏

2. 导线折断

这个故障部位一般发生在导线弯曲处，要仔细寻找才行。

3. 接线柱接触不良

主要表现是：

（1）蓄电池的接线柱因锈蚀而接触不良，尤其是在蓄电池负极接车身（搭铁）的地方最容易锈蚀；

（2）起动机的接线柱和电流表的接线柱接触不良；总熔断器断路；起动继电器触点烧蚀。

4. 充电系统发生断路，表现有：

（1）机械式电压调节器的触点烧蚀；

（2）电流表的接线柱接触不良；

（3）熔断器断路。

5. 熔断器发生断路的原因有：

（1）接触不良。接触不良会导致电压降低和熔断器发热，应对熔断器座进行修理；

（2）熔丝断路。熔丝断路一般是由于大电流或电路短路所致。必须排除故障后，才能接通电路。

值得注意的是更换熔丝时，应使用同种规格并截取同样长度，安装必须牢固可靠。熔断器的拆装必须使用专用工具。

6. 点火系统发生断路，常见部位是触点烧蚀，放电间隙不正常，正常间隙应为0.35～0.45mm。照明系统发生断路的常见部位是断线，还有线束插接器的插件内触片接触不良。

（二）短路故障

短路是指电源的两极不经负载而构成回路。短路时，外电路电阻等于零，因电源的电动势会全部降落到内电阻上，所以会产生巨大的电流，不仅使电源过载、导线过热而导致绝缘层破坏，严重时还可能引起火灾。短路是一种严重的事故，应该尽力防止。但是有时为了某种需要，也常常人为地将电路中某一部分短路，以便检查、分析故障所在。这就是检修时常用的“电源短路法”。

产生短路故障的原因是：导线绝缘破坏并相互接触造成碰线，开关、接线盒、灯座等外接线螺丝钉松脱造成两线相碰，接线时操作不慎使两线接头相碰，或火线线头直接搭铁。

发生短路时，必然伴随着熔断器的断路，所以当发现熔断器断路时，一定要先找到短路故障点，对其排除后，才能对熔断器进行修复或更换。

（三）漏电故障

漏电故障是最令人头痛的故障，因为它既不像短路故障那样剧烈，又不像断路故障那样容易寻找。

漏电故障在汽车故障中的发生率较高，和天气阴晴还有关系，受雨雪及氧化程度的影响比较大，故障时好时坏，时有时无，不好查找。漏电严重时，不仅会使导线发热，耗电量增加，而且还会造成机体带电,人体接触会产生发麻的感觉。

如果是点火系统的高压部分漏电,则会引起火花塞断火,导致发动机不能正常工作。

漏电故障的主要原因是:车用电器的绝缘不良;连接导线受潮,绝缘层老化,局部破损。漏电故障在农用车及各种货车中出现的几率较大,这主要是这些汽车的特殊工作环境所致。

二、检修汽车电子电器故障常用的方法

检修汽车电子电器故障的方法很多,最常用而且有效的有以下几种方法:

(一)询问用户法

在检修故障之前,要先向用户询问和了解故障车的使用情况、故障现象以及故障产生和发展的过程,并将用户提供的情况做好记录,认真进行分析和研究。询问用户的内容包括以下几个方面:

(1)了解汽车使用年限;

(2)了解故障产生的过程;

(3)了解此故障是否请人修理过;

(4)了解车主有无故障汽车的有关资料;

(5)核实故障现象。

(二)直观检查法

直观检查法就是不借助仪器和仪表,仅凭眼睛或其他感觉器官检查:眼看、耳听、鼻闻、手摸或拨动,或利用简单的工具,例如螺丝刀等,对汽车电子电器的部件进行外观检查,从而发现损坏的部位,找出故障的原因。

(三)温度检查法

(1)加热检查法:加热检查法适用于那些车起动一会儿以后才能够正常工作或经过一段工作时间后才出现故障的情况。这种故障大都是因为有关零部件或传感器受热以后特性才发生变化而引起的。

(2)冷却检查法:冷却检查法适用于电器工作一段时间后出现异常的情况。

(3)水淋检查法:当某些电器的故障是在雨天或高湿度的环境下才产生时,可用水喷淋在车辆上的相关部位,检查是否发生相同的故障。采用此法时应注意,一是不可将水直接喷淋在发动机的电控部件上,而应喷淋在散热器的前面,以此间接改变电器的温度和湿度;二是不可将水直接喷射到各种电器的电子元器件上。

(四)清洁检查法

由于汽车经长期使用以后,就会使电器中电子元件表面的灰尘增多。尤其是当电路中有些部位受潮或灰尘增多时,会形成具有一定阻值的导体,破坏了电路的正常工作,从而造成了各种奇怪的、特殊的软性故障。

对于这类故障,检修时可先采用清洁法,即首先用毛刷刷净电器内部电子元件上的灰尘,再用无水酒精(含量95%以上)将电路板或导线接头处的污垢清洗干净。等清洗和除过灰尘的电路干燥后,许多故障就会自动消失。

（五）震动检查法

人为地对电器中的某些元件或零部件、配线等加以震动，可以发现由于虚焊、接触不良、导线断裂等原因而产生的故障部位。

（1）用震动检查法检查连接器：可在垂直和水平方向轻轻摆动连接器对其进行检查，观察有无故障出现或消失。

（2）用震动检查法检查配线：在垂直和水平方向轻轻拽动配线对其进行检查，尤其是对连接器的接头、支架和穿过开口的连接器等部位都应仔细地进行检查，观察有无故障出现或消失。

（3）用震动检查法检查传感器：用手轻拍装有传感器的部件，观察故障是否出现或消失，进而判断传感器是否失灵，但须注意不可用力拍打继电器。

（六）电阻测量检查法

用万用表的欧姆挡测量电路中的连接线、接插件和电子元件的直流电阻，以此来判断连接线是否断路、接插件是否接触不好、电子元件是否开路、短路和漏电等。

电阻测量检查法有两种：

1. 在路电阻测量法

直接在汽车电器的线路上测量元器件的电阻值，以此来判断故障元件。由于被测的元器件接在整个电路之中，所以用万能表的欧姆挡所测得的数值受到了其他相关支路的影响，不一定是元件真实的电阻值，这在分析测试结果时应予注意。

2. 开路电阻测量法

开路电阻测量法是将被测元器件的一端或整个元器件从电路上脱开，再进行电阻测量。开路电阻测量法比较麻烦，但由于这种测量方法排除了元件外围电路的影响，免除了在路测量的不准确性，测量的结果准确、可靠。将测量的结果与新元件的数值进行对比，往往会很快确认故障的原因。

（七）电压测量检查法

测量有关电路的直流电压来查找故障所在，是最常用也最有效的方法之一。尤其是对以微电脑为主组成的电子控制单元组件，主要是采用测量各组件引出脚上直流电压的方法来判断微电脑系统工作情况的好坏，因为控制系统内部损坏情况，一般总能在其相应的引出脚的直流电压上反映出来。

电压测量法还经常用来测量用电器的供电电压和各种插接件上的电压，查找电路断路或短路故障。有电压表明测量点之前电路与电源是接通的，无电压表明测量点与电源之间的电路有断路故障。

（八）电流测量检查法

电流检查法就是通过观察在正常工作电压下车上的电流表或串接的电流表所指示的耗电量的大小，来判断被测量的用电设备是否存在断路或短路故障的一种简易方法。使用电流检查法检查故障比较麻烦，一般都是在用电阻法和电压法检查无效的情况下才使用。比较适用的情况如下：

(1)在检修过程中,若检查电器的电源电压正常,但电路仍有故障,这时就可以用电流法检查该用电器的电流。

(2)在检修过程中,若经检查,电器的电源电压正常,则故障存在于电路的某一个支路中。可使用电流法,依次断开电器的各个支路,观察电流的变化情况。若断开某个支路后,电流趋于正常,则故障就存在于刚被断开的那个支路。

(九)电源短接检查法

电源短接检查法是指将导线的一端接在电源的正极,即蓄电池的正极接线柱上,用手拿着导线的另一端用碰触的方式去接触用电设备的某一接线柱,观察有无火花发生。

(十)脱开支路检查法

将车上的某一部分电路断开,用万用表测量电压、电阻或电流,以此来判断故障范围。适用于整车电流变大、电源电压变低故障的检查。

当某一部分电路出现短路性故障时,流过它的电流就会大大增加,导致整车的电流增加。若采用其他方法检查,时间一长可能会导致其他故障的产生。

使用脱开法,即将一部分电路断开,观察总电流的变化,就可判断出故障的大概部位,而不至于损坏其他电路或零部件。

采用脱开支路法检查故障时动作要迅速,因为过大的电流很可能会引起新的损坏故障。

当断开的线路不是故障所在的电路时,总电流仍会很大,这时应立即断电,重新对其他电路进行脱开检查。一旦故障部位找到后,就可以用电阻法测量该电路电源线对地间的电阻,以此来进一步寻找故障的零部件。

(十一)元件代换法

用已知正常的元件替换电路中可疑的元件,以观察原故障有无变化。这个方法对一些软故障非常有效,有些元件的特性在用万用表检查时看不出有问题,而在电路中使用时就会出现故障,这是因为万用表的电源电压比较低,能提供的电流也有限,达不到元件在电路中实际使用的情况。但是元件代换法对电路中出现元件漏电和电路有短路的故障无效。

(十二)碰铁刮火检查法

碰铁刮火检查法是指将导线的一端接到用电设备的接线柱,而用导线的另一端与车体或发动机缸体进行刮火试验。碰铁刮火的顺序可以从前向后,也可以由后往前,均能找出断路所在。

(十三)试灯检查法

试灯检查法是指用试灯的亮与灭来代替导线进行刮火试验。实际测试时,接上试灯,接通点火开关,若试灯点亮,表明回路接通;若试灯不亮,表明回路断路。

(十四)重接或重焊检查法

适用于故障时有时无、且在震动时故障现象较明显的电器故障。主要是线路中存在虚焊点或虚接件。

(十五)比较法

通过比较故障车与同类型的正常车来判断故障的一种方法。这种方法对于检修无图纸和无资料的汽车电子电器故障最为有效。

将在故障车上被怀疑的电器电路上测得的电压、电阻和电流等数据与正常车相应的数据进行比较，差别较大的部位就是故障所在部位。

在观察故障现象时，对于一些难以判断的故障现象，也可使用比较法，可以克服无资料、无图纸的困难，还可用于对一些杂牌的、不常见的汽车电子电器的修理。

三、检修汽车电子电器故障应注意的问题

现代汽车上安装的电子电器越来越多，许多控制系统都是一个很复杂的机电一体化的综合控制系统，在检修这类车型时，首先要全面地掌握整个系统的结构、原理和电气线路，并要掌握基本的检测方法。从实际的维修实例来看，汽车的型号虽然繁多，但各种车型的系统原理基本上是相同的，只是在结构上及各零部件的安装位置上有所不同，因此，在对故障进行实际检修时，应该注意以下几个问题。

（一）检修蓄电池应注意的问题

（1）搬动蓄电池时，要轻拿轻放，不可歪斜，以免电解液滴溅落到衣服或皮肤上，引起腐蚀或烧伤皮肉。如一旦被溅上，应立即用清水冲洗。

（2）禁止将油料容器及各种金属物放在蓄电池壳体上，以免造成短路。

（3）配置电解液时，应严格按操作规程办事，以免发生事故。

（4）在检查电解液密度和液面高度时，只需使器具稍微离开加液口即可，不要将器具提起过高、以免电解液滴溅到人身或其他物体上。

（5）在对新的蓄电池进行充放电过程中，应特别注意在过充电和大电流放电情况下，电解液中的水分被分解将会产生大量的氢气和氧气。

为了预防爆炸，应该做到蓄电池加液盖上的通气孔随时保持畅通；蓄电池电极柱上的接线要牢固，以免松动而引起火花；不要随便在蓄电池电极柱上作刮火试验；在用高频放电计检查测量蓄电池单格电压时，应首先打开蓄电池加液孔盖，以防蓄电池在大电流放电时，同时产生气体和火花而引起事故；对蓄电池接线电极柱及夹头上的氧化物应及时清除，然后涂抹凡士林或润滑脂后再将其装紧。

（二）检修起动机应注意的问题

（1）注意更换截面积合适的导线，保证各连接部位的连接可靠。

（2）注意装好防尘罩，应特别注意电动机的电刷和换向器的清洁。

（3）清洗检查起动机时应注意检查电刷弹簧的压力以及电刷的长度，保证电刷的长度不小于7mm。若换向器有脏污或轻微烧蚀，要用双零号砂纸或金相砂纸将污垢或烧蚀处的氧化层仔细打磨干净。

（4）要注意对起动机外部的检查，注意检查起动机与蓄电池以及起动机与各开关间的连接是否牢固，检查导线连接和导线的绝缘状况是否良好。

（三）检修发电机应注意的问题

在对发电机系统进行检修时，如检修不当，很容易造成系统损坏。检修过程中应特别注意以下几点：

(1)接线应正确；
(2)应及时关断点火开关；
(3)不要在发电机工作时刮火；
(4)及时查明原因；
(5)不许用高压查绝缘性能；
(6)传动皮带的张力要合适；
(7)正确判断发电机的充电情况；
(8)注意无刷交流发电机的转速；
(9)清洗及更换零件时需注意采取正确的方法；
(10)不能对电子电压调节器作刮火试验。

(四)检修点火系统应注意的问题

(1)要保证有良好的搭铁；
(2)高压导线的连接必须保证牢固可靠；
(3)更换点火线圈时不要用其他型号代用；
(4)要保证电气系统有良好的绝缘；
(5)要注意对关键部件的检查；
(6)附加电阻线不能用普通的导线替换，要用绝缘强度较高的高压线替换；
(7)注意点火系统部件的使用寿命；
(8)注意专用点火线圈的配套使用。

(五)检修电子控制系统应注意的问题

(1)将蓄电池从电路中断开时要注意，严禁在发动机高速运转时将蓄电池从电路中断开，以防产生瞬变过电压将微电脑和传感器损坏；将蓄电池负极接搭铁时，搭铁极性切不可接错，必须负极接地。

(2)当发动机出现故障，“检查发动机”警告灯点亮时，不能将蓄电池从电路中断开，以防微电脑或存储器中存储的故障代码及有关资料信息丢失。只有通过自诊断系统将故障码及有关信息资料调出并诊断出故障原因后，方可将蓄电池从电路中断开。

(3)当诊断出故障原因，对电控系统进行维修时，应先将点火开关关掉，并将蓄电池搭铁线拆下。如果只检查电控系统，则只需关闭点火开关。

(4)除在测试过程中特殊指明外，不能用指针式万用表测试微电脑及传感器，要用高阻抗的数字式万用表进行测试。

(5)不要用试灯法去测试任何和微电脑连接的电气装置。

(六)拆卸安装应注意的问题

(1)在拆除导线连接器时，要注意松开锁紧弹簧或按下锁扣。在装插连接器时，应插到底并锁紧。

(2)不要轻易拆卸电脑板的护盖。

(3)在拆卸燃油系统的油管前，可先拔下电动燃油泵的导线插头，再起动发动机直至发动机自然熄火时，再松开油管接头。

(4)在安装油管接头时，安装螺栓型管接头必须采用新垫片；先用手将管接头螺栓拧上后，再把螺栓拧到规定力矩，但不能用力过大以防螺栓损坏。安装螺母型管接头时，应注意先在其喇叭口处涂上一层润滑油，再用手将螺母带正拧紧，然后再拧到规定的力矩。

(5)在拆卸喷油器时，要注意“O”型密封圈不能重复使用，一定要换新件。将“O”型密封圈往喷油器上安装时，应小心仔细，不要将其损坏。

(6)将喷油器安装到输油总管和进气歧管上以后，还应检查整个管系有无漏油。

具体步骤是：在发动机停机状态时，将点火开关旋至ON位置，强制油泵进入工作状态（可将控制燃油继电器的接柱接通），再用钳子将回油软管夹住（只能夹住软管，不可弯折软管），使供油管路的油压升至392 kPa左右，此时，检查燃油管各处是否漏油。

（七）微电脑和传感器使用时要注意的问题

(1)微电脑和传感器必须注意防止受潮，不许将微电脑或传感器的密封装置损坏，更不允许用水冲洗微电脑和传感器。

(2)在雨天检修和清洗发动机时，应防止将水溅到电子设备及线路上。

(3)汽车上的微电脑系统必须防止受到剧烈的震动。

（八）检查配线和连接器应注意的问题

配线和连接线的故障，主要表现为断路、短路和搭铁。

(1)导线断路故障；

(2)连接器接触不良故障；

(3)短路故障；

(4)检查线路断路时，应先脱开微电脑和相应传感器的连接器；

(5)检查导线是否有搭铁短路故障时，应拆开线路两端连接器；

(6)对于接触压力型连接器件，可先检查连接器的端子上有无氧化锈蚀或污物，再检查端子是否松动或损坏、端子固定是否牢靠。

（九）检修进气系统应注意的问题

检查进气系统时，要注意发动机的量油尺、机油加油口盖、连接软管等的脱落，均会引起发动机工作异常。还要注意在空气流量计以后的进气系统零件、管件松脱或裂开，均会使空气漏进，导致发动机工作失常。检修时，应先对上述部位进行重点检查。

（十）检修燃油泵应注意的问题

在电控汽油喷射系统中，电动燃油泵的工作除受点火开关控制外，还受空气流量计和微电脑的控制。因此，在点火开关接通后，只有在发动机处于正常工作或启动状态，且空气流量计检测到空气流量信号或微电脑检测到转速和点火信号后，电动燃油泵才能接通工作。检修电动燃油泵电路时，应注意到这一特殊情况。

（十一）使用跨接线应注意的问题

在使用跨接线起动车辆或用其他车辆上的电源跨接修车时，必须先断开点火开关才能拆卸和安装跨接线。

(十二)使用电弧焊时应注意的问题

在车身上进行电弧焊接时,应先断开微电脑的电源。在靠近微电脑和传感器的地方进行车身修理时,要注意防止电火花窜入上述电路中损坏有关元件。

(十三)检修安全气囊时应注意的问题

对带有安全气囊系统的汽车,在对安全气囊进行检修时,如果操作不当将会使气囊意外张开。因此,必须严格按照操作程序进行。

(十四)更换电器的零部件或元器件时应注意的问题

(1)更换前、后零部件或元器件要规格相同;

(2)更换零部件或元器件要有充分理由;

(3)电烙铁不要在印制板的某点上停留时间过长;

(4)拆卸和安装零部件或元器件要有标记。

(十五)更换熔断器应注意的问题

熔断器是各种电器的保护装置,熔断器是否熔断,用眼睛即可判断出来,看不出来的可用万用表的欧姆挡测量通断情况。更换熔断器时应注意以下事项:

(1)查明熔断原因后再更换熔断器;

(2)不要加大熔断器的容量;

(3)更换熔断器的应急处理措施:车辆在行驶途中,如果熔断器突然熔断,且一时又无这类熔断器可更换时,也不能使用粗铜丝或其他金属丝来代替熔断器,这时可采用应急处理措施。将汽车上使用的0.5mm^2低压塑料导线(车用电线中最细的一种)拆开,使用其中的一股就相当于一只15A的熔断器。但到达目的地后,应及时更换与原车规定容量相同的熔断器。

(十六)查找故障时应注意的问题

(1)注意紧固螺丝钉的位置;

(2)拆卸组件应注意拆卸顺序;

(3)查找虚接、虚焊元件不能用力过大;

(4)检测要按照顺序进行;

(5)检查电气系统故障时应先检查蓄电池;

(6)接临时外接线时一定要注意绝缘;

(7)切忌带电拆卸和安装零部件;

(8)不要让导电物落入元器件中间。

(十七)故障排除后应注意的问题

(1)要正确连接燃油表的接线;

(2)检修后切忌遗漏整理;

(3)整体修复后应对电器的性能进行试验。

第六章　一般货物运输知识

第一节　一般货物运输基本知识

运输是人类社会的基本活动之一，是一项范围广泛、与社会生产和人民生活密切相关的经济活动，被称为采掘业、农业和加工工业之外的"第四物质生产部门"。

一、运输的定义和功能

(一)运输的概念与分类

1. 运输的定义

所谓运输，是指人员或物品借助于运力系统在一定空间范围内产生的位置移动。其中运力系统是指由运输设施、路线、设备、工具和人力组成的具有从事运输活动能力的系统。运输包括客运和货运，人员的运输称为客运，货物的运输称为货运。

2. 运输的分类

运输按运输工具可划分为铁路运输、道路(公路)运输、水路运输、航空运输和管道运输5种。这五种运输方式构成了现代的综合运输体系，其中道路运输是最主要的运输方式之一。

(二)运输的功能

运输具有两大功能，即产品转移和产品储存。

1. 产品转移

无论物品处于什么形式，是材料，零部件，装配件，在制品，还是制成品；不管是在制造过程中将被移到下一阶段，还是实际上更接近最终的顾客，运输都是必不可少的。

运输的主要目的就是以最低的时间，财务和环境资源成本，将产品从原产地转移到规定地点，产品损坏的费用也必须是最小的。产品转移的方式必须能满足顾客有关交付履行和装运信息的要求。

2. 产品储存

对产品进行临时储存是一个特殊的运输功能。运输车辆被用作一种临时储存设施，将产品装到运输车辆上，然后采用迂回或间接线路运往其目的地。

二、货物及其分类

货物是指运输部门承运的各种原料、材料、商品以及其他产品或物品的统称。货物的分类见表1-6-1-1。

货物的分类　　表 1-6-1-1

分类依据	货物类型	分类依据	货物类型
按物理属性	固体货物;液体货物;气体货物	按货物比重	普通货物;轻泡货物
按装卸方法	计件货物;堆积货物;灌注货物	按一批托运货物的重量、体积或性质	整车货物;零担货物
按照运输条件	普通货物;特种货物	按一批受理货物的数量不同和连续运送的时间	大宗货物;小批货物
按运输时间缓急要求	重点货物如救灾抢险物资;一般货物		

(一)普通货物

1. 一等

多为价值较低的堆积货物,如煤、沙石等。

2. 二等

多为一般的工农业产品和加工过的矿产品等。

3. 三等

多为价值较高的工业制品和普通鲜活物品等。

(二)特种货物

长大笨重货物:长度 6 ~ 14m,或重量 4 ~ 20t,分两级。

1. 一级

长 6 ~ 10m,4t < 货物重量≤8t。

2. 二级

长 10 ~ 14m,8t < 货物重量≤20t。

(三)大型物件

1. 外形

外形尺寸长 > 14m、宽 > 3.5m、高 > 3m 的货物。

2. 质量

质量在 20t 以上的单体货物(或不可解的成组货物)。

3. 按外形尺寸和质量(含包装和支承架)分

(1)一级大型物件

指达到下列标准之一者:①长度大于 14m(含 14m)小于 20m;②宽度大于 3.5m(含 3.5m)小于 4.5m;③高度大于 3m(含 3m)小于 3.8m;④重量大于 20t(含 20t)小于 100t。

(2)二级大型物件

指达到下列标准之一者:①长度大于 20m(含 20m)小于 30m;②宽度大于 4.5m(含 4.5m)小于 5.5m;③高度大于 3.8m(含 3.8m)小于 4.4m;④重量大于 100t(含 100t)小于 200t。

(3)三级大型物件

指达到下列标准之一者:①长度大于30m(含30m)小于40m;②宽度大于5.5m(含5.5m)小于6m;③高度大于4.4m(含4.4m)小于5m;④重量大于200t(含200t)小于300t。

(4)四级大型物件

指达到下列标准之一者:①长度在40m及以上;②宽度在6m及以上;③高度在5m及以上;④重量在300t及以上。

大型物件的级别,按其长、宽、高及重量四个条件中级别最高的确定。

三、货物运输方式分类与选择

(一)货物运输方式分类

货物运输中主要的运输方式有公路运输、铁路运输、水路运输、航空运输和管道运输等5种。另外,随着物流的发展,多式联运作为一种新型的综合运输方式也发挥着越来越重要的作用。

1. 公路运输

公路运输是指使用汽车或其他交通工具在公路上载运货物的一种运输方式。公路运输工具以汽车为主,因此又称为汽车运输,是陆路货物运输的方式之一。公路运输有多种形式,有大型、特型、笨重物件的运输,集装箱运输,快件货物运输,特快件货物运输,危险品货物运输等。公路运输的主要优点是机动灵活、应急性强、初期投资少、收效快、驾驶技术容易掌握,适于近距离、中小量货物运输,运输费用相对较低,运输速度较快,可以满足用户的多种需求。其缺点是运量小、长途运输成本高、对环境造成的污染严重。总之,公路运输因为快捷方便的特点,成为物流运输的主要方式。

2. 铁路运输

铁路运输(火车运输)是指将火车车辆编组成列车在铁路上运载货物的运输方式,是陆路运输的方式之一。铁路运输目前有3种运输方式,即整车货物运输、零担货物运输和集装箱货物运输。与其他运输方式相比,铁路运输的优点是运输速度较快,运输能力大,很少受自然条件的限制,适宜各种货物的运输,运输的安全性和运输时间的准确性较高,远距离运输的成本较低。其缺点是受铁轨和站点的限制,受运输时刻、配车、编列、中途编组等因素的影响,不能适应客户的紧急需要,近距离运输的费用较高。物流中常常利用铁路运输来完成中长距离、运量大的货物运输任务。

3. 水路运输

水路运输是指使用船舶及其他航运工具,在江河湖泊、运河和海洋上运载货物的一种运输方式。水路运输可以分为内河运输和海上运输两种方式。其优点是运载能力大,适合运输体积和重量较大的货物。与其他运输方式相比,水路运输的成本最低,但受自然条件的影响较大,运输速度较慢,运输时间较长,装卸和搬运费用较高。物流中通常利用水路运输运量大、运距长、对时间要求不高和运输费用负担能力较低的货物。目前,世界上有2/3的货物是通过水路运输的。

4. 航空运输

航空运输是指在具有航空线路和航空港(飞机场)的条件下,利用飞机进行货物运输的一种运输方式。航空运输可以分为国内航空运输和国际航空运输,其优点是运输速度快,安全性和准确性很高,散包事故少、货物包装费用小。其缺点是运输成本较高,飞机的运载能力有限,远离机场所在地的城市受到限制。在物流中,航空运输最适合运送运量小、运距大、对时间要求紧、运费负载能力相对较高的货物。

5. 管道运输

管道运输是指利用管道运送气体、液体的一种运输方式,是现代物流中发展越来越快的一种运输方式。该方式与其他运输方式的区别是其运输载体是静止不动的,而货物是流动的。管道运输的特点明显,由于运输管道属于封闭设备,可以避免一般运输过程中的丢失、散失等问题,也可以避免其他运输设备经常遇到的回程空驶的无效运输问题,无形中节约了成本。但管道运输的局限性也很明显,仅仅适用于流体货物的运输,并且管道敷设的成本很高。

6. 多式联运

多式联运是指把两种或两种以上的运输方式结合起来,实行多环节、多区段相互衔接的一种接力式运输方式,是一种综合型的运输方式。多式联运具有托运手续简单方便,能够缩短货物的在途时间,车船周转快,运输工具利用率高等优点。但是,进行多式联运必须具备一定的条件,在运输沿线上必须具有装卸搬运的车站、码头,有高效率、高质量的中途转乘和换乘管理,以及物流信息系统支持等。从理论上,多式联运是物流中最理想的运输方式,它能够充分发挥各种运输方式的长处,达到运输合理化,但对运输企业在各方面的要求都很高。

(二)运输方式的选择

运输方式的选择是货物运输决策中的一个重要环节。对于运输货物必须选择最适合的运输方式,选择运输手段的判断标准包括:货物的性质、运输时间、交货时间的适用性,运输成本,批量的适应性,运输的机动性和便利性,运输的安全性和准确性。对货主来说,运输的安全性和准确性,运输费用的低廉性以及缩短运输总时间等因素是其主要考虑的重点。

货运方式的选择需要考虑几个因素:

(1)运费因素:这是决定运输成本的主要因素。

(2)运输时效:即运输时间、到货时间,这是决定效果的重要方面。

(3)运输批量:即运输能力,运输量的大小。

(4)安全因素:即运输途中的破损和污染等因素。

(5)衔接性:即与其他运输方式联合作业的能力,这是考虑联运的主要因素。

(6)适用性:即运输方式必须适用所要运输的商品特性。

目前我国最普遍的运输方式是公路,依次是铁路、海运、空运。公路运输成本一般高于铁路运输、海路运输,但公路运输仍然是很多企业优先考虑的运输方式。其他运输方式都各有其优缺点,选择时需要慎重考虑。

四、货物运输质量

交通运输的生产活动,不创造任何新的物质产品,不增加任何新的使用价值,只是改变被运送货物的位置。因此，对货物运输中的质量要求就特别重要和突出。

货物运输的质量指标主要是运送货物的完整性、准确性和及时性。

（一）完整性

货物在承运责任期间，运输企业对于货物的完好，负有一定的责任。责任性货损（如破损。污损、湿损、丢失短少等）的发生，常由于驾驶或操作不当、思想麻痹大意所致。

（二）准确性

汽车运送货物，要做到装卸货地点准确，而货物的品名、数量、规格正确而无差错称为准确性。如有差错称为货差。

（三）及时性

按货主要求的合同期限，及时、迅速地将货物从起运地送到目的地称为及时性。运送货物的及时性，是运输质量的重要指标。因为物资是否及时到达，直接关系到工农业生产、资金周转及人民生活，甚至会造成政治上和经济上的重大影响和损失。

五、货运价格

为了规范道路运输价格管理，促进道路运输健康发展，交通运输部、国家发展和改革委员会制定了《汽车运价规则》和《道路运输价格管理规定》，对于汽车旅客运价和汽车货物运价进行规范，参与道路运输经营活动的道路运输经营者和旅客、货主都必须遵守。

在计算货物运价时，应当考虑车辆类型、货物种类、集装箱箱型、营运形式等因素。

（一）运价

（1）整批货物运价：指整批普通货物在等级公路上运输的每吨千米运价。

（2）零担货物运价：指零担普通货物在等级公路上运输的每千克千米运价。

（3）集装箱运价：指各类标准集装箱重箱在等级公路上运输的每箱千米运价。

（二）运费计算

整批货物运费 = 整批货物运价 × 计费重量 × 计费里程 + 车辆通行费 + 其他法定收费

零担货物运费 = 零担货物运价 × 计费重量 × 计费里程 + 车辆通行费 + 其他法定收费

重（空）集装箱运费 = 重（空）箱运价 × 计费箱数 × 计费里程 + 车辆通行费 + 其他法定收费。

包车运费 = 包车运价 × 包用车辆吨位 × 计费时间 + 车辆通行费 + 其他法定收费。

运费以元为单位。运费尾数不足 1 元的，四舍五入。

六、禁运、限运货物

我国《道路货物运输及站场管理规定》（中华人民共和国交通运输部令 2012 年第 1 号）里面规定：道路货物运输经营者不得运输法律、行政法规禁止运输的货物。道路货物运输经营者在受理法律、行政法规规定限运、凭证运输的货物时，应当查验并确认有关手续齐全有效后方可运输。货物托运人应当按照有关法律、行政法规的规定办理限运、凭证运输手续。

（一）禁运、限运品定义

禁运品是指在任何情况下，均不能受理的物品。限运品是指在特定的情况下，需要特定条件方可承运的物品。

禁、限品在运输过程中，因气压、温度变化，或受震动、空间限制等，可能发生爆炸、自燃、有毒气体泄漏等，对生命财产安全造成极大威胁。因此必须加强对禁、限物品的运输进行管理。

（二）运输禁运品分类

1. 航空禁运物品

按照现行有效的国际标准，即国际民航组织的《危险物品航空安全运输技术指令》和国际航协（IATA）的《危险物品规则》，航空运输活动中的危险物品根据其种类大致可以分为爆炸物、气体、易燃液体等九大类。

2. 铁路禁运物品

行邮专列禁止运输的物品是指妨碍公共卫生和安全的物品；国家政策、法令规定禁止运输的物品；活动物（包括猛禽、蛇、蝎子、蜈蚣、蜂等活动物）。

3. 道路运输禁运物品

除已取得营业性道路运输经营资格的危险货物运输经营单位外，一般道路运输经营单位或者个人都不得运送危险货物，危险货物品名分类以交通部颁发的《汽车运输危险货物品名表》为准。

（三）需要批准运输的限运货物，见表1-6-1-2。

需要批准运输的限运货物　　表1-6-1-2

货物种类	批准证书	核发部门
枪支、警械	准运证、携运证	公安局、体委
动植物及其制品	动植物检疫证书	动植物检疫站
烟草	烟草专卖品准运证	烟草专卖局
麻醉药品	麻醉品准运凭证	卫生部药政管理局
放射性物品	放射性剂量证明	卫生防疫站
酒	进口酒准运证、外运证	省酒类专卖管理局
音像制品（光碟）	音像制品运输传递证明	省社会文化管理委员会办公室
金矿产品	调拨证明	省黄金公司
木材	准运证	县级林业局

（四）其他限运货物

（1）各种危害国家安全和社会政治稳定以及淫秽的出版物、宣传品、印刷品等。

(2)各种妨害公共卫生的物品。如尸骨、动物器官、肢体、未经硝制的兽皮、未经药制的兽骨等。

(3)国家法律、法规、行政规章明令禁止流通、寄递或进出境的物品，如国家秘密文件和资料、国家货币及伪造的货币和有价。

(4)动物制品、象牙、含酒精类饮品（如啤酒、葡萄酒、白酒）、药品或制药材料、植物及其制品（棉花、种子、烟草、茶叶）、医学样品（诊断样品、血液、尿液、体液、生理组织样品）。

(5)古董（不易碎）、工艺品、艺品：要有质量鉴定和必要的包装，但不予承保；

(6)流通票据（给持票人带来直接经济效益的）：只适用于公司账户。要发件人签发许可证明。

(7)证券、仿真武器、珍贵文物、濒危野生动物及其制品等。

(8)工业用金刚石；易腐烂物品；贵重花卉；管制刀具。

（五）航空、铁路、公路限运货物

1. 航空限制运输的货物

(1)玻璃必须订封闭木箱，打三角架。

(2)航空货物最小体积：长＋宽＋高≥40cm 最小边≥5cm；窄体飞机载运的货物尺寸不超过 40×60×100cm；宽体飞机载运的货物体积一般不超过 100×100×140cm。

(3)窄体飞机载运的货物，单件重量一般不超过 150kg（个别飞机不超过 80kg）；

(4)宽体飞机载运的货物，每件货物重量一般不超过 250kg。

2. 铁路限制运输的货物

铁路运输对货物最小体积要求大于 $0.01m^3$，最大体积没有严格要求，只要长不超过 4m，高不超过 1.8m 即可。

3. 公路限制运输的货物

装载货物最大尺寸不得超过长 750cm×宽 220cm×高 230cm；特殊超大超重（单件 1t 以上等）须与口岸和对方口岸联系确认。

七、鲜活、易腐货物运输

鲜活、易腐货物是指在运输过程中，需要采取一定措施，以防止死亡和腐烂变质的货物。公路运输的鲜活易腐货物主要有鲜鱼虾、鲜肉、瓜果、蔬菜、牲畜、观赏野生动物、花木秧苗、蜜蜂等。

鲜活、易腐货物分为易腐货物和活动物两大类，其中占比例最大的是易腐货物。易腐货物是指在一般条件下保管和运输时，极易受到外界气温及湿度的影响而腐坏变质的货物。易腐货物主要包括肉、鱼、蛋、水果、蔬菜、冰鲜活植物等，活动物包括禽、畜、兽、蜜蜂、活鱼、鱼苗等。

（一）鲜活易腐货物运输的特点

1. 季节性强、运量变化大

在水果蔬菜大量上市的季节、沿海渔场的渔汛期，运量会随着季节的变化而变化。

2. 运送时间要求紧

大部分鲜活易腐货物,极易变质,要求以最短的时间、最快的速度及时运到。

3. 运输途中需特殊照料

如牲畜、家禽、蜜蜂、花木秧苗等的运输,需配备专用车辆和设备,在沿途进行专门的照料。

(二)运输的方法

鲜活易腐货物运输的特殊性,要求保证及时运输。鲜活易腐货物运输中,除了少数部分确因途中照料或车辆不适造成死亡外,其中大多数都是因腐烂所致。为避免出现腐烂,冷藏方法比较有效并常被采用。

冷藏货物可分为冷冻货物和低温货物两种。冷冻货物是指货物在冷冻状态下进行运输的货物,运输温度的范围一般在 -20℃ ~ -10℃之间,低温货物是指在还未冻结或货物表面有一层薄薄的冷冻层的状态下进行运输的货物,运输温度的范围一般在 -1℃ ~16℃左右。

用冷藏方法来保藏和运输鲜活易腐货物,其突出的特点就是必须连续冷藏。因此在运输环节上应尽可能配备一定数量的冷藏车或保温车,尽量实现"门到门"的直达运输,提高运输速度,确保鲜活易腐货物的完好。

(三)运输鲜活易腐货物的注意事项

1. 受理

托运鲜活货物,应提供最长运输期限及途中管理、照料事宜的说明书,有关部门提供的动植物检疫证明和准运手续。对于运输途中需要饲养和照料的动、植物,托运人必须派人随车押运。对于易腐需冷藏保温的货物,托运人应提供货物的冷藏温度和在一定时间的保持温度。鲜活、易腐货物原则上不得与其他货物混装,专车专运。

2. 装载

对装载水果、蔬菜、鲜活植物等,各货件之间应留有一定的间隙,使空气能在货件间充分流动。车厢底板最好有底格,装货时应使货件与车壁留有适当空隙,以便使经由车壁和底板传入车内的热量,可以被空气吸收而不至于直接影响货物。

对于易腐货物,除冷冻货物应采用紧密堆码不留空隙外,对本身不发热的某些冷冻货物如冷冻鱼、虾,可以采用紧密堆码法,但是应防止过分紧压,以免损伤物体,影响质量。对于活口动物,如牛、马需用绳索拴牢在高栏板内,禽、兽及其他小动物须用集装笼或专用工具,固定在车厢内,保持平稳、妥当。

3. 运送

鲜活货物应运送及时,运输途中不得随便紧急制动,并应配合押运人定时停车照料。易腐货物要快速运输,压缩货物在途中的时间,以保障货运质量。

八、本课的教学方法

本课的概念较多,分类比较复杂,建议在授课时采用讲解法、表格法,讲授者可以列出各类运输方式的分类、特点与要求,通过比较这些运输方式的优缺点,同时收集并展现各种运输方式的相关图片,加深学生的印象,如表 1-6-1-3 所示。

主要运输方式的特点比较 表1-6-1-3

运输方式	运输能力	运输时间	运价水平	适用范围
公路运输	受车斗容积、载重限制	比海运快	较低	门到门、运量接送货物灵活、运费较便宜
铁路运输	受车厢容积、载重限制	比海运快	随运距长而递减	运量大、可靠性高、机动性差、运费便宜
水路运输	运输能力不受限制	最长	最低	运量大、运距厂、时间长、运费便宜
航空运输	受重量、容积、舱门、地板承受能力等限制	最短	最高	运量适中、长距离运输、运费负担能力强
多式联运	运输能力灵活	比海运快 比空运慢	比海运高 比空运低	运费和运输时间介于海运和空运之间

对于禁运、限运货物的讲授，可以采取设问法，让学员思考为什么乘坐飞机或者客运站内需要进行安检，引入禁运、限运的概念，让学员列举自己所知道的禁运、限运货物的名称，讲授者再进行适当的补充、讲解，这样可以提高学员学习的积极性。

进行鲜活、易腐货物运输可以同样采取类似的教学方法，列举日常生活常见的鲜活、易腐货物，进行有关知识的讲授。

第二节 道路普通货物运输分类、特点与要求

普通货物运输是指因货物本身性质普通，对运输、装卸、保管无特殊要求的货物进行的运输。

一、道路运输的定义和特点

（一）定义

1. 道路货物运输

道路货物运输是指以载货汽车为主要运输工具，通过道路使货物产生空间位移的生产活动。道路货物运输可以根据客户的要求，实现“门对门”的服务，运输形式灵活、方便，运输过程要求迅速、准确、完整、安全。道路货物运输包括道路普通货物运输、道路货物专用运输、道路大型物件运输和道路危险货物运输。

2. 道路普通货物运输

道路货物运输是指货物本身的性质普通，在装卸、运送、报关过程中对运输车辆没有特殊要求的货物运输，如运输钢材、木材、沙石、煤炭、蔬菜等物品。

（二）道路货物运输的特点

1. 适应性强

2. 机动灵活

货运汽车单位载质量相对小，因而在货物运输中可以承担批量较小的货运任务，又能通过集结车辆承担批量较大的货运任务，并能实现较高的运输效率和经济效益。

3. 快速直达

道路运输比铁路、水路运输环节少，易于组织直达运输。随着我国高等级道路建设的迅猛发展，在一定运距范围内，道路货运快速送达的优点十分突出。

4. 方便

由于汽车运输具有适应性强、机动灵活、快速运达等特点，使货物承运既可以在固定的站场、港口、码头装卸，又可以在街头巷尾、农贸市场、乡镇村庄等处就地装卸，实现"门到门"直达运输，在很多情况下比其他运输方式更方便，能更好地满足用户需要。

5. 经济

从各种运输方式的始建投资效果看，道路修建比铁路运输和航空运输投资少，周期较短；从各种运输方式的运送效果看，由于公路网密度大，加上道路运输适应性强，机动灵活，对汽车货运选择最佳线路提供了便利条件，可以在一定的经济区域内相应地缩短货物运输距离，降低商品周转费用，加速资金流动，增加货物流动的时间价值，并相应节约了运力和能源，能够获得良好的社会效益和经济效益。

二、道路货物运输的分类

（一）按组织方法区分

道路货物运输由于其货物种类繁多，组织方法多样，要求措施各异，形成了多种多样的分类方法。主要有：

（1）零担货物运输：托运人一次托运货物计费重量3t及以下的，为零担货物运输。

（2）整批货物运输：托运人一次托运的货物在3t（含3t）以上，或虽不足3t，但其性质、体积、形状需要一辆3t及3t以上汽车运输的，均为整批货物运输或称整车货物运输。

（3）大型、特型笨重货物运输：因货物的体积、重量的要求，需要大型或专用汽车运输的，为大型特型笨重物件运输。

（4）集装箱汽车运输：采用集装箱为容器，使用汽车运输的，为集装箱汽车运输。

（5）快件和特快件货物运输：在规定的距离和时间内将货物运达目的地的，为快件货物运输；应托运人要求，采取即托即运的，为特快件货物运输。

（6）危险货物运输：承运《危险货物品名表》列名的易燃、易爆、有毒、有腐蚀性、有放射性等危险货物和虽未列入《危险货物品名表》但具有危险货物性质的新产品，为危险货物汽车运输。

（7）出租汽车货物运输：采用装有出租营业标志的小型货运汽车，供货主临时雇用，并按时间、里程和规定费率收取运输费用的，为出租汽车货物运输。

（8）搬家货物运输：个人或单位搬迁提供运输和搬运装卸服务，并按规定收取费用的，为搬家货物运输。

（二）按道路的远近区分

按道路的远近可以分为长途和短途运输。

1. 长途货物运输

运距在25km以上为长途货物运输。长途货物运输的主要特点是：运输距离长，周转时间长，行驶路线较固定。长途运输一般为跨省、跨区的公路干线运输，平均日行程达200～350km，汽车在完成某一次运输任务时其周转时间长。在充分利用载质量的条件下，汽车的载质量越大，越适合于远距离运输。因此，长途运输所采用的车辆主要是大吨位的汽车。

2. 短途货物运输

运距在25km及其以下为短途货物运输。短途货物运输的主要特点是：运输距离短、装卸次数多、车辆利用效率低；点多面广、时间要求紧迫；货物零星、种类繁杂、数量忽多忽少。

（三）常见货物的运输要求

1. 粮食、白糖、食盐等的运输

在运输中无论运距长短、天气好坏，都应随车带备用篷布等防雨工具。在装车时应严格检查包装是否完好，缝口是否严密，若有破漏应包扎或缝补；同时检查和消除四周栏板内侧和车身上的钉子、铁钩等，防止钩破包装，造成损失。装车时必须把袋口朝里或朝上，以防袋口松散或包装破裂漏失。

禁止使用装运过化工危险品的车辆。使用装运过不清洁物品的车辆亦须经过严格消毒。袋装的质量均有固定标准，每一辆车的装载件数必须认真清点，严格执行点收点交的制度。

2. 煤炭的运输

煤炭的品种多、货流大，运输中不同品种不应混装，防止漏失。通常采用散装的运输方法，装运时应注意：装运煤炭的车辆，必须有完整的、相应高度的栏板，以保证装载足量又不致因车辆振动而散失。装运煤炭（或其他散装货物）的车辆，均应有计算载质量的画线标记，以便不经磅秤能有所依据，不致超载或减载。装运后，应认真打扫车辆，以防装运其他货物时污染货物。

3. 钢铁的运输

钢铁类货物包括生铁、钢锭、各类钢材等。运输中装载要均匀平衡，防潮防湿，防止锈蚀。

钢铁本身沉重，装运时车辆应备有垫木，注意装运安全。钢铁的规格品种很多，不许混淆，在装运时要注意分清钢种规格。许多钢材、钢板，受到潮湿极易锈损，在装运时应采取防潮湿措施。

装运带钢和薄钢片时，应注意堆叠整齐，使之不跨出车身宽度之外。装运钢锭、铁块之类货物，应使货物均匀地分布在车身上并固定，以保持车辆载质负荷平均，防止车辆倾翻。

4. 矿物和建筑材料运输

矿物和建筑材料有砖、瓦、黄沙、石子、水泥及各种矿石等，其特点是价值低、用量大，运输中的要求不离，但砖、瓦要防碎，水泥要防潮。这类货物常采用散装运输，其目的地一般为建筑工地。

运送到建筑工地的建筑材料，需很好地配合施工单位，做好卸车工作。根据工地进度要求，将材料卸在指定地点，堆放整齐。砖瓦等易碎货物，在装卸时不能图快、省力、任意摔扔，应注意保护其完好。

不能让有裂缝或栏板不全的车辆去装载散装货物。在运输前，要把栏板安装妥当，以防沿途漏失。水泥是怕潮货物，绝大多数用纸袋包装，容易破损。装运时应十分注意其包装状况，并事先做好防潮防破的准备工作；并忌与糖、化肥同装。

5. 日用工业品等的运输

日用工业品包括纺织工业品、食用工业品、日用百货、家用电器、金属类轻工业品和其他轻工业产品、手工业产品等；货种、货名繁多，因此通常称之为“杂货”。

日用工业品多数货种怕潮、怕湿、易污、易损，少数货种还有易燃性。由于货种多、因而包装所用材料、外形、尺寸大小、单件质量很不一致，如果几种货物混装一车（拼装），就需特别注意装卸和交接，以防发生货损、货差。

液体与固体货物不宜拼装，以防包装破损或液体渗出而将固定物资染污受损。拼装时应将重的、经得起压的放在下面；分点卸货的货物，要“后卸的先装，先卸的后装”，避免翻装、漏卸。

三、《汽车货物运输规则》相关知识

为保护汽车货物运输当事人的合法权益，明确承运人、托运人、收货人以及其他有关方的权利、义务和责任，维护正常的道路货物运输秩序，交通部在 1999 年依据国家有关法律、法规，制定《汽车货物运输规则》（交通部令 1999 年第 5 号），对从事营业性汽车货物运输及相关的货物搬运装卸、汽车货物运输服务等活动进行规范。

《汽车货物运输规则》分为总则、运输基本条件、运输合同的订立、履行、变更和解除、搬运装卸与交接、运输责任的划分、运输费用、货运事故和违约处理、附则等 8 个部分。

（一）运输基本条件

1. 承运人、托运人与运输车辆

承运人、托运人、货运代办人在签订和履行汽车货物运输合同时，应遵守国家法律和有关的运输法规、行政规章。

承运人应根据承运货物的需要，按货物的不同特性，提供技术状况良好、经济适用的车辆，并能满足所运货物重量的要求。使用的车辆、容器应做到外观整洁，车体、容器内干净无污染物、残留物。

承运特种货物的车辆和集装箱运输车辆，需配备符合运输要求的特殊装置或专用设备。

2. 货物保险与货物保价运输

货物运输有货物保险和货物保价运输两种投保方式，采取自愿投保的原则，由托运人自行确定。

货物保险由托运人向保险公司投保，也可以委托承运人代办。

货物保价运输是按保价货物办理承托运手续，在发生货物赔偿时，按托运人声明价格及货物损坏程度予以赔偿的货物运输。托运人一张运单托运的货物只能选择保价或不保价。

托运人选择货物保价运输时，申报的货物价值不得超过货物本身的实际价值；保价运输为全程保价。

分程运输或多个承运人承担运输，保价费由第一程承运人（货运代办人）与后程承运人协商，并在运输合同中注明。承运人之间没有协议的按无保价运输办理，各自承担责任。

办理保价运输的货物，应在运输合同上加盖“保价运输”戳记。保价费按不超过货物保价金额的7‰收取。

（二）运输合同的订立、履行、变更和解除

汽车货物运输合同采用书面形式、口头形式和其他形式。书面形式合同种类分为定期运输合同、一次性运输合同、道路货物运单（以下简称运单）。汽车货物运输合同由承运人和托运人本着平等、自愿、公平、诚实、信用的原则签订。

托运货物的名称、性质、件数、重量、体积、包装方式等，应与运单记载的内容相符。

托运的货物中，不得夹带危险货物、贵重货物、鲜活货物和其他易腐货物、易污染货物、货币、有价证券以及政府禁止或限制运输的货物等。

承运人受理凭证运输或需有关审批、检验证明文件的货物后，应当在有关文件上注明已托运货物的数量、运输日期，加盖承运章，并随货同行，以备查验。

（三）搬运装卸与交接

货物搬运装卸由承运人或托运人承担，可在货物运输合同中约定。

搬运装卸人员应对车厢进行清扫，发现车辆、容器、设备不适合装货要求，应立即通知承运人或托运人。搬运装卸作业应当轻装轻卸，堆码整齐；清点数量；防止混杂、撒漏、破损；严禁有毒、易污染物品与食品混装，危险货物与普通货物混装。

对性质不相抵触的货物，可以拼装、分卸。搬运装卸过程中，发现货物包装破损，搬运装卸人员应及时通知托运人或承运人，并做好记录。搬运装卸危险货物，按交通部《汽车危险货物运输、装卸作业规程》进行作业。

（四）运输责任的划分

承运人未按约定的期限将货物运达，应负违约责任；因承运人责任将货物错送或错交，应将货物无偿运到指定的地点，交给指定的收货人。

承运人未遵守承托双方商定的运输条件或特约事项，由此造成托运人的损失，应负赔偿责任。托运人未按合同规定的时间和要求，备好货物和提供装卸条件，以及货物运达后无人收货或拒绝收货，而造成承运人车辆放空、延滞及其他损失，托运人应负赔偿责任。

（五）运输费用

汽车货物运输价格按不同运输条件分别计价，其计算按《汽车运价规则》办理。

汽车货物运输计费重量单位，整批货物运输以 t 为单位，尾数不足 100kg 时，四舍五入；零担货物运输以 kg 为单位，起码计费重量为 1kg，尾数不足 1kg 时，四舍五入；轻泡货物每 m^3 折算重量 333kg。

（六）货运事故和违约处理

货运事故是指货物运输过程中发生货物毁损或灭失。货运事故和违约行为发生后，承托双方及有关方应编制货运事故记录。

货物运输途中，发生交通肇事造成货物损坏或灭失，承运人应先行向托运人赔偿，再由其向肇事的责任方追偿。

货运事故处理过程中,收货人不得扣留车辆,承运人不得扣留货物。由于扣留车、货而造成的损失,由扣留方负责赔偿。

货运事故发生后,承运人应及时通知收货人或托运人。收货人、托运人知道发生货运事故后,应在约定的时间内,与承运人签注货运事故记录。收货人、托运人在约定的时间内不与承运人签注货运事故记录的,或者无法找到收货人、托运人的,承运人可邀请2名以上无利害关系的人签注货运事故记录。

货物赔偿费一律以人民币支付。

四、教学要求

本课可以采取表格对比法,列举相应分类的运输方法的特点、运输要求以及分类。讲解《汽车货物运输规则》内容的时候,可以选择列举其中一些条款,比如运输合同的订立、履行、变更和解除,询问学员出现什么情况可以进行合同的解除,在什么时候可以进行合同的变更,或者出现事故后应如何处理,透过这些问题,激发学员学习的参与性和主动性。

第三节 道路货物专用运输分类、特点与要求

道路货物专用运输是指使用集装箱、冷藏保鲜设备、罐式容器等专用车辆进行的货物运输。

一、集装箱运输

集装箱运输是指以集装箱这种大型容器为载体,将货物集合组装成集装单元,以便在现代流通领域内运用大型装卸机械和大型载运车辆进行装卸、搬运作业和完成运输任务,从而更好地实现货物"门到门"运输的一种新型、经济、高效率和高效益的运输方式。

(一)集装箱运输的特点

1. 高效益的运输方式

集装箱运输经济效益高主要体现在以下几方面:

(1)简化包装,大量节约包装费用

使用集装箱可以简化包装,甚至无须包装,实现杂货无包装运输,可大大节约包装费用。

(2)减少货损货差,提高货运质量

由于集装箱是一个坚固密封的箱体,是一种极好的包装。货物装箱并铅封后,途中无须拆箱倒载,一票到底,即使经过长途运输或多次换装,不易损坏箱内货物。集装箱运输可减少被盗、潮湿、污损等引起的货损和货差,深受货主和船公司的欢迎,并且由于货损货差率的降低,减少了社会财富的浪费,也具有很大的社会效益。

(3)减少营运费用,降低运输成本

由于集装箱的装卸基本上不受恶劣气候的影响,船舶非生产性停泊时间缩短,装卸效率高,装卸时间缩短。船公司可提高航行率,降低船舶运输成本;港口可以提高泊位通过能力,

提高吞吐量，增加收入。

2. 高效率的运输方式

传统的运输方式具有装卸环节多、劳动强度大、装卸效率低、船舶周转慢等缺点，而集装箱运输完全改变了这种状况。

普通货船装卸，一般每小时为35t左右，而集装箱装卸，每小时可达400t左右，装卸效率大幅度提高。同时，由于集装箱装卸机械化程度很高，每班组所需装卸工人数很少，平均每个工人的劳动生产率大大提高。

由于集装箱装卸效率很高，受气候影响小，船舶在港停留时间大大缩短，因而船舶航次时间缩短，船舶周转加快，航行率大大提高，船舶生产效率随之提高，从而提高了船舶运输能力，实现在不增加船舶艘数的情况下完成更多的运量，增加船公司收入，导致更高的效益。

3. 高投资的运输方式

集装箱运输虽然是一种高效率的运输方式，但是它又是一种资本高度密集的行业。

船公司必须对船舶和集装箱进行巨额投资。有关资料表明，集装箱船每立方英尺的造价约为普通货船的3.7～4倍。集装箱的投资相当大，开展集装箱运输所需的高额投资，船公司总成本中固定成本的比例高达2/3或以上。

集装箱运输中的港口的投资也相当大。专用集装箱泊位的码头设施包括码头岸线和前沿、货场、货运站、维修车间、控制塔、门房，以及集装箱装卸机械等，耗资巨大。

为开展集装箱多式联运，还需有相应的内际设施及内陆货运站。为了配套建设，需要兴建、扩建、改造、更新现有的公路、铁路、桥梁、涵洞等，这方面的投资更是惊人！

4. 高协作的运输方式

集装箱运输涉及面广、环节多、影响大，是一个复杂的运输系统工程，需要搞好整个运输系统各环节、各部门之间的高度协作。集装箱运输系统包括海运、陆运、空运、港口、货运站以及与集装箱运输有关的海关、商检、船舶代理公司、货运代理公司等单位和部门。如果互相配合不当，就会影响整个运输系统功能的发挥，如果某一环节失误，必将影响全局，甚至导致运输生产停顿和中断。

5. 适于组织多式联运

由于集装箱运输在不同运输方式之间换装时，无需搬运箱内货物而只需换装集装箱，这就提高了换装的作业效率，适用于不同运输方式之间的联合运输。在换装转运时，海关及有关监管单位只需加封或验封转关放行，从而提高了运输效率。

（二）集装箱的运输要求

1. 集装箱的选定

货物的种类、包装、性质等都会影响着集装箱类型的选择。货物和集装箱类型选择见表1-6-3-1。

2. 集装箱损伤的检查

发货人或者集装箱站场经营人在领取空箱进行装货的时候，要检查该集装箱的技术状况是否处于良好状态。检查的项目一般包括：

（1）外部检查：检查外表面有无损伤、变形、破口；

(2)内部检查:集装箱内侧六面是否有漏水、漏光、水渍、油迹、残留物、锈蚀,底板有否缝隙;

(3)箱门检查:检查箱门关闭时状态,门锁装置的动作是否正常;

(4)附件检查:检查固定货物用的环、眼的安装状态等。检查通风孔闭塞装置、排水阀的状态。

货物和集装箱类型选择　　表1-6-3-1

集装箱货物种类		适合的集装箱类型
普通货物	清洁货物	通用、通风、开顶、冷藏集装箱
	污染货物	通用、通风、开顶、冷藏、侧开式集装箱
特殊货物	冷藏、冷冻货物	冷藏集装箱
	易腐货物	冷藏、通风集装箱
	活动物、植物	动物、通风集装箱
特殊货物	大件货物	开顶、平台、台架集装箱
	液体、气体货物	罐式、通用、其他集装箱
	干散货物	散货集装箱
	贵重货物	通用集装箱
	危险货物	通用、台架、冷藏集装箱

3. 集装箱的清扫

用清水、洗涤粉、除臭剂等进行清扫,清除前次装运货物的残渣,集装箱内完全干燥后才能装货。

二、冷藏保鲜专用运输

冷藏保鲜专用运输是指使用保温、冷藏专用运输车辆,运送对温度有特别要求的货物运输,如运输鲜鱼、虾等。

冷藏车又称冷冻车、保温车、厢式车、保鲜车、冷藏运输车,是用来运输冷冻或保鲜的货物的封闭式厢式运输车,是装有制冷机组的制冷装置和聚氨酯隔热厢的冷藏专用运输汽车,主要用于水果、海鲜、药品、鲜奶等易变质、易腐烂、易发酵货物长途运输。

(一)冷藏运输设备的要求

对冷藏运输设备的要求,一般包括:能产生并维持一定的低温环境,保持食品的品质;隔热性好,尽量减少外界传入车内的热量;可根据食品种类或环境保护调节车内温度;制冷装置所占空间尽量小;制冷装置重量轻、安装稳定、安全可靠、不易发生故障;运输成本低。

(二)冷藏运输货物的定义

冷藏运输货物是指在运输过程中,对外界高温或低温需要采取制冷措施,以防止死亡和腐烂变质的货物;或托运人认为须按冷藏货物运输条件办理的货物。

常运的冷藏运输货物主要有:鲜鱼虾、鲜肉、瓜果、蔬菜、牲畜、观赏野生动物、花木秧苗、冷冻食品、药品、蜜蜂等。

（三）冷藏运输货物的分类

按照冷藏货物的自然属性，可以分为易腐货物和活动物两类；按照冷藏运输时的温度需求又可以分为冰冻货和低温货。

1. 易腐货物和活动物

一般来说，冷藏货物按其自然属性分为易腐货物和活动物两大类：易腐货物包括肉、鱼、蛋、奶、鲜水果、鲜蔬菜、冰、鲜活植物等。活动物包括禽、畜、兽、蜜蜂、活鱼以及鱼苗等。

2. 冷冻货和低温货

冷冻货是指货物在冻结状态下进行运输的货物，运输温度的范围一般在 -200 ~ -10℃。

低温货是指货物在还未冻结或货物表面有一层薄薄的冻结层的状态下进行运输的货物，一般允许的温度范围为 1 ~ 16℃。

3. 冷藏货物的温度要求

货物要求低温运输，主要是为了维持货物的呼吸，以保持货物的鲜度。

冷藏货在运输过程中为了防止货物变质需要保持一定的温度。该温度一般称作运输温度。温度的高低应根据具体的货种而定，即使是同一货物，由于运输时间、冻结状态和货物成熟度的不同，对运输温度的要求也不一样。

（四）冷藏运输的分类

现有运输工具主要有公路冷藏汽车、铁路冷藏车、冷藏集装箱等，每种载运工具都有自身的特点，其适用范围也不尽相同。

总体来说，公路冷藏汽车车厢内温度可以控制，其温控范围广、适用于各种易腐货物的运输，但中长途运输成本高，较适用于短途运输；铁路冷藏车货运能力大，温度可控性好，但货物需要经过多次装卸，质量会受到一定影响，预冷成本也会有所上升；冷藏集装箱适合于多种运输方式，可经过多种运输方式（如汽车、铁路、海运等）完成多式联运，实现"门到门"运输，这也易于降低装卸成本。

各种冷藏运输载运工具的具体特点如表 1-6-3-2 所示。

各种冷藏运输工具的特点　　表 1-6-3-2

运输工具类型	特　点
公路冷藏车	使用灵活，能实现"门到门"运输；建造投资少，见效快；操作管理和调度方便；信息追踪较容易，可控性强
铁路机冷车	制冷速度快；温度调节范围大、车内温度分布均匀；适应性强，制冷、加热、通风换气、融霜能自动化；一次运输量较大
冷藏集装箱	可用于多种交通运输工具进行联运；可以从产地到销售点，实现直达运输；一定条件下，可以当作活动式冷库使用；使用中可以整箱吊装，装卸效率及适用性高，运输费用相对较低；营运调度灵活，使用经济性强。装卸灵活、货物运输温度稳定，货物污染、损失低，可使用于多种运载工具

(五)冷藏运输组织与管理

1. 冷藏货物运输的特点

(1)季节性强、运量变化大。如水果蔬菜大量上市的季节、沿海渔场的渔汛期等,运量会随着季节的变化而变化。

(2)运送时间上要求紧迫。大部分鲜活易腐货物,极易变质,要求以最短的时间、最快的速度及时运到。

(3)运输途中需要特殊照料的一些货物,如牲畜、家禽、蜜蜂、花木秧苗等的运输,需配备专用车辆和设备,沿途进行专门的照料。

(4)运输组织工作要求较高。包括车辆技术状况、制冷机组技术状况的保证,运输调度工作的准确,否则就会造成途中事故,影响货物安全。

2. 冷藏货物运输的组织与管理

良好的运输组织工作,对保证鲜活易腐货物的质量十分重要。鲜活易腐货物运输的特殊性,要求保证及时运输。运输公司应充分发挥公路运输快速、直达的特点,协调好仓储、配载、运送各环节,将货物及时送达。

冷藏货物运输注意事项:

(1)托运人托运冷藏货物时,应当提供最长允许运输时限和运输注意事项,并在合同或运单中注明。

(2)配载运送时,应对货物的质量、包装和温度要求进行认真的检查,装卸要合乎要求,温度要符合规定。应根据货物的种类、运送季节、运送距离和运送地方确定相应的运输服务方法,及时地组织适宜车辆予以装运。

(3)鲜活易腐货物在装车前,必须认真检查车辆及设备的完好状态,应注意清洗和消毒。装车时应根据不同货物的特点,确定其装载方法。如为保持冷冻货物的冷藏温度,可紧密堆码,水果、蔬菜等需要通风散热的货物,必须在货件之间保留一定的空隙,怕压的货物必须在车内加隔板,分层装载。

(4)运输过程中要严格要求驾驶员或押运人员对冷藏机温度进行控制和记录。出发前要告知温度要求,并进行设定。如果出现事故(包括交通事故、机械事故、冷藏机故障等),要及时报告并修复。

(六)冷藏运输的要求

由于食品的组织结构等方面的不同,不同食品都有一定的贮藏温、湿度条件的要求。在冷藏运输中应满足食品贮藏条件的要求,并保持其稳定性。表1-6-3-3列出了几种易腐食品的贮藏条件。

在冷藏运输过程中,必须控制载体内部的环境,使车内的环境尽量与所运输食品的最佳要求一致,载体内部各处温度分布要均匀,并且在运输过程进尽量避免温度波动,降低温度波动幅度和减少波动持续时间。

考虑以上对食品在贮藏过程的要求,冷藏运输应该满足以下条件。

1. 低温环境

易腐食品在进行低温运输前应将其温度调节到其适宜的贮藏温度,为维持这一低温环境，运输载体上应当具有适当的冷源，如干冰、冰盐混合物、碎冰、液氮或机械制冷系统。蔬类在运输过程中，为防止车内温度上升，应及时排除呼吸热，而且要有合理的空气循环，使得冷量分布均匀，保证各点的温度均匀一致并保持稳定，最大温差不超过3℃ 。

不同易腐食品的运输要求　　表 1-6-3-3

货　名	运输温度(℃)	相对湿度(%)	货　名	运输温度(℃)	相对湿度(%)
冻结牛肉	-11.1 ~ -9.4	90 ~ 95	苹果	-0.6 ~ 0	85 ~ 88
冻蛋	-12.2 ~ -9.4	60	柑	3.9 ~ 4.4	85
鲜肉	0 ~ 1.1	1.1	白菜	0 ~ 1.1	90 ~ 95
猪油	0.6 ~ 4.4		香蕉	11.6 ~ 12.7	75
干鱼	4.4 ~ 10		干果	0 ~ 10	70 ~ 75

有些食品怕冻，在寒冷季节里运输还需要用加温设备如电热器等，使车内保持高于外界气温的适当温度。

2. 良好的隔热性能

冷藏运输工具的货运应当具有良好的隔热性能，总的传热系数 K 要求小于0.4W/(m^2·K)，甚至小于0.2W/(m^2·K)，能够有效地减少外界传入的热量，避免车内温度的波动和防止设备过早老化。一般来说，K 值平均每年要递增5%左右。车辆或集装箱的隔热板外侧面应采用反射性材料，并应保持其表面的清洁，以降低对辐射热的吸收。

在车辆或集装箱的整个使用期间应避免箱体结构部分的损坏，特别是箱体的边和角，以保持隔热层的气密性，并且应该定期对冷藏门的密封条、跨式制冷机组的密封、排水洞和其他空洞等进行检查，以防止空气渗漏影响隔热性能。

3. 适时的温度调节

在长距离的冷藏运输过程中，食品可能会经过不同的环境外部温度，比如从南方运到北方的水果，因此冷藏运输的载体内部空间内必须有温度检测和控制设备。

温度检测仪必须能够准确连续地记录货物间的温度，温度控制器的精度要求高，为 ± 0.25℃ ，以满足易腐食品在运输过程中的冷藏工艺要求，防止食品温度过分波动。

4. 制冷设备所占空间尽量小

在长途冷藏运输过程中，为了减小单位货物的运输成本，要求在尽可能的空间内装载尽可能多的货物，因引要求制冷设备空间小。

5. 车厢的卫生、安全

车厢内有可能接触食品的所有内壁必须采用对食品味道和气体无影响的安全材料。箱体内壁包括顶板和地板，必须光滑、防腐蚀、不受清洁剂影响，不渗漏、无腐烂，便于清洁和消毒。箱内设备不应有使进出困难，脏物和水分不易清除的尖角和褶皱。

在使用中，车辆和集装箱内碎渣屑应及早清扫干净，防止异味污染货物并阻碍空气循环。

6. 良好的组织管理

冷藏运输的组织管理工作是一项复杂细致而又责任重大的工作，必须对各种冷藏运输工具的特性、易腐货物的冷藏条件、货源的组织、装车方法、调度工作等问题十分熟悉，加强运输过程中各个环节的管理工作，保证易腐货物高品质而又快速的达到目的地。

三、罐式容器专用运输

罐式容器专用运输是指使用与被运送货物相适应的容器的专用车辆，运送无包装的液体货物或者颗粒状、粉末状固定货物的运输，如液体燃料、润滑油料、液体化学品、水泥、饲料、饮食品、水等。

罐式容器专用运输在汽车运输中发挥着重要的作用，有良好的经济效益和社会效益，是一种发展较快的专用汽车运输。

（一）罐式容器专用运输的特点

1. 装卸运输效率高

罐体是一种特殊的集装容器，便于集中装卸和装卸机械化，缩短汽车在装卸时的停歇时间，加快车辆的周转，提高运输效率。

2. 保证货运质量

罐体一般都是可密闭的容器，罐内货物受外界影响较小，货物在运输过程中受到较好的保护，不易变质、污染和泄漏。特别是对于装运具有质量要求的饮料、食品、化工等物品，罐式汽车是最理想的运输工具。

3. 装卸运输安全

采用罐式汽车装运易爆、易燃、有毒或腐蚀性强的物品时，可以大大减少意外事故的发生，实现安全装卸和运输。

4. 减轻劳动强度，改善装卸条件

普通货车装运液状、粉状或粒状物品时，大都采用罐、坛、箱、袋等器皿进行包装，从工厂到使用地点，需经多次装卸，而且工作条件差，劳动强度大。特别是在装运粉尘飞扬或有害物品时，既污染环境又有损装卸工人的身体健康。采用罐式汽车运输上述物品，则可明显改善工作条件、减轻劳动强度。

5. 节约包装材料，降低运输成本

采用罐式汽车运输散装物品，便于实现装卸、运输、贮存的机械化，不仅节省了劳动力，而且节约了大量的包装材料和费用，车辆装运货物的量相对增加，降低了运输成本。

罐式汽车的灌装容器一般是专用的，只能装运规定的物品，而且由于资源的限制，运输往往是单向的，使汽车实载率降低。为了便于某些物品的装卸，还设有专用设备。罐体的维修费用较高。尽管如此，罐式汽车仍在现代汽车运输中显示出越来越大的优越性，得到了广泛的应用。

（二）罐式汽车的分类

罐式汽车的种类很多，通常按其罐式容器的用途、结构、安装方法及卸货方法进行分类。

1. 按用途分类

(1)液罐汽车:用来装运燃油、润滑油、重油、酸类、碱类、液体化肥、水、食品饮料等液态物品的罐式汽车。

(2)粉罐汽车:用来装运水泥、面粉、石粉等粉状物品的罐式汽车。

(3)气罐汽车:用来装运氮气、氩气、石油等气态物品的罐式汽车。

(4)颗粒罐车:用来装运谷物、豆类、颗盐、砂糖、粒状塑料等颗粒状物品的罐式汽车。

(5)其他专用罐车:具有专用功能的罐式汽车。如消防车、混凝土搅拌车、洒水车、吸污车等。

2. 按罐式容器内的许用压力分类

(1)低压罐式车:低压罐式汽车主要用来装运水、轻质燃油、润滑油、动植物油等物品,罐体承受的内压力一般为0.098MPa以下。

(2)中压罐式车:中压罐式汽车主要用来装运苛性碱、浓硫酸、沥青等物品,中压罐体承受的内压力一般为0.147~0.294MPa。

(3)高压罐式车:高压罐式汽车主要用来装运液化石油气、液氯等物品,其罐体承受的内压力一般为1.177~3.532MPa。

3. 按罐式容器在车上的安装形式分类

按罐式容器在车上的安装形式可以分为:卧式罐车、立式罐车、斗式罐车。

4. 按其罐体承受工作压力大小分类

(1)常压罐车

常压是指工作压力不大于72kP。(表压),通常情况下运输无危险和低蒸发压力、低介质有毒液体货物,也包括食物如液体糖和蔬菜油;化学品如乙二醇乙烯、橡胶浆和硫磺;石油产品如燃料和润滑油及各种产品如陶黏土泥浆,主要的罐车类型如现在的加运油车等。

(2)压力罐车

压力罐车是指装载高蒸汽压力压缩的、液化的商品,以及在常温下通常为气体的物质,这包括液化石油气、氯气、无水氨和二氧化碳,如现有的液化石油气、丙烯、苯酚、环氧乙烷运输车等。

(三)罐式车辆的运输要求

(1)驾驶罐式车辆需要具有预见性,避免颠簸,因此,控制车速,平缓制动,缓慢通过弯道都是需要的。

(2)车上装载的货物种类不同时需要驾驶员格外注意,尤其是运载液体及散装货物时,要求采用稳定、平顺的驾驶方式。

(3)在装载液体时,尤其在部分空间装载液体,紧急制动会造成液体向前涌动,后轮会锁死,存在较高的打滑危险。高速过弯道时,也可能因为液体向弯道外侧涌动而造成翻车。

(4)在运载散装物料及粉末状货物时,驾驶员的行为应与运载液体货物时相仿。

四、本课教学方法

本课可以采取比较法,列举相应分类的运输方法的特点、运输要求以及分类,在授课前教员要收集相关的图片和资料或者视频,加强和促进学员的理解和记忆。

第四节　道路大型物件运输分类、特点与要求

道路大型物件运输是指汽车运载具有超长、超高或者质量超重等特点的大型物件的运输。

大型物件运输是指从事符合下列条件之一货物的运输服务工作：①货物外形尺寸：长度在14m以上或宽度在3.5m以上或高度在3m以上的货物；②重量在20t以上的单体货物或不可解体的成组(捆)货物。

一、分类

(一)按货物规格分类

大型物件的级别，按其长、宽、高及重量(含包装和支承架)四个条件中级别最高的确定，共分为四级：

1. 一级大型物件

一级大型物件是指达到下列标准之一者：

(1)长度大于14m(含14m)小于20m；

(2)宽度大于3.5m(含3.5m)小于4.5m；

(3)高度大于3m(含3m)小于3.8m；

(4)重量大于20t(含20t)小于100t。

2. 二级大型物件

二级大型物件是指达到下列标准之一者：

(1)长度大于20m(含20m)小于30m；

(2)宽度大于4.5m(含4.5m)小于5.5m；

(3)高度大于3.8m(含3.8m)小于4.4m；

(4)重量大于100t(含100t)小于200t。

3. 三级大型物件

三级大型物件是指达到下列标准之一者：

(1)长度大于30m(含30m)小于40m；

(2)宽度大于5.5m(含5.5m)小于6m；

(3)高度大于4.4m(含4.4m)小于5m；

(4)重量大于200t(含200t)小于300t。

4. 四级大型物件

四级大型物件是指达到下列标准之一者：

(1)长度在40m及以上；

(2)宽度在6m及以上；

(3)高度在5m及以上；

（4）重量在300t及以上。

（二）按货物类型分类

1. 电力类大件设备

电力类大件设备运输包括：大型火力发电设备中的发电机定子、转子、锅炉汽包、水冷壁、除氧水箱、高低压加热器、大板梁等；大型水力发电设备中的转轮、上下机架、转子、定子、主轴、座环、导水机构、闸门启闭机等；大型风力发电设备中的筒体、机舱、叶片等；大型核能发电设备中的发电机转子、定子以及主变压器、厂用变、联络变、电抗器等。电力类大件设备运输如图1-6-4-1所示。

图1-6-4-1　电力类大件设备运输

2. 化工类大件设备

化工类大件设备运输包括大型化工厂中的主要设备，如各种容器（槽、罐、釜等）、普通窑、塔器、反应器、换热器、普通干燥器、蒸发器，反应炉、分离设备以及离子交换设备等。化工类大件设备运输如图1-6-4-2所示。

图1-6-4-2　大型化工设备运输

3. 其他类大件设备

其他类大件设备运输包括：飞机、桥梁板、地铁、大型房屋、行车梁等。其他类大件设备运输，如图1-6-4-3所示。

二、教学要求

由于大型物件的级别与标准有很多的数据，如果只是纯粹的罗列数据，学员容易混淆，也不容易记忆，因此本课建议采取讲授法教学，教员通过列表的形式，厘清大型物件级别与标准，加深学员印象。

（一）大型物件的级别，按照其长、宽、高及重量四个条件中级别最高的确定。大型物件按其外形尺寸和重量(含包装和支承架)分级,如表1-6-4-1所示。

图1-6-4-3　其他类大件设备运输

大型物件级别及标准　　表1-6-4-1

大型物件级别	长度(m)	宽度(m)	高度(m)	质量(t)
一级	14~20	3.5~4.5	3~3.8	20~100
二级	20~30	4.5~5.5	3.8~4.4	100~200
三级	30~40	5.5~6.0	4.4~5	200~300
四级	40以上	6以上	5以上	300以上

(二)大型物件的运输要求

对于大型物件的运输要求,交通部在1995年也颁布了相应的管理办法。因此在讲授这一部分内容的时候,可以考虑采取讨论法;教师拟定讨论的题目,在讲授时将学生分成几个小组,在给定的时间内让学生自行上网搜集资料,并写好本小组的发言提纲,与其他小组进行讨论、补充,得出以下结论:

1. 承运人与托运人的运输责任

(1)承运人在大型物件起运前,应勘察作业现场和运输路线,熟悉沿途道路、桥涵和线路状况,做好清障及加固的准备工作,并根据托运人的要求运输。不得将大型物件转包给其他业户承运。

(2)装卸大型物件由承运人负责的,承运人应检查车辆装卸设备及工具,保证其处于良好的技术状况,并且根据托运人的要求、货物的特点和装卸操作规程进行作业。托运人自理装卸的,承运人应按照约定的时间将车开到装卸地点,并进行监装、监卸,防止发生运输事故。装卸大型物件如图1-6-4-4所示。

图1-6-4-4　大件设备装卸

2. 大型物件运输过程中的要求

(1)运输大型物件,应按照有关部门核定的路线行车。装载大型物件的车辆,白天行车应悬挂标志旗;夜晚行车和停车休息时还应装置标志灯。

标志旗的使用方法为:在运输过程中,分别竖于牵引车辆前方两侧和挂车装载物件上的最宽部位两端。如果挂车装载物件的长度超过挂车尾部,需在物件末端的最高点设标志旗。

标志灯的使用方法为:在挂车装载物件的最宽部位两端和超过挂车尾部的末端装设。

(2)运输货物之前,应对承运路线的道路和桥梁的宽度、弯道半径、承载能力以及其他车辆的流通情况,进行充分的调查研究,并请公路及有关部门在现场进行指导。必要时还要对桥梁进行加固,以确保行车安全。涉及到其他部门的应事先向有关部门申报并征得同意,方可起运。

第五节　道路运输合同基本知识

合同,又称为契约、协议,是平等的当事人之间设立、变更、终止民事权利义务关系的协议。合同作为一种民事法律行为,是当事人协商一致的产物,是两个以上的意思表示相一致的协议。只有当事人所作出的意思表示合法,合同才具有法律约束力。依法成立的合同从成立之日起生效,具有法律约束力。

广义合同指所有法律部门中确定权利、义务关系的协议。狭义合同指一切民事合同。

一、合同的基本要素

合同基本架构:合同标的、合同标的的数量与质量、双方权利义务、收费数额与方式、商品或服务交付的数额和方式、违约责任、解除条件、争议解决条款、合同生效期间,合同签订日期和地点、签字和盖章。

(一)合同标的

合同标的就是订立合同的目的,没有标的或者标的不明确的合同是不能成立的,也是容易引起纠纷的合同。买卖合同的标的就是货物,在起草合同时应当将买卖货物的名称、型号、产地、规格、品种、花色等尽量详细地进行描述,做到没有任何变动或替换的可能。

(二)合同标的的数量、质量

数量应当注意单位,如重量是克还是公斤或吨,如果非得使用如“捆、包、袋、箱”等作为单位的,应先对“捆、包、袋、箱”进行定义,再行定义是多少克、公斤、吨等。另外存在毛重、净重、正负误差的,也应当明确。

质量条款:应当写明质量验收标准。一般按照产品说明书验收、按照样品验收或抽查验收。按照说明书验收的应当将说明书进行明确保存或作为合同附件;按照样品验收的应当将样品提前封存、保管,双方签字确认样品。按照抽查验收的,应当说明符合国家标准、行业标准还是企业标准,该标准的名称、代码和编号。另外应当就质量异议提出的程序进行约定,如异议提出的期限和方式。

(三)价款付款方式

价款条款可以明确每单位产品的价格,是人民币还是外币,还应当写明运输费、包装费等中间费用由谁承担。

付款方式应当写明付款的进度,分批付款的应当写明每一期付款的条件和数额。条件可以是日期,也可以是完成一定的工作量或交付一定数量的产品,尽量避免歧义产生。

(四)双方权利义务

一般产品买卖合同权利义务相对简单,只要将付款和交付的事情说清楚就可以了。但对于服务合同,权利与义务就相对较复杂,其主要内容围绕双方应当负责何事展开,一方的权利就是另一方的义务。

(五)商品交付的方式或服务履行的方式。

商品交付或服务履行的方式是合同的重要条款,必须没有歧义。应明确履行地点,履行期限,验收和异议的程序和方式。

(六)违约责任

没有违约责任的合同如同没有牙齿的老虎,没有任何的威慑力,因此违约责任必须考虑周全,约定具体。

二、道路运输合同

运输合同是承运人将旅客或者货物从起运地点运输到约定地点,旅客、托运人或者收货人支付票款或者运输费用的合同。运输合同包括:客运合同、货运合同、多式联运合同。

(一)道路运输合同的概念

运输合同,又称之为运送合同,根据我国《合同法》第288条的规定,是指承运人将旅客或货物从起运地点运输到约定地点,旅客、托运人或收货人支付票款或运输费用的合同。

(二)道路运输合同的特征

(1)运输合同原则上为双务、有偿合同。

(2)运输合同既有诺成性合同,也有实践性合同。

诺成性合同:合同的成立以双方当事人意思表示一致为标准。如包车运输合同、整车运输合同。

实践性合同:合同双方不仅需要双方当事人意思表示一致,还须交付标的物。如 零担货物运输合同。

(3)运输合同的客体为运输行为或运输劳务。

(4)运输合同大都是标准合同。

(5)运输合同具有强制缔约性(公共运输)。

(三)道路运输合同的分类

1. 按运输对象

分为道路旅客运输合同与道路货物运输合同两种。

(1)旅客运输合同:包括班车客运合同、旅游客运合同、包车客运合同、出租客运合同、行包运输合同和客运服务合同等。

其中班车客运合同又可分为直达班车客运合同、普通班车客运合同、城乡公共汽车客运合同等。

(2)货物运输合同:包括普通货运合同、道路货物专用运输合同、道路大型物件运输合同、道路危险品运输合同。

其中道路货物专用运输合同又可分为集装箱运输合同、冷藏保鲜运输合同、罐式运输合同等。

2. 按是否有涉外因素:分国内道路运输合同与涉外道路运输合同

3. 按保险方式:分货物运输合同、货物保险运输合同、货物保价运输合同。

4. 按是否支付运费分有偿道路运输合同与无偿道路运输合同。

三、客运合同

客运合同又称为旅客运输合同,是指承运人与旅客签订的由承运人将旅客及其行李运输到目的地而由旅客支付票款的合同。

(一)特征

旅客即是合同一方当事人,又是运输对象;客运合同通常采用票证形式,包括对旅客行李的运送。

(二)当事人的权利义务

(1)旅客的主要义务包括:持票乘运的义务;按时乘运的义务;限量携带行李的义务;遵守安全规则的义务。

(2)承运人的主要义务包括:按约定的时间将旅客运达目的地的义务;不得擅自变更运输路线的义务;保障旅客在运输途中的安全义务;提供必要生活服务的义务。

四、货运合同

(一)货运合同主要条款

按年度、半年度、季度或月份签订的货物运输合同,应写明下列主要条款:

(1)托运人和收货人的名称或者姓名及住所;

(2)发货站与到货站的详细名称;

(3)货物的名称(运输标的名称);

(4)货物的性质(是否属易碎、易燃、易爆物品……);

(5)货物的重量;

(6)货物的数量(如车种、车数、件数……);

(7)运输形式(零担、速递、联运……);

(8)收货地点;

(9)违约责任;

(10)费用的承担;

(11)包装要求;

(12)合同纠纷解决方式;

(13)双方约定的其他事项等。

（二）货运合同主要内容

以货物运单形式签订的合同应载明下列内容：

(1)托运人、收货人的名称或姓名及其详细住所或地址；

(2)发货站、到货站及主管铁路局；

(3)货物的名称；

(4)货物的包装、标志、件数和数量；

(5)承运日期；

(6)运到期限；

(7)运输费用；

(8)货车的类型或车号；

(9)双方商定的其他事项。

五、本课教学指导

本课涉及合同的基本定义、合同的要素以及运输合同等知识。可以考虑印刷空白的合同范本，让学生独立填写合同的各个要素，然后现场抽取其中某个学生的合同进行评点，让大家熟悉合同的制定。

以下为合同范本及填写指导。

×××运输合同

合同编号：(为了便于管理和查找合同)

签订时间：(与合同生效、履行都有关系)

签订地点：(合同签订关系到法院的管辖权，请至少填写详细至区县，如北京市朝阳区)

托运人(以下简称甲方—单位)：(请写全称，并且写准确，要与营业执照上的名称一字不差)

法定代表人：(请写全称，并且写准确，要与营业执照上的名称一字不差)

联系地址：(请填写详细，方便合同履行过程中通信联系及法院送达文书)

联系电话：

联系人：　　　　　　　手机：　　　　　　　　电子邮箱：

(一般写实际负责本合同履行的人员的名字。凡是在本合同履行过程中参与的、有权签署相关文件的人，最好都在本合同中写上。所以联系人可以写多个。并且最好把手机和电子邮箱都写上，因为手机短信和电子邮件都可以作为法庭上的证据。)

承运人(以下简称乙方)：(同上)____________________。

甲、乙双方根据《中华人民共和国合同法》等有关法律规定，在平等、自愿、诚实信用的基础上，经充分协商，就乙方承运甲方货物达成以下合同条款。

一、货物基本情况

货物名称：

规格：

数量：

重量：

性质：

（因托运人申报不实或者遗漏重要情况，造成承运人损失的，托运人应当承担损害赔偿责任。货物运输需要办理审批、检验等手续的，托运人应当将办理完有关手续的文件提交承运人。）

二、包装要求：甲方必须按照国家主管机关规定的标准包装；没有统一规定包装标准的，应根据保证货物运输安全的原则进行包装，否则乙方有权拒绝承运。（托运人托运易燃、易爆、有毒、有腐蚀性、有放射性等危险物品的，应当按照国家有关危险物品运输的规定对危险物品妥善包装，作出危险物标志和标签，并将有关危险物品的名称、性质和防范措施的书面材料提交承运人。否则，承运人可以拒绝运输，也可以采取相应措施以避免损失的发生，因此产生的费用由托运人承担。）

三、运输办法及运杂费负担：__________（两个以上承运人以同一运输方式联运的，与托运人订立合同的承运人应当对全程运输承担责任。损失发生在某一运输区段的，与托运人订立合同的承运人和该区段的承运人承担连带责任。）

四、托运时间及地点：__________。

五、到货时间及地点：__________（在承运人将货物交付收货人之前，托运人可以要求承运人中止运输、返还货物、变更到达地或者将货物交给其他收货人，但应当赔偿承运人因此受到的损失。）

六、收货人领取货物及验收办法：__________（收货人逾期提货的，应当向承运人支付保管费等费用。）

七、付款办法：__________（托运人或者收货人不支付运费、保管费以及其他运输费用的，承运人对相应的运输货物享有留置权，但当事人另有约定的除外。）

八、违约责任：

托运方责任：

1. 未按合同规定的时间和要求提供托运的货物，托运方应按货物价值的______%偿付给承运方违约金。

2. 由于在普通货物中夹带、匿报危险货物，错报笨重货物重量等而招致吊具断裂，货物摔损，吊机倾翻，爆炸，腐蚀等事故，托运方应承担赔偿责任。

3. 由于货物包装缺陷产生破损，致使其他货物或运输工具，机械设备被污染腐蚀、损坏，造成人身伤亡的，托运方应承担赔偿责任。

4. 在托运方专用线或在港、站公用线、专用铁道自装的货物，在到站卸货时，发现货物损坏，缺少，在车辆施封完好或无异状的情况下，托运方应赔偿收货人的损失。

5. 罐车发运货物，因未随车附带规格质量证明或化验报告，造成收货方无法卸货时，托运方应偿付承运方卸车等存费及违约金。

承运方责任：

1. 不按合同规定的时间和要求配车（船）发运的承运方应偿付托运方违约金__________元。

2. 承运方如将货物错运到货地点或接货人，应无偿运至合同规定的到货地点或接货人。如果货物逾期达到，承运方应偿付逾期交货的违约金。

3. 运输过程中货物灭失，短少，变质，污染，损坏，承运方应按货物的实际损失（包括包装费，运杂费）赔偿托运方。

4. 联运的货物发生灭失，短少，变质，污染，损坏应由承运方承担赔偿责任的，由终点阶段的承运方向负有责任的其他承运方追偿。

5. 在符合法律和合同规定条件下的运输，由于下列原因造成货物灭失，短少，变质，污染，损坏的，承运方不承担违约责任：

（1）不可抗力；（货物在运输过程中因不可抗力灭失，未收取运费的，承运人不得要求支付运费；已收取运费的，托运人可以要求返还。）

（2）货物本身的自然属性；

（3）货物的合理损耗；

（4）托运方或收货方本身的过错。

九、本合同正本一式二份，合同双方各执一份；合同副本一式____份。

甲　　方：________________	乙　　方：________________
代 理 人：________________	代 理 人：________________
开户银行：________________	开户银行：________________
账　　号：________________	地　　址：________________
____年____月____日	____年____月____日

在课堂教学中也可以利用一些不够完善或有漏洞的某些合同，发给学员现场批改。也可以采取小组的形式，每个小组下发一份合同，批改、评点，加深学生对合同要素的印象，防范一些不必要的漏洞或者异议。教员还可以收集一些在签订合同时候因考虑不周或者存在漏洞，以致最后遭致损失的案例进行讲授，指出案例中的漏洞进行评点。

第六节　外商投资道路货物运输管理规定

为促进道路运输业的对外开放和健康发展，规范外商投资道路运输业的审批管理，交通运输主管部门应当根据《中华人民共和国中外合资经营企业法》、《中华人民共和国中外合作经营企业法》、《中华人民共和国外资企业法》、《中华人民共和国道路运输条例》，负责对外商投资道路运输业进行管理。

外商在中华人民共和国境内投资道路运输业活动的，应当遵守《外商投资道路运输业管理规定》。所谓的道路运输业包括道路旅客运输、道路货物运输、道路货物搬运装卸、道路货物仓储和其他与道路运输相关的辅助性服务及车辆维修。

外商可以采用中外合资形式投资经营道路旅客运输，也可以采用中外合资、中外合作形式投资经营道路货物运输、道路货物搬运装卸、道路货物仓储和其他与道路运输相关的辅助性服务及车辆维修等经营。

一、外商投资道路货物运输管理相关规定

交通部与对外贸易经济合作部在 2001 年制定《外商投资道路运输业管理规定》，并在当年 11 月 20 日执行。

（一）外商投资从事道路旅客运输业务的许可条件

（1）主要投资者中至少一方必须是在中国境内从事 5 年以上道路旅客运输业务的企业；
（2）外资股份比例不得多于 49%；
（3）企业注册资本的 50% 用于客运基础设施的建设与改造；
（4）投放的车辆应当是中级及以上的客车。

（二）设立外商投资道路运输企业递交资料要求

应当向拟设企业所在地的市（设区的市，下同）级交通主管部门提出立项申请，并提交以下材料：

（1）申请书，内容包括投资总额、注册资本和经营范围、规模、期限等；
（2）项目建议书；
（3）投资者的法律证明文件；
（4）投资者资信证明；
（5）投资者以土地使用权、设施和设备等投资的，应提供有效的资产评估证明；
（6）审批机关要求的其他材料。

拟设立中外合资、中外合作企业，除应当提交上述材料以外，还应当提交合作意向书。提交的外文资料须同时附中文翻译件。

（三）外商投资道路运输企业经营的许可程序

外商投资道路运输企业经营的许可程序：申请—审查—许可或不许可。

设立外商投资道路运输企业，应当向拟设企业所在地的市（设区的市）级交通主管部门提出立项申请，并提交材料。外商投资企业扩大经营范围从事道路运输业，外商投资道路运输企业扩大经营范围或者扩大经营规模超出原核定标准的，外商投资道路运输企业拟合并、分立、迁移和变更投资主体、注册资本、投资股比，应由该企业向其所在地的市级交通主管部门提出变更申请并提交材料。

市级交通主管部门自收到申请材料之日起 15 个工作日内，依据本规定提出初审意见，并将初审意见和申请材料报省级交通主管部门。省级交通主管部门自收到上报材料之日起 15 个工作日内，依据本规定提出审核意见，并将审核意见和申请材料报国务院交通主管部门审批。国务院交通主管部门自收到前项材料之日起 30 个工作日内，对申请材料进行审核，做出批准或不予批准的决定。

（1）符合规定的，颁发立项批件或者变更批件；申请人收到批件后，应当在 30 日内持批件和相关材料向省级对外贸易经济主管部门申请颁发或者变更外商投资企业批准证书。省级对外贸易经济主管部门对上述材料初审后，将申请材料和初审意见报国务院对外贸易经济主管部门或者其授权部门。国务院对外贸易经济主管部门或者其授权部门收到申请材料后，在 45 日内作出是否批准的书面决定，符合规定的，颁发或者变更外商投资企业批准证书；

不符合规定的,退回申请,书面通知申请人并说明理由。申请人在收到外商投资企业批准证书后,应当在30日内持立项批件和批准证书向拟设立企业所在地省级交通主管部门申请领取道路运输经营许可证,并依法办理工商登记后,方可按核定的经营范围从事道路运输经营活动。

(2)不符合规定的,国务院交通主管部门自收到材料之日起30个工作日内退回申请,书面通知申请人并说明理由。

(3)申请人收到变更的外商投资企业批准证书后,应当在30日内持变更批件、变更的外商投资企业批准证书和其他相关的申请材料向省级交通主管部门和工商行政管理部门办理相应的变更手续。

(4)申请人在办理完有关手续后,应将企业法人营业执照、外商投资企业批准证书以及道路运输经营许可证影印件报国务院交通主管部门备案。

二、外商投资道路运输企业经营管理

(1)取得外商投资道路运输业立项批件后18个月内未完成工商注册登记手续的,立项批件自行失效。

(2)外商投资道路运输企业的经营期限一般不超过12年。但投资额中有50%以上的资金用于客货运输站场基础设施建设的,经营期限可为20年。经营业务符合道路运输产业政策和发展规划,并且经营资质(质量信誉)考核合格的外商投资道路运输企业,经原审批机关批准,可以申请延长经营期限,每次延长的经营期限不超过20年。

(3)申请延长经营期限的外商投资道路运输企业,应当在经营期满6个月前向企业所在地的省级交通主管部门提出申请,并上报企业经营资质(质量信誉)考核记录等有关材料,由省级交通主管部门审核后,报国务院交通主管部门,由国务院交通主管部门商对外贸易经济主管部门后批复。

(4)外商投资道路运输企业停业、歇业或终止,应当及时到国务院交通主管部门、对外贸易经济主管部门或其授权部门和工商行政管理部门办理相关注销手续。

三、国际道路运输经营许可

(一)国际道路运输经营许可事项及实施主体

(1)省级道路运输管理机构负责实施国际道路运输经营许可。

(2)国际道路运输经营许可事项包括国际道路旅客运输(定期国际道路旅客运输、不定期国际道路旅客运输)、国际道路货物运输(普通货物运输、货物专用运输、大型物件运输)和国际道路危险货物运输。

(二)国际道路运输经营许可条件

申请从事国际道路运输经营活动的,省级道路运输管理机构应当审查申请人是否具备下列条件:

(1)已经取得国内《道路运输经营许可证》的企业法人。

(2)从事国内道路运输经营满3年,且近3年内未发生重大以上道路交通责任事故。

(3)人员符合相应的从业资格条件。

(4)有与其经营业务相适应并经检测合格的国际道路客货运输车辆。

(5)有健全的国际道路运输安全生产管理制度。包括国际道路运输安全生产责任制度、国际道路运输安全生产操作规程、国际道路运输安全生产监督检查制度、国际道路运输驾驶员管理制度、国际道路运输应急预案等。

(三)国际道路运输经营许可程序

1. 申请从事国际道路运输经营的,省级道路运输管理机构应当要求申请人提交以下材料:

(1)《国际道路运输经营申请表》。

(2)从事国内道路运输经营的《道路运输经营许可证》及复印件。

(3)法人营业执照及复印件。

(4)企业近3年内无重大以上交通责任事故的证明。

(5)应提供已购置车辆的机动车辆行驶证、机动车综合性能检测报告单、车辆技术等级评定表和《道路运输证》或拟投入车辆承诺书。

(6)已聘用或拟聘用驾驶人员的驾驶证、从业资格证及其相关资料。

(7)国际道路运输安全生产管理制度文本。

2. 申请从事定期或不定期国际道路旅客运输的,申请企业应当具备从事国内一类客运班线经营的条件,还应当提供国际道路旅客运输的可行性方案。

3. 申请从事国际道路危险货物运输的,还应当提交押运员、装卸管理员的从业资格证。

4. 已取得国际道路运输经营许可,申请新增定期或不定期国际道路旅客运输线路的,应当提交《道路运输经营许可证》及复印件、新增定期或不定期国际道路旅客运输的可行性方案、已购置车辆的机动车辆行驶证、机动车综合性能检测报告单、车辆技术等级评定表、车辆类型等级评定表和《道路运输证》或拟投入车辆的车辆承诺书、已聘用或者拟聘用驾驶人员的机动车驾驶证、从业资格证及其相关资料。

5. 申请材料形式审查及处置

(1)省级道路运输管理机构应当按照以下要求对申请材料的完整性进行审核:

①申请材料不齐全或者不符合法定形式的,应当要求申请人当场补全或者更正,当场不能补全或者更正的,应当场或在5个工作日内出具注明日期且加盖道路运输管理机构专用印章的《交通行政许可申请补正通知书》,一次性告知需补正的全部内容。

②申请材料齐全有效的,应出具《交通行政许可申请受理通知书》。

③申请事项依法不需要取得行政许可或申请事项依法不属于本级道路运输管理机构职权范围的,应出具《交通行政许可申请不予受理决定书》。

(2)许可前公示和现场审查

对已受理的国际道路运输经营申请,省级道路运输管理机构应当将申请的有关情况在其网站或办公场所进行公示,公示期限为5日。

公示期间或结束后,受理申请的省级道路运输管理机构应当组织有关人员对申请人申请从事国际道路运输经营的有关条件和所提供的申请材料的真实性进行实地审查。

(3)许可决定

省级道路运输管理机构对申请人提交的材料进行审查后,应当自受理申请之日起20个工作日内,根据公开、公平、公正的原则,经集体研究讨论,做出许可或不予许可的决定。

(4)《道路运输经营许可证》发放

申请从事国际道路运输的《道路运输经营许可证》,由省级道路运输管理机构核发。

省级道路运输管理机构在做出行政许可决定后,应当在 10 个工作日内向被许可人颁发《道路运输经营许可证》,并在《道路运输经营许可证》上注明经营范围。

(5)配发《道路运输证》

省级道路运输管理机构应当核实被许可人购置的车辆或者已有的车辆,符合条件的,配发《道路运输证》。也可根据实际情况,委托车籍所在地市级道路运输管理机构配发国际道路运输车辆《道路运输证》。

四、外国国际道路运输企业管理

(1)外国国际道路运输企业的车辆在我国境内运输,应当具有本国的车辆登记号牌、登记证件,驾驶人员应当持有与其驾驶的车辆类别相符的本国或国际驾驶证件。

(2)外国国际道路运输企业的车辆在我国境内应当在规定的站点上下旅客或者按照运输合同商定的地点装卸货物,并按照我国道路运输管理机构指定的停靠站(场)停放。

(3)进入我国境内从事国际道路运输的外国运输车辆,应当符合我国有关运输车辆外廓尺寸、轴荷以及载质量的规定。我国与外国签署有关运输车辆外廓尺寸、轴荷以及载质量具体协议的,按协议执行。

(4)进入我国境内运载不可解体大型物件的外国国际道路运输企业的车辆超限的,应当遵守我国超限运输车辆行驶公路的相关规定,办理相关手续后,方可在我国境内运输。

(5)进入我国境内运输危险货物的外国国际道路运输企业的车辆,应当符合我国危险货物运输有关法律、法规和规章的规定,办理相关手续后,方可在我国境内运输。

(6)禁止外国国际道路运输企业从事我国国内道路旅客和货物运输经营。

(7)禁止外国国际道路运输企业在我国境内自行承揽货物或者招揽旅客。

(8)持有我国核发的特别行车许可证的外籍运输车辆,在离开我国国境前,应将特别行车许可证交还给口岸国际道路运输管理机构。

五、教学要求

本课主要是学习外商投资道路运输业的相关管理规定、经营许可和经营行为要求等内容,建议在教学中采用讲授法。在本课学习前让学员提前收集这个规定的有关内容,在讲课的时候可以随意抽取其中某些条款进行提问或者讲解。

第七节　国际道路货物运输规定

为规范国际道路运输经营活动,维护国际道路运输市场秩序,保护国际道路运输各方当事人的合法权益,促进国际道路运输业的发展,根据《道路运输条例》和我国政府与有关国家政府签署的汽车运输协定,交通部制定了《国际道路运输管理规定》,于 2005 年 6 月 1 日起施行。

从事中华人民共和国与相关国家间的国际道路运输经营活动的，应当遵守《国际道路运输管理规定》的内容。所谓国际道路运输，包括国际道路旅客运输、国际道路货物运输。

国际道路运输应当坚持平等互利、公平竞争、共同发展的原则。国际道路运输管理应当公平、公正、公开和便民。

交通部主管全国国际道路运输管理工作。省级人民政府交通主管部门负责组织领导本行政区域内的国际道路运输管理工作。省级道路运输管理机构负责具体实施本行政区域内的国际道路运输管理工作。

一、国际道路运输经营的相关规定

（一）国际道路运输经营的许可条件

申请从事国际道路运输经营活动的，应当具备下列条件：

（1）已经取得国内道路运输经营许可证的企业法人；

（2）从事国内道路运输经营满 3 年，且近 3 年内未发生重大以上道路交通责任事故（道路交通责任事故是指驾驶人员负同等或者以上责任的交通事故）；

（3）驾驶人员符合规定的条件。从事危险货物运输的驾驶员、装卸管理员、押运员，应当符合危险货物运输管理的有关规定；

（4）拟投入国际道路运输经营的运输车辆技术等级达到一级；

（5）有健全的安全生产管理制度。

（二）国际道路运输的驾驶人员的许可条件

从事国际道路运输的驾驶人员，应当符合下列条件：

（1）取得相应的机动车驾驶证；

（2）年龄不超过 60 周岁；

（3）经设区的市级道路运输管理机构分别对有关国际道路运输法规、外事规定、机动车维修、货物装载、保管和旅客急救基本知识考试合格，并取得《营运驾驶员从业资格证》；

（4）从事旅客运输的驾驶人员 3 年内无重大以上交通责任事故记录。

（三）国际道路运输经营的许可程序

国际道路运输经营的许可程序：申请—审查—许可或不许可。

申请从事国际道路运输经营的，应当向所在地省级道路运输管理机构提出申请，并提交符合规定的有关材料。省级道路运输管理机构收到申请后，应当按照《交通行政许可实施程序规定》要求的程序、期限，在 20 日内对申请材料进行审查，作出许可或者不予许可的决定。

（1）决定予以许可的，应当向被许可人颁发《道路运输经营许可证》或者《道路旅客运输班线经营许可证明》。不能直接颁发经营证件的，应当向被许可人出具《国际道路运输经营许可决定书》或者《国际道路旅客运输班线经营许可决定书》。在出具许可决定之日起 10 日内，向被许可人颁发《道路运输经营许可证》或者《道路旅客运输班线经营许可证明》。《道路运输经营许可证》应当注明经营范围；《道路旅客运输班线经营许可证明》应当注明班线起讫地、线路、停靠站点以及班次。

省级道路运输管理机构予以许可的，应当由省级交通主管部门向交通部备案。

(2)对国际道路运输经营申请决定不予许可的，应当在受理之日起 20 日内向申请人送达《不予交通行政许可决定书》，并说明理由，告知申请人享有依法申请行政复议或者提起行政诉讼的权利。

(3)国际道路运输经营者变更许可事项、扩大经营范围的，应当按照本规定办理许可申请。国际道路运输经营者变更名称、地址等，应当向省级道路运输管理机构备案。

二、国际道路经营管理

(一)经营期限

(1)国际道路旅客运输经营者在取得经营许可后，应当在 180 日内履行被许可的事项。有正当理由在 180 日内未经营或者停业时间超过 180 日的，应当告知省级道路运输管理机构。

(2)国际道路运输经营者需要终止经营的，应当在终止经营之日 30 日前告知省级道路运输管理机构，办理有关注销手续。

(二)经营行为规范

1. 外国经营者从事国际道路运输的经营行为规范

(1)国际道路运输的线路由起讫地、途经地国家交通主管部门协商确定。

(2)外国国际道路运输经营者的车辆在中国境内运输，应当具有本国的车辆登记牌照、登记证件。驾驶人员应当持有与其驾驶的车辆类别相符的本国或国际驾驶证件。

(3)从事国际道路运输的车辆应当标明本国的国际道路运输国籍识别标志。

(4)进入我国境内从事国际道路运输的外国运输车辆，应当符合我国有关运输车辆外廓尺寸、轴荷以及载质量的规定。

(5)进入我国境内运载不可解体大型物件的外国国际道路运输经营者，车辆超限的，应当遵守我国超限运输车辆行驶公路的相关规定，办理相关手续后，方可运输。

(6)进入我国境内运输危险货物的外国国际道路运输经营者，应当遵守我国危险货物运输有关法律、法规和规章的规定。

(7)禁止外国国际道路运输经营者从事我国国内道路旅客和货物运输经营。

外国国际道路运输经营者在我国境内应当在批准的站点上下旅客或者按照运输合同商定的地点装卸货物。运输车辆，要按照我国道路运输管理机构指定的停靠站(场)停放。

(8)禁止外国国际道路运输经营者在我国境内自行承揽货物或者招揽旅客。

(9)对进出我国境内从事国际道路运输的外国运输车辆的收费，应当按照我国与相关国家政府签署的有关协定执行。

2. 中国经营者从事国际道路运输的经营行为规范

(1)我国从事国际道路货物运输的经营者，应当使用《国际道路货物运单》。

(2)从事国际道路运输的车辆应当按照规定的口岸通过，进入对方国家境内后，应当按照规定的线路运行。从事定期国际道路旅客运输的车辆，应当按照规定的行车路线、班次及停靠站点运行。

(3)我国从事国际道路旅客运输的经营者，应当使用《国际道路旅客运输行车路单》。

(4)国际道路运输经营者应当使用符合国家规定标准的车辆从事国际道路运输经营，并定期进行运输车辆维护和检测。

(5)国际道路运输经营者应当制定境外突发事件的道路运输应急预案。应急预案应当包括报告程序、应急指挥、应急车辆和设备的储备以及处置措施等内容。

(6)国际道路旅客运输的价格，按边境口岸地省级交通主管部门与相关国家政府交通主管部门签订的协议执行。没有协议的，按边境口岸所在地省级物价部门核定的运价执行。

国际道路货物运输的价格，由国际道路货物运输的经营者自行确定。

(三)许可证管理

(1)国际道路运输实行行车许可证制度。行车许可证是国际道路运输经营者在相关国家境内从事国际道路运输经营时行驶的通行凭证。

我国从事国际道路运输的车辆进出相关国家，应当持有相关国家的国际汽车运输行车许可证。外国从事国际道路运输的车辆进出我国，应当持有我国国际汽车运输行车许可证。

(2)我国国际汽车运输行车许可证分为《国际汽车运输行车许可证》和《国际汽车运输特别行车许可证》。

在我国境内从事国际道路旅客运输经营和一般货物运输经营的外国经营者，使用《国际汽车运输行车许可证》。

在我国境内从事国际道路危险货物运输经营的外国经营者，应当向拟通过口岸所在地的省级道路运输管理机构提出申请，由省级道路运输管理机构商有关部门批准后，向外国经营者的运输车辆发放《国际汽车运输特别行车许可证》。

(3)《国际汽车运输行车许可证》、《国际汽车运输特别行车许可证》实行一车一证，应当在有效期内使用。运输车辆为半挂汽车列车、全挂汽车列车时，仅向牵引车发放行车许可证。

(4)禁止伪造、变造、倒卖、转让、出租《国际汽车运输行车许可证》、《国际汽车运输特别行车许可证》。

三、教学要求

本课主要是学习《国际道路运输管理规定》，建议采用讲授法，在本课学习前让学员提前预习，浏览和熟悉这个规定的内容，教员在讲课时可抽取其中一些条款进行讲解、提问。

第七章　道路危险货物运输知识

凡具有燃烧、爆炸、腐蚀、毒害以及放射性的性质，在运输、装卸和保管过程中，如处理不当可能会引起人身伤亡或财产损毁的物质或物品，统称为危险货物。危险货物的判定以列入国家标准《危险货物品名表》（GB 12268—2012）的为准，未能列入《危险货物品名表》的，以有关法律、行政法规的规定或者国务院有关部门公布的结果为准。

危险货物定义包含以下三点具体内容：

（1）具有易燃、易爆、腐蚀、毒害、放射射线等性质。指危险货物本身具有的特殊性质，是造成火灾、灼伤、中毒等事故的先决条件。

（2）能引起人身伤亡和财产损毁。指危险货物在一定条件下，如受热、明火、摩擦、震动、撞击、泄漏、与性质相抵触物品抵触，发生化学变化所产生的危险效应。它不仅是货物本身遭到损失，更主要的是危及周围环境。指出了它的危害性。

（3）在运输、装卸、保管过程中，它不同于普通货物而需要特别防护。是指针对各类危险货物特性，必须采取的“特别”防护措施。

《国际海上危险货物运输规则》将危险货物分为 9 大类，即爆炸品、气体、易燃液体、易燃固体、易自燃物质和遇水放出易燃气体的物质、氧化物质（剂）和有机过氧化物、有毒的（毒性的）物质和感染性物质、放射性物质、腐蚀品、杂类危险物质。

第一节　危险货物运输基本知识

危险货物运输是指按危险货物条件办理的货物运输作业。由于危险货物在一定的外界条件下，如摩擦、撞击、振动、日光暴晒、温度变化等，会酿成爆炸、燃烧等严重事故，所以危险货物的包装、配装、装卸以及运送必须按照《危险货物运输规则》的具体规定进行。危险货物应在指定的地点进行装卸作业，运输部门、物质部门和装卸部门必须密切配合。在运输车辆、装卸器具、各种人员选派、运输路线选择等环节都应全面考虑，保证整个运输环节的绝对安全。

一、危险货物运输的特点

凡具有腐蚀性、自燃性、易燃性、毒害性、爆炸性等性质，在运输、装卸和储存保管过程中容易造成人身伤亡和财产损毁而需要特别防护的物品均属危险品。危险品运输有以下特点：

（一）品类繁多

按照危险货物的危险性，《危险货物分类与品名编号》（GB 6944—2012）将危险品分为9类共22项。每一项中又包含具体的危险货物，《危险货物品名表》（GB 12268—2012）中在册的已达2763种品名。2763种危险货物和每年不断新增加的危险品，其物理和化学性质差异很大。

（二）危险性大

危险品具有特殊的物理、化学性能，运输中如防护不当，极易发生事故，并且事故所造成的后果较一般车辆事故更加严重。就拿液化石油气来说，由于它具有易燃、易爆、易产生静电等特性，因此，液化石油气的运输过程中会遇到各种危险，比如着火危险，爆炸危险等。

（三）运输管理的规章制度多

危险品运输是一个附加值比较高的业务，也是危险性比较大的业务，稍有不慎即会给企业、国家造成巨大损失，给社会造成巨大的危害，给人民群众造成巨大的灾难；这就要求危险品运输企业必须规范管理与运作，承运车辆必须符合危险品运输的条件并配备相应的各种设备，危险品操作人员必须经过各类危险化学品操作培训持证上岗。危险品运输是整个道路货物运输的一个重要组成部分，除要遵守各级各项特殊规定。比如，道路危险货物运输的国家标准，道路危险货物运输行业标准，以及所在城市相关规定。

（四）专业性强

危险品运输不仅要满足一般货物的运输条件，严防超载、超速等危及行车安全的情况发生，还要根据货物的物理和化学性质，满足特殊的运输条件。危险品的运输环节是一项技术性和专业性很强的工作。

二、危险货物运输的基本要求

（一）业务专营，资质从严

国务院《危险化学品安全管理条例》（国务院591号令，自2011年12月1日起施行）及交通部《道路危险货物运输管理规定》（中华人民共和国交通运输部令2013年第2号）中明确规定只有符合规定资质并办理相关手续的经营者才能从事道路危险货物运输经营业务。同时还规定，凡从事道路危险货物运输的单位，必须拥有能保证安全运输危险货物的相应设施、设备；从事营业性道路危险货物运输的单位，必须具有5辆以上专用车辆的经营规模、配有相应的专业技术管理人员，并已建立健全安全操作规程、岗位责任制、车辆设备维护维修和安全质量教育等规章制度。

（二）车辆专用，设备齐全

装运危险货物的车辆不同于普通货物运输的车辆，交通部发布的《汽车运输危险货物规则》（JT 617—2004）和《营运车辆技术等级划分和评定要求》（JTT 198—2004）对装运危险货物的车辆技术状况和设施做了特别的规定。

（三）人员专业，知识武装

危险货物运输业是一个特殊的行业，从事道路危险货物运输的相关人员必须掌握危险货物运输的有关专业知识和技能，并做到持证上岗。从事道路运输危险货物的驾驶员、押运员和装卸人员必须了解所运载的危险货物的性质、危害特性、包装容器的使用特性和发生意外时的应急措施。

三、危险货物运输事故的应急处理

（一）爆炸品

灭火方法：用水冷却达到灭火目的，但不能采取窒息法或隔离法。禁止使用砂土覆盖燃烧的爆炸品，否则会由燃烧转为爆炸。扑救有毒性的爆炸品火灾时，灭火人员应佩戴防毒面具。

撒漏处理：对爆炸物品撒漏物，应及时用水湿润，再撒以锯末或棉絮等松软物品收集后，保持相当湿度，报请消防人员处理，绝对不允许将收集的撒漏物重新装入原包装内。

（二）压缩气体和液化气体

灭火方法：将未着火的气瓶迅速移至安全处；对已着火的气瓶使用大量雾状水喷洒；火势不大时，可用二氧化碳、干粉、泡沫等灭火器扑救。

撒漏处理：运输中发现气瓶漏气时，特别是有毒气体，应迅速将气瓶移至安全处，并根据气体性质做好相应的防护，人站在上风处，将阀门旋紧。大部分有毒气体能溶解于水，紧急情况时，可用浸过清水的毛巾捂住口鼻进行操作，若不能制止，可将气瓶推入水中，并及时通知相关部门处理。

（三）易燃液体

灭火方法：消灭易燃液体火灾的最有效方法是采用泡沫、二氧化碳、干粉等灭火器扑救。

撒漏处理：及时用砂土或松软材料覆盖吸附后，移至空旷安全处集中处理。覆盖时，要注意防止液体流入下水道、河道等地方，以防污染环境。

（四）易燃固体、自燃物品和遇湿易燃物品

灭火方法：根据易燃固体的不同性质，可用水、砂土、泡沫、二氧化碳、干粉灭火剂来灭火，但必须注意：遇水反应的易燃固体不得用水扑救，如铝粉、钛粉等金属粉末应用干燥的砂土、干粉灭火器进行扑救；有爆炸危险的易燃固体如硝基化合物禁用砂土压盖；遇水或酸产生剧毒气体的易燃固体，如磷的化合物和硝基化合物（包括硝化棉）、氮化合物、硫磺等，燃烧时产生有毒和刺激性气体，严禁用硝碱、泡沫灭火剂扑救，扑救时必须注意戴好防毒面具；赤磷在高温下会转化为黄磷，变成自燃物品，处理时应谨慎。

扑灭自燃物品火灾时也要注意：此类物品灭火时，一般可用干粉、砂土（干燥时有爆炸危险的自燃物品除外）和二氧化碳灭火剂灭火。与水能发生反应的物品如三乙基铝、铝铁溶剂等禁用水扑救；黄磷被水扑灭后只是暂时熄灭，残留黄磷待水分挥发后又会自燃，所以现场应有专人密切观察，同时扑救时应穿防护服，戴防毒面具。

扑灭遇湿易燃物品时也应注意：此类物品发生火灾时，应迅速将未燃物品从火场撤离或与燃烧物进行有效隔离，用干砂、干粉进行扑救；与酸或氧化剂等反应的物质，禁用酸碱和泡沫灭火剂扑救；活泼金属禁用二氧化碳灭火器进行扑救，应用苏打、食盐、氮或石墨粉来扑救；锂的火灾只能用石墨粉来扑救。

撒漏处理：上述三类货物撒漏时，可以收集起来另行包装。收集的残留物不能任意排放、抛弃。对与水反应的撒漏物处理时不能用水，但清扫后的现场可以用大量水冲刷清洗。

（五）氧化剂和有机过氧化物

灭火方法：有机过氧化物、金属过氧化物只能用砂土、干粉、二氧化碳灭火剂扑救；扑救时应佩戴防毒面具。

撒漏处理：在装卸过程中，由于包装不良或操作不当，造成氧化剂撒漏时，应轻轻扫起，另行包装，但不得同车发运，须留在安全地方，对撒漏的少量氧化剂或残留物应清扫干净。

（六）毒害品和感染性物品

灭火方法：扑灭毒害品及感染性物品火灾时应注意：氰化物发生火灾时，不得用酸碱灭火器扑救，可用水及砂土扑救；灭火人员扑灭毒害品的火灾时应根据其性质采取相应的灭火方法。扑救时尽可能站在上风方向，并戴好防毒面具。

撒漏处理：固体毒害品及感染性物品，可在扫集后装入容器中；液体毒害品及感染性物品应用。

（七）腐蚀品

灭火方法：无机腐蚀品或有机腐蚀品直接燃烧时，除具有与水反应特性的物质外，一般可用大量的水扑救。但宜用雾状水，不能用高压水柱直接喷射物品，以免飞溅的水珠带上腐蚀品灼伤灭火人员。

撒漏处理：液体腐蚀品应用干砂、干土覆盖吸收，扫干净后，再用水洗刷。大量溢出时可用稀酸或稀碱中和。中和时，要防止发生剧烈反应。用水洗刷撒漏现场时，只能缓慢地浇洗或用雾状水喷淋，以防水珠飞溅伤人。

四、汽车运输危险货物规则相关知识

《汽车运输危险货物规则》（JT 617—2004）规定了汽车运输危险货物的托运、承运、车辆和设备、从业人员、劳动防护等基本要求，适用于汽车运输危险货物的安全管理。

（一）危险货物的分类和分项应符合《危险货物分类和品名编号》（GB 6944—2012）的规定。

（二）包装、标志和标签

危险货物的包装应符合《危险货物运输包装通用技术条件》（GB 12463—2009）、《放射性物质安全运输规程》（GB 11806—2004）和《道路运输液体危险货物罐式车辆 第2部分：非金属常压罐体技术要求》（GB 18564.2—2008）的规定。

危险货物的标志应符合《危险货物包装标志》（GB 190—2009）和《包装储运图示标志》（GB/T 191—2008）的规定。

危险货物的安全标签应符合《化学品安全标签编写规定》（GB 15258—2009）的规定。

（三）托运

（1）托运人应向具有汽车运输危险货物经营资质的企业办理托运，且托运的危险货物应与承运企业的经营范围相符合。

(2)托运人应如实详细地填写运单上规定的内容,并应提交与托运的危险货物完全一致的安全 技术说明书和安全标签。

(3)托运未列入《危险货物品名表》(GB 12268—2012)的危险货物时,应提交与托运的危险货物完全一致的安全技术说明书、安全标签和危险货物鉴定表。

(4)危险货物性质或消防方法相抵触的货物应分别托运。

(5)盛装过危险货物的空容器,未经消除危险处理、有残留物的,仍按原装危险货物办理托运。

(6)使用集装箱装运危险货物的,托运人应提交危险货物装箱清单。

(7)托运凭证运输的危险货物,托运人应提交相关证明文件,并在运单上注明。

(四)承运

(1)承运人应按照道路运输管理机构核准的经营范围受理危险货物的托运。

(2)承运人应核实所装运危险货物的收发货地点、时间以及托运人提供的相关单证是否符合规定,并核实货物的品名、编号、规格、数量、件重、包装、标志、安全技术说明书、安全标签和应急措施以及运输要求。

(3)危险货物装运前应认真检查包装的完好情况,当发现破损、撒漏,托运人应重新包装或修理加固,否则承运人应拒绝运输。

(4)承运人自接货起至送达交付前,应负保管责任。货物交接时,双方应做到点收、点交,由收货人在运单上签收。发生剧毒、爆炸、放射性物品货损、货差的,应及时向公安部门报告。

(5)危险货物运达卸货地点后,因故不能及时卸货的,应及时与托运人联系妥善处理;不能及时处理的,承运人应立即 报告当地公安部门。

(6)承运人应拒绝运输托运人应派押运人员而未派的危险货物。

(7)承运人有权拒绝运输不符合国家有关规定的危险货物。

(五)车辆和设备

车辆安全技术状况应符合《机动车运行安全技术条件》(GB 7258—2012)的要求。车辆技术状况应符合《营运车辆技术等级划分和评定要求》(JT/T 198—2004)规定的一级车况标准。车辆应配置符合《道路运输危险货物车辆标志》(GB 13392—2005)的标志,并按规定使用。

(六)运输

(1)危险货物运输车辆严禁超范围运输。严禁超载、超限。

(2)运输危险货物时应随车携带"道路运输危险货物安全卡"。

(3)运输不同性质危险货物,其配装应按"危险货物配装表"规定的要求执行。

(4)运输危险货物应根据货物性质,采取相应的遮阳、控温、防爆、防静电、防火、防震、防水、防冻、防粉尘飞扬、防撒漏等措施。

(5)运输危险货物的车厢应保持清洁干燥,不得任意排放和丢弃车上残留物;运输结束后被危险货物污染过的车辆及工、属具,应按规定的方法到具备条件的地点进行车辆清洗消毒处理。

(6)运输危险废物时，应采取防止污染环境的措施，并遵守国家有关危险货物运输管理的规定。

(7)夏季高温期间限制运输的危险货物，应按有关规定执行。

(8)运输危险货物的车辆不得在居民聚居点、行人稠密地段、政府机关、名胜古迹、风景游览区停车。如需在上述地区 进行装卸作业或临时停车，应采取安全措施。运输危险货物的车辆禁止搭乘无关人员。

(9)运输爆炸物品、易燃易爆化学物品以及剧毒、放射性等危险物品，应事先报经当地公安部门批准，按指定路线、时间、速度行驶。

(七)从业人员

运输危险货物的驾驶人员、押运人员和装卸管理人员应持证上岗。

从业人员应了解所运危险货物的特性、包装容器的使用特性、防护要求和发生事故时的应急措施，熟练掌握消防器材的使用方法。

运输危险货物应配备押运人员。押运人员应熟悉所运危险货物特性，并负责监管运输全过程。驾驶人员和押运人员在运输途中应经常检查货物装载情况，发现问题及时采取措施。驾驶人员不得擅自改变运输作业计划。

(八)劳动防护

运输危险货物的企业(单位)，应配备必要的劳动防护用品和现场急救用具；特殊的防护用品和急救用具应由托运人提供。

危险货物装卸作业时，应穿戴相应的防护用具，并采取相应的人身肌体保护措施；防护用具使用后，应按照国家环保要求集中清洗、处理；对被剧毒、放射性、恶臭物品污染的防护用具应分别清洗、消毒。

运输危险货物的企业(单位)，应负责定期对从业人员进行健康检查和事故预防、急救知识的培训。危险货物一旦对人体造成灼伤、中毒等危害，应立即进行现场急救，并迅速送医院治疗。

(九)事故应急处理

运输危险货物的企业(单位)，应建立事故应急预案和安全防护措施。

五、教学要求

本课主要是对危险货物运输的特点、运输基本要求以及运输中的应急处理进行讲授，建议采用讲授法。教员可以在讲授中穿插一些事故案例，并就事故案例进行提问，让学生思考事故的正确处理方式如氧化剂和有机过氧化物遇上着火应如何处理？是否可以采取泡沫灭火剂扑救？在扑救中，扑救者应该采取怎样的保护措施？透过这样的思考和讨论加深学员对事故处理的印象和技能。

《汽车运输危险货物规则》的讲授，可从中抽取部分条例、要求进行讲解，其他条例的理解可以作为作业布置给学员在业余时间完成。

第二节　危险货物基本常识

危险货物是一个总称，包含很多品种，它们的性质各不相同，危险程度也参差不齐，有的还相互抵触。为了储运的安全和管理的方便，根据各种危险货物的主要特性和运输要求，《危险货物分类与品名编号》(GB 6944—2012)将危险品分为9类，分别为第1类爆炸品，第2类气体(含易燃气体、有毒气体等)，第3类易燃液体(高、中、低闪点)，第4类易燃固体，第5类氧化剂和过氧化物，第6类有毒品和感染性物品，第7类放射性物品，第8类腐蚀性物品，第9类杂类危险品。这9类共22项，每一项中又包含多种具体的危险货物，仅《危险货物品名表》(GB 12268—2012)中登记在册的品名就有2763个。

一、危险货物的分类、品名编号

(一)爆炸品

1. 定义

一般指发生化学性爆炸的物品。本类化学品指在外界作用下(如受热、受压、撞击等)，能发生剧烈的化学反应，瞬时产生大量的气体和热量，使周围压力急剧上升，发生爆炸，对周围环境造成破坏的物品。也包括无整体爆炸危险，但具有燃烧、抛射及较小爆炸危险的物品。或仅产生热、光、音响或烟雾等一种或几种作用的烟火物品。比如：火药、炸药、烟花爆竹等，都属于爆炸品。

2. 特征

(1)爆炸性

爆炸品的爆炸性是由本身的组成和性质决定的。而爆炸的难易程度则取决物质本身的敏感度。一般来讲，敏感度越高的物质越易爆炸。在外界条件作用下，炸药受热、撞击、摩擦、遇明火或酸碱等因素的影响都易发生爆炸。

(2)殉爆

当炸药爆炸时，能引起位于一定距离之外的炸药也发生爆炸，这种现象称为殉爆，这是炸药所具有的特殊性质。殉爆的发生是冲击波的传播作用，距离越近冲击波强度越大。

3. 分类

爆炸品按其危险性，又分为六类：

1类：具有整体爆炸危险(即实际上同时影响全部货物的爆炸)的物质和物品，其标志如图1-7-2-1所示。

2类：具有喷射危险，但无整体爆炸危险的物质和物品；

3类：具有燃烧危险和较小爆炸危险，或者兼有此两种危险，但无整体爆炸危险的物质和物品；

4类：无重大危险的物质和物品，其标志如图1-7-2-2所示。

5类：具有整体操作危险但极不敏感的物质，其标志如图1-7-2-3所示。

图 1-7-2-1　爆炸品
（符号：黑色，底色：橙红色。用于前三类爆炸品）

图 1-7-2-2　1.4 类爆炸品
（符号：黑色，底色：橙红色）

该项包括有整体爆炸危险性，但非常不敏感，以致在正常运输条件下引发或由燃烧转为爆炸的可能性很小的物质。

6 类：无整体操作危险且敏感极低的制品，其标志如图 1-7-2-4 所示。

图 1-7-2-3　1.5 类爆炸品
（符号：黑色，底色：橙红色）

图 1-7-2-4　1.6 类爆炸品
（符号：黑色，底色：橙红色）

该类包括仅含有极端不敏感起爆物质，并且其意外引发爆炸或传播的概率可忽略不计的物品（该项物品的危险仅限于单个物品的爆炸）。

4. 爆炸品的危险特性

爆炸品的危险特性主要有爆炸性、燃烧性、毒性或窒息性。爆炸品如在一起能安全积载或运输而不会明显增加事故率或在一定量的情况下不会明显增大事故后果，可以认为是“相容的”或“可配装的”。

常运的爆炸品有：火药、炸药及起爆药、火工品及引信、弹类、硝化棉（硝化纤维素）和烟花爆竹等。

（二）气体

1. 定义

本类危险品包括压缩气体、液化气体、溶解气体和冷冻液化气体，一种或多种气体与一种或多种其他类别物质的蒸气的混合物，以及充有气体的物品和烟雾剂。

2. 分类

气体按其危险性可分为:

(1)易燃气体

这类气体自容器中溢出与空气混合,当其浓度达到极限爆炸时,如被点燃,能引起爆炸及火灾。这类气体包括丁烷、氢、丙烷、乙炔、打火机。其标志如图 1-7-2-5 所示。

(2)非易燃气体

这类气体中有的本身不能燃烧,但能助燃,一旦和易燃物品接触,极易引起火灾;有的非易燃气体有窒息性,若处理不当,会引起人畜窒息。这类气体包括二氧化碳、二氧化碳、氖气、灭火器、低温液化气体如:液氮或液氦等。其标志如图 1-7-2-6 所示。

图 1-7-2-5　易燃气体
(符号:黑色,底色:正红色)

图 1-7-2-6　非易燃气体
(符号:白色,底色:绿色)

(3)有毒气体

这些气体毒性很强,若吸入人体内,能引起中毒。有些有毒气体还有易然、腐蚀、氧化等特性。常见的毒性气体有:氯气、一氧化碳、硫化氢气体、氯化氢气体等。大多数毒性气体是禁止空运的。只有个别例外。如:低毒的气溶胶、催泪装置。其标志如图 1-7-2-7 所示。

3. 危险性

有毒气体对易燃气体和非易燃气体来说,为主要危险性;易燃气体对非易燃气体来说,为主要危险性,即主要危险性确定的顺序为:有毒气体 > 易燃气体 > 非易燃气体。

(三)易燃液体

1. 定义

易燃液体指的是凡在常温下以液体状态存在,遇火容易引起燃烧,其闪点在 45°C 以下的物质。

2. 特性

其特性有:蒸汽易燃易爆性,受热膨胀性,易聚集静电,高度的流动扩展性,与氧化性强酸及氧化剂作用,具有不同程度的毒性等。

3. 标志

易燃液体的标志如图 1-7-2-8 所示。

常运的易燃液体有乙醇、苯、二硫化碳、汽油、乙醚、涂料类、漆类等。

(四)易燃固体

本类是指除了划为爆炸品以外的,在运输情况下易于燃烧或者可能引起火灾的物质。

图 1-7-2-7　有毒气体
（符号：黑色，底色：白色）

图 1-7-2-8　易燃液体
（符号：黑色，底色：正红色）

1. 定义

(1) 易燃固体

易燃固体是指燃点低，对热、撞击、摩擦敏感，易被外部火源点燃，燃烧迅速并可能散发出有毒烟雾或有毒气体的固体。包括容易燃烧的固体、自反应物资和有关物资、固体退敏爆炸品。

(2) 易于自燃的物质

自燃物品是指在空气中易于发生氧化反应，放出热量而自行燃烧的物品。自燃物品包括发火物质和自热物质两类。

(3) 遇水放出易燃气体的物质

遇水放出易燃气体的物质指与水相互作用易变成自燃物质或能放出达到危险数量的易燃气体的物质。

2. 标志和特性

(1) 易燃固体

本类物质包括浸湿的爆炸品，其标志如图 1-7-2-9 所示。

易燃固体的危险特性：易燃固体燃点低，对热、摩擦、撞击及强氧化剂作用较为敏感，易于被外部火源所点燃，燃烧迅速。

本类物质分为：

①一级易燃固体

退敏固体爆炸品（硝化纤维除外），以及根据实验既不属于爆炸品和自反应物质，也不是氧化剂和有机过氧化物的物质。

②二级易燃固体

指自反应物质和标准实验时燃烧时间小于 45 秒，并且火焰通过湿润区段的固体物质，以及燃烧反应在 5min 内传播到整个试样的金属粉末或合金粉末。

③三级易燃固体（丙类易燃固体）

(2) 易于自燃的物质

易于自燃的物质的标志如图 1-7-2-10 所示。

图 1-7-2-9　易燃固体
（符号:黑色,底色:白色红条）

图 1-7-2-10　易于自燃的物质
（符号:黑色,底色:上白下红）

常运易自燃物品：

①黄磷（又称白磷—必须浸没在水中）

②油浸的麻棉纸等及其制品（充分干燥才能装入花格透笼箱,注意通风、慎防淋雨受潮）

(3)遇水放出易燃气体的物质

遇水放出易燃气体的物质的标志如图 1-7-2-11 所示。

①一级遇湿易燃物品,指在受潮遇水立即发生剧烈反应,同时放出大量易燃、易爆气体和热量,猛烈燃烧和爆炸。

②二级遇湿易燃物品,在受潮遇水反应速度较慢,同时产生易燃性气体,遇火星爆炸或因高温而自燃。

常运易湿易燃物品：

a. 钠、钾等碱金属（浸没在脱水矿物油中）

b. 电石（即碳化钙—要透气或密封充氮）

（五）氧化剂和过氧化物

1. 定义

(1)氧化物质

氧化物质是一种化学性质比较活泼的、在无机化合物中含有高价态原子结构的物质,其本身未必燃烧,但通常因放出氧气能引起或促使其他物质燃烧。

(2)有机过氧化物

有机过氧化物指在其分子组成中含有过氧基的有机物质,该类物质为热不稳定物质,可能发生放热的自加速分解。

2. 标志

(1)氧化物质

氧化物质的标志如图 1-7-2-12 所示。

(2)有机过氧化物

有机过氧化物的标志如图 1-7-2-13 所示。

图 1-7-2-11　易于自燃的物质
（符号:白色,底色:蓝色）

图 1-7-2-12　氧化物质
（符号:黑色,底色:柠檬黄色）

（符号：白色，底色：红色和柠檬黄色）　（符号：黑色，底色：红色和柠檬黄色）

图 1-7-2-13　有机氧化物质

(六)有毒品和感染性物品

1. 定义

(1)有毒(毒性)的物质

它是指被吞咽、吸入或与皮肤接触易于造成死亡、重伤害或损害人体健康的物质。有毒物质毒性大小的衡量指标:

①致死剂量,用符号 LD100 或 LD50 表示。

②致死浓度,用符号 LC100 或 LC50 表示。

(2)感染性物质

是指含有微生物或它们的毒素、会引起或有可能引起人或动物疾病的物质。

2. 危险特性

(1)有毒物质的危险特性

几乎所有的有毒的物质遇火或受热分解时会散发出毒性气体;有些有毒的物质还具有易燃性;很多本类物质被认为是海洋污染物。

(2)感染性物质的危险特性

对人体或动物都有危害性的影响。

3. 分类和标志

(1)有毒(毒性)的物质

有毒的物质的标志如图 1-7-2-14 所示。

毒性物质又分为有机毒性物质和无机毒性物质。

(2)感染性物质

感染性物质的标志如图 1-7-2-15 所示。

感染性物质包括生物制品、诊断样品、基因突变的微生物、生物体和其他媒介,如病毒蛋白等。

(3)医疗废物

医疗废物标志如图 1-7-2-16 所示。

图 1-7-2-14　毒性物质
(符号:黑色,底色:白色)

图 1-7-2-15　感染性物质
(符号:黑色,底色:白色)

图 1-7-2-16　医疗废物
(符号:黑色,底色:橘黄色)

(七)放射性物品

1. 定义

某些物质的原子核能发生衰变,放出我们肉眼看不见也感觉不到,只能用专门的仪器才能探测到的射线,物质的这种性质叫放射性。放射性物质是那些能自然的向外辐射能量,发出射线的物质。一般都是原子质量很高的金属,像钚,铀,等。放射性物质放出的射线有三种,它们分别是 α 射线、β 射线和 γ 射线。

2. 标志

装有放射性物质的包件和货物集装箱,应按包件表面的剂量当量率和运输指数进行分级,并采用不同的标志,如图 1-7-2-17 所示。

包装类Ⅰ　包装类Ⅱ　包装类Ⅲ

图 1-7-2-17　一、二、三级放射性物品标志

(1)一级包件为白色标志

包件表面的最大剂量当量率为 5μSv/h(0.5mrem/h),对货物集装箱来说,其中没有一件是高于Ⅰ级包件的。

（2）二级包件为黄色标志

包件表面的剂量当量率大于 5μSv/h（0.5mrem/h），但不超过 0.5mSv/h（50mrem/h）；对于包件和货物集装箱的运输指数都大于零但不超过 1.0 。

（3）三级包件也是黄色标志

包件表面最大剂量当量率可达 2 5mSv/h（200mrem/h）。

（4）裂变性物质

裂变性物质的标志如图 1-7-2-18 所示。

（八）腐蚀性物品

1. 定义

本类货物系指能灼伤人体组织并对金属等物品造成损坏的固体或液体。与皮肤接触在 4h 内出现可见坏死现象，或温度在 55℃时，对 20 号钢的表面均匀年腐蚀率超过 6.25mm/a 的固体或液体。

2. 分类和标志

（1）本类货物按化学性质分为三项：

①酸性腐蚀品如：硫酸、盐酸、硝酸、氢碘酸、高氯酸、五氧化二磷、五氯化磷。

②碱性腐蚀品 如：氢氧化钠、甲基锂、氢化锂铝、硼氢化钠。

③其他腐蚀品 如：乙酸铀酰锌、氰化钾。

（2）标志

腐蚀性物品的标志如图 1-7-2-19 所示。

（九）杂类危险物质和物品

1. 定义

本项内容包括其他类别未包括的危险物质和物品。

2. 分类和标志

（1）本类包括危害环境物质、高温物质和经过基因修改的微生物和组织。

（2）杂类危险物质和物品的标志如图 1-7-2-20 所示。

图 1-7-2-18 裂变性物质标志

图 1-7-2-19 腐蚀性物品标志

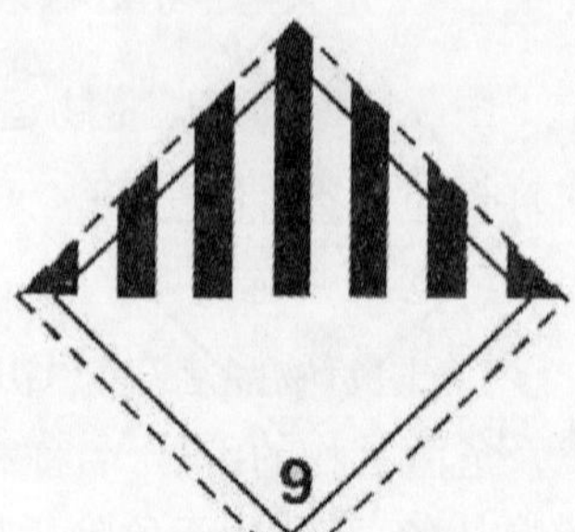

图 1-7-2-20 杂类危险物质和物品
（符号：黑色，底色：白色）

二、危险货物品名编号

危险货物种类繁多，不同危险货物的运输、储存条件和灭火、急救等各不相同。为方便运输、储存等，将危险货物进行统一编号。危险货物编号采取国际通用编号。

1. 编号的组成

危险货物品名编号国际上通用的《联合国危险货物运输规章范本》中，危险化学品品名表的品名编号是4位数（用UN NO表示），而我国标准规定的危险化学品品名编号是由5位数（用CN NO表示），分别表示类别号、项别号、顺序号。这种编号具有方便、直观的优点，从品名编号本身 可直接知道危险化学品的危险类别和危险程度。

2. 编号的表示方法（图1-7-2-21）

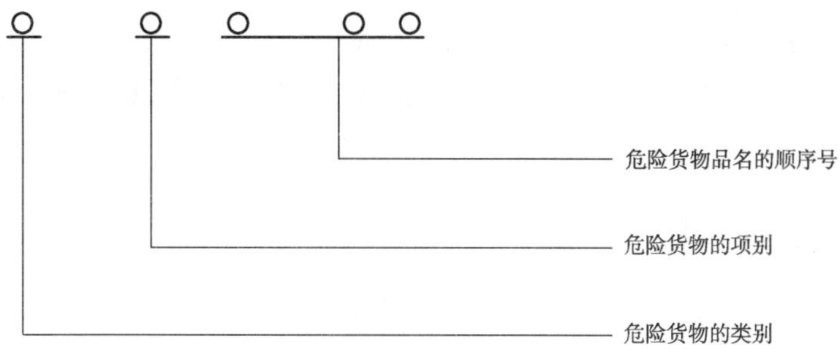

图1-7-2-21　编号的表示方法

3. 编号的使用

第一位表示类别号，第二位数表示项别号，第三到第五位数为顺序号。如果顺序号小于或等于500，为Ⅰ级危险化学品；大于500则为Ⅱ级危险化学品。例如：

41058：属于第4类，第一项，一级易燃固体（任何地方可以擦燃的火柴）

43025：属于第4类，第三项，一级遇湿易燃物品（电石、碳化钙）

61001：属于第6类，第一项，一级有毒品（氰化钠）

三、《危险货物品名表》简介

国际国内的危险货物运输，对于不同的运输方式，都制定了相应的运输管理规定。《危险货物品名表》是其中的一个重要的组成部分。

（一）适用范围

《危险货物品名表》（GB 12268—2012）内容包括：危险货物品名表的一般规定和结构，以及危险货物的编号、名称和说明、英文名称和项别、次要危险性及包装类别等内容。《危险货物品名表》适用于危险货物运输、储存、生产、经营、使用和处置。

（二）危险货物品名表节选（表1-7-2-1）

危险货物品名表分为7栏：

第1栏“编号”——采用联合国编号；

第2栏“名称和说明”——危险货物的中文正式名称，用黑体字（加上构成名称一部分的数字、希腊字母、“另”、“特”、“间”、“正”、“邻”、“对”等）表示；也可附加中文说明，用宋体字表示（其中“%”符号代表：（a）如果是固体或液体混合物以及溶液和用液体湿润的固体，为根据混合物、溶液或湿润固体的总质量计算的质量分数，单位为 10^{-2}；（b）如果是压缩气体混合物，按压力装载时，用占气体混合物总体积的体积分数表示，单位为 10^{-2}；或按质量装载时，用占混合物总质量的质量分数表示，单位为 10^{-2}；（c）如果是液化气体混合物和加压溶解的气体，用占混合物总质量的质量分数表示，单位为 10^{-2}）；

第3栏“英文名称”——危险货物的英文正式名称，用大写字母表示；附加说明用小写字母表示；

第4栏“类别或项别”——危险货物的主要危险性，按《危险货物分类和品名编号》（GB 6944—2012）确定；其中第1类危险货物还包括其所属的配装组，配装组的划分按附录A确定；

第5栏“次要危险性”——除主要危险性以外的其他危险性，按GB 6944—2012确定；

第6栏“包装类别”——按照联合国包装类别给危险货物划定的类别号码，用Ⅰ、Ⅱ、Ⅲ表示；

第7栏“特殊规定”——与物品或物质有关的任何特殊规定，适用于允许用于特定物质或物品的所有包装类别。

危险货物品名表（节选） 表1-7-2-1

联合国编号	名称和说明	英文名称	类别或项别	次要危险性	包装类别	特殊规定
0004	苦味酸铵，干的，或湿的，按质量含水低于10%	AMMONIUM PICRATE dry or wetted with less than 10% water, by mass	1.1D	—	—	—
0005	武器弹药筒，带有爆炸装药	CARTRIDGES FOR WEAPONS with bursting charge	1.1F	—	—	—
0006	武器弹药筒，带有爆炸装药	CARTRIDGES FOR WEAPONS with bursting charge	1.1E	—	—	—

四、危险货物包装常识

包装是指符合危险物品规则对包装最低要求的容器及其为实现其包容作用所需的其他构件或材料的集合体。

（一）运输包装分类

危险货物运输包装有多种分类方法。这里主要介绍两种分类方法，即按危险货物种类分类和按容器类型分类。

1. 按危险货物的种类分类

危险货物按其具有的危险性类型被分为9大类，20个小项。它们的包装按其种类可分为6类：

首先是通用包装。它适用于第3、4、5、6类危险货物和第1、8类中的某些货物。

其次是爆炸品专用包装。在爆炸品之间都不能相互替代使用这类包装。适用于某种爆炸品的包装设计必须与该爆炸品的生产设计同时进行，同时被批准，否则不得进行生产。

第三是气瓶。它是第2类危险品的专用包装。其最显著的特点是能承受很高的内压，所以又称作耐压容器。其设计、选材、制造、使用、维护、维修、检验、标志等都必须符合国家劳动局人事司颁发的《气瓶安全监察规程》的规定，同时应符合《危规》中相应包装说明所述要求。

第四是放射性物品包装，专用于盛装各种放射性物品。国际原子能机构（IAEA）对放射性物品的运输包装有专门规定。对这类包装的具体规定见第七章。

第五是腐蚀性物品包装。由于不同的腐蚀性物品对不同材料的腐蚀作用千差万别，所以各种材料的各种形式的包装几乎都被使用在腐蚀品中，而对于某种特定的腐蚀品只能用某种材料的包装，又是专一的。

最后一类是一些特殊货物的专用包装。在第3、4、5、6大类危险品中，也有一些货物由于性质特殊必须采用专门包装，例如碱金属（钾、钠等）专用包装，黄磷专用包装等。

2. 按容器类型分类

危险货物的包装按其包装容器的类型可分为桶类、箱类、袋类等。这些包装的材质、形状均有所区别，各有优缺点。

（二）包装的标志和使用

标志分为标记和标签，其中标记4个，标签26个，其图形分别表示9类危险货物的主要特性。

1. 标记

（1）危害环境物质和物品标记（图1-7-2-22）。

（2）方向标记（图1-7-2-23）。

（3）高温运输标记（图1-7-2-24）。

图1-7-2-22　危害环境物质和物品标记（符号：黑色，底色：白色）

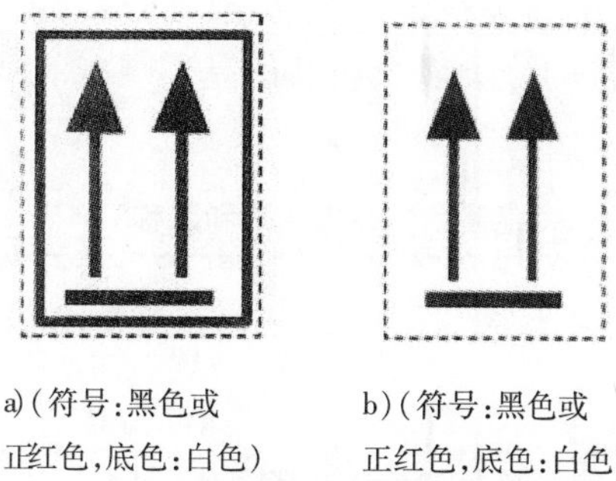

a)（符号：黑色或正红色，底色：白色）

b)（符号：黑色或正红色，底色：白色）

图1-7-2-23　方向标记

图1-7-2-24　高温运输标记（符号：正红色，底色：白色）

2. 标签

危险货物包装标签图形和危险货物标记相同，须符合标志的规定（见本节的一、危险货物的分类、品名编号）。

3. 标志的尺寸(表 1-7-2-2)

标志尺寸 表 1-7-2-2

尺寸号别	长(mm)	宽(mm)	尺寸号别	长(mm)	宽(mm)
1	50	50	3	150	150
2	100	100	4	250	250

注:如遇特大或特小的运输包装件,标志的尺寸可按规定适当扩大或缩小。

4. 标志的使用

(1)标志的标打,可采用粘贴、钉附及喷涂等方法。

(2)标志的位置规定如下:

箱状包装:位于包装端面或侧面的明显处;

袋、捆包装:位于包装明显处;

桶形包装:位于桶身或桶盖;

集装箱、成组货物:粘贴四个侧面。

(3)每种危险品包装件应按其类别贴相应的标志。但如果某种物质或物品还有属于其他类别的危险性质,包装上除了粘贴该类标志作为主标志以外,还应粘贴表明其他危险性的标志作为副标志,副标志图形的下角不应标有危险货物的类项号。

(4)储运的各种危险货物性质的区分及其应标打的标志,应按 GB 6944,GB 12268 及有关国家运输主管部门规定的危险货物安全运输管理的具体办法执行,出口货物的标志应按我国执行的有关国际公约(规则)办理。

(5)标志应清晰,并保证在货物储运期内不脱落。

(6)标志应由生产单位在货物出厂前标打,出厂后如改换包装,其标志由改换包装单位标打。

五、教学要求

本课概念比较多,分类和标志繁杂,学员容易混淆。建议采取讲授法教学,教员授课前收集相关的危险货物运输分类的有关标记以及名称,透过幻灯片或者录像等教学手段进行教学,让学员对于危险货物运输的分类以及包装的基本要求有所了解。也可以采取列表的形式,如表 1-7-2-3 所示 。

危险货物标志图形和名称 表 1-7-2-3

标志号	标 志 名 称	标 志 图 形	对应的危险货物类项号
标志 1	爆炸品	(符号:黑色,底色:橙红色)	1.1 1.2 1.3
标志 2	爆炸品	(符号:黑色,底色:橙红色)	1.4
标志 3	爆炸品	(符号:黑色,底色:橙红色)	1.5

续上表

标志号	标志名称	标志图形	对应的危险货物类项号
标志4	易燃气体	(符号:黑色或白色,底色:正红色)	2.1
标志5	不燃气体	(符号:黑色或白色,底色:绿色)	2.2
标志6	有毒气体	(符号:黑色,底色:白色)	2.3
标志7	易燃液体	(符号:黑色或白色,底色:正红色)	3
标志8	易燃固体	(符号:黑色,底色:白色红条)	4.1
标志9	自燃物品	(符号:黑色,底色:上白下红)	4.2
标志10	遇湿易燃物品	(符号:黑色或白色,底色:蓝色)	4.3
标志11	氧化剂	(符号:黑色,底色:柠檬黄色)	5.1
标志12	有机过氧化物	(符号:黑色,底色:柠檬黄色)	5.2
标志13	剧毒品	(符号:黑色,底色:白色)	6.1
标志14	有毒品	(符号:黑色,底色:白色)	6.1
标志15	有害品(远离食品)	(符号:黑色,底色:白色)	6.1
标志16	感染性物品	(符号:黑色,底色:白色)	6.2
标志17	一级放射性物品	(符号:黑色,底色:白色,附一条红竖条)	7
标志18	二级放射性物品	(符号:黑色,底色:上黄下白,附二条红竖条)	7
标志19	三级放射性物品	(符号:黑色,底色:上黄下白,附三条红竖条)	7
标志20	腐蚀品	(符号:上黑下白,底色:上白黑下)	8
标志21	杂类	(符号:黑色,底色:白色)	9

第三节　危险货物运输托运及承运规定

为进一步规范汽车运输危险货物的托运、承运、车辆和设备、从业人员、劳动防护等基本要求,交通部在2004年年底颁布了《汽车运输危险货物规则》(JT 617—2004),并于2005年3月1日实施。本标准适用于汽车运输危险货物的安全管理。

标准对于危险货物运输的托运和承运规定如下:

一、托运的规定

托运人应向具有汽车运输危险货物经营资质的企业办理托运,且托运的危险货物应与承运企业的经营范围相符合。

托运人应如实详细地填写运单上规定的内容,并应提交与托运的危险货物完全一致的安全技术说明书和安全标签。

危险货物运单应包括以下基本内容:

(1)托运、承运、收货者的单位名称、联系人、电话、传真、地址、邮编;

(2)收发货地点、收发货时间；

(3)危险货物品名、性质、编号、规格、数量、件重、包装形式、包装等级；

(4)凭证运输证明文件、运输特殊要求；

(5)运输注意事项。

托运未列入《危险货物品名表》(GB 12268—2012)的危险货物时，应提交与托运的危险货物完全一致的安全技术说明书、安全标签和危险货物鉴定表，危险货物鉴定表见表1-7-3-1。

危险货物鉴定表 表 1-7-3-1

品　名		别　名	
英文名		分子式	
理化性能			
主要成分			
包装方法			
中毒急救措施			
撒漏处理和消防方法			
运输注意事项			
鉴定单位意见	属于____类____项危险货物 比照品名办理 比照危规第　　号包装		
鉴定单位联系人：　电话：　传真： 地址：　邮编： 鉴定单位及鉴定人：　(盖章)　年　月　日			
申请单位联系人：　电话：　传真： 地址：　邮编： 申请单位及鉴定人：　(盖章)　年　月　日			

注：1. 鉴定单位有国家安全生产监督管理局指定；

2. 性能包括色、味、形态、比重、熔点、沸点、闪点、燃点、爆炸极限、急性中毒及危险程度；

3. 凡危险系混合物，应该详细填写所含危险货物的主要成分；

4. 包装方法应注明材质、形状、厚度、封口、内部衬垫物、外部加固情况及内包装单位质量(重量)等；

5. 对该种货物遇到何种物质可能发生的危险，提出防护措施

危险货物性质或消防方法相抵触的货物应分别托运。盛装过危险货物的空容器，未经消除危险处理、有残留物的，仍按原装危险货物办理托运。使用集装箱装运危险货物的，托运人应提交危险货物装箱清单。托运需控温运输的危险货物，托运人应向承运人说明控制温度、危险温度和控温方法，并在运单上注明。

托运食用、药用的危险货物，应在运单上注明“食用”、“药用”字样。托运放射性物品，按《放射性物质安全运输》(GB 11806—2004)办理。

托运需要添加抑制剂或者稳定剂的危险化学品，托运人交付托运时应当添加抑制剂或者稳定剂，并在运单上注明。托运凭证运输的危险货物，托运人应提交相关证明文件，并在

运单上注明。托运危险废物、医疗废物，托运人应提供相应识别标识。

二、承运的规定

承运人应按照道路运输管理机构核准的经营范围受理危险货物的托运。

承运人应核实所装运危险货物的收发货地点、时间以及托运人提供的相关单证是否符合规定，并核实货物的品名、编号、规格、数量、件重、包装、标志、安全技术说明书、安全标签和应急措施以及运输要求。

危险货物装运前应认真检查包装的完好情况，当发现破损、撒漏，托运人应重新包装或修理加固，否则承运人应拒绝运输。

承运人自接货起至送达交付前，应负保管责任。货物交接时，双方应做到点收、点交，由收货人在运单上签收。发生剧毒、爆炸、放射性物品货损、货差的，应及时向公安部门报告。

危险货物运达卸货地点后，因故不能及时卸货的，应及时与托运人联系妥善处理；不能及时处理的，承运人应立即报告当地公安部门。

承运人应拒绝运输托运人应派押运人员而未派的危险货物，应拒绝运输已有水渍、雨淋痕迹的遇湿易燃物品，有权拒绝运输不符合国家有关规定的危险货物。

运输危险货物的企业（单位）应配备必要的劳动防护用品和现场急救用具，特殊的防护用品和急救用具应由托运人提供，应建立事故应急预案和安全防护措施。

三、运输的要求

危险货物运输车辆严禁超范围运输；严禁超载、超限；运输危险货物时应随车携带“道路运输危险货物安全卡”；运输不同性质危险货物，其配装应按“危险货物配装表”规定的要求执行。

运输危险货物应根据货物性质，采取相应的遮阳、控 温、防爆、防静电、防火、防振、防水、防冻、防粉尘飞扬、防撒漏等措施。

运输危险货物的车厢应保持清洁干燥，不得任意排放和丢弃车上残留物；运输结束后被危险货物污染过的车辆及工、属具，应到具备条件的地点进行车辆清洗消毒处理。

运输危险废物时，应采取防止污染环境的措施，并遵守国家有关危险货物运输管理的规定。

运输医疗废物时，应使用有明显医疗废物标识的专用车辆；医疗废物专用车辆应达到防渗漏、防遗撒以及其他环境 保护和卫生要求；专用车辆使用后，应当在医疗废物集中处置场所内及时进行消毒和清洁；运送医疗废物的专用车辆不得运送其他物品。

夏季高温期间限制运输的危险货物，应按有关规定执行。

运输危险货物的车辆禁止搭乘无关人员。

运输危险货物的车辆不得在居民聚居点、行人稠密地段、政府机关、名胜古迹、风景游览区停车。如需在上述地区 进行装卸作业或临时停车，应采取安全措施。

运输爆炸物品、易燃易爆化学物品以及剧毒、放射性等危险物品，应事先报经当地公安部门批准，按指定路线、时间、速度行驶。

四、道路运输危险货物车辆标志

2005年8月1日开始实施的《道路运输危险货物车辆标志》（GB 13392—2005），对道路运输危险货物车辆标志实行强制性规定。这个标准规定了道路运输危险货物车辆标志的分类、规格尺寸、技术要求、试验方法、检验规则、包装、标志、装卸、运输和储存，以及安装悬挂和维护要求，并适用于道路运输危险货物车辆标志的生产、使用和管理。

道路运输危险货物车辆标志分为标志灯和标志牌，如图1-7-3-1所示。

（一）标志灯：包括灯体和安装件。

1. 结构

标志灯灯体正面为等腰三角形状，由灯罩、安装底板或永磁体（A型标志灯）、橡胶衬垫及紧固件构成。标志灯正、反面中间印有“危险”字样，侧面印有“！”，灯罩正面下沿中间嵌有标志灯编号牌，如图1-7-3-2所示。

图1-7-3-1 道路运输危险货物车辆

图1-7-3-2 道路运输危险货物车辆标志灯

2. 类型

按车辆载质量、安装方式，标志灯的类型如表1-7-3-2所示。

3. 编号

每个标志灯应有一个确定编号，编号规则如图1-7-3-3所示。

标志灯的类型和安装形式　　表1-7-3-2

类　型	安装方式	代　号	适用车辆
A型	磁吸式	A	载质量1t(含)以下，用于城市配送车辆
B型	顶檐支撑式	BⅠ	载质量2t(含)以下
		BⅡ	载质量2～15t(含)
		BⅢ	载质量15t以上
C型	金属托架式	CⅠ*	带导流罩，载质量2t(含)以下
		CⅡ*	带导流罩，载质量2～15t(含)
		CⅢ*	带导流罩，载质量15t以上

注：*金属托架为可选件，托架按底平面与标志灯基准面的夹角可以有三种：30°、45°、60°

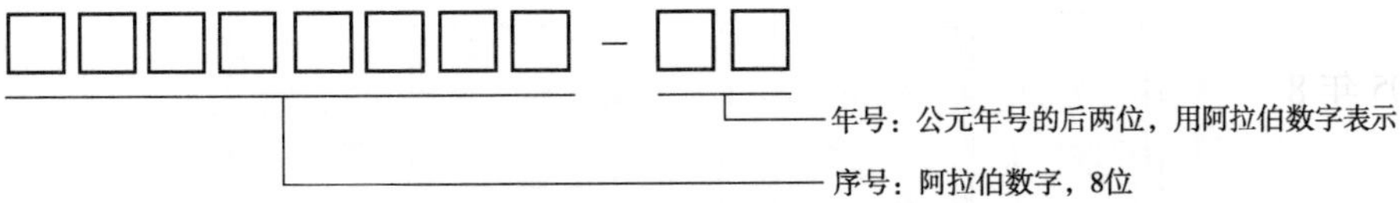

图 1-7-3-3 标志灯编号规则

编号牌为长 100mm 宽 20mm 铝质金属牌，编号字体为黑体，用腐蚀工艺制作使边框与编号适量凸出，凹陷部分涂黑色，如图 1-7-3-4 所示。编号牌用螺栓或粘贴方式固定于标志灯正面下方、中部，编号牌下沿距灯罩底沿 1mm。

图 1-7-3-4 标志灯编号牌

4. 安装悬挂要求

标志灯安装于驾驶室顶部外表面中前部（从车辆侧面看）中间（从车辆正面看）位置，以磁吸或顶檐支撑、金属托架方式安装固定，A 型标志灯安装位置如图 1-7-3-5 所示。

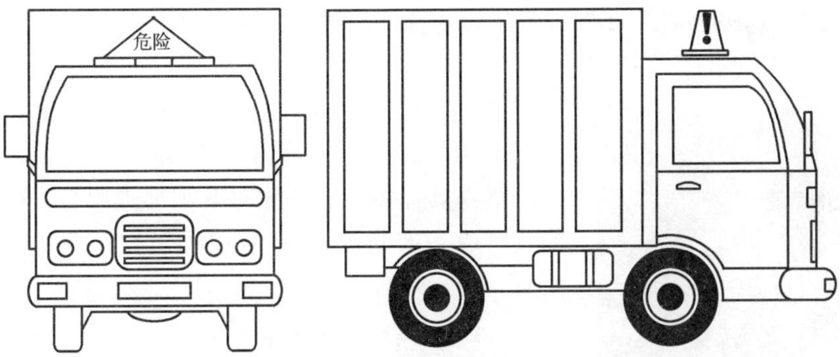

图 1-7-3-5 （A 型）标志灯安装位置示意

对于带导流罩车辆，可视导流罩表面流线形和选择的金属托架角度确定安装位置，允许自制金属托架，允许在金属托架与导流罩间加衬垫，应保证标志灯安装正直。

（二）标志牌

1. 技术及材质要求

标志牌的材质为金属板材，形状为菱形。标志牌图形应符合《危险货物包装标志》（GB 190—2009）的规定，种类、名称和颜色与危险品标记一致。标志牌按《危险货物分类和品名编号》（GB 6944—2012）规定的危险货物的类、项和车辆载质量分型。菱形标志牌的 4 个内角均为直角，边长、厚度按车辆载质量分型方式确定。

2. 安装要求

标志牌一般悬挂于车辆后厢板或罐体后面的几何中心部位附近，避开车辆放大号；对于低栏板车辆可视情选择适当悬挂位置。悬挂位置如图 1-7-3-6 所示。

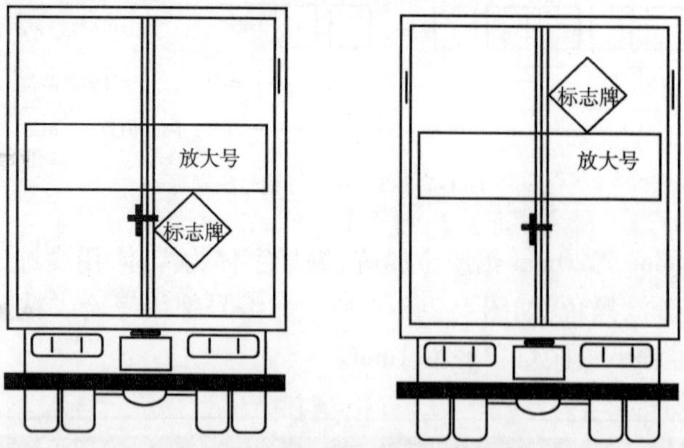

图 1-7-3-6　厢式车辆标志牌悬挂位置

(1)运输爆炸、剧毒危险货物的车辆，应在车辆两侧面厢板几何中心部位附近的适当位置各增加一块标志牌。

(2)运输放射性危险货物的车辆，标志牌的悬挂位置和数量应符合《放射性物质安全运输规程》(GB 11806—2004)的规定。

(3)根据车辆结构或用途，选择螺栓固定、铆钉固定、粘合剂粘贴固定或插槽固定(可按使用需要随时更换)等方式安装固定标志牌。

(4)对于罐式车辆，可选择按规定位置悬挂标志牌或以反光材料按规定在罐体上喷绘标志，如图 1-7-3-7 所示。

图 1-7-3-7　罐式车辆标志牌

(5)悬挂的标志牌应按《危险货物分类和品名编号》(GB 6944—2012)与所运载危险货物的类、项相对应(一种危险货物具有多重危险性时取主要危险性，多种危险货物混装时取主要危险货物的主要危险性)，与标志灯同时使用。

(三)车辆标志的维护

车辆驾驶员应对使用中的车辆标志进行经常性检查和维护，保持车辆标志的清洁和完好。

车辆在装、卸载可能导致车辆标志腐蚀、失效的化学危险品后，应及时对车辆标志进行检查，必要时对车辆标志进行清洗和擦拭。

标志灯正常使用期限为 2 年，标志牌正常使用期限为 4 年。在使用期限内车辆标志发生破损、失效时，应及时更换。

五、教学要求

本课概念比较多，内容繁杂，学员容易混淆。建议采取讲授法教学，教员可以采取提问法，也可以采取讨论的方式引导学员，熟悉相关规定。对于道路运输危险货物车辆标志建议收集相关的图片，进行放映，让学员自行指出到底是哪一种类型的车辆。

第四节　危险货物运输人员及运输车辆基本要求

为了保证道路危险货物运输的安全，我国在《道路危险货物运输管理规定》（中华人民共和国交通运输部令2013年第2号）以及《汽车运输危险货物规则》（（JT 617—2004）中均对危险货物运输人员以及运输车辆做了专门的规定。

一、危险运输人员的要求

运输危险货物的驾驶人员、押运人员和装卸管理人员均应参加相关培训，取得相应的资格证书才能上岗，持证上岗，并且应了解所运危险货物的特性、包装容器的使用特性、防护要求和发生事故时的应急措施，熟练掌握消防器材的使用方法。

（一）驾驶人员的基本条件

（1）取得相应的机动车驾驶证；

（2）年龄不超过60周岁；

（3）3年内无重大以上交通责任事故；

（4）取得经营性道路旅客运输或者货物运输驾驶员从业资格2年以上；

（5）接受相关法规、安全知识、专业技术、职业卫生防护和应急救援知识的培训，了解危险货物性质、危害特征、包装容器的使用特性和发生意外时的应急措施；

（6）经考试合格，取得相应的从业资格证件。

（二）装卸管理人员和押运人员的基本条件

（1）年龄不超过60周岁；

（2）初中以上学历；

（3）接受相关法规、安全知识、专业技术、职业卫生防护和应急救援知识的培训，了解危险货物性质、危害特征、包装容器的使用特性和发生意外时的应急措施；

（4）经考试合格，取得相应的从业资格证件。

（三）工作要求

（1）道路危险货物运输从业人员应当在从业资格证件许可的范围内从事道路运输活动。

（2）道路运输从业人员在从事道路运输活动时，应当携带相应的从业资格证件，并应当遵守国家相关法规和道路运输安全操作规程，不得违法经营、违章作业。

（3）道路危险货物运输从业人员应当严格按照《汽车运输危险货物规则》（JT 617—2004）、《汽车运输、装卸危险货物作业规程》（JT 618—2004）操作，不得违章作业。

（4）从业人员应了解所运危险货物的特性、包装容器的使用特性、防护要求和发生事故时的应急措施，熟练掌握消防器材的使用方法。

（5）道路危险货物运输驾驶员不得超限、超载运输，连续驾驶时间不得超过4个小时。

（6）驾驶人员不得擅自改变运输作业计划，应当按照道路交通安全主管部门指定的行车时间和路线运输危险货物。

(7)押运人员应熟悉所运危险货物特性,并负责监管运输全过程。

(8)驾驶人员和押运人员在运输途中应经常检查货物装载情况,发现问题及时采取措施。

(9)道路危险货物运输装卸管理人员应当按照安全作业规程对道路危险货物装卸作业进行现场监督,确保装卸安全。

(10)危险货物装卸作业时,应穿戴相应的防护用具,并采取相应的人身肌体保护措施。

二、车辆和设备的要求

(一)基本要求

(1)车辆安全技术状况应符合《机动车运行安全技术条件》(GB 7258—2012)的要求;

(2)车辆技术状况应符合《营运车辆技术等级划分和评定要求》(JT/T 198—2004)规定的一级车况标准;

(3)车辆应配置符合《道路运输危险货物车辆标志》(GB 13392—2005)的标志,并按规定使用;

(4)车辆应配置运行状态记录装置(如行驶记录仪)和必要的通信工具;

(5)运输易燃易爆危险货物车辆的排气管,应安装隔热和熄灭火星装置,并配装符合《汽车导静电橡胶拖地带》(JT 230—1995)规定的导静电橡胶拖地带装置;

(6)车辆应有切断总电源和隔离电火花的装置,切断总电源装置应安装在驾驶室内;

(7)车辆车厢底板应平整完好,周围栏板应牢固;在装运易燃易爆危险货物时,应使用木质底板等防护衬垫措施;

(8)各种装卸机械、工、属具,应有可靠的安全系数;装卸易燃易爆危险货物的机械及工、属具,应有消除产生火花 的措施;

(9)根据装运危险货物性质和包装形式的需要,应配备相应的捆扎、防水和防散失等用具;

(10)运输危险货物的车辆应配备消防器材并定期检查、维护,发现问题应立即更换或修理。

(二)特定要求

(1)运输爆炸品的车辆,应符合国家爆破器材运输车辆安全技术条件规定的有关要求。

(2)运输爆炸品、固体剧毒品、遇湿易燃物品、感染性物品和有机过氧化物时,应使用厢式货车运输,运输时应保证车门锁牢;对于运输瓶装气体的车辆,应保证车厢内空气流通。

(3)运输液化气体、易燃液体和剧毒液体时,应使用不可移动罐体车、拖挂罐体车或罐式集装箱;罐式集装箱应符合《液体、气体及加压干散货罐式集装箱技术要求和试验方法》(GB/T 16563—1996)的规定。

(4)运输危险货物的常压罐体,应符合《道路运输液体危险货物罐式车辆 第 2 部分:非金属常压罐体技术要求》(GB 18564.2—2008)规定的要求。

(5)运输危险货物的压力罐体,应符合《压力容器》(GB 150—2011)规定的要求。

(6)运输放射性物品的车辆,应符合《放射性物质安全运输规程》(GB 11806—2004)规定的要求。

(7)运输需控温危险货物的车辆,应有有效的温控装置。

(8)运输危险货物的罐式集装箱,应使用集装箱专用车辆。

三、教学要求

本节课程主要是讲述《道路危险货物运输管理规定》以及《汽车运输危险货物规则》((JT 617—2004)中均对危险货物运输人员以及运输车辆的要求,在教学中可以收集这两个法规的内容,对相关的条文进行讲解,也可列举典型案例说明对从业人员、设备的相关要求。以下为采取案例教学的示范:

1. 第一步——列举案例。

2009年4月14日凌晨,一辆装载12.68t的浓盐酸的罐车在渝宜高速发生泄漏。经过及时抢险,该路段目前已恢复正常通行,1t多重的盐酸泄露在外。14日凌晨2时4分,执法人员巡逻发现该车发生了盐酸泄漏。当地高速公路执法部门立即关闭该高速路段上道口,避免社会车辆进入危险区域。当地消防部门随即赶到现场,通过往泄漏处喷水的方式,对泄漏的盐酸进行稀释。经过约5h的救援,泄漏得到基本控制,路段恢复正常通行。发生泄漏的罐车内盐酸已安全转移到另一运输危化品的货车中。因处理及时,泄漏出的1t浓盐酸没有对周边环境产生较大影响。

事故分析:该危化品车辆核载4.875t,但实际装载浓盐酸12.68t,严重超载,影响了该车安全性能,且该车输送管破裂,加之密封罐阀门关闭不严,从而引发了泄漏。

通过这个案例,讲员引出我国对危险货物运输车辆的安全要求以及危险货物运输的安全要求,国家规定:

(1)用于危险化学品运输的车辆应符合要求,车辆的技术状况必须处于良好状态;

(2)槽、罐应具有足够的强度和齐全的安全设施及附件,

(3)不得超装、超载。

而本次事故的车辆的技术状况就不符合运输要求,出现超载现象。此外在事故中押运员和驾驶人员没有及时电话报警,也是酿成事故进一步扩大的原因之一。

2. 第二步——列举《道路危险货物运输管理规定》以及《汽车运输危险货物规则》(JT 617—2004)中对于从业人员、车辆的相关要求。

3. 第三步——进行小结。

第五节　危险货物运输事故应急预案及事故应急措施

在危险货物运输过程中,总会出现各种各样的意外情况,这些意外情况如果处置不当,将会造成严重的后果。我国《汽车运输危险货物规则》((JT 617—2004)中规定,运输危险货物的企业(单位),应建立事故应急预案和安全防护措施,而从业人员也应了解发生事故时的应急措施,熟练掌握消防器材的使用方法。

一、应急预案的组成

应急预案的组成如图 1-7-5-1 所示。不同的应急预案由于各自所处的层次和适用的范围不同，在内容的详略程度和侧重点上会有所不同，但都可以采用相似的基本结构。图 1-7-5-1 所示的“1 +4”预案编制结构，是由一个基本预案加上应急功能设置、特殊风险管理、标准操作程序和支持附件构成的。

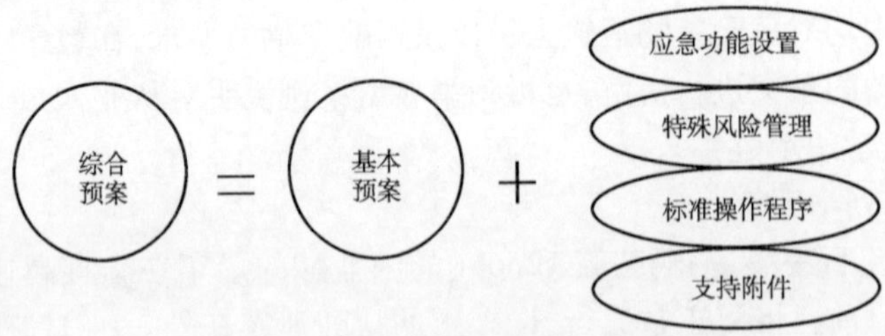

图 1-7-5-1　应急预案的组成

（一）基本预案

基本预案是应急预案的总体描述—主要阐述应急预案所要解决的紧急情况、应急的组织体系、方针、应急资源、应急的总体思路，明确各应急组织在应急准备和应急行动中的职责以及应急预案的演练和管理等规定。

（二）应急功能设置

应急功能是指针对各类重大事故应急救援中通常采取的一系列的基本应急行动和任务等，如：指挥和控制、警报、通信、人群疏散与安置、医疗、现场管制等。

（三）特殊风险管理

特殊风险指根据某类事故灾难、灾害的典型特征，需要对其应急功能作出针对性安排的风险。

（四）标准操作程序

由于基本预案、应急功能设置并不说明各项应急功能的实施细节，因此各应急功能的主要责任部门必须组织制定相应的标准操作程序，为应急组织或个人提供履行应急预案中规定职责和任务的详细指导。

标准操作程序应保证与应急。

（五）支持附件

应急救援的有关支持保障系统的描述及有关的附图表，如：危险分析附件，通信联络附件，法律法规附件，机构和应急资源附件，教育、培训、训练和演习附件，技术支持附件，协议附件，其他支持附件等。

二、危险货物运输事故应急预案

危险货物运输事故应急预案一般包括总则、应急救援的组织机构与职责、应急救援准备工作、事故报告程序与现场保护、应急预案的启动与实施、附则等内容。

(1)总则:主要说明预案的指导思想、组织原则、处理范围、应急救援的范围、基本原则等内容。

(2)应急救援的组织机构与职责:主要说明应急救援的组织机构包括领导小组、抢险处理组、医疗组、后勤组、治安组等组织的人员组成名单以及各自的职责。

(3)应急救援准备工作:主要说明救援物资、器材的准备,应急队伍的训练以及应急救援的修订等问题。

(4)事故报告程序与现场保护:主要说明事故报告的程序和时间要求,对现场的保护等。

(5)应急预案的启动与实施:说明发生事故后预案的启动方式,各个小组的任务。

(6)附则:应急预案的实施日期以及事故处理应急预案通信录等。

三、事故应急措施

(一)压缩气体和液化气体

1. 灭火方法

运输中遇有火情应将未着火的气瓶迅速移至安全处,对已着火的气瓶应使用大量雾状水喷洒在气瓶上,使其降温冷却;火势尚未扩大时,可用二氧化碳、干粉、泡沫等灭火器进行扑救。

2. 撒漏处理

运输中发现气瓶漏气时,应迅速将气瓶移至安全处,并做好相应的人身防护,人站在上风处,将阀门旋紧。紧急情况时,可用浸过水的毛巾捂住口鼻进行操作,若不能制止时,可将气瓶推入水中。

(二)易燃液体

1. 灭火方法

苯、柴油及汽油的密度小于水,且不溶于水,一旦发生火灾,用水会沉在燃烧着的液体下面。因此,消灭易燃液体体火灾的最有效的方法是采用泡沫、二氧化碳、干粉、1211 灭火器等扑救。煤焦油可用干砂、干土覆盖或用干粉灭火器扑救。

2. 撒漏处理

煤焦油、苯、柴油、汽油一旦发生泄漏时,应及时以沙土或松软材料覆盖吸附后,集中至空旷安全处处理。覆盖时,特别要注意防止液体流入下水道,河道等地方,以防污染环境。更要防止浮在下水道或河道的水面上,否则会造成更严重的后果。

(三)易燃固体、自燃物品和遇湿易燃物品

1. 灭火方法

碳化钙遇水反应,所以不得用水扑救。应用沙土、干粉灭火器进行扑救;沥青遇火情时可用沙土、干粉和二氧化碳灭火。萘、顺酐、聚乙西醇发生火灾时,应迅速将邻近的未燃物品从火场撤离或与燃烧物进行隔离。

2. 撒漏处理

碳化钙、沥青、萘、顺酐、聚乙西醇撒漏时,可以收藏集进来另行包装,碳化钙与水反应不能用水,但清扫后的现场可以用大量水冲洗。

（四）有毒品和感染性物品

1. 灭火方法

农药遇热后会生成有毒的气体，灭火人员必须根据毒害品的性质采用相应的方法。在扑救的时候尽量选择上风方向，并戴好防毒面具。

2. 撒漏处理

农药撒漏时应以沙土，锯末等松软物浸润，吸附后扫集。对医疗废弃物的处理通常扫集后装入其他容器交货主处理。对农药、医疗废弃物的撒漏物不能随意丢或排放，以免扩大污染甚至造成不可估量的危害。

（五）腐蚀品

1. 灭火方法

硫酸、硝酸、盐酸灭火概括为：大量用水，谨慎用水。遇火情时可用水扑救。但用水时应谨慎，宜用雾状水，不能用高压水柱直接喷射物品。与水会发生剧烈反应的腐蚀品发生着火时，用大量的水若不能抑制，应用干砂或干土覆盖或干粉灭火器扑救。

2. 撒漏处理

应用干砂、干土覆盖吸收，扫干净后，再用水洗刷。大量溢出而用干砂不足以吸收时，可用稀碱中和。中和时，要防止剧烈反应。用水刷洗现场时，不能用水直接喷射，只能用缓慢的浇洗或用雾状水喷淋，以防水珠溅伤人。

四、教学方法

应急预案的教学，教员可以考虑在课堂上先完整讲述应急预案的组成，让学员了解应急预案的构成，然后教员可以和学员共同拟定一个简单的应急预案。透过这样的制定，可以让学员了解和熟悉应急预案的制定。

应急预案举例：

第一章　总　则

第一条　为迅速、有效地控制突发性危险货物事故的发生，抢救受害人员，指导群众防护和组织撤离，努力消除危害后果，最大限度地减少事故造成的损失。根据《中华人民共和国安全生产法》等相关法律法规，结合实际，特制定本预案。

第二条　在区域范围内从事生产、经营、装卸、储存、运输、使用、包装危险货物以及对危险货物集装箱进行拆装和作业过程中可能发生泄漏、火灾、爆炸、出现毒害等重大人身伤亡或重大经济损失事故的应急救援，适用本预案。本预案所称“危险货物”，是指列入国家标准GB 12268《危险货物品名表》，具有易燃、毒害、腐蚀、等特性，在运输、装卸和储存等过程中，容易造成人身伤亡和财产毁损而需要特别防护的货物。

第三条　本预案为处理范围内各类重大危险货物事故应急救援工作的基本程序和组织原则。

第四条　危险货物事故应急救援工作的主要任务。

（一）控制抢修危险源，分析、查明事故原因。

（二）组织消防灭火、消除泄漏、抢救受害人员。

（三）指导群众防护和撤离危险区，维护救援现场秩序。

（四）抢救、转移危险货物及物资设备。

（五）消除危害后果，恢复正常秩序。

（六）协调救援的指挥通信、交通运输、设备器材、物资气象等相关工作。

（七）查明人员伤亡情况，估算危险程度。

（八）调查事故原因和追究事故责任。

……

第二章　应急救援的组织机构与职责

……

第六章　附　　则

第十八条　参加危险货物事故应急救援工作的人员，应当按照预案的规定，采取安全防护措施，并在专业人员的指导下进行。

第十九条　本预案自公布之日起实施。

第二十条　危险货物运输事故处理应急预案通信录。

……

安全事故应急措施的教学，可以列举一些安全事故案例，教员询问学员对此类事故应该采取什么样的应急措施，然后根据学员的回答，进行评点。

授课时可以提问，遇到易燃固体着火应如何处理？假如学员没有甄别遇水反应的易燃固体的补救。教员可以就学员的回答指出他们的存在问题或错误，特别指出类似铝粉、钛粉等金属粉末，是不能用水扑救，而是需要用干燥的砂土、干粉灭火器等扑救。

又比如让学员判断“干砂不能用于扑救碱金属（钾、钠）的火灾”的说法正确与否，然后可以根据回答的情况讲述安全事故的应急措施。

第六节　危险货物运输装卸条件、装卸作业安全及事故应急措施

危险货物基于自身的危险特性，一旦发生事故，易造成群死群伤和环境污染，严重危及公共安全和人民群众的生命财产安全，需要在运输、装卸、储存等各个环节加以重点防范。运输装卸危险货物，由于货物自身的危害性，稍有不慎就有可能发生事故，故一定要严格遵守各项危险货物管理规定，防范危险货物事故的发生。

危险货物运输装卸作业存在以下不安全因素：

（1）危险货物自身的特性。如易燃液体具有易挥发性和蒸气燃爆性、高度易燃性、受热膨胀性、高度流动扩散性，与强酸、氧化剂剧烈反应性、毒害性、易聚积静电等特性。一般燃烧和爆炸下限低、范围宽、且燃爆和着火能量极小。

(2)装运条件因素。危险货物的运输、装卸、储存条件如包装、积载、隔离等因素对事故发生也有影响。在包装危险货物运输安全方面，货物的包装至关重要，既能保护危险货物质量不受损坏和数量的完整，也是防止运输装卸过程中发生燃烧、爆炸、腐蚀、毒害等事故的重要措施，是安全运输的基本条件之一。但在实际工作中由于包装容器强度不够，或者包装衬垫材料选用不当，可能导致容器破损，化学物料泄漏，引发事故。

(3)人的因素。有些从事危险货物运输装卸的工作人员，法律意识淡薄，文化素质低，专业知识有限。从业人员对危险货物相关的法律法规知识了解很少，违章运输，甚至非法运输；对所装运的危险货物的危险性也知之甚少，一旦货物发生泄漏或引起火灾等事故，不能在第一时间采取有效措施，制止事态扩大。从业人员流动频繁，影响技术水平的进一步提高。还有的装卸人员违反操作规程，不按规定装卸，都容易导致事故发生。

(4)物的因素。设备处于危险状态；装置现场的设施不良；缺少防火、防爆安全装置和设施；缺少警戒设备；缺少保护性装具等。

(5)管理的因素。包括管理人员不称职；管理体制不适应；规章制度不健全；技术力量不强等。

危险货物装卸作业，必须严格遵守操作规程，轻装、轻卸，严禁摔碰、撞击、重压、倒置；使用的工具不得损伤货物，不准粘有与所装货物性质相抵触的污染物。货物必须堆放整齐、捆扎牢固、防止失落。操作过程中有关人员不得擅离岗位。危险货物装卸现场的道路、灯光、标志、消防设施等必须符合安全装卸的条件。灌(槽)车装卸地点的储槽口应标有明显的货物名牌；储槽注入、排放口的高度。容量和路面坡度应能适合运输车辆装卸的要求。

一、危险货物运输装卸的基本要求

危险货物的装卸应在装卸管理人员的现场指挥下进行。在危险货物装卸作业区应设置警告标志。无关人员不得进入装卸作业区。

进入易燃、易爆危险货物装卸作业区应：禁止随身携带火种；关闭随身携带的手机等通信工具和电子设备；严禁吸烟；穿着不产生静电的工作服和不带铁钉的工作鞋。

雷雨天气装卸时，应确认避雷电、防湿潮措施有效。禁止在装卸作业区内维修运输危险货物的车辆。

二、道路危险货物运输装卸条件

(一)装卸前

装卸管理人员负责对运输车辆、人员的资质检查及车辆安全设施的检查，并负责整个装卸过程的安全监督检查。

装卸应符合《汽车危险货物运输规则》(JT 617—2004)的有关规定。进行装卸前，要根据有关要求检查车辆的资质和安全附件是否齐全。从事危险货物装卸的人员对所装危险货物要掌握其化学、物理性质及应急措施。装卸作业时，必须正确使用劳动防护用品。进入装卸作业区，不准随身携带火种，装卸易燃易爆危险货物时，不准穿带有铁钉的工作鞋和穿着易产生静电的工作服。随车携带的遮盖、捆扎、防潮等工具必须齐全、有效。车厢必须平整牢固,车厢内不得有与所装货物性质相抵触的残留物。

（二）装卸过程中

车辆进入危险货物装卸作业区,应按有关安全规定驶入作业区。车辆停靠货垛时,应听从作业区有关管理人员指挥,车辆与货垛间留有安全距离。待装、待卸车辆与装卸货物车辆应保持足够的安全距离,并不准堵塞安全通道。驾驶员不准离开车辆。

装卸过程中,车辆的发动机必须熄灭并切断总电源。在有坡度的场地装卸货物时,必须采取防止车辆滑坡的有效措施。装卸过程中需要移动车辆时,应先关上车厢门或栏板。在保证安全情况下才能移动车辆,起步要慢,停车要稳。装卸过程中,驾驶员必须负责监卸,办理货物交接签证手续时要点收点交。装车完备,驾驶员必须对货物的堆码、捆扎等安全措施及影响车辆启动的不安全因素进行检查。

装车前应详细核对货物名称、规格、数量是否与运输单相符。包装不符合安全规定的,应拒绝装车。装卸操作时,应根据货物包装的类型、体积、重量、数量的情况,并根据包装上图标要求,轻拿轻放,严防跌落、摔碰,禁止撞击、拖拉、翻滚、投掷。

（三）对装卸操作人员的工作要求

装卸操作人员,必须由经过培训合格的人员负责,其他人不得擅自操作。操作人员在装卸危险化学品期间不得脱离岗位,当班不能装卸完毕或有紧急情况需交下一班次或其他人继续装卸时,一定要以书面的形式交代清楚,防止发生物料的泄漏。

装卸、搬运危险化学品时应做到轻装、轻卸。严禁摔、碰、撞击、拖拉、倾倒和滚动。装卸对人体有毒害及腐蚀性物品时,操作人员应具有操作毒害品的一般知识,操作时轻拿轻放,不得碰撞、倒置,防止包装破损物料外溢。操作人员应戴防护眼睛、佩戴胶皮手套和相应的防毒口罩或面具,穿防护服。

作业中不得饮食,不得用手擦嘴、脸、眼睛。每次作业完毕,应及时用肥皂（或专用洗涤剂）洗净面部、手部,用清水漱口;防护用具应及时清洗,集中存放。装卸易燃液体时需穿防静电工作服,禁止穿带铁钉的鞋子。桶装的易燃液体物料不得在水泥地面滚动。桶装的各种氧化剂也不得在水泥地面滚动。

各项操作不得使用沾染油污及异物和能产生火花的机具,作业现场需远离热源和火源。装卸危险化学品时,操作人员不得做与工作无关的事情,集中精力注意装卸的情况,以便于出现异常情况时,及时采取应急措施。

工作前应认真检查所用工具是否完好可靠,开启易燃易爆的桶装物料的桶盖时,应使用铜或者铜铝合金的专业扳手。应熟练掌握装卸过程中的一般事故处理方法和防护用具、消防器材的使用方法。

三、危险货物运输装卸作业要求

装卸作业现场要远离热源,通风良好;电器设备应符合国家有关规定要求,严禁使用明火灯具照明,照明灯应具有防爆性能;易燃易爆货物的装卸场所要有防静电和避雷装置。

运输危险货物的车辆应按装卸作业的有关安全规定驶入装卸作业区,应停放在容易驶离作业现场的方位上,不准堵塞安全通道。停靠货垛时,应听从作业区业务管理人员的指挥,车辆与货垛之间要留有安全距离。待装卸的车辆与装卸中的车辆应保持足够的安全距离。

装卸作业前,车辆发动机应熄火,并切断总电源(需从车辆上取得动力的除外)。在有坡度的场地装卸货物时,应采取防止车辆溜坡的有效措施。

装卸作业前应对照运单,核对危险货物名称、规格、数量,并认真检查货物包装。货物的安全技术说明书、安全标志、标识、标志等与运单不符或包装破损、包装不符合有关规定的货物应拒绝装车。

装卸作业时应根据危险货物包装的类型、体积、重量、件数等情况和包装储运图示标志的要求,采取相应的措施,轻装轻卸,谨慎操作。同时应做到:

1. 堆码整齐,紧凑牢靠,易于点数;

2. 装车堆码时,桶口、箱盖朝上,允许横倒的桶口及袋装货物的袋口应朝里;卸车堆码时,桶口、箱盖朝上,允许横倒的桶口及袋装货物的袋口应朝外;

3. 装卸平衡;堆码时应从车厢两侧向内错位骑缝堆码,高出栏板的最上一层包装件,堆码超出车厢前挡板的部分不得大于包装件本身高度的二分之一;

4. 装车后,货物应用绳索捆扎牢固;易滑动的包装件,需用防散失的网罩覆盖并用绳索捆扎牢固或用毡布覆盖严密;需用多块毡布覆盖货物时,两块毡布中间接缝处须有大于15cm 的重叠覆盖,且货厢前半部分毡布需压在后半部分的毡布上面;

5. 包装件体积为 450L 以上的易滚动危险货物应紧固;

6. 带有通气孔的包装件不准倒置、侧置,防止所装货物泄露或混入杂质造成危害;

7. 装卸过程中需要移动车辆时,应先关上车厢门或栏板。若车厢门或栏板在原地关不上时,应有人监护,在保证安全的前提下才能移动车辆。起步要慢,停车要稳;

8. 装卸危险货物的托盘、手推车应尽量专用。装卸前,要对装卸机具进行检查。装卸爆炸品、有机过氧化物、剧毒品时,装卸机具的最大装载量应小于其额定负荷的 75%;

9. 危险货物装卸完毕,作业现场应清扫干净。装运过剧毒品和受到危险货物污染的车辆、工具应进行洗刷和除污。危险货物的撒漏物和污染物应送到当地环保部门指定地点集中处理。

四、包装货物运输、装卸要求

(一)爆炸品

严禁接触明火和高温;严禁使用会产生火花的工具、机具。车厢装货总高度不得超过1.5m。无外包装的金属桶只能单层摆放,以免压力过大或撞击摩擦引起爆炸。火箭弹和旋上引信的炮弹应横装,与车辆行进方向垂直。凡从 1.5m 以上高度跌落或经过强烈振动的炮弹、引信、火工品等应单独存放,未经鉴定不得装车运输。

任何情况下,爆炸品不得配装;装运雷管和炸药的两车不得同时在同一场地进行装卸。

(二)压缩气体和液化气体(特指包装件为气瓶装的压缩气体和液化气体)

1. 装卸人员应根据所装气体的性质穿戴好防护用品,必要时戴好防毒面具。用起重机装卸大型气瓶或气瓶集装架(格)时,应戴好安全帽。

2. 装车时要拧紧瓶帽,注意保护气瓶阀门,防止撞坏。车下人员须待车上人员将气瓶放置妥当后,才能继续往车上装瓶。在同一车厢内不准有两人以上同时单独往车上装瓶。

3. 气瓶应尽量采用直立运输,直立气瓶高出栏板部分不得大于气瓶高度的1/4。不允许纵向水平装载气瓶。水平放置的气瓶均应横向平放,瓶口朝向应统一;水平放置最上层气瓶不得超过车厢栏板高度。

4. 妥善固定瓶体,防止气瓶窜动、滚动,保证装载平衡。

5. 卸车时,要在气瓶落地点铺上铅垫或橡皮垫;应逐个卸车,严禁溜放。

6. 装卸作业时,不要把阀门对准人身,注意防止气瓶安全帽脱落,气瓶应直立转动,不准脱手滚瓶或传接,气瓶直立放置时应稳妥牢靠。

7. 装运大型气瓶(盛装净重0.5t以上的)或气瓶集装架(格)时,气瓶与气瓶、集装架与集装架之间需填牢填充物,在车厢栏板与气瓶空隙处应有固定支撑物,并用紧绳器紧固,严防气瓶滚动,重瓶不准多层装载。

8. 装卸有毒气体时,应预先采取相应的防毒措施。

9. 装卸氧气瓶时,工作服、手套和装卸工具、机具上不得沾有油脂;装卸氧气瓶的机具应采用氧溶性润滑剂,并应装有防止产生火花的防护装置;不得使用电磁起重机搬运。库内搬运氧气瓶应采用带有橡胶车轮的专用小车,小车上固定氧气瓶的槽、架也要注意不产生静电。

(三)易燃液体

装卸作业现场应远离火种、热源。操作时货物不准撞击、摩擦、拖拉;装车堆码时桶口,箱盖一律向上,不得倒置;集装货物,堆码整齐;装卸完毕,应罩好网罩,捆扎牢固。

钢桶盛装的易燃液体,不得从高处翻滚溜放卸车。装卸时应采取措施防止产生火花,周围需有人员接应,严防钢桶撞击致损。钢制包装件多层堆码时,层间应采取合适衬垫,并应捆扎牢固。对低沸点或易聚合的易燃气体,若发现其包装容器内装物有膨胀(鼓桶)象限时,不得装车。

(四)易燃固体、自燃物品和遇湿易燃物品

装卸场所及装卸用工、属具应清洁干燥,不得沾有酸类和氧化剂。搬运时应轻装轻卸,不得摩擦、撞击、振动、摔碰。

装卸自燃物品时,应避免与空气、氧化剂、酸类等接触;对需用水(如,黄磷)、煤油、石蜡(如,金属钠、钾)、惰性气体(如,三乙基铝等)或其他稳定剂进行防护的包装件,应防止容器受撞击、振动、摔碰、倒置等造成容器破损,避免自燃物品与空气接触发生自燃。

遇湿易燃物品,不宜在潮湿的环境下装卸。若不具备防雨雪、防潮湿的条件,不准进行装卸作业。装卸容易升华、挥发出易燃、有害或刺激性气体的货物时,现场应通风良好、防止中毒;作业时应防止摩擦、撞击,以免引起燃烧、爆炸。

装卸钢桶包装的碳化钙(电石)时,应确认包装内有无填充保护气体(氮气)。如未填充的,在装卸前应侧身轻轻的拧开桶上的通气孔放气,防止爆炸、冲击伤人。电石桶不得倒置。装卸对撞击敏感,遇高热、酸易分解、爆炸的自反应物质和有关物质时,应控制温度;且不得

与酸性腐蚀品及有毒或易燃脂类危险品配装。

（五）氧化剂和过氧化物

对加入稳定剂或需控温运输的氧化剂和有机氧化物，作业时应认真检查包装，密切注意包装有无渗漏及膨胀（鼓桶）情况，发现异常应拒绝装运。装卸时，禁止摩擦、振动、摔碰、拖拉、翻滚、冲击。防止包装及容器损坏。

装卸时发现包装破损，不能自行将破损件改换包装，不得将撒漏物装入原包装内，而应另行处理。操作时，不得踩踏、碾压撒漏物，禁止使用金属和可燃物（如，纸木等）处理撒漏物。

外包装为金属容器的货物，应单层摆放。需要堆码时，包装物之间应有性质与所运货物相容的不燃材料衬垫并加固。有机过氧化物装卸时严禁混有杂质，特别是酸类、重金属氧化物、胺类等物质。

（六）毒害品和感染性物品

1. 毒害品

装卸作业前，对刚开启的仓库、集装箱、封闭式车厢要先通风排气，驱除积聚的有毒气体。当装卸场所的各种毒害品浓度低于最高容许浓度时方可作业。作业人员应根据不同货物的危险特性，穿戴好相应的防护服装、手套、防毒口罩、防毒面具和护目镜等。

认真检查毒害品的包装，应特别注意剧毒品、粉状的毒害品的包装，外包装表面应无残留物。发现包装破损、渗漏等现象，则拒绝装运。装卸作业时，作业人员尽量站在上风处，不能停留在低洼处。

避免易碎包装件、纸质包装件的包装损坏，防止毒害品撒漏。货物不得倒置；堆码要靠紧堆齐，桶口、箱口向上，袋口朝里。对刺激性较强的和散发异臭的毒害品，装卸人员应采取轮班作业。

在夏季高温期，尽量安排在早晚气温较低时作业；晚间作业应采用防爆式或封闭式安全照明。积雪、冰封时作业，应有防滑措施。忌水的毒害品（如，磷化铝、磷化锌等），应防止受潮。装运毒害品之后的车辆及工、属具要严格清洗消毒，未经安全管理人员检验批准，不得装运食用、药用的危险货物。

2. 感染性物品

根据不同的医疗废物分类，作业人员在工作中应穿戴好相应的防护服装、手套、防毒口罩、面具和护目镜等。作业人员受到医疗废物刺伤、擦伤等伤害时，应采取相应的处理措施，并及时报告相关部门

（七）腐蚀品

装卸作业前应穿戴具有防腐蚀的防护用品，并穿戴带有面罩的安全帽。对易散发有毒蒸气或烟雾的，应配备防毒面具。并认真检查包装、封口是否完好，要严防渗漏，特别要防止内包装破损。

装卸作业时，应轻装、轻卸，防止容器受损。液体腐蚀品不得肩扛、背负；忌振动、摩擦；易碎容器包装的货物，不得拖拉、翻滚、撞击；外包装没有封盖的组合包装件不得堆码装运。具有氧化性的腐蚀品不得接触可燃物和还原剂。有机腐蚀品严禁接触明火、高温或氧化剂。

五、散装货物装卸要求

（一）散装固体

易撒漏、飞扬的散装粉状危险货物，装车后应用苫布遮盖严密，必要时应捆扎结实，防止飞扬，包装良好方可装运。高温季节，散装煤焦沥青应在早晚时段进行装卸。

装卸硝酸铵时，环境温度不得超过40℃，否则应停止作业。装卸现场应保持足够的水源以降温和应急。装卸会散发有害气体、粉尘或致病微生物的散装固体，应注意人身保护并采取必要的预防措施。

（二）散装液体

装卸作业可采用泵送或自流灌装。作业中要密切注视货物动态，防止液体泄漏、溢出。需要换罐时，应掀开空罐，后关满罐。

易燃液体装卸始末，管道内流速不得超过1m/s，正常作业流速不宜超过3m/s 。其他液体产品可采用经济流速。装卸料管应专管专用。装卸作业结束后，应将装卸管道内剩余的液体清扫干净；可采用泵吸或氮气清扫易燃液体装卸管道。

六、集装箱货物装卸要求

集装箱内装有易产生毒害气体或易燃气体的货物时，卸货时应先打开箱门，进行足够的通风后方可装卸作业。

对卸空危险货物的集装箱要进行安全处理；有污染的集装箱，要在指定地点、按规定要求进行清扫或清洗。

七、部分常见大宗危险货物装卸要求

（一）液化石油气（指汽车罐车运输液化石油气）

1. 作业前应接好安全地线，管道和管接头连接应牢固，并排尽空气。

2. 装卸人员应相对稳定。作业时，驾驶人员、装卸人员均不得离开现场。在正常装卸时，不得随意启动车辆。

3. 液化石油气罐车抵达厂（站）后，应及时卸货。罐车不得兼作贮罐用。一般情况不得从罐车直接向钢瓶直接灌装；如临时确需从罐车直接灌瓶，现场应符合安全防火、灭火要求，并有相应的安全措施，且应预先取得当地公安消防部门的同意。

4. 禁止采用蒸汽直接注入罐车罐内升压，或直接加热罐车罐体的方法卸货。

5. 液化石油气罐车卸货后，罐内应留有规定的余压。

6. 凡出现下列情况，罐车应立即停止装卸作业，并作妥善处理：(1)雷击天气；(2)附近发生火灾；(3)检测出液化气体泄漏；(4)液压异常；(5)其他不安全因素。

（二）油品（指用常压燃油罐车运输燃油）

1. 在灌油前和放油后，驾驶人员应检查阀门和管盖是否关牢，查看接地线足否接牢，不得敞盖行驶，严禁罐车顶部载物。

2. 罐车进加油站卸油时，要有专人监护，避免无关人员靠近。

3. 卸油时发动机应熄火。雷雨天气时，应确认避雷电措施有效，否则应停止卸油作业。

4. 卸油时应夹好导静电接线，接好卸油胶管，当确认所卸油品与贮油罐所贮的油品种类相同时方可缓慢开启卸油阀门。

5. 卸油前要检查油罐的存油量，以防止卸油时冒顶跑油。卸油时应严格控制流速，在油品没有淹没进油管口前，油品的流速应控制在0.7～1m/s以内，防止产生静电。

6. 卸油过程要做到不冒、不洒、不漏，各部分接口牢固，卸油时驾驶人员不得离开现场，应与加油站工作人员共同监视卸油情况，发现问题随时采取措施。

7. 卸油时，卸油管应深入罐内。卸油管口至罐底距离不得大于300mm，以防喷溅产生静电。

8. 卸油要尽可能卸净，当加油站工作人员确认罐内已无贮油时方可关闭放油阀门，收好放油管，盖严油罐盖。

9. 测量油量要在卸完油30min以后进行，以防测油尺与油液面、油罐之间静电放电。

八、装卸作业事故的应急处置

危险货物装卸环节从业人员必须熟悉装卸安全技术操作规程和各项安全管理制度，并能够自觉贯彻执行；熟悉危险化学品发货和装卸过程中存在的危险有害因素，以及可能发生的泄漏、火灾、爆炸事故，熟练掌握预防和处置事故发生的措施和方法，确保事故发生时能够正确处置，降低事故的危害程度。在作业过程中，工作人员必须按有关规定正确佩戴和使用劳动防护用品，按操作规程正确操作，确保装卸现场安全。

危险货物装卸单位要针对装卸环节可能发生的泄漏、火灾、爆炸、人员中毒等事故，制定操作性强的事故应急救援预案，配备必要的应急救援器材，并将其纳入企业事故应急救援预案的一部分，定期组织职工进行演练，提高事故施救能力。

在危险化学品装卸过程中如果发生泄漏，现场工作人员应立即停止所有的装卸作业，并通知相关人员关闭阀门、停止作业或改变工艺流程、物料走副线等；如果有人员发生中毒、窒息，在做好自身防护的情况下，迅速将中毒人员移出现场，同时尽快与气防机构和医疗机构联系；做好现场警戒，封堵排水沟和下水系统，防止物料进入下水系统，警戒区及污染区内与事故应急处理无关的人员撤离，同时报警。应急处置人员要佩戴好防护器具，防止中毒、窒息、灼伤，所用的救援器材需具备防爆功能。

九、教学要求

本课可以采取案例教学法，将一些常见的装卸作业的要求贯穿在案例的分析当中，透过分析，让学员清晰常见的装卸作业的要求和规范。

案例1：

西安石化液化气罐车火灾事故

2007年7月14日郑州蓝田液化气销售有限公司从西安石化分公司购买液化气，充装完成后，复磅时因超重0.8t，按照规定返回液化气站卸掉超装的液化气，卸气作业完成后，在罐车与卸车管线尚未断开的情况下，司机关某擅自起动了车辆，车辆驶出货位，将液相、气相金属软管全部拉断，导致液化气大量泄漏，发生了闪燃着火。

事故原因：司机严重违反《液化气汽车罐车安全监察规程》第 51 条第 7 款规定，在未确认汽车罐车与装置连接部件已经妥善分离的情况下，擅自启动车辆，使车辆前行了 7.1m，导致与事故罐车相连的有效长度只有5m 的卸车软管气相线拉断，液相线拉脱引发事故。成品车间液化气站当班操作工违反《液化石油气和压缩天然气加气站安全管理规定》及《产品装车管理规定》，罐车在卸车作业时未将钥匙收缴保管，而且未在卸车现场监护卸车，对事故罐车监管不力，是事故发生的又一主要原因。

从案例中带出危险货物运输装卸的基本要求：危险货物的装卸应在装卸管理人员的现场指挥下进行。此外作业时，驾驶人员、装卸人员均不得离开现场。在正常装卸时，不得随意启动车辆。透过讲述这些要求，加深学员对装卸作业要求的印象。

案例 2：

1987 年 11 月 30 日，某炼油厂装油台在给一辆东风 140 型槽车装 0 号柴油时，槽车突然发生爆炸着火事故。爆炸气浪将在槽车顶部看油位的司机掀落在地上，脸部和双手烧伤，储油罐爆炸变形。事故原因：出事前现场没有任何火源，唯一的火源就是静电放电火花。该车于 11 月 28 日装运过汽油，卸完后槽内的挥发油气与空气混合形成爆炸性混合物，据国外资料记载，这种汽油车底装柴油发生事故者静电火灾占 60%。这次事故静电源主要是由于人体带电造成的。在装油口看油位的司机，外穿羽绒服，内穿毛衣，裤子是化纤的，内穿的是尼龙裤，已被烧焦黏在一起。

装卸要求：卸油时应夹好导静电接线；进入易燃、易爆危险货物装卸作业区应穿着不产生静电的工作服。

第七节　危险货物运输承运人责任险

《中华人民共和国道路运输条例》（2012 年修正本）第三十五条规定：客运经营者、危险货物运输经营者应当分别为旅客或者危险货物投保承运人责任险。

所谓“保险”，是指投保人根据合同约定，向保险人支付保险费，保险人对于合同约定的可能发生的事故因其发生所造成的财产损失承担赔偿保险金责任赔偿保险金责任，或者当被保险人死亡、伤残、疾病或者达到合同约定的年龄、期限时承担给付保险金的商业保险行为。承运人责任险，是一种责任保险。常见的险种为道路危险货物承运人责任保险、承运人旅客责任保险。

凡经道路运输管理机构批准合法从事道路危险货物运输的经营性与非经营性承运人，均可作为本保险合同的被保险人。

本保险由货物责任保险、第三者责任保险两部分组成，投保人可选择投保、也可同时投保。保险公司在保险合同下承担的保险责任以保险单明细中载明的相应部分责任限额、赔偿限额为限。

一、保险条款简介

道路危险货物承运人责任保险条款分为两部分。

（一）第一部分——货物责任保险

在保险期间内，被保险人的运输车辆在中华人民共和国（不含港、澳、台地区）境内运输和装卸保险合同中载明的危险货物期间，因下列意外事故造成车辆上装载的危险货物的毁损、灭失，依照中华人民共和国法律应由被保险人承担的经济赔偿责任，保险公司按照合同约定负责赔偿：

1. 火灾、爆炸；
2. 运输车辆发生碰撞、倾覆；
3. 碰撞、挤压导致包装破裂或容器损坏。

被保险人实际支付的，事先经保险人书面同意的，与保险事故直接相关的诉讼费、律师费、仲裁费以及其他必要的、合理的费用，保险公司将根据合同约定，在保险单中载明的赔偿限额内负责赔偿。

（二）第二部分————第三者责任保险

1. 在保险期间内，被保险人的运输车辆在中华人民共和国境内运输和装卸危险货物期间，因下列意外事故造成第三者人身伤亡或财产损失，依照中华人民共和国法律应由被保险人承担的经济赔偿责任，保险公司按照保险合同约定负责赔偿：

1）火灾、爆炸；

2）运输车辆发生碰撞、倾覆；

3）碰撞、挤压导致包装破裂或容器损坏。

2. 第三者是指除保险人、被保险人及其雇员、托运人和收货人及其雇员或者代理人以外的人。

3. 发生保险事故后，被保险人实际支付的，事先经保险人书面同意的，与保险事故直接相关的诉讼费、律师费、仲裁费以及其他必要的、合理的费用，保险公司将根据合同的约定，在保险单中载明的赔偿限额内负责赔偿。

4. 在保险期间内，被保险人使用的运输车辆在中华人民共和国境内运输和装卸保险合同中载明的危险货物期间，因意外事故造成环境污染危害的，被保险人为排除该危害而支付的合理的、必要的除污费用，保险公司按照保险合同约定负责赔偿。除污费用是指为排除环境污染危害而发生的检验、监测、清除、处置、中和等费用。

二、道路危险货物承运人责任保险费率

承运人责任险基本实现全覆盖，人保财险、太平洋产险、平安财险 3 家组成的“共保体”采取保费与赔付率联动，根据不同的运输企业的实际赔付情况，实行差异化的费率。

（一）定期运输

1. 货物责任保险

（1）保险费：年度费率：3.0%

货物责任保险费 =（300 + 每次事故责任限额 × 费率）× 车辆数

(2)累计责任限额及免赔额

累计责任限额为每次事故责任限额的5倍,承运人承运危险货物的车辆超过5辆的,按照每次事故责任限额乘以车辆数确定累计责任限额。每次事故免赔额为1000元或责任损失的10%,以高者为准。

2.第三者责任保险

(1)保险费:定期运输第三者责任保险费如表1-7-7-1所示。

定期运输第三者责任保险费一览表　　表1-7-7-1

人身伤亡及财产损失每次事故责任限额(万元)	10(每人人身伤亡责任限额5)	20(每人人身伤亡责任限额5)	50(每人人身伤亡责任限额10)	100(每人人身伤亡责任限额15)	200(每人人身伤亡责任限额20)
除污费用每次事故赔偿限额(万元)	2	4	10	20	20
年度费率(%)	2.0	1.7	1.3	1.0	0.7

第三者责任保险费 = 人身伤亡及财产损失每次事故责任限额 × 费率 × 车辆数

(2)人身伤亡及财产损失累计责任限额和每次事故免赔额。

人身伤亡及财产损失累计责任限额为人身伤亡及财产损失每次事故责任限额的5倍,承运人承运危险货物的车辆超过5辆的,按照每次事故责任限额乘以车辆数确定累计责任限额。每次事故财产损失免赔额为1000元或财产损失的10%,以高者为准。

(3)除污费用累计赔偿限额和每次事故免赔额除污费用累计赔偿限额为除污费用每次事故赔偿限额的5倍,承运人承运危险货物的车辆超过5辆的,按照每次事故赔偿限额乘以车辆数确定累计赔偿限额。每次事故除污费用免赔额为5000元。

(二)单程单车

1.货物责任保险

(1)费率:0.3%

货物责任保险费 = 30 + 每次事故责任限额 × 费率

(2)累计责任限额和免赔额

累计责任限额等于每次事故责任限额。每次事故免赔额为1000元或责任损失的10%,以高者为准。

2.第三者责任保险

(1)保险费:单程单车第三者责任保险费如表1-7-7-2所示。

(2)人身伤亡及财产损失累计责任限额和免赔额

人身伤亡及财产损失累计责任限额等于人身伤亡及财产损失每次事故责任限额。

每次事故财产损失免赔额为1000元或财产损失的10%,以高者为准。除污费用累计赔偿限额等于除污费用每次事故赔偿限额。每次事故除污费用免赔额为5000元。

保险费 = 货物责任保险费 + 第三者责任保险费,具体费率可视具体的风险状况上下浮动30%。

单程单车第三者责任保险费一览表　　表1-7-7-2

人身伤亡及财产损失每次事故责任限额(万元)	10(每人人身伤亡责任限额5)	20(每人人身伤亡责任限额5)	50(每人人身伤亡责任限额10)	100(每人人身伤亡责任限额15)	200(每人人身伤亡责任限额20)
除污费用每次事故赔偿限额(万元)	2	4	10	20	20
保险费(元)	60	100	200	300	450

三、危险货物投保承运人责任险的理赔

运输货物出现保险事故，在保险查勘人员进行检验定损及审核单证，明确判断责任归属后，可按照相应的保险条款进行理赔。

（一）赔款计算

在认定保险责任并核定损失的条件下，保险人即可按条款规定的赔偿处理方式计算赔款，具体如下：

1. 以每次事故赔偿限额为损害和仲裁或诉讼费用赔偿的最高限额，超过部分由被保险人自行承担。旅客的人身伤亡或财产损失以及经保险人书面同意的仲裁或诉讼费用两项的每次事故的赔偿总金额不超过保险单明细表中列明的每次事故赔偿限额，其中人身伤亡以不超过每人的赔偿限额为限。即仲裁或诉讼费用与赔偿责任一并计算赔款，在赔偿限额内支付，不另行计算。

2. 对发生保险责任事故后，被保险人为缩小或减少旅客的人身伤亡或财产损失的赔偿责任所支付必要的、合理的费用，应在另一个赔偿限额内赔偿。如果被保险人最终赔偿金额超过保险赔偿限额，保险人按比例分摊该费用。

3. 重复保险的赔偿。发生保险责任范围内的索赔时，如有其他承保同样责任或其中任何一部分责任的保险存在，保险人将按照所承担责任限额的比例，对有关赔偿按比例负责赔付。

（二）理赔所需的证明文件：

1. 正本保单/ 保险凭证/ 货物出运申报表；
2. 正本海运提单/ 空运提单/ 铁路货票/ 发货通知书/ 运输协议；
3. 商业发票/ 装箱单/ 重量记录副本；
4. 销售合同/ 订购单；
5. 理货清单/ 交接异状证明；
6. 向责任方索赔函副本及其回复正本；
7. 索赔清单附详细说明表；
8. 附有货损照片的正本检验报告；
9. 当地警察或交通事故报告（发生盗窃、抢劫、故意损坏或发生交通事故）；
10. 根据实际需要的其他有关的文件。

（三）注意事项

为了最大限度保护权益和方便将来的索赔，当货物出险时，请谨记以下注意事项。在货物抵达时，请立即进行检验。如出现损害或有异状，请通知保单上注明的查勘代理人安排货损检验，并按以下提示处理：

1. 切勿将未加批注的交接回单交给承运人，除非后者出具保函。

2. 取得承运人签发的损坏货物证明或短装记录或货物残损清单，或者在提单或承运人送货回单上注明损坏/灭失。

3. 如由集装箱运送时，当集装箱运达时被损坏或铅封破损、遗失、铅封与运输单所列不符，请保留所有残缺或异常之铅封以作进一步鉴定，并确保此集装箱的理货员在他的理货单上注明损失或异常，并从该理货公司获得一份损失/残损报告副本。

4. 如发生盗窃、抢劫、故意损坏或发生交通事故时，立即向当地公安机关/交警部门报告，并取得有关的证明。

5. 如果估计货损价值超过免赔额（如有免赔额），立即申请授权的检验员和承运人检验员或其代表进行联合检验，同时通知保险人。

6. 立刻以书面形式及时通知承运人和/或责任方货物损坏/遗失情况，并告知，你将在承运合同所规定的期限内追究其责任。

四、教学要求

讲授本课可采取以下方法：

在危险货物投保承运人责任险教学中，可以利用搜集的一些相关的保险单，辅助说明危险货物投保承运人责任险的一些条款。

为了说明购买保险的必要性，可以引入《中华人民共和国道路运输条例》（2012 年修正本）第三十五条的规定；为了让学生了解保险单的格式和内容，可以列举《道路危险货物承运人责任保险条款》如下内容：

道路危险货物承运人责任保险条款

总　则

第一条　本保险合同由保险条款、投保单、保险单以及批单组成。凡涉及本保险合同的约定，均应采用书面形式。

第二条　本保险合同由货物责任保险、第三者责任保险二部分组成，投保人可选择投保，也同时投保。

第三条　货物责任保险、第三者责任保险的约定适用于各自部分，总则和通用条款的约定适用于该两部分，保险人在本保险合同下承担的保险责任以保险单明细表中载明的相应部分责任限额，赔偿限额为限。

第四条　经道路运输管理机构批准合法从事道路危险货物运输的经营性与非经营性承运人，均可作为本保险合同的被保险人。

第一部分　货物责任保险

保险责任

第五条　在保险期间内，被保险人使用的运输车辆在中华人民共和国境内运输和装卸保险合同中载明的危险货物期间，因下列意外事故造成车辆上装载的危险货物的毁损，灭失（以下简称“损失”），依照中华人民共和国法律（不包括港澳台地区法律）应由被保险人承担的经济赔偿责任，保险人按照本保险合同约定负责赔偿：

（一）火灾，爆炸；

（二）运输车辆发生碰撞，倾覆；

（三）碰撞，挤压导致包装破裂或容器损坏。

第六条 保险事故发生后，被保险人因保险事故而被提起仲裁或者诉讼的，对应由被保险人支付的仲裁或诉讼费用以及事先经保险人书面同意支付的其他必要的，合理的费用（以下简称“法律费用”）保险人按照本保险合同约定也负责赔偿。

在讲授危险货物承运人责任保险的理赔的时候也可以列举一些案例进行讲解，如列举以下的货车第三者责任险理赔案例：

案例

近日，在受雇运布时，司机老李将车停在布店门口。未料未，货车装满货物时，压塌车下方的化粪池侧翻，司机老李被挤压后身亡。

事后，老李家人将雇主、布店店主、房主、当地村委会、运输公司及保险公司6方告上法庭，索赔30余万。

近日，晋江法院一审判决，该案由雇主和保险公司共同担责；而且，此车祸不属于法律意义上的“交通事故”，保险公司无需赔偿交强险保金，应按“第三者责任险”标准赔偿。

请问：法院这样的判决有什么依据？

案例分析如下：法院审理查明，货车超载是事发主要原因，老李应自行承担大部分责任。但程某作为雇主，其对所购货物重量清楚，却雇佣载重仅1t的车辆运输，存在指示、选任等方面的过失，应担责30%。

经查，化粪池距公路路沿14m，屋主王某在此处修建化粪池并无不当；而许某为布料出卖人，无须对运输事宜担责；而坝头村委会，作为基层群众自治组织，对村民所建化粪池不具管理职责，不承担赔偿责任；另外，南靖县这家运输公司与死者老李是挂靠关系，不担责。

按照相关保险条例规定，“道路交通事故”需具备两要素，一是在公路、城市道路上，二是机动车处在通行状态。

法院认为，本案货车停在民宅前，且处于静止状态，因此不构成“道路交通事故”，因此保险公司无须赔偿交强险。

法院同时认为，老李虽是被保险机动车的驾驶员，但事故发生时其在车外，属于第三者责任险保险合同中的“第三者”。最终，法院判决天安保险公司需担责30%，按第三者责任险约定，予以赔偿。

透过这样的分析，可以让学员掌握理赔的依据，对本课的内容有更深的理解。

第八章　货运安全生产知识

第一节　道路交通安全法规中关于货物运输和货运驾驶员内容

在我国相应的道路交通安全法以及道路运输条例中对于货物运输和货运驾驶员都有相应的规定。为了帮助从事货物运输和货运驾驶员更加了解这些规定和要求,本节内容涵盖了《道路交通安全法》、《道路运输条例》以及《机动车驾驶证申领和使用规定》(公安部令第123号,2013年1月1日起实施)等有关内容。

一、《道路交通安全法》的相关条例

第二条　中华人民共和国境内的车辆驾驶人、行人、乘车人以及与道路交通活动有关的单位和个人,都应当遵守本法。

第十三条　对登记后上道路行驶的机动车,应当依照法律、行政法规的规定,根据车辆用途、载客载货数量、使用年限等不同情况,定期进行安全技术检验。

第十四条　国家实行机动车强制报废制度,根据机动车的安全技术状况和不同用途,规定不同的报废标准。

应当报废的机动车必须及时办理注销登记。达到报废标准的机动车不得上道路行驶。报废的大型客、货车及其他营运车辆应当在公安机关交通管理部门的监督下解体。

第二十一条　驾驶人驾驶机动车上道路行驶前,应当对机动车的安全技术性能进行认真检查;不得驾驶安全设施不全或者机件不符合技术标准等具有安全隐患的机动车。

第四十八条　机动车载物应当符合核定的载质量,严禁超载;载物的长、宽、高不得违反装载要求,不得遗洒、飘散载运物。

机动车运载超限的不可解体的物品,影响交通安全的,应当按照公安机关交通管理部门指定的时间、路线、速度行驶,悬挂明显标志。在公路上运载超限的不可解体的物品,并应当依照公路法的规定执行。

机动车载运爆炸物品、易燃易爆化学物品以及剧毒、放射性等危险物品,应当经公安机关批准后,按指定的时间、路线、速度行驶,悬挂警示标志并采取必要的安全措施。

第五十条　禁止货运机动车载客。

货运机动车需要附载作业人员的,应当设置保护作业人员的安全措施。

二、《道路运输条例》(2012年修正本)的相关条例

第二十二条　从事货运经营的驾驶人员,应当符合下列条件:

1. 取得相应的机动车驾驶证；

2. 年龄不超过60周岁；

3. 经设区的市级道路运输管理机构对有关货运法律法规、机动车维修和货物装载保管基本知识考试合格。

第二十五条　货运经营者不得运输法律、行政法规禁止运输的货物。

法律、行政法规规定必须办理有关手续后方可运输的货物，货运经营者应当查验有关手续。

第二十六条　国家鼓励货运经营者实行封闭式运输，保证环境卫生和货物运输安全。

货运经营者应当采取必要措施，防止货物脱落、扬撒等。

运输危险货物应当采取必要措施，防止危险货物燃烧、爆炸、辐射、泄漏等。

第二十七条　运输危险货物应当配备必要的押运人员，保证危险货物处于押运人员的监管之下，并悬挂明显的危险货物运输标志。

托运危险货物的，应当向货运经营者说明危险货物的品名、性质、应急处置方法等情况，并严格按照国家有关规定包装，设置明显标志。

第二十九条　客运经营者、货运经营者应当加强对从业人员的安全教育、职业道德教育，确保道路运输安全。

道路运输从业人员应当遵守道路运输操作规程，不得违章作业。驾驶人员连续驾驶时间不得超过4个小时。

第三十一条　客运经营者、货运经营者应当制定有关交通事故、自然灾害以及其他突发事件的道路运输应急预案。应急预案应当包括报告程序、应急指挥、应急车辆和设备的储备以及处置措施等内容。

第三十二条　发生交通事故、自然灾害以及其他突发事件，客运经营者和货运经营者应当服从县级以上人民政府或者有关部门的统一调度、指挥。

第三十四条　道路运输车辆运输旅客的，不得超过核定的人数，不得违反规定载货；运输货物的，不得运输旅客，运输的货物应当符合核定的载重量，严禁超载；载物的长、宽、高不得违反装载要求。

违反前款规定的，由公安机关交通管理部门依照《中华人民共和国道路交通安全法》的有关规定进行处罚。

第三十五条　客运经营者、危险货物运输经营者应当分别为旅客或者危险货物投保承运人责任险。

三、教学要求

本课主要讲述《道路交通安全法》、《道路运输条例》，建议适当抽取条例中的一些规定进行讲授。在讲授中，教员可结合《机动车驾驶证申领和使用规定》（公安部令第123号）规定进行阐述：

如：新部令严格限制有严重危险驾驶行为的驾驶人申请大中型客货车驾驶证，保证驾驶经验丰富、安全守法的驾驶人进入大中型客货车驾驶人队伍。

为增强考试的针对性和实用性，新部令对小型汽车、大中型客货车的考试项目进行了调整，确保更多小汽车驾驶人考试合格后能够独立驾车上路，提高大中型客货车驾驶人应对复杂条件的能力。其中：将科目一理论考试拆分为两部分，第一部分主要考核道路交通安全法律法规、交通信号、通行规则等知识，仍作为科目一；第二部分作为安全文明驾驶考试项目，在实际道路考试后进行，考核安全文明驾驶要求、复杂条件下的安全驾驶知识等，加深驾驶人对安全文明驾驶常识的理解记忆。

对申领大中型客货车驾驶证的，在科目二场地驾驶技能考试中，增加模拟高速公路、雨雾天、湿滑路、紧急情况处置等考试项目，提高了考试针对性和考试难度。

除第一次领取驾驶证的人以外，规定将增驾新取得大型客车、中型客车、牵引车等驾驶证的驾驶人一并纳入实习期管理。特别是大中型客货车驾驶人，实习期结束后要参加安全文明驾驶等知识考试，接受交通事故案例警示教育。

在驾驶证审验方面，规定大中型客货车驾驶人每年参加审验，但没有记分的可以免于审验，以鼓励驾驶人守法驾驶。

中型以上客货车、危险品运输车在高速公路、城市快速路行驶超速20%以上，或者在其他道路行驶超速50%以上，等行为记12分，以及疲劳驾驶载客汽车、危险品运输车记12分等记分项。

教员透过幻灯片的形式或者表格进行新旧交通法规的对比，让学员对本课的内容更了解、更清晰。

第二节　货运驾驶员安全驾驶行为规范

为了使货运驾驶员能够文明驾驶，安全驾驶，确保货物运输的安全，应该对货运驾驶员的行为进行规范，同时要加强对货运驾驶员的交通安全教育，提高驾驶员的交通安全驾驶意识。

一、行车前准备

（一）做好车辆的日常检查

认真做好车辆日常检查和维护，确保车辆的技术状况良好；保证车上消防等设施齐全有效。

（二）检查随车携带的证件

驾驶员出车前，要随身携带驾驶证、行驶证、道路运输证、从业资格证等有关证件。危险货物还应该携带“道路运输危险货物安全卡”以及遮盖、捆扎、防潮、防火、防毒等工、属具和应急处理设备、劳动防护用品。

二、普通货运的行车规范

（一）行车途中

（1）人货不得混载装运，货物性能相抵触或相互窜味或相互起反应作用的货物不得混装，不得私自装运和接载货物。

(2)车辆在行驶时应控制行车速度，严禁超速行车。尽量避免急刹车，不得高速转弯。

(3)车辆下坡行驶时，严禁熄火滑行，严禁脱档或踏离合器滑行。

(4)车辆行驶途中要随时查看各种仪表工作状态是否正常，查听发动机、制动系统、转向系统、底盘、轮胎有无异常声音和异味，发现有异常情况应按规定停车应立刻开启危险报警闪光灯，并设立警告标识并及时排除故障，严禁带“病”行驶。

(5)车辆行驶途中如遇到故障，应立即报告调度人员。

(6)车辆在行驶中驾驶员不准吸烟、闲谈、吃食物、接拨手机或做有碍安全行车的动作。

(7)驾驶员连续驾驶4h或者连续行驶300km的，要停车休息半小时以上，严禁疲劳驾驶。24h内实际驾驶车辆时间总计不超过8h。

(8)通过隧道、涵洞、立交桥时，要注意标高、限速。

(9)在运输途中一旦发生安全事故，无论事故大小首先应打“110”报警，同时迅速向调度人员汇报，并填写《交通事故记录》，不得擅自处理，更不允许隐瞒、谎报和逃逸。

(10)发生交通事故时驾驶员应立即停车，保护现场；造成人员伤亡的，驾驶员应立刻抢救受伤人员，因抢救受伤人员变动现场的，应设标记，等待交警到现场处理。

(二)运输完毕后的操作

(1)运输完毕后，及时将有关单据返还调度，并接受调度的检验。

(2)完成运输任务后，将车辆停放在指定地点，拉紧驻车制动，关闭车辆门窗，切断电源，取下车辆钥匙，检查车辆是否完好。

(3)检查车身、底盘、转向系统、传动系统、制动系统有无隐患和故障，发现异常情况及时送修理部门检修。

(4)冬天气温低于零度以下，检查冷却水并确保放尽(使用防冻液除外)。

三、危险货运驾驶员安全操作规程

危险货运驾驶员除了要遵守以上普通货运的安全驾驶规范外，还应做到：

车辆起步前，要先查看装卸人员是否下车，车辆周围有无障碍物，确认安全方可起步。

运输危险货物的车辆在一般道路上最高车速为60km/h，在高速公路上最高车速为80km/h，并应确认有足够的安全车间距离。如遇雨天、雪天、雾天等恶劣天气，最高车速不超20 km/h，并打开示警灯，警示后车，防止追尾。

运输过程中，应每隔2h检查一次。若发现货损如，丢失、泄漏等，应及时联系当地有关部门予以处理。

严格按规定的线路、时间、速度行驶，不得擅自改变运输作业计划。

装运易燃液体(如瓶、撬、罐)的车辆不准接近明火、高温场所。运输燃油的罐车内温度达到40度时，应采取遮阳或罐外冷水降温措施。

驾驶人员不得擅自离岗、脱岗。

运输危险货物的车辆发生故障需修理时，应及时向公司部门领导汇报，并选择在安全地点和具有相关资质的汽车修理企业进行维修。

运输过程中如发生交通事故而危及货物时，驾驶人员应立即向当地公安及有关部门报告，向公司部门相关领导汇报，并应看护好车辆、货物。当发生货物泄漏时，应共同配合公安、安检、环保、质检、消防等部门采取一切可能的警示、救援措施消除危害。

运输过程中遇有天气、道路路面状况发生变化，应根据所载危险货物特性，及时采取安全防护措施。遇有雷雨时，不得在树下、电线杆、高压线、铁塔、高层建筑及容易遭到雷击和产生火花的地点停车。若要避雨时，应选择安全地点停放。遇有泥泞、冰冻、颠簸、狭窄及山崖等路段时，应低速缓慢行驶，防止车辆侧滑、打滑及危险货物剧烈震荡等，确保运输安全。

认真履行国家《汽车危险货物运输规则》其他相关管理规定。

四、教学要求

在教学中，教员可以考虑采用事故案例的形式，列举一些驾驶员的陋习或者不良习惯导致的事故案例，引入本课。讲授时可以让学员列举一些好的驾驶规范和不好的驾驶习惯，通过对比，让学员清晰良好的驾驶规范对于自己、企业以及国家都是很重要的。

比如：指出图 1-8-2-1 中，导致事故的原因有哪些？我们应注意避免的是什么？在这个事故教学中，引导学员自己去挖掘事故的原因，然后根据学员的回答进行讲授和补充。

图 1-8-2-1　货运事故案例

第三节　货物运输安全生产操作规范

为了使货物运输更加规范，避免不必要的事故发生，有必要对货物运输的整个过程以及从业人员的安全生产操作进行规范。

本课内容主要从车辆和设备基本要求、运输规则、具体作业要求、从业人员、劳动保护、事故应急处理等几方面进行阐述。

一、车辆和设备基本要求

车辆安全技术状况必须符合《机动车运行安全技术条件》(GB 7258—2012)的要求。

车辆的技术状况必须符合规定的二级车况标准。车辆必须配置符合安全行驶的标志，并按规定使用。车辆车厢地板必须平整完好，周围栏板要牢固，各种装卸机械、工具，要有可靠的安全系数；卸货物的机械及工具，要消除产生火花的措施。根据装运货物性质的需要，必须配备相应的捆扎、防水和防散失等用具。运输车辆必须配备消防器材并定期检查、维护，发现问题应立即更换或修理。

二、运输规则

普通货物运输车辆严禁超范围运输。严禁超载、超限。运输不同性质货物，其配装必须按相关规定的要求执行。运输货物必须根据货物性质，采取对应的遮阳、控温、防爆。防静电、防火、防振、防水、防冻、防撒漏等措施。

运输货物时，必须采取防污染环境的措施，并遵守国家有关货物运输的管理规定。运输货物的车厢必须保持清洁干燥，不得任意排放、丢弃车上残留物；运输结束后被污染过的车辆及工具，必须按规范性的方法到具备条件的地点进行车辆清洗消毒处理。

夏季高温期间限制运输的货物，必须按有关规定执行。运输货物的车辆不得在居民聚集点、行人稠密地段、政府机关、名胜古迹、风景浏览区停车。如需在上述地区进行装卸作业或临时停车，必须采取安全措施。运输货物的车辆禁止搭乘无关人员。

三、具体作业要求

（一）通则

汽车运输必须符合汽车运输普通货物规则的规定。货物的装卸必须在装卸人员的现场指挥下进行。无关人员不得进入装卸作业区。进入货物装卸作业区必须遵守作业区规定。雷雨天气装卸时，必须确认雷电、防湿潮措施有效。

运输普通货物车辆在一般道路上最高车速为60kg/m，在高速公路上最高车速为80kg/m，必须确认足够的安全距离。如遇雨天、雷天、雪天、雾天等恶劣天气，最高车速为20kg/m，并打开示警灯，警示后车，以防追尾。

运输过程中要每隔2h检查一次。若发现货损，必须及时联系当地有关部门予以处理。驾驶员一次连续驾驶4h要休息20min以上，24h内实际驾驶车时间累计不得超过8h。运输普通货物的车辆发生故障需修理时，必须选择在安全地点和具有相关资质的汽车修理企业进行。禁止在装卸作业区内进行维修货物运输的车辆作业。

（二）出车前

运输普通货物车辆的有关证件、标志应齐全有效，技术状况必须为良好，并按照有关规定对车辆安全技术情况进行严格检查，发现故障必须立即排除。

检查运输危险货物的车辆配备的消防器材，发现问题必须立即更换或修理。根据所运货物的特性，随车携带好遮盖、捆扎等防失散工具，并检查随车灭火器是否完好，车辆货箱内不得有与易燃液体性质相抵触的残留物。装车完毕后，驾驶员要对货物的堆码、遮盖，捆扎等安全措施及对影响车辆起动的不安全因素进行检查后，确认无安全因素后方可起步。

（三）运输

驾驶员必须根据道路交通控制车速，禁止超速和强行超车、会车。运输途中尽量不进行紧急制动，转弯时车辆应该减速。通过隧道、涵洞、立交桥时，要注意标高、限速。运输过程中需要停车住宿或遇到无法正常运输的情况时，要向当地相关部门报告。

运输普通货物时，必须采取防止污染环境的措施，并遵守国家有关普通货物运输管理的规定。夏季高温期间限制运输的货物,必须按有关规定执行。驾驶人员不得擅自改变运输作业计划。

(四)装卸

装卸作业前,车辆发动机须熄火,并切断总电源。在有坡度的场地装卸货物时必须采取防止车辆溜坡的有效措施。货物的装卸作业必须在装卸管理人员的现场指挥下进行。

货物装卸完毕,作业现场要清扫干净。受到货物污染的车辆、工具必须按 JT 617—2004 中附录 E 规定的车辆清洗消毒方法洗刷和除污。货物的撒漏物和污染物必须送到指定地点集中处理。

装卸作业现场必须远离火种、热源。操作时货物不准撞击、摩擦、拖拉;装车堆码时,桶口、箱盖一律向上,不得倒置;集装货物要堆码整齐。装卸完毕,要罩好网罩,捆扎牢固。

四、从业人员

运输普通货物驾驶人员以及危化品运输驾驶人员、押运员、装卸人员必须持证上岗。从业人员必须了解所运货物的物的特征、包括使用特性、防护要求和发生事故和应急措施,熟练掌握消防器材的使用方法。

驾驶人员、押运员在运输途中应经常检查货物装卸情况,发现问题及时采取措施。驾驶人员不得擅自改变运输作业计划。

五、劳动保护

必须配备必要的劳动保护用品和现场急救用具;特殊的防护用品和急救用具由托运人提供。货物装卸作业时,必须穿戴相应的防护用具,并采取相应的人身保护措施;防护用具使用后,要按照要求集中清洗、处理。必须定期对从业人员进行健康检查和事故预防、急救知识的培训。货物一旦对人体造成伤害,必须立即进行现场急救,并迅速送医院治疗。

六、事故应急处理

一旦发生事故,公司启动应急预案,按预案措施救援和处理。

七、教学要求

本课主要是在货运整个过程中的安全生产规范的学习,教学时可以将学员分成几个小组,分别按车辆技术、从业人员、运输途中等几方面的操作规范搜集资料、讨论,然后进行交流和补充,教员根据情况再进行相应的讲述。

第四节　货物运输安全生产管理制度

安全生产是关系到国家、企业和人民群众生命财产的大事。作为货物运输的企业,更应该根据公司的实际情况,建立一套完善可行的安全生产管理制度,加强机动车和驾驶员的安全管理，消除各种隐患，防止行车事故的发生，提高运输的经济效益和社会效益。

货物运输安全生产制度至少应包含下列内容：安全生产职责、安全生产投入、文件和档案管理、隐患排查与治理、安全教育培训、危险物品及重大危险源管理、作业安全管理、相关方及外用工管理、职业健康管理、防护用品管理、应急管理、事故管理等。

一、管理机构及工作职责

确立企业的第一负责人为安全生产的主要负责人，负责安全生产的负责人为直接责任人，并成立相应的领导小组，明确领导小组的责任。建立健全安全管理机构，明确组成人员以及管理机构的责任。

安全管理机构职责范例：

××公司安全管理机构职责

1. 在主管安全负责人领导下，贯彻执行安全生产和劳动保护的方针、政策、法令、法规与条例标准。落实本企业安委会的计划、方针和管理目标，并及时汇报工作情况。

2. 协助做好安全生产宣传教育，培训工作和新工人、特殊工种作业人员的安全技术训练、考核、年审工作。

3. 对安全生产、文明操作及场容场貌、饮食卫生等进行检查，提高全体人员文明操作的意识和水平。经常深入现场检查安全、掌握安全生产情况，督促指导，纠正不安全行为和因素，预防、消除不安全隐患。

4. 对现场的安全隐患签发《整改通知单》对整改落实情况按着定人、定时间、定措施的原则，进行整改监督检查。按时复查、验收。

5. 做好年度安全工作计划、总结和《安全简报》等工作得编写发放，对现场和工作标准规范进行系统检查和评价。

6. 对违章指挥、违章作业、违反安全生产和劳动保护法规的行为或安全生产发生矛盾时，经说服劝阻无效，应暂停生产，消除隐患危险，提出合理意见，并及时向本企业领导汇报。

7. 负责编制安全（生产）管理保证体系，确保安全管理保证体系正常运转、实施。

8. 支持伤亡事故的调查，做好伤亡事故的统计，分析工作并逐级上报。

二、安全生产责任制

安全生产责任制主要指企业的各级领导、职能部门和在一定岗位上的劳动者个人对安全生产工作应负责任的一种制度，也是企业的一项基本管理制度。根据“管理生产必须管安全”的原则，安全生产责任制综合各种安全生产管理、安全操作制度，对生产经营单位和企业各级领导、各职能部门、有关工程技术人员和生产工人在生产中应负的安全责任加以明确规定。

安全生产责任制范例：

××公司安全生产责任制度

1. 认真贯彻执行“安全第一、预防为主”的方针，遵守国家法律法规和安全生产操作规程,守法经营,落实各级交通主管部门的安全生产管理规定,组织学习安全生产知识,最大限度地控制和减少道路交通事故的发生。

2. 货物运输经营者负责经营许可范围内的安全生产工作,是安全生产第一责任人,对安全生产工作负总责。

3. 聘请符合货物运输经营条件的驾驶人员,并与驾驶员签订安全生产责任书,将责任书内容分解到每个工作环节和工作岗位,职责明确,责任分清,层层落实安全生产责任制。

4. 积极参与各项安全生产活动,设立安全生产专项经费,保证安全生产工作的开展。

5. 落实事故处理"四不放过"的原则,即:事故原因不查清不放过;事故责任者没处理不放过;整改措施不落实不放过;教训不吸取不放过。

6. 建立营运车辆维护、检修工作制度,督促车辆按时做好综合性能检测及二级维护,确保车辆技术状况良好。

三、安全生产操作规程

安全生产操作规程,一般是指企业为保证本单位的生产、工作能够安全、稳定、有效运转而制定的,相关人员在操作设备或办理业务时必须遵循的程序或步骤。

安全生产操作规程范例:

××公司安全生产操作规程

1. 严格遵守公司安全生产法律法规及工作规范,严肃安全生产操作规程,落实各项安全生产工作制度,组织开展安全生产活动和安全知识学习,提高全员安全生产意识。

2. 对道路运输驾驶人员要求做到"八不",即:"不超载超限、不超速行车、不强行超车、不开带病车、不开情绪车、不开急躁车、不开冒险车、不酒后开车"。保证精力充沛,谨慎驾驶,严格遵守道路交通规则和交通运输法规。

3. 做好危险路段记录并积极采取应对措施,特别是山区道路行车安全,要做到"一慢、二看、三通过"。

4. 不运输法律、行政法规禁止运输的货物,法律、行政法规规定必须办理有关手续后方可运输的货物,应当按规定查验有关手续,符合要求的方可承运。

5. 保持车辆良好技术状况,不擅自改装营运车辆。

6. 做到反三违:不违反劳动纪律,不违章指挥,不违反操作规程。

7. 发生事故时,应立即停车、保护现场、及时报警、抢救伤员和货物财产,协助事故调查。

8. 采取必要措施,防止货物脱落、扬撒等。

9. 不违章作业,驾驶人员连续驾驶时间不超过 4 小时。

四、安全生产监督检查制度

安全生产监督检查制度是企业安全工作事先防范的重要制度。安全检查制度的执行对于发现和堵塞安全漏洞,消除不安全隐患,加强预防措施,落实单位的安全制度有着积极的推动作用,能在很大程度上降低事故的发生率。

安全生产监督检查制度范例:

××公司安全生产监督检查制度

1. 每月至少进行一次全面安全检查，重点检查安全生产责任制、规章制度的建立完善、安全隐患整改、应急预案、有关法律法规及会议精神的学习贯彻落实情况，并做好记录。

2. 做好出车前、停车后的准备、检查工作，确保行车安全，发现隐患要及时修复后方可出车。

3. 装货时严查超载和擅自装载危险品。

4. 不定期检查车辆的安全装置、灯光信号、证件。

5. 检查驾驶员是否带病或疲劳开车，是否违反安全生产操作规程。

6. 检查消防设施是否安全有效。

7. 建立安全生产奖惩制度，依制度进行奖惩。

五、驾驶员和车辆安全生产管理制度

范例：

驾驶员和车辆安全生产管理制度

为落实安全生产责任制，加强货物运输安全生产监督管理，遏制交通事故发生，须做到：

1. 对交通主管部门检查发现的安全生产隐患整改事项，按时逐项予以整改、落实。

2. 每月至少开展一次全面安全检查，发现存在安全隐患立即通知整改，并立即抓好落实，及时消除。

3. 驾驶员要定期做健康体检及心理的职业适应性检查。

4. 每趟次出车前，要对车辆的安全性能进行全方位检查，发现问题及时排除，不消除隐患不得出车。

5. 装载货物时，须检查超载及危险品等情况，确认无误后方可出车。

6. 要不定时检查驾驶员及车辆是否符合安全管理规定。

7. 车辆经检测、二级维护，查出的隐患要及时整改，整改不到位不得出车。

8. 定期对车辆和办公场所的消防器材、电路、车辆机件等进行自查自纠。

9. 对安全隐患不及时整改的责任者给予从严追究。

10. 建立健全安全生产事故隐患档案，吸取经验教训，举一反三，组织研究和探讨新技术应用。

六、安全教育培训制度

范例：

××公司安全教育培训制度

为了加强企业的安全管理，逐步提高管理人员的安全管理意识和驾驶员的安全操作技能，减少和避免发生道路运输事故，特制定安全教育培训制度。

第一条　企业的安全管理人员和机动车驾驶员每年都应参加安全培训学习。企业安全管理人员每年学习不少于12个小时,驾驶员每月不少于4个小时。

第二条　新上岗的普通驾驶员岗前安全培训不少于16个小时,经考核合格方可上岗。

第三条　企业的安全管理人员培训的主要内容有:国家安全生产的方针、政策、法律、法规、规章和标准;安全管理的基本知识、安全生产的专业知识;先进的安全管理经验等。

第四条　驾驶员安全教育培训的主要内容有:道路交通安全法、车辆安全技术规范、驾驶员的职业道德、驾驶车辆的安全操作规程、企业的安全管理规定、分析典型事故案例,吸取事故教训等。

第五条　严格培训纪律。参加安全培训学习的人员必须本人签到,不得迟到、早退。因故不能按时参加培训学习的,必须事前请假,事后补学。

七、事故隐患定期排查制度

范例:

××公司事故隐患排查治理制度

1. 目的和内容

1.1　为了建立公司安全事故隐患排查治理长效机制,加强事故隐患监督管理,防止和减少事故的发生,保障员工生命财产安全,制定本制度。

1.2　本制度规定了事故隐患分类、排查、报告、整改及奖励办法。

2. 适用范围

公司全体员工

3. 职责

3.1　公司主要负责人应对事故隐患排查和整改负全面的领导责任,应负责组织建立健全公司事故隐患排查治理的长效机制,保证安全资金的投入,逐步解决各类安全隐患。

3.2　按照"谁主管,谁负责"的原则,安全部门一把手为分管危险化学品经营的第一责任人,对本单位事故隐患的排查和整改负主要领导责任,每个职工对本岗位的事故隐患排查和整改负责,任何单位和个人发现事故隐患,均有权向公司安全部门、公司领导报告。

3.3　安督办负责对查出的事故隐患进行登记,按照事故隐患的等级进行分类,建立事故隐患信息档案,对各类隐患排查治理进行监督、检查、考核;负责对事故隐患报告奖励资金的汇总和发放等。

3.4　公司各职能部门按照职能分工对各自管辖范围内的事故隐患进行排查并监控治理。

3.5　财务处负责事故隐患报告奖励资金和事故隐患治理资金的落实。

3.6　生技处对隐患整改措施的可行性和合理性负责。

4. 事故隐患

4.1　事故隐患的含义:

本制度所称安全生产事故隐患(以下简称事故隐患),是指违反安全生产法律、法规、规章、标准、规程和安全管理制度的规定,或者因其他因素在经营活动中存在可能导致事故发生的物的危险状态、人的不安全行为和管理上的缺陷。

4.2 事故隐患的分类

事故隐患分为一般事故隐患、重大事故隐患。

5. 工作程序

5.1 组织机构

公司成立安全隐患排查领导小组，分别由公司董事长任组长，安全副总经理任副组长，各相关职能部门领导为成员。安全隐患排查领导小组办公室设在办公室，主要负责活动开展的日常管理工作。

5.2 隐患的排查与报告

5.2.1 按照“谁主管，谁负责”的原则，各处室应对各自管辖区域内按照公司《安全检查制度》中规定时间、内容和频次对隐患进行排查，及时收集、查找并上报发现的事故隐患，积极采取措施对隐患进行整改。

发现隐患一般采用逐级报告的方法，即员工报各部门、车间领导或安技员，各部门、车间报安督办，安督办对各类隐患进行登记分类。报告一般采用书面形式，特殊情况可采用口头报告。

5.2.2 在书面报告中，报告人要把隐患地点、事故隐患内容、拟采取措施建议、报告人姓名、报告接受人姓名、报告时间等写清楚，一式二份，一份交安督办，一份部门自己留底备查。（详见隐患报告登记表）

5.2.3 公司各处室进行的专业安全检查和各部门进行的安全检查中发现的事故隐患也应同时报告办公室进行登记备案。

5.3 隐患的整改和验收

5.3.1 各处室发现或接到员工事故隐患报告后，应立即按照处室隐患排查领导小组的职责分工组织本单位专业人员对隐患进行核实，并在24小时内做出书面整改意见。各部门自己能够解决的隐患应立即整改；需其他部门协助解决的，能自己联系解决的自己联系解决，不能自己联系解决的，应立即报办公室，办公室根据隐患的种类移交给相关职能部门，由各职能部门负责进行整改并且对隐患的整改进行全程跟踪监控。

5.3.2 对于重大事故隐患，由办公室提交公司，由公司主要负责人组织制定并实施事故隐患治理方案。在事故隐患治理过程中，事故隐患部门应当采取相应的安全防范措施，防止事故发生。安督办应进行监控。

5.4 档案建立

安督办应对各类人员查出的事故隐患进行登记，按照事故隐患的等级进行分类，建立事故隐患信息档案。

5.5 奖惩

5.5.1 报告隐患的数量和质量作为年终评先进的重要依据。

5.5.2 根据隐患的大小及其危害程度，对隐患发现者进行50～500元的奖励，奖励采用现金兑现，由办公室申报，董事长批准后实施。

5.5.3 各部门对员工上报的事故隐患，不整改或不上报的，一旦发现按情节严重对部门和相关责任人罚款200～500元。

5.5.4 对发掘事故隐患不力，而又发生事故的部门将按照公司《工伤事故管理规定》中罚款金额的两倍进行处罚。

5.5.5　发现了事故隐患因未及时整改，报告人也没继续上报而导致事故的发生，将对发生事故的部门按照《安全生产管理条例》中罚款金额的两倍进行处罚，对责任人将从重处理，报告人不承担责任。

5.5.6　对报告人特别是越级上报的人员，进行打击报复的或有此嫌疑的，一经查实报董事长处理。

6. 附则

本制度自批准之日起实施。

隐患报告登记表

序　号	隐患地点	事故隐患内容	拟采取措施建议	报告人签字	接收人签字	报告时间	整改情况

主管：　　　　　　　　　　　　　　　　　　　　　　　　制表：

注：此表一式二份，一份交安督办，一份部门留底备查。

八、货运车辆安全生产管理制度

范例：

货运车辆安全生产管理制度

1. 为了认真贯彻和落实国家有关安全管理的方针政策，驾驶道路运输管理工作，保障人民生命财产的安全，必须加强安全管理的工作。

2. 实行安全生产责任制，公司董事长为本公司安全管理的第一责任人，对安全工作负全面组织领导，管理责任。

3. 公司必须成立“安全生产领导小组，”由公司主要领导牵头，分管领导为主要成员，负责执行公司的安全管理职能。

4. 公司按“谁主管，谁负责”的原则，明确安全责任。

5. 坚持“安全第一，预防为主”的方针，采取防消结合的方法，消除隐患，防止事故发生，把安全工作的重点放在以预防上来。

6. 不断加强制度建设，针对客观的形势和条件，及时研究，修定制度，使各项管理制度常处于完善，适应和较高水平。

7. 建立安全生产责任制，安全事故责任制，安全监督检查制度等责任制，逐步形成制度体系。

8. 经常性，多样性，广泛的开展安全宣传教育活动，灵活的宣传安全知识，推广先进管理经验分析典型案例，通报违章事故，提高大家对安全重要性的认识。

9. 建立安全工作例会与安全活动日制度，开会必须讲安全，布置检查工作有安全内容。

10. 开展面对面的宣传教育，公司领导利用协助处理事故的机会，了解车辆手续，业务人员利用车主、驾驶员来公司的机会，了解安全情况，宣传安全生产的政策法规，引导他们学习报纸杂志，灌输安全思想。

11. 加强对驾驶员队伍的管理，建立一支技术精良，本领过硬，安全意识强，防范方法好，遵纪守规的驾驶队伍。

12. 按照事故"四不放过"的原则，对各类违章和事故，事故责任未查清不放过，当事人和有关人员未受安全教育不放过，没有整改措施不放过。

13. 因工作不负责任、渎职，或者违反有关规定，造成不安全事故，给人民生命财产带来损失的，必须负担事故责任和经济损失，构成犯罪的依法追究其刑事责任。

九、事故应急预案

（一）交通事故应急预案范例

交通事故应急预案

1. 发生交通事故，当事人应立即进行自救，并报警。拨打电话：122（交警）、119（消防）、120（急救），应简明讲清事故地点、伤亡、损失等情况，以及事故对周围环境的危害程度，保护现场，抢救伤员，保护货物财产并通报运输经营者与保险公司。

2. 当事人应立即切断车辆电源总开关，使用消防器材，布置好安全警戒线，应果断处置，不要惊慌出错，避免造成更大的灾害。

3. 对伤者的外伤应立即进行包扎止血处理，发生骨折者应就地取材进行骨折定位，并移至安全地带，对死亡人员也应移至安全地带妥善安置。积极协助120救护人员救死扶伤，避免事故扩大化，把伤害减至最低程度。

4. 保护好自身的安全，积极配合交警、消防等部门进行救护并做好各项善后工作。

5. 发生一次死亡3人以上的运输事故，应在2h内报告当地交通主管部门。

（二）自然灾害、突发性事件应急预案范例

自然灾害、突发性事件应急预案

1. 做好应急运输保障工作，在发生自然灾害、突发性事件时，要服从县级以上人民政府或者交通主管部门的统一调度、指挥。

2. 报告：遇有自然灾害、突发性事件发生，应立即在最短时间内逐级向交通主管部门报告（在异地遇有自然灾害、突发性事件的应同时向当地人民政府和交通主管部门报告）。

3. 车辆：投入应急运输车辆使用年限不超过5年，并经检测合格的在用车；车辆运行单程在500公里以上必须配备2名驾驶员，每位驾驶员连续驾驶时间不得超过3h。

4. 人员：参运人员年龄在20至50岁之间，符合道路运输经营条件的驾驶人员，且技术过硬、作风正派、身体健康。

5. 接受应急运输任务后，运输车辆、人员必须整合待命，在规定时间内到达指定地点集合，且必须由道路运输经营者亲自带队。

6. 执行应急运输任务时，运输车辆及参运驾驶人员要遵守应急预案的有关规定，服从交通主管部门的统一调度、指挥，遇事主动请示、汇报，协调解决好各项工作事务。

7. 完成应急运输任务后，必须向各有关部门汇报任务完成情况，及时做好车辆维护、保修，总结经验，提高应急应变能力和处置能力。

8. 根据应急运输保障工作的需要，做好相关应急物资的储备，完成交通主管部门交给的其他运输任务。

十、教学要求

教学中，教员首先讲述货物运输安全生产管理制度包含的范畴、内容，布置学员按照安全管理制度的范畴，根据自己所在单位的实际拟定其中一份安全生产管理制度，然后把学员分成小组讨论修改，讲员从中抽取一份制度参照本课所列举的范例讨论评点。

第五节 货物运输事故典型案例分析

事故典型案例分析主要包含几个方面的内容：事故性质的认定、事故责任的划分，事故教训、整改措施以及事故致因理论等。

一、事故性质的认定

事故性质的认定包括：事故类型分析、事故原因分析、事故责任分析、事故性质的认定（责任事故、非责任事故）、事故经济损失分析等。

（一）事故责任分析

事故责任分析是在事故原因分析的基础上进行的，查清事故的原因，是确定事故责任的依据。进行责任分析的目的是使责任者、相关单位和人员吸取教训，改进工作。

事故责任分析应该注意：区分事故的责任，确定事故的责任者。

（二）事故责任分类

1. 直接责任者

指其行为与事故的发生有直接关系的人员。

2. 主要责任者

指对事故的发生起主要作用的人员。

下列情况负直接责任或主要责任：

（1）违章指挥或违章作业、冒险作业造成事故的；

（2）违反安全生产责任制和操作规程造成事故的；

（3）违反劳动纪律、擅自开动机械设备、擅自更改拆除、毁坏、挪用安全装置和设备造成事故的。

3. 领导责任者

指对事故的发生负有领导责任的人员。

下列情况负领导责任：

(1)由于安全生产责任制、安全生产规章和操作规程不健全造成事故的；

(2)未按规定对员工进行安全教育和技术培训，或未经考试合格上岗造成事故的；

(3)机械设备超过检修期或超负荷运行或设备有缺陷不采取措施造成事故的；

(4)作业环境不安全，未采取措施造成事故的；

(5)新建、改建、扩建工程项目的安全设施，未与主体工程同时设计、同时施工、同时投入生产和使用造成事故的。

(三)事故性质认定的依据和要求

事故性质认定的依据是根据事故调查的结论，对照我国《安全生产法》、《生产安全事故报告和调查处理条例》等有关法律、法规，对事故责任人进行处理，落实防范重复事故发生的措施，实现贯彻“四不放过”的原则要求。

1. 实事求是、尊重科学的原则；

2. “四不放过”的原则；事故原因没有查清楚不放过，事故责任者没有受到处理不放过，群众没有受到教育不放过，防范措施没有落实不放过。

3. 公正、公开的原则（在一定范围内公开，能引起全社会对安全生产工作的重视；能使较大范围的干部群众吸取事故的教训；有利于挽回事故的影响）。

4. 分级分类调查处理的原则。

二、事故典型案例分析

“10.23”特别重大爆炸事故

2004年10月23日，一辆运载雷管的解放牌汽车在山东省平度市洪山乡发生爆炸。事故发生后，有关部门迅速赶到事故现场，组织抢救人员，保护和勘察现场，维护社会治安和交通秩序，并为稳定受灾群众的情绪做了一切必要的工作。之后相关部门组织了联合调查组，于11月12日至19日对这起特别重大爆炸事故进行了调查。

1. 事故经过

2004年10月23日13时40分左右，西安庆华电器厂一辆装载105万枚(7500枚×140箱)工业8#纸壳火雷管的解放牌CA—141型载货汽车，沿309国道由西向东行驶至230km+192m处的山东省平度市洪山乡政府驻地附近发生爆炸。造成死亡5人，受伤95人(其中重伤6人)，直接经济损失约826万元。爆炸处地面形成一个东西长6m、南北长5.6m、深度约1.9m的爆坑。爆炸冲击波对周围13个村庄造成不同程度的破坏，爆点附近公共建筑、民用住宅遭到严重破坏，洪山乡当地交通、通信、供电中断，给当地人民的生命财产造成巨大损失。

这起爆炸事故总爆炸当量约为1.045tTNT。在距爆点500m处，爆炸冲击波强度为2.0kPa。根据防爆规范，在半径580m范围内，对一般民用建筑可造成倒塌至轻度受损的不同程度的破坏，由于当地民用建筑结构强度较低，实际受损程度和破坏范围要比国家防爆规范计算值严重。

2. 事故原因

西安庆华电器厂运送雷管车的司机无道路危险货物运输操作证，雷管箱装载高度违反爆炸器材的运输规定，违章搭乘无关人员，违反运输爆炸物品经过人烟稠密的城镇，应事先通知当地公安机关等一系列违反规章行为，这是酿成这起特别重大爆炸事故的重要原因。超高装载、押运人员离位、运输中雷管箱坠落到车厢底部而引起爆炸，是导致这起爆炸事故最大可能的直接原因。至今尚未发现引起这起爆炸事故的其他直接原因。

3. 事故的责任

“10.23”特别重大爆炸事故是一起责任事故。西安庆华电器厂应对这起事故负责。对造成事故的西安庆华电器厂有关责任者的处理，建议监察部协助兵器工业总公司做进一步调查并处理。

4. 事故教训

这次爆炸事故暴露出在民用爆炸物品购销和运输等环节中存在的许多问题，教训极为深刻。

(1)购销双方违反民爆器材管理条例，私订民爆物品供需合同，不按公安部门审批的运输要求，更改雷管运送数量，为发生爆炸事故埋下了隐患。

(2)西安庆华电器厂民用爆破器材运输安全管理工作薄弱，驾驶人员无危险运输操作证，雷管装运违反国家规定，无人严格监督等一系列疏于管理的违反规章行为，导致了事故发生的必然性。

(3)栖霞县公安部门在批准运送民用爆炸物品时，未能严格审查订货合同，使非法购销民爆产品得以运送。西安市公安局在过期的运输雷管证上，未征得发证机关同意，延长运输证有效期，都不符合规定。

5. 预防措施

(1)民用爆炸物品的生产、购销、运输、保管、使用等各个环节要严格执行国家有关规定，并且完善、落实各项规章制度。

(2)作为民用爆炸物品的安全管理和监督部门都必须严格把关、严格执法。

(3)当前，民用爆炸物品购销、运输等一些环节上出现混乱状态，建议对“民爆”等条例进行修订或以其他方式加以补充。

三、教学指导

本课主要讲述在货物运输事故典型案例分析，在讲授之前需要让学员清楚为什么要进行事故案例分析，案例分析包含哪些组成部分。教员透过对本课所列举案例进行剖析，也可以用自行收集的案例分析。然后展示一个案例，让学员自行讨论和分析，最后集体评讲。

案例：

2012 年 6 月 29 日 4 时 20 分左右，湖南省株洲市茶陵县盛兴物流有限公司一辆号牌为湘 B83393 的重型半挂油罐车行驶至广州市沿江高速公路南岗段夏港入口附近，临时停靠在道路外侧车道和应急车道中间时，被一辆号牌为湘 L66215 的个体经营货车从后防追尾碰撞，引发交通事故。事故造成油罐车（载重 40t）所载溶剂油泄露，并顺着高速公路排水管流至桥底排水沟，遇火源引起起爆燃，大火迅速引燃桥下一露天木材加工场堆放的木板及临时搭建的工棚，致使木材加工场近千平方木屋顶被掀飞、坍塌，数十辆货车、小车全部被焚毁，造成 20 人死亡，31 人受伤，其中 16 人重伤。

请对以上案例进行事故案例分析。

第六节　道路运输生产事故应急救援知识

作为道路运输行业，必须不断完善安全生产事故应急救援管理工作，建立完善应急管理体制和机制，迅速、有序、高效地组织道路运输安全生产事故的应急救援处置行动，最大限度地减少道路运输事故造成的人员伤亡、财产损失、环境和社会影响，保护人民群众生命财产安全。

一、道路运输生产事故应急救援的内容

（一）基本原则

坚持科学规划、全面防范、快速反应、统一指挥、分级负责、协同应对、措施果断、局部利益服从全局利益的原则。

（二）适用范围及工作原则

预案适用于发生道路运输事故和道路运输事故险情，需要联合相关部门共同实施救援和处置的重大道路运输事故。

1. 以人为本，减少损失

在处置重大道路运输事故时，坚持以人为本，把保护人民群众生命、财产安全放在首位，把事故损失降到最低限度。

2. 预防为主，常备不懈

贯彻落实“安全第一、预防为主”的方针，坚持事故处置与预防工作相结合，落实预防道路运输事故的各项措施，坚持科学规划、全面防范。

3. 快速反应，处置得当

建立应对重大道路运输事故的快速反应机制，快速反应，快速得当处置。

（三）指挥组织体系

1. 领导小组

成立突发道路运输事故应急救援领导小组，领导小组负责组织实施道路运输事故应急救援工作。按照“统一指挥、分类负责”的原则，明确职责与任务，开展道路运输事故应对工作。

领导小组组成：

组长：×××；

副组长：××、×××；

成员单位:安技部、运管部、市场部、综合部、财务部。

2. 领导小组职责

统一领导单位道路运输事故应急救援有关工作。负责监督指导各部门落实道路运输管理机构制定道路运输事故应急救援预案,负责参加重大道路运输事故抢救和调查,负责评估应急救援行动及应急预案的有效性。负责行政主管部门的应急救援其他事项。

道路运输事故发生后,领导小组组长或指派副组长和其他成员赶赴事故现场指导和协调进场施救。

3. 现场处置机构

道路运输事故发生后,根据道路运输事故严重程度、涉及范围和应急救援行动的需要,设立现场救援指挥部。参与现场应急处置行动的相关部门和人员,在现场救援指挥部的统一指挥下,实施现场应急救援和处置行动。

(四)事故分级

根据道路运输事故严重程度、涉及范围等,划分为:特别重大道路运输事故(Ⅰ级)、重大道路运输事故(Ⅱ级)、较大道路运输事故(Ⅲ级)、一般道路运输事故(Ⅳ级),并依次采用红色、橙色、黄色、蓝色来加以表示。

1. 特别重大道路运输事故(Ⅰ级)

Ⅰ级甲类:一次事故死亡30人以上,或造成直接经济损失500万元以上的道路运输事故。

Ⅰ级乙类:指一次死亡10人以上,30人以下,死伤50人以下或造成直接经济损失100万元以上。

2. 重大道路运输事故(Ⅱ级)

Ⅱ级甲类:指一次死亡5人以上,死伤25人以下或造成直接经济损失100万元以下。

Ⅱ级乙类:指一次死亡3人以上,死伤20人以下或造成直接经济损失80万元以下。

3. 较大道路运输事故(Ⅲ级)

指一次死亡2人,及死伤10人以下或造成直接经济损失50万元以下;虽未达到Ⅰ级、Ⅱ级及前述内容,但已使客车遇险,造成较大影响的各类险情。

4. 一般道路运输事故(Ⅳ级)四级

指一次事故死亡1人及死伤5人以下或造成直接经济损失20万元以下。

(五)事故报告

1. 报告内容

(1)基本情况:事故及险情发生的单位或车辆牌号(设施名称)、涉及人员、时间、地点及事故现场情况;

(2)简要经过:事故及险情简要经过、伤亡人数、车辆毁坏情况;

(3)经济损失估计:事故及险情的直接经济损失的初步估计;

(4)原因判断:事故及险情发生原因的初步判断;

(5)控制情况:事故及险情发生后采取的应急救援措施、处置以及事故控制情况;

(6)相关情况:其他需要报告的问题,如车型、车况、核定人(吨)数、实载人(吨)数、经营线路，或货物名称等；

(7)报告联系：事故报告人、报告时间及联系方式。

2. 报告程序及要求

(1)特别重大、重大道路运输事故（Ⅰ、Ⅱ级）

发生事故后，有关人员必须采取措施抢救伤员，并迅速向公司报告。公司在接到事故报告后1h内按照事故报告的内容和要求，将所发生的事故情况报告所属地县（市、区）道路运输管理机构。

(2)较大、一般道路运输事故（Ⅲ、Ⅳ级）

发生事故后，有关人员必须及时采取措施抢救伤员，并迅速向公司报告；公司在接到事故报告后2h内按照事故报告的内容和要求，将所发生的事故情况报告属地县（市、区）道路运输管理机构。

（六）应急预案启动条件

当事故符合Ⅳ级及以上时，即启动应急救援预案。

（七）应急响应

1. 驾驶员、乘务人员应急处理方案（现场处置方法）

(1)立即停车。凡发生道路运输事故，都要立即停车。

(2)立即抢救。停车后应首先检查有无伤亡人员，如有受伤人员，应立即施救并拦截过往车辆，送就近医院抢救；如伤员身体某部位被压或卡住，应立即设法将伤员救出，同时应标出事故现场位置。

(3)现场保护。保护现场的主要内容：肇事车的停位、伤亡人员的倒位、各种碰撞碾压的痕迹、刹车拖痕、血迹及其他散落物。

(4)保护方法。寻找现场周围石灰、粉笔、砖石、树枝、木杆、绳索等便利器材，采取措施，积极施救。因抢救伤员需要搬动现场物品的，应如实记录并标明位置。设置保护圈，阻止、劝导无关人员和车辆进入或绕道通行。

(5)及时报案。在抢救伤员、保护现场的同时，应及时直接或委托他人向当地公安部门、交通主管部门及保险公司报案，然后向本公司领导报告。报告内容如下：肇事地点、时间、报告人的姓名、住址及事故的死伤和损失情况。交通警察和应急救援人员到达现场后，要服从组织指挥，主动如实地反映情况，积极配合现场勘察和事故分析等工作。

2. 指挥与协调

(1)启动预案

发生道路运输事故后应急救援领导小组应立即核实和确认，将情况报告上级行政主管单位并提出启动本预案，研究部署应急处置工作并联络相关部门启动应急救援预案。立即与保险公司取得联系，告知事故情况。

(2)赶赴现场

应急救援领导小组组长或指派其他成员，立即亲自带领有关人员和专家赶赴现场，参与现场指挥和处置工作。

(3)通信联系

开通与现场救援指挥部、各应急行动组的通信联系,随时掌握事故应急处置进展情况。

(4)保障措施

根据事态发展和应急处置工作进展情况,进一步落实抢救人员、抢救设备、设施,确保抢救工作有效进行。

(5)协调配合

政府及相关部门组成指挥部时,公司道路运输事故应急救援领导小组派出的救援人员积极配合,相互协调,服从指挥部的统一领导。

3. 现场施救

应急救援人员到达现场,快速、果断地进行现场施救,全力控制事故态势,防止事故扩大。

(1)伤员抢救

在医疗部门人员到达现场之前,事先到达事故现场的应急救援人员(或事故中未受伤人员)应当按照救护操作规程,对伤情危急的伤员进行止血、包扎等紧急处置。急救、医疗部门人员到达现场后,由急救、医疗人员组织抢救受伤人员,突发道路运输事故应急救援领导机构要组织人员,积极协助运送伤员。

(2)现场保护

应急救援人员要注意保护现场痕迹物证,固定相关证据,因抢救伤员需要搬动现场物品的必须如实记录并标明位置。

(3)救护医疗

受伤人员由当地政府落实卫生行政部门负责组织开展紧急医疗救护和现场卫生处置工作。必要时由突发道路运输事故应急救援领导机构应急救援人员及时帮助,或者协调医疗救护,包括医疗专家、特种药品和特种救治装备的救助支援,组织现场卫生防疫有关工作。

(八)应急救援结束处置

1. 救治和善后处理

及时开展对事故中伤亡人员的救治和事故善后处理工作,对紧急调集、租用的人力物力按照规定给予补偿,恢复当地的社会秩序,及时会同保险公司开展道路运输事故理赔工作。

2. 事故调查

公司应积极组织自查并配合政府相关部门做好事故的调查工作。

(1)一般道路运输事故(Ⅳ级)和较大道路运输事故(Ⅲ级)由相关市、县(区)级道路运输管理机构参与当地政府组成的事故调查组进行调查。

(2)Ⅰ级乙类和Ⅱ级事故按规定,由省级道路运输管理机构参与省政府组成的事故调查组进行调查。

(3)Ⅰ级甲类事故按规定,由国务院派出事故调查组进行调查,省政府和有关部门,以及相关市、县(区)政府和有关部门配合调查。

(4)调查要求。事故调查按照国家有关法律、法规、规章进行调查、处理,依据有关标准对事故损失作出评估,对责任人员做出处理。

(5)提出整改。对道路运输事故中暴露出来的有关问题,提出整改措施,督促相关部门尽快消除隐患,修改完善预案,防止事故重复发生。

（九）应急保障体系

1. 应急处置专业队伍建设

建立健全应急处置专业队伍。完善应急救援专业队伍的管理机制,落实应急处置专业人员,并加强对应急处置专业人员的专业技能教育培训。

2. 建立健全应急资金保障制度

建立健全和落实应急处置专项预备金制度,将应急机制建设经费列入年度财务预算,支持应急机制建设和保障应急处置工作。按照现行事权、财权划分原则,分级负担处置突发公共事件所需的经费。充分发挥保险在经济补偿、恢复重建和社会稳定方面的作用。

3. 加强通信信息报告

利用现代信息技术,加强对突发事故有关信息的收集、风险分析判断和持续监测。建立准确、及时、快速的突发事件监测、预测和预警工作机制。公布应急救援领导小组办事机构抢救人员电话,保证准确、及时报送信息,不得瞒报、缓报和谎报。信息的发布要及时、准确、客观、全面。

4. 治安维护

突发事应急救援组织要及时联络公安、交警、武警按照有关规定,争取他们参与应急处置和治安维护工作。要加强对重点地区、重点场所、重点人群、重要物资和设备的安全保护,依法采取有效管制措施,严厉打击违法犯罪活动。必要时,可向当地相关部门要求,动员民兵预备役人员参与控制事态,维护社会秩序。

（十）预案演练

突发道路运输事故应急救援领导小组应当定期组织应急预案演练。编制演练方案,明确演练的课题、队伍、内容、范围、组织、评估和总结等。演练要从实战角度出发,切实提高应急救援能力,深入发动和依靠职工,普及运输安全知识和技能。

（十一）奖励与责任

1. 总结评估

突发道路运输事故应急救援领导小组对各单位应急行动的结果、职责履行、组织、行动、平时准备等情况进行评估,并做好有关统计、汇总工作。检查应急预案可行性及需完善、补充的项目,应急行动评估报告于应急响应行动结束后3日内报上级行政主管部门。

2. 表彰奖励

对在实施道路运输重大道路运输事故应急救援和处置行动中反应迅速、表现突出、处置果断、决策正确的部门和个人,依据相关规定给予表彰奖励。

3. 责任追究

因玩忽职守、贻误时机造成严重后果的,依据有关法律法规和规定,追究有关责任人的责任。

（十二）经费开支

应急救援所发生的经费结算。应急救援所发生的经费由公司纳入预算,应急救援结束后，被租用物资、交通工具的单位或个人应提交征用情况报告，主要内容包括：被征用的时间、地点、日程记录或行驶日志摘录；投入的人力、设备、车辆、材料等的数量、单价、计算方法；相应的物资管理费、交通费及其他有关费用；其他有关证据和证明材料。被征用单位不能提交上述材料的，按征用的记录经公司道路运输应急救援领导小组审查后报财务部列支，按规定给予补偿。

（十三）处理援救应急信息咨询电话

应急救援领导小组成员联系电话：

组　长：×××，联系电话：××××××××××××；

副组长：×　×，联系电话：××××××××××××；

成　员：×　×，联系电话：××××××××××××；

×××，联系电话：××××××××××××；

×××，联系电话：××××××××××××。

二、教学指导

本课主要讲述在道路运输生产事故应急救援知识，在讲授时要让学员清楚道路运输生产事故应急救援包含哪些内容。教员可以继续列举一个应急救援预案的例子，让学员课后自行编制一个类似的救援预案。

应急救援预案案例：

××集团×县运输公司道路运输安全生产事故应急处理预案

第一章　总　则

1. 编制的目的

为建立积极有效的道路运输安全生产事故处理指挥机制，对发生的道路运输事故作出迅速反应，避免事故的蔓延和扩大，最大限度地预防和减少事故造成的人民生命损害和财产损失，结合我司道路运输现状，特制定本预案。

2. 编制依据

《安全生产法》、《国务院有关部门行业单位制定和修订突发公共事件应急预案框架》

3. 事故分级分类

本预案所指重大死亡事故为：一次事故造成死亡（失踪）3人（含）以上9人（含）以下。

本预案所指特大死亡事故为：一次事故造成死亡（失踪）10人（含）以上29人（含）以下。

本预案所指特别重大事故为：

（1）一次事故造成死亡30人（含）以上或直接经济损失500万元（含）以上的事故；

（2）道路运输车辆发生的重大火灾事故；

（3）涉及旅客集体中毒事件；

（4）涉及外籍人员（包括港、澳、台）死亡的运输事故；

（5）发生危险化学品（包括剧毒、放射、爆炸品等）运输翻车或泄漏，需对事发地周边人员进行紧急疏散的事故；

(6)客运站场发生重大火灾事故；

(7)各类险情、事故虽未达到上述标准，但已造成较大影响或易引发其他事端的；

(8)其他性质严重、产生重大影响的事故。

4. 适用范围：本预案适用于我司道路运输企业安全生产事故。

5. 工作原则

“加强预防、快速反应”的原则。增强忧患意识，坚持预防和应急相结合，建立健全快速反应机制，迅速果断处置各类事故，最大限度地减少危害和影响。

“以人为本、损益合理”的原则。以保障公众健康和生命安全为首要任务，事故发生后，首先开展抢救人员行动。在多种处置措施中，应选择对公众利益损害较少的救援措施。

第二章　组织体系及运行机制

1. 领导机构

为了保障道路运输过程中人民生命财产的安全，在出现安全生产事故时，确保及时进行应急救援，最大限度地减少损害和损失，成立××集团×县公司道路运输安全生产事故应急领导小组。

××集团×县公司道路运输安全生产事故应急救援领导小组名单

姓　名	岗　位	应急职务	工作职责	手机号码
张××	公司经理	组长	主持全面工作	137××××××××
吴××	公司安全助理	副组长	应急救援协调指挥工作	138××××××××
岳××	公司	副组长	应急救援协调指挥工作	137××××××××
任××	公司	成员	参与应急救援	137××××××××
尤××	公司	成员	参与应急救援	134××××××××
王××	公司	成员	参与应急救援	139××××××××
武××	公司	成员	参与应急救援	133××××××××

2. 指挥机构和工作机构

当发生道路运输安全生产事故时，以××集团×县公司道路运输安全生产事故应急救援领导小组为基础，设立事故现场工作小组，成立应急救援指挥部，按事故等级和事故发生地实施分级指挥。发生重大死亡事故时，在县政府和县交通局会同县运管所的统一指挥协调下参与应急救援工作。发生特大死亡事故和特别重大事故时，由县政府负责应急指挥，并协调各相关部门组成若干工作组，做好事故应急处置工作。

3. 指挥体系及工作职责

领导小组下设应急救援工作小组，根据事故等级成立相应的事故救援指挥体系，组长和总指挥由张××担任，副组长和副总指挥由吴××担任，如有特殊情况总指挥不能到位的，由副总指挥吴××代任。工作小组组长由工作小组成员分别担任，处理事故现场指挥由张××任命。

各组织机构职责：

领导小组：组织制定应急救援方案，开展应急救援工作；根据事故处理的进展，及时调整、修订和补充应急方案；做好稳定社会和伤亡人员的善后和安抚工作。

工作小组：履行救援职责、做好信息汇总和综合协调职能，负责接受和办理领导小组紧急事项，督促落实领导小组的有关决定，协调有关部门的援助工作。

指挥部（为非常设机构）：负责发布和解除应急救援命令、信号，组织指挥救援队伍实施救援行动，汇报和通报事故的有关情况，根据事故情况，可以临机决断，控制事态发展，进行事故现场调查取证，总结应急救援经验等。

4. 运行机制

各单位当接到事故报告时，应及时、主动、有效地进行处置，控制事态，同时将事件和有关先期处置的情况按规定向上级领导小组报告。根据事故发展态势，领导小组视情决定赶赴现场指导，组织救援工作。

发生重大死亡事故及以上的事故，具体救援工作程序如下：

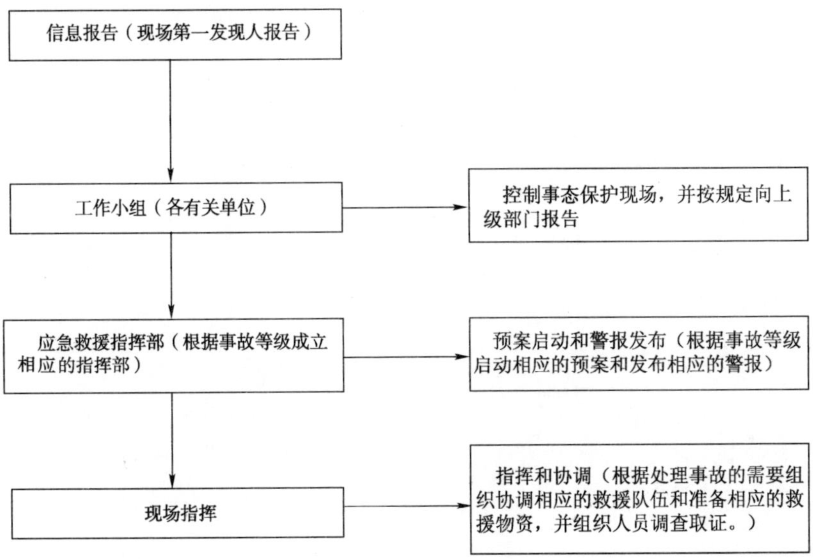

第三章　保障措施

1. 应急救援网络

安技科应掌握公司范围内运输车辆、驾驶员状况，并确保信息渠道畅通，建立相应的应急救援网络，以便在需要时能迅速响应。

应急救援联络电话。运政部门：××××××××；公安：110、122；消防：119；医院：120。

2. 应急处置工作纪律

各领导和相关人员在发生重特大道路运输事件时，必须按规定立即赶赴现场按各自职责开展应急处置工作，服从统一指挥。如违反规定造成后果的，将依据《××省交通运输安全督察办法》及有关法律、法规、总公司相关制度严肃处理。玩忽职守，造成应急处置工作重大失误触犯法律的，移交司法机关处理。

第四章　附　　则

1. 存在重大危险源的道路运输经营单位，需单独制定重大危险源的专项应急预案及实施方案。在发生安全生产事故时，应首先启动该专项预案，并做好及时上报工作。

2. 本预案若与上级有关法律法规相冲突的，以法律法规为准，并作相应修改。

3. 本预案在实施过程中发现问题，由领导小组进行调整修订。

4. 本预案自公布之日起施行。

二〇一一年二月十六日

第二篇

专业知识应用

第一章　教学准备

第一节　编写货运驾驶员从业资格培训专业知识应用教案和教学实施计划

一、道路运输从业资格培训

货运驾驶员从业资格是道路运输从业资格的一个类别，货运驾驶员从业资格证是通过交通部门道路运输有关知识、技能考试合格后核发的一种证件。也是一种通过职业驾驶等活动而获取报酬的一种资质。

交通部1995年发布《汽车驾驶员培训行业管理办法》（1995年3月27日交通部交公路〔1995〕246号发），其中第七条规定，“汽车驾驶员培训分为职业驾驶员培训和非职业驾驶员培训”，并指出“职业驾驶员是指以驾驶机动车为职业的驾驶员，其培训目标，除达到具有驾驶员资格技术要求外，还应达到道路运输有关知识和技术业务要求”。全国各省均制定地方法规，以《上岗证》或《准驾证》的名义开始营运驾驶员培训。

1999年交通部发布《中华人民共和国营业性道路运输机动车准驾证管理规定》（1999年6月25日经第八次部长办公会议通过，并予发布，自1999年10月1日起施行），这是全国统一的营运驾驶员准驾证的规定。由于不够成熟，再加上我国加入世贸组织，所以本规定还没来得及执行，又于2001年发布了《营业性道路运输驾驶员职业培训管理规定》（中华人民共和国交通部令2001年第7号，2001年9月6日经第8次部分会议通过，自2002年7月1日起施行）。

2002年起开始按照当时发布的培训大纲、考试大纲开始培训、考试营运驾驶员从业资格。分为旅客运输、货物运输、危险货物运输三类。到2007年已经形成了制度。

2006年交通部发布《道路运输从业人员管理规定》〔交通部9号令〕（2006年9月5日经第11次部务会议通过，并予公布，自2007年3月1日起施行）。之后先后发布了道路客货运输驾驶员、道路危险货物运输从业人员资格培训、考试大纲。至此，我国道路运输从业资格考试体系已经基本形成。

二、经营性道路货物运输驾驶员应当符合的条件：

（1）取得相应的机动车驾驶证；

（2）年龄不超过60周岁；

（3）掌握相关道路货物运输法规、机动车维修和货物装载保管基本知识；

（4）经考试合格，取得相应的从业资格证件。

三、道路运输从业资格考试制度

国家对道路运输从业人员实行从业资格考试制度，从业资格是对道路运输从业人员所从事的特定岗位职业素质的基本评价。《道路运输从业人员管理规定》第六条规定：经营性道路客货运输驾驶员和道路危险货物运输从业人员必须取得相应从业资格，方可从事相应的道路运输活动。

《道路运输从业人员管理规定》要求，道路运输从业人员从业资格考试应当按照交通部编制的考试大纲、考试题库、考核标准、考试工作规范和程序组织实施。经营性道路客货运输驾驶员从业资格考试由设区的市级道路运输管理机构组织实施，每月组织一次考试；道路危险货物运输从业人员从业资格考试由设区的市级人民政府交通主管部门组织实施，每季度组织一次考试；机动车维修技术人员从业资格考试由设区的市级道路运输管理机构组织实施，每季度组织一次考试；道路运输经理人和机动车驾驶培训教练员从业资格考试由省级道路运输管理机构组织实施，每年组织两次考试。

四、道路货物运输驾驶员从业资格培训教学大纲

2012年12月10日交通运输部印发《道路旅客运输驾驶员和道路货物运输驾驶员从业资格培训教学大纲的通知》（交运发〔2012〕687号）规范了培训行为，严把培训质量关。

大纲的专业知识应用部分，如表2-1-1-1所示。

道路货物运输驾驶员从业资格培训教学大纲（专业知识应用部分）　　表2-1-1-1

教学项目	教学内容	教学目标	学时
			8
车辆安全检视	出车前检查	掌握货车车辆外观、发动机舱、驾驶室内部及发动机启动后的安全检视内容和方法	1
	行车中、收车后检查	掌握行车中、收车后的车辆安全检视内容和方法	1
轮胎更换	轮胎的更换步骤和要求	掌握车辆后轮外侧轮胎的拆卸、安装及千斤顶的使用方法	2
危险源辨识与防御性驾驶	危险源辨识与防御性驾驶方法	掌握车辆在一般天气、雨天、雪天、雾天等条件下通过高速公路、山区道路、桥梁、隧道等道路环境，以及在交叉路口、城乡接合部、上下坡道、冰雪路面等路段行驶时的危险源辨识与防御性驾驶方法	2
节能驾驶	节能驾驶要领	掌握车辆运行过程中的节能驾驶要领	1
综合复习与考核	综合复习	掌握车辆安全检视、轮胎更换、危险源辨识与防御性驾及节能驾驶要领等	1

新教学大纲增加了道路运输驾驶员安全意识和紧急情况下的处置措施，相关培训内容和学时，在应用能力培训方面增加了危险源辨识、防御性驾驶和节能驾驶等内容。培训机构

和教练员应该高度重视，积极完善相关教学设施设备，按此制订教学计划，编写教案，充分应用多媒体教学软件、教学磁板等科技手段，严格按照新教学大纲规定的培训内容和学时，组织拟从事道路运输的驾驶员集中进行课堂教学，突出案例教育，强化对学员文明出行、安全驾驶意识培养，努力提高培训质量。

五、教案

教案有多种呈现形式，大体上有文字式、列表式、卡片式、问题式四种，实操教学一般使用文字式、列表式较为适合。

文字表述型教案是教师用文字形式把教学设计的结果表达出来。文字表述型教案有两种方式，一种是讲稿式的详案，一种是纲要式的简案。详案是把教学过程中的教学内容、教学步骤、教学方法等详细写出的教学设计方案。简案是只写教学内容的要点、主要教学步骤和主要教学方法等的教学设计方案。教师最好是先写详案，在熟悉教学内容之后再用简案。

列表式教案就是教师根据教学要求，设计一张“教案一览表”，把各种内容填进相应表格的教学设计呈现方式。列表式教案其实是文字表述式与表格相结合的一种教学设计呈现方式。它把上课时的各种要素，如教学内容、师生活动、板书步骤、时间要求、媒体运用等，加以合理组织，相互对应地写进表格，具有言简意赅，一目了然的特点。

编写教案使用的教案纸如表 2-1-1-2 和表 2-1-1-3 所示。

教案纸首页 表 2-1-1-2

授课时间： 年 月 日

<table>
<tr><td>第 章
第 节</td><td colspan="2">项 目</td><td>检 查 记 录

</td></tr>
<tr><td>授课时数</td><td></td><td>授课方法</td><td></td></tr>
<tr><td>教学目的</td><td colspan="3"></td></tr>
<tr><td>重 点</td><td colspan="3"></td></tr>
<tr><td>难 点</td><td colspan="3"></td></tr>
<tr><td>教具准备</td><td colspan="3"></td></tr>
<tr><td>课外习题</td><td colspan="3"></td></tr>
<tr><td colspan="3">教 学 内 容</td><td>附 记</td></tr>
<tr><td colspan="3"></td><td></td></tr>
</table>

教 案 纸 表2-1-1-3

第1页

课程： ____月____日

教 学 内 容	附 记

六、道路货物运输驾驶员从业资格专业知识应用培训教案参考案例（表2-1-1-4和表2-1-1-5）：

道路货物运输驾驶员从业资格专业知识应用培训教案参考案例 表2-1-1-4

授课时间：2013年09月08日

第一章 第4节	节能驾驶			检查记录
授课时数	1	授课方法	观看短片、（驾驶模拟器、实车）讲授、示范和操作练习	
教学目的	掌握车辆运行过程中的各种节能驾驶要领			
重　点	汽车驾驶节能操作规范			
难　点	节能驾驶的几个主要环节			
教具准备	投影仪、计算机、多媒体软件、驾驶模拟器、实车			
课外习题	在平时驾驶时养成节能驾驶习惯			

教学内容	附记
引言 汽车驾驶节能操作规范 汽车驾驶节能操作其核心是柔和、预见性驾驶，必须做到“车况正常、心态平和、路线最佳，平稳起步、及时升挡、车机同热，挡位准确、转速最优、切忌高速，操控平顺、直线等速、预见驾驶，合理空调、长停熄火、入位准确”。 新课学习 1. 驾驶前的准备 行车路线设计。以行驶时间和距离最优的原则设计在熟悉城市的行车路线，尽量	讲授（投影仪、计算机）5min

续上表

教学内容	附　记
避开车流高峰、繁华街道、学校、医院、平交路口等交通拥堵路段；以行驶道路等级较高及距离较短的原则设计最佳长途行车路线及备用行车路线。 心态调整。忘记或暂不考虑对情绪有较大刺激的事件，保持理解他人、不争不抢的心理状态。 车辆检查。环绕车辆一周，检查车身外表情况和各部机件完好状况，无漏油、漏水、漏气、漏电现象；擦拭门窗玻璃，清洁车身外表；检查轮胎，轮胎及轮胎装用应符合规定要求，剔除胎间及嵌入胎纹间杂物、小石子，轮胎气压应符合规定；检查发动机风扇皮带，应无老化、断裂、起毛线等现象，松紧度合适；检查发动机机油量，油面应在机油尺上下限刻度间中下部；检查转向机构的自由行程，松旷量不能超过车辆设计标准（一般为不超过两指）；检查离合器、制动踏板自由行程和驻车制动器的情况是否正常，离合器踏板与制动踏板自由行程应符合正常规定值；检查各仪表，应工作正常，无故障报警信号；检查并清出车内不必要的物品。	讲授（投影仪、计算机）3min

教案纸案例

表2-1-1-5

第　页

课程：节能驾驶　　　　09月08日

教学内容	附　记
2. 发动机启动 电喷汽油发动机启动。无论是常温启动（大气温度或发动机温度高于5℃时）及热启动（发动机温度在40℃以上），还是冷启动（大气温度或发动机温度低于5℃时），启动时应将变速器挡位置于空挡（对自动变速器车辆，挡位置于P挡），踩下离合器踏板（对自动变速器车辆，踩下制动踏板），旋动点火开关至启动位置，发动机顺利启动后松开，每次启动位置的接通时间不得超过5s。启动过程中不应踩加速踏板给发动机提供额外的燃油。 柴油发动机启动。柴油发动机常温及热启动时，操作方法同电喷汽油发动机启动相同；柴油发动机冷启动时，应首先开启发动机预热系统，在充分预热后再进行起动操作。如果一次起动未能成功，应重新进行预热。	实操演示3min
3. 车辆预热 车辆预热包括发动机预热及底盘预热，预热的最佳方案是使发动机和底盘部分同时得到充分预热。 发动机预热。非增压电喷发动机启动后在原地保持怠速运转预热20s至1min；增压发动机启动成功后，应先在原地保持发动机怠速运转预热1min以上，在此期间不应使发动机高速空转；在冬天气温较低时，发动机预热时间适当延长，使发动机水温预热到40℃。 底盘预热。发动机预热完成后（气压制动的车辆储气罐内的气压达到行车规定），应起步以20km/h至40km/h的速度行驶1～2km。在冬天气温较低时，低速行驶距离应适当延长至3～4km。 4. 起步 平路起步。左脚完全踩下离合器踏板，将变速杆置于1挡位置（有的大型货车空车时置于2挡位置），松开驻车制动器。随后分两个阶段进行左脚抬离合器踏板操作，前一阶段动作适当快一些，待传动机件稍有震抖，发动机声音略有变化，抬离合器踏板的动作（后一阶段）在这一位置稍作短暂停留，同时，右脚轻轻踩下加速踏板；左脚再缓慢抬起离合器踏板，车辆平稳起步。车辆起步后应在车辆移动一个车身距离内迅速加速将挡位挂到高一	实操演示、分组训练5min

续上表

<table>
<tr><th>教学内容</th><th>附记</th></tr>
<tr><td>挡位。
上坡起步。左脚完全踩下离合器踏板，将变速杆置于1挡位置，右手拉紧驻车制动器操纵杆，右脚轻踩加速踏板，根据坡度情况提高发动机转速（坡度越大，需提高的转速越高），这时抬离合器踏板到半联动状态，当听到发动机声音发生变化时缓缓放松驻车制动器操纵杆，同时逐渐踩下加速踏板和慢抬离合器踏板，平稳起步。</td><td>实操演示、分组训练5min</td></tr>
<tr><td>5. 换挡变速
（1）手动变速器
一般手动变速器有4～5个前进挡位。其中1挡、2挡为低速挡，减速增扭作用显著，用于起步、上陡坡等，油耗很高。3挡为中速挡，是汽车由低速到高速或由高速到低速的过渡挡位，车速稍快，油耗也较大，不宜长距离行驶。4挡、5挡为高速挡，由于传动比小或直接传动，车速快，油耗最低。车辆行驶时应尽量使用高挡位。
根据发动机运行的经济转速（转速表绿色区域）选择挡位，保持发动机转速在绿色区域的低转速下运转。不同型号车辆的发动机经济转速不同，一般汽油机的经济转速在1800r/min至2200r/min，柴油发动机的经济转速要比汽油机低。当发动机的转速高于经济转速时应及时选择高一级挡，低于经济转速时应及时选择降挡。
（2）自动变速器
一般自动变速器有4个前进挡位，即D挡、3挡、2挡、1挡。D挡为自动超速挡，为汽车正常行驶挡位，燃油经济性最佳；3挡适用于在丘陵地带、弯曲道路等行驶，动力比D挡大，燃油经济性比D挡差；2挡适用于在坡路行驶，动力比3挡大，燃油经济性比3挡差；1挡适用于在非常陡峭的山坡上，或在深雪、泥泞路上行驶，车速低，动力最大，燃油经济性最差。
手动变速器换档。汽车换档变速踩下离合器踏板时，要及时抬起加速踏板；当抬起离合器踏板尚未完全接合时，不要急踩、猛踩加速踏板；升挡时应自低档依顺序换入高挡，并要做到及时、准确；降挡时应自高挡换入预期将要行驶的能保持发动机转速在绿色区域较低转速下运转的低挡，并要做到及时、准确。
自动变速器提前升入挡内高档。自动变速器汽车在加速时，车速提高后稍松加速踏板，自动变速器自动升入挡内高档。</td><td>实操演示、分组训练、小组展示5min</td></tr>
<tr><td>6. 加速
加速踏板的限度。汽车在平路行驶过程中加速，踩下加速踏板的限度不应超过加速踏板行程的3/4；汽车在平路行驶过程中，如果已踩下加速踏板行程的3/4而发动机转速不能相应增加，应稍抬加速踏板或变换低一级档位后重新加速行驶。
踩下加速踏板速度。踩下加速踏板的速度，以发动机的声音增高较柔和为宜。一般加速踏板由怠速位置踩至3/4行程位置的时间应控制在3～4s左右，如果发动机出现发“闷”的吼声，应稍抬踏板。</td><td>实操演示、分组训练、小组内测5min</td></tr>
<tr><td>7. 制动减速
减速的方法有两种，一种是依靠制动器制动，另一种是依靠滑行减速（发动机制动减速）。尽量少用或不用制动器制动，采用汽车滑行减速。
制动器制动减速。在遇障碍物有足够的距离时，应轻踩制动器踏板进行缓慢减速；遇到紧急情况应该采用直接急速踩下制动踏板（有ABS装置的车辆），现在的汽车，基本上都配备了如ABS（防抱死制动系统）这类型的刹车辅助系统，所以只要及时大力踩下刹车，ABS就能马上发挥作用，令车辆在最短时间内停下来。</td><td>实操演示、分组训练、小组互测5min</td></tr>
</table>

续上表

<table>
<tr><th>教学内容</th><th>附　记</th></tr>
<tr><td>滑行减速。较早预见到前方有障碍、转弯、会车、红灯等需要减速的地段时，抬起加速踏板，离合器保持接合状态，变速器保持在原挡位，发动机保持在点火状态，依靠发动机对汽车的阻滞力减速通过，必要时用制动器制动增加减速强度；汽车下陡而长的坡道时，抬起加速踏板，离合器保持接合状态，发动机不熄火，变速器挂上合适的挡位，并根据情况使用制动器间歇制动控制车速。挡位越低，发动机对汽车的阻滞力越大。
8. 车速控制
汽车在正常行驶时，变速器挡位应置于最高挡位，保持发动机转速在绿色区域的低转速下等速行驶。一般车辆正常装载在平直的沥青路面上行驶，城市公共汽车的运行经济车速在 50km/h 以下，普通公路行驶的车辆在 50km/h 至 70km/h 的范围，高速客车在 90km/h 至 100km/h 的范围，小轿车的运行经济车速约为 60 ~ 90km/h。
当汽车行驶阻力增大，以及交通繁杂，不能用最高档行驶时，应及时换入低档并保持发动机转速在绿色区域的低转速下等速行驶。
在预期速度下，应保持好该状态时的加速踏板位置使汽车等速行驶，避免加速踏板位置来回变化。
应保持适当的车间距。在普通道路上，车间距应大于汽车 2 ~ 3s 内驶过的距离；在高速公路上，车间距应大于汽车 4s 内驶过的距离。
汽车行驶的最高速度不应超过道路限速规定。
9. 行车温度控制
发动机的温度在 80 ~ 95℃时油耗最低、转矩和功率最大。
发动机温度低于 40℃时，不要让发动机大负荷高速运转或汽车高速行驶，达到 40℃以上时开始正常行驶。
长时间上坡或高速行驶等行驶状态下发动机可能水温报警时，应停车怠速或小负荷、低速行驶，让发动机温度慢慢降到正常区域。
10. 转向机构控制
操纵汽车转向机构要平顺，避免急转弯、突然变向等。
在汽车行驶过程中，应保持汽车直线行驶，避免来回转动转向盘。
变更车道时，应在确认前后左右的车辆处在安全距离的情况下，开启左转向灯，夜间还须变换使用远、近光灯，然后平稳地转动转向盘以较大的行车轨迹缓加速驶向另一车道。如果变换车道是为了超车，在超车后要返回原车道。应尽量减少频繁变更车道驾驶。
11. 特殊路段驾驶
上坡。遇见坡路时，应提前预测坡度、坡长，判断要用的挡位及速度，在坡前 500m 应轻微加速，在坡路时保持加速踏板位置，尽量靠车辆惯性冲到坡顶；车辆依靠惯性不能冲到坡顶时，应在车辆还有一定速度时及时换入低一级挡位，避免坡路停车重新起步。
通过隧道。在距隧道入口 50m 左右，应开启前照灯、示宽灯、尾灯，仔细观察前方情况以及引起后方车辆的注意；驶到出口时，握稳转向盘，避免隧道口处的横向风引起车辆偏离行驶路线；驶出隧道后，在明适应过程中不加速。
拥挤路段驾驶。在拥挤路段，车辆处于频繁的起步—停车的循环行驶状态，应在车辆起步后立即摘挡或踩下离合器踏板，依靠车辆惯性行驶，避免起步后猛踩加速踏板再制动停车的驾驶方式。</td><td>实操演示、分组训练、小组互测 5min

实操演示、分组训练、代表讲解 2min

实操演示、分组训练、分组讨论 5min</td></tr>
</table>

续上表

教学内容	附记
12. 空调使用 气温适宜，车速低于60km/h时，宜打开车窗通风，或者只用空调的通风功能。 当车速超过80km/h时，应关闭车窗开启空调调节车内空气，空调的温度不应设定过低。 13. 行驶中的检查 在行驶过程中应经常注意察看车上各种仪表，查听发动机及底盘声音，如发觉操纵困难、车身跳动或颤抖、机件有异响或异常气味、水温异常时，即应停车检查进行必要的调整和修理。 行驶中发动机动力突然下降，应立即检查是否冷却液或机油量不足引致发动机过热所致（注意水温高时不能打开水箱盖）。 行驶中转向盘的操纵忽然变得沉重并偏向一侧，应检查是否因其中一边轮胎泄气所致。 检查冷却液和机油量，有无漏水、漏油，气压制动有无漏气现象。 检查车轮制动器有无拖滞、发热现象，驻车制动器作用是否可靠。 检查转向、制动装置和传动轴、轮胎、钢板弹簧各连接部位是否牢固可靠。	实操演示、分组训练、分组讨论2min
14. 熄火停车 (1)发动机熄火。当汽车停止行驶后，应尽量减少发动机怠速空转时间，及时使发动机熄火。 非增压发动机车辆一般停车在1min以上，应使发动机熄火。如果汽车经过高速或爬长坡行驶后，发动机温度很高，先怠速运转30s以上后熄火。 增压发动机车辆停车后不能立即熄火，应保持发动机怠速运转3min以上，待发动机充分冷却后熄火。	实操演示、分组训练、小组内测2min
在路口等停车等待通过的过程中，应根据交通信号灯计时器判断停车时间，停车时间如果超过1min，应将发动机熄火。如果信号灯没有计时显示，车辆排队在偏后的(3辆车以后)应该发动机熄火。 (2)停车 准确判断位置，应做到一次停车到位，减少停车时的移车次数。 避免停在上坡、积水、结冰或松软的路段上。 冬季中途停车时间较长时，避免车头迎风停放。 15. 收车后的检查 检查有无漏油、漏水、漏气现象，视需要补充燃油、润滑油和冷却水。 检查轮胎气压，清除胎间及表面的杂物。 检查风扇等皮带的松紧度以及完好情况，必要时应进行调整。 检查轮胎螺母和半轴螺母是否松动。 打扫车厢和驾驶室，清洗底盘，擦拭发动机、各部附件和清洁整车外表，同时察看各部有无破损。 当每行驶1000km时，驾驶员应自己清除空气滤清器的灰尘。 对整个学习过程进行总结，评定。 如何养成节能驾驶的良好习惯	实操演示、分组训练、小组讨论5min

七、教学实施计划

授课教师除了做教案以外，还要针对这门教授的课程有一定的规划，有效管理教学进程，把设计好的教案逐步加以实现。一个课题(单元)教学开始前，教师必须对这个课题(单元)的教学作全面的考虑和准备，并制订出计划。它的内容包括：课题名称，课题教学目的，课题在整个学科知识体系中所处的位置和前后知识的联系，重点、难点，课时划分，课的类别(是新课还是复习课)和教学方法、教具等。

教学工作是一项慢工细活，需要老师的精心安排，教学实施计划(格式如表 2-1-1-6 所示)的设计是十分必要的。

教学实施计划

表 2-1-1-6

授课人：

<table>
<tr><td>教学模块</td><td colspan="2"></td><td>使用教材</td><td></td></tr>
<tr><td>使用大纲</td><td colspan="2"></td><td rowspan="2">参考书</td><td rowspan="2"></td></tr>
<tr><td>总课时</td><td colspan="2"></td></tr>
<tr><td>教学目标</td><td colspan="4"></td></tr>
<tr><td colspan="5">课时分配情况</td></tr>
<tr><td>课 次</td><td>章 节</td><td>教学内容</td><td>授课时数</td><td>授课方式</td></tr>
<tr><td>1</td><td></td><td></td><td></td><td></td></tr>
<tr><td>2</td><td></td><td></td><td></td><td></td></tr>
<tr><td>3</td><td></td><td></td><td></td><td></td></tr>
<tr><td>4</td><td></td><td></td><td></td><td></td></tr>
</table>

道路货物运输驾驶员从业资格应用能力培训教学实施计划案例(表 2-1-1-7)：

教学实施计划　　表2-1-1-7

<table>
<tr><td>科目</td><td colspan="2">经营性道路货运输驾驶员应用能力培训</td><td>开班号</td><td>13P322
货运培训班</td><td>任课老师</td><td>×××</td></tr>
<tr><td>教材名称</td><td colspan="2">道路客货运输驾驶员从业资格培训教材</td><td>编辑者</td><td>交通运输部
职业资格中心</td><td>出版社</td><td>人民交通出版社</td></tr>
<tr><td>教学目的</td><td colspan="6">1. 掌握车辆外观、发动机舱、驾驶室内部、发动机启动后及行车中、收车后的车辆安全检视内容和方法；
2. 掌握车辆后轮外侧轮胎的拆卸、安装及千斤顶的使用方法；
3. 掌握车辆在各种天气条件和道路环境下的危险源辨识与防御性驾驶方法；
4. 掌握车辆运行过程中的节能驾驶要领；
5. 掌握专业知识应用能力。</td></tr>
<tr><td>教学总学时</td><td colspan="6">8</td></tr>
<tr><td rowspan="7">具体时间安排</td><td>周次</td><td>日　期</td><td>课时</td><td colspan="2">教 学 内 容</td><td>授 课 方 式</td></tr>
<tr><td>一</td><td>2013/09/01</td><td>1</td><td colspan="2">出车前检查</td><td>讲解示范练习</td></tr>
<tr><td>一</td><td>2013/09/01</td><td>1</td><td colspan="2">行车中、收车后检查</td><td>讲解示范练习</td></tr>
<tr><td>二</td><td>2013/09/08</td><td>2</td><td colspan="2">轮胎的更换步骤和要求</td><td>讲解示范练习</td></tr>
<tr><td>二</td><td>2013/09/08</td><td>2</td><td colspan="2">危险源辨识与防御性驾驶方法</td><td>讲解示范练习</td></tr>
<tr><td>二</td><td>2013/09/08</td><td>1</td><td colspan="2">节能驾驶要领</td><td>讲解示范练习</td></tr>
<tr><td>二</td><td>2013/09/08</td><td>1</td><td colspan="2">综合复习</td><td>讲解及测试</td></tr>
</table>

第二节　编写机动车驾驶培训机构结业考试人员资格培训专业知识应用教案和教学实施计划

一、机动车驾驶培训机构结业考试人员资格培训的一般规定

《中华人民共和国道路运输条例》第四十七条：机动车驾驶员培训机构应当按照国务院交通主管部门规定的教学大纲进行培训，确保培训质量。培训结业的，应当向参加培训的人员颁发培训结业证书。

《机动车驾驶员培训管理规定》（交通部2006年第2号令）第三十七条：机动车驾驶员培训机构应当按照全国统一的教学大纲进行培训。培训结束时，应当向结业人员颁发《机动车驾驶员培训结业证书》。《结业证书》由省级道路运输管理机构按照全国统一式样印制并编号。

《道路运输从业人员管理规定》第二条：道路运输从业人员是指经营道路客货运输驾驶员、道路危险货物运输从业人员、机动车维修技术人员、机动车驾驶员培训教练员、道路运输经理人和其他道路运输从业人员。其中道路运输从业人员是指道路客运乘务员、机动车驾

驶员培训机构教学负责人及结业考核人员、机动车维修企业价格结算员及业务接待员。

《机动车驾驶培训机构资格条件》(JT/T 433—2004):机动车驾驶员培训机构结业考核人员从业资格应当符合下列条件:

(1)结业考核人员应具有汽车及相关专业中专以上学历或汽车及相关专业初级以上技术职称;

(2)从事教练员工作5年以上,且具有8年以上安全驾驶经历。

二、机动车驾驶员培训结业考试制度主要内容

结业考试是发放学员结业证(图2-1-2-1)的必经程序和依据,是检验教学质量的重要途径,是考取驾驶证的根本保证。结业考试制度为了全面检验贯彻教学大纲、执行教学计划情况,在完成全部的规定培训项目及学时,送公安部门考试前,组织学驾人结业考核。

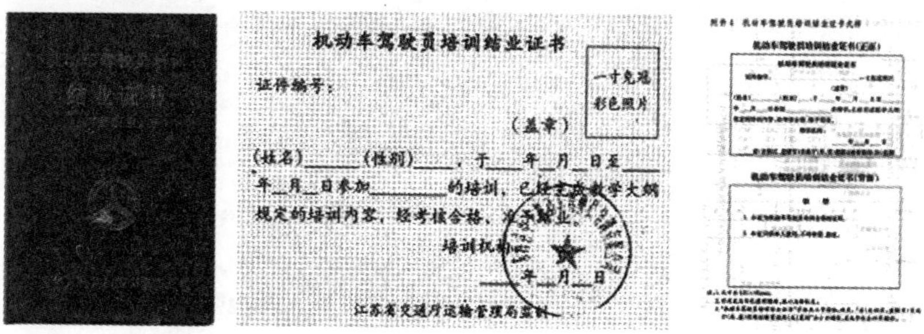

a) b) c)

图2-1-2-1 机动车驾驶员培训结业证书

凡是参加机动车驾驶培训的学员都必须参加并通过结业考试,学员进行结业考试,必须完成必修的课时和学时要求;结业考试分为三个科目:科目一为道路交通安全法规及相关知识;科目二为场内驾驶(桩考);科目三为道路驾驶(场内道路和实际道路驾驶);考试具体内容参照交通部《机动车驾驶员培训教学大纲》和公安部的有关规定。

考试时间:在本科目培训结束到公安交管部门约考前进行。

考试方式:科目一考试使用计算机无纸化考试,科目二、三以单车为单位由学校两名结业考核人员施考。

监考:科目一由校理论教员监考;科目二由校考核人员一人监考(分管教学的领导不定期考核);科目三由校考核人员三人监考(分管教学的领导不定期考核)。

考试一次不合格,可按培训后补学时补考。下次补考应在三日后由教员提出,并做出补考计划,重新安排考试。

学员结业考试成绩由结业考核人员填写在学员结业考核单上,并输入计算机登记并记录保存;结业考核人员应具有汽车相关专业中专以上学历或汽车及相关专业初级以上技术职称,从事教练员工作5年以上,具有8年以上驾驶学历,经考试合格后持证上岗。

培训学校设二名以上结业考核人员,结业考核人员可以兼任;结业考核人员每季度将考试情况反馈给教研室,教研室根据考试中暴露出来的问题改进教学方法,提高培训质量。

经校方考核人员监考合格后,报交通部门申报盖章取得结业证。教务处根据学员考试

成绩及时发放学员结业证，并保存学员相关档案。

三、机动车驾驶员培训结业考试流程图（图2-1-2-2）

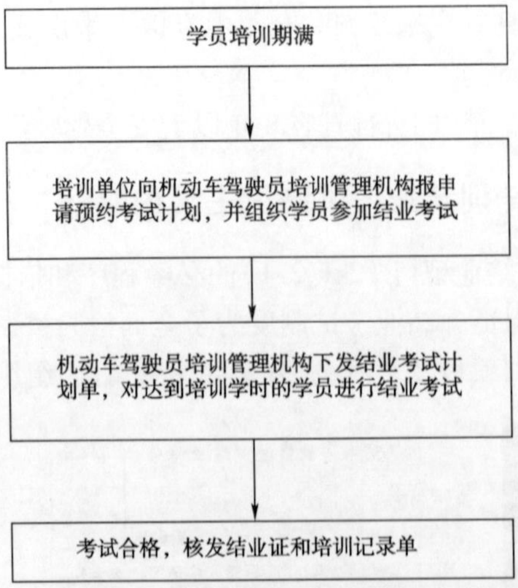

图2-1-2-2　机动车驾驶员培训结业考试流程图

四、机动车驾驶培训机构结业考试人员工作职责

(1)制订阶段考试计划、考试评定标准。

(2)制订结业考试计划、考试评定标准，组织阶段考试、结业考试。

(3)将各类考试情况记录、存档。

(4)进行考试分析，提出改进训练方法参考意见。

五、结业考试人员资格培训“专业知识应用”培训教案案例（表2-1-2-1和表2-1-2-2）

结业考试人员资格培训教案　　表2-1-2-1

授课时间:2013年09月28日

第一章 第2节	制订阶段考试计划、考试评定标准		检查记录
授课时数	2	授课方法	讲解示范练习
教学目的	1.掌握结业考试人员的相关管理规定； 2.掌握机制订动车驾驶培训前两个阶段的考试计划方法； 3.掌握进行考核的评分标准。		
重　　点	制订动车驾驶培训前两个阶段的考试计划方法		
难　　点	考核的评定标准		
教具准备	投影仪、计算机、多媒体软件、实车		
课外习题	准备考试评分表		

续上表

教 学 内 容	附 记
相关管理规定： 《中华人民共和国道路运输条例》、《机动车驾驶员培训管理规定》、《道路运输从业人员管理规定》、《机动车驾驶培训机构资格条件》 明确学习期限与学时分配计划： 1. 各类车型驾驶人培训学习期限与学时分配计划； 2. 理论教学学时分配计划； 3. 驾驶操作训练学时分配计划； 4. 驾驶人增驾培训：教学内容、时数、考试科目分配计划。 制定考试计划： 是为了避免考试的随意性，保证考试的科学性、公正性和严肃性，突出驾驶培训教育教学特点，提高考试通过率起重要的作用。 按照最新驾校考试评判标准，科目一和原来一样，科目二部分项目进行了调整，将部分扣20分的对安全行车影响较小的移到扣10分情形中去了，另外增加了一些例如操作时间的标准，新的评分标准相比更加细致，更重视驾驶员的安全驾驶行为。 科目一 考试满分为100分，成绩达到90分的为合格。	讲授（投影仪、计算机）15min 讲授（投影仪、计算机）10min 讲授（投影仪、计算机）15min

教 案 纸

表2-1-2-2

第 页

课程：制订阶段考试计划、考试评定标准

09月28日

教 学 内 容	附 记
科目二 一般规定：考试满分为100分，考试大型客车、牵引车、城市公交车、中型客车、大型货车准驾车型的，成绩达到90分的为合格，其他准驾车型的成绩达到80分的为合格。 **一、通用评判** （一）不合格情形——考试时出现下列情形之一的，评判为不合格： 1. 不按规定使用安全带或者戴安全头盔的； 2. 遮挡、关闭车内音视频监控设备的； 3. 不按考试员指令驾驶的； 4. 不能正确使用灯光、雨刮器等车辆常用操纵件的； 5. 起步时车辆后溜距离大于30cm的； 6. 驾驶汽车双手同时离开转向盘的； 7. 使用挡位与车速长时间不匹配，造成车辆发动机转速过高或过低的； 8. 车辆在行驶中低头看挡或连续2次挂挡不进的； 9. 行驶中空挡滑行的； 10. 视线离开行驶方向超过2s的； 11. 违反交通安全法律、法规，影响交通安全的； 12. 不按交通信号灯、标志、标线或者民警指挥信号行驶的； 13. 不按规定速度行驶的； 14. 车辆行驶中骑轧车道中心实线或者车道边缘实线的；	实操演示、分组训练、小组讨论70min

续上表

教学内容	附　记
15. 长时间骑轧车道分界线行驶的； 16. 对可能出现危险的情形未采取减速、鸣喇叭等安全措施的； 17. 因观察、判断或者操作不当出现危险情况的； 18. 行驶中不能保持安全距离和安全车速的； 19. 行驶中身体任何部位伸出车外的； 20. 制动、加速踏板使用错误的； 21. 驾驶摩托车时手离开转向把的； 22. 二轮摩托车在行驶中左右摇摆或者脚触地的； 23. 摩托车制动时不同时使用前、后制动器的； 24. 考生未按照预约考试时间参加考试的。 （二）扣 10 分情形——考试时出现下列情形之一的扣 10 分： 1. 驾驶姿势不正确的； 2. 起步时车辆后溜距离小于 30cm 的； 3. 操纵转向盘手法不合理的； 4. 起步或行驶中挂错挡，不能及时纠正的； 5. 起步、转向、变更车道、超车、停车前不使用或错误使用转向灯的； 6. 起步、转向、变更车道、超车、停车前，开转向灯少于 3s 即转向的； 7. 转弯时，转、回方向过早、过晚，或者转向角度过大、过小的； 8. 换挡时发生齿轮撞击的； 9. 遇情况时不会合理使用离合器半联动控制车速的； 10. 因操作不当造成发动机熄火一次的； 11. 制动不平顺的。 **专项评判** 1. 倒车入库——倒车入库按下列规定评判： （1）不按规定路线、顺序行驶的，不合格； （2）车身出线的，不合格； （3）倒库不入的，不合格； （4）中途停车的，不合格。 （5）超过 4 分钟，不合格。 2. 桩考——桩考按下列规定评判： （1）不按规定路线、顺序行驶的，不合格； （2）碰擦桩杆的，不合格； （3）车身出线，两轮摩托车轮出线的，不合格； （4）倒库或移库不入的，不合格； （5）中途停车或运行时间超过规定时间的，不合格。 3. 坡道定点停车和起步——坡道定点停车和起步按下列规定评判： （1）车辆停止后，汽车前保险杠或者摩托车前轴未定于桩杆线上，且前后超出 50cm 的，不合格； （2）起步时间超过规定时间的，不合格； （3）车辆停止后，汽车前保险杠或者摩托车前轴未定于桩杆线上，且前后不超出 50cm 的，扣 10 分； （4）车辆停止后，车身距离路边缘线 30cm 以上的，扣 10 分。	

续上表

教学内容	附　　记
(5)坡道起步时，起步超过30秒，不合格。 4. 侧方停车——侧方停车按下列规定评判： (1)车辆入库停止后，车身出线的，不合格； (2)中途停车的，不合格； (3)行驶中轮胎触轧车道边线的，扣10分。 5. 通过单边桥——通过单边桥按下列规定评判： (1)中途停车的，不合格； (2)其中有一车轮未上桥的，每次扣10分； (3)已骑上桥面，在行驶中出现一个车轮掉下桥面的，每次扣10分。 6. 曲线行驶——曲线行驶按下列规定评判： (1)车轮轧道路边缘线的，不合格； (2)中途停车的，不合格。 7. 直角转弯——直角转弯按下列规定评判： (1)车轮轧道路边缘线的，不合格； (2)中途停车的，不合格。 8. 通过限宽门——通过限宽门按下列规定评判： (1)不按规定路线、顺序行驶的，不合格； (2)碰擦一次限宽门标杆的，不合格； (3)中途停车的，不合格； (4)车辆行驶速度低于10km/h的，扣10分。 9. 通过连续障碍——通过连续障碍按下列规定评判： (1)不按规定路线、顺序行驶的，不合格； (2)中途停车的，不合格； (3)车轮轧道路边缘线的，不合格； (4)轧、碰、擦一个圆饼的，扣10分。 10. 起伏路行驶——起伏路行驶按下列规定评判： (1)通过起伏路面时，车速控制不当，车辆严重跳跃的，不合格； (2)中途停车的，不合格； (3)通过起伏路面前不减速的，扣10分。 11. 窄路掉头——窄路掉头按下列规定评判： (1)三进二退未完成掉头的，不合格； (2)车轮轧路边缘线的，不合格； (3)中途停车或运行时间超过规定时间的，不合格。 12. 模拟高速公路行驶——模拟高速公路行驶按下列规定评判： (1)行驶中占用两条车道、应急车道或大型车辆前后100m均无其他车辆仍不靠右侧车道行驶的，不合格； (2)变道未开启转向灯或未观察后面情况的，不合格； (3)驶入高速公路时，未提速至规定车速的，不合格； (4)驶出高速公路时，未按照出口预告标志提前调整车速和车道的，不合格。 13. 模拟连续急弯山区路行驶——模拟连续急弯山区路行驶按下列规定评判： (1)进入弯道前未减速至通过弯道所需的速度的，不合格； (2)弯道内占用对方车道的，不合格；	

续上表

<table>
<tr><th>教学内容</th><th>附　记</th></tr>
<tr><td>(3)转弯过程中方向控制不稳,车轮轧弯道中心线或道路边缘线的,不合格;
(4)进入弯道前未鸣喇叭的,扣10分。
14.模拟隧道行驶——模拟隧道行驶按下列规定评判:
(1)驶抵隧道时未减速或未开启前照灯的,不合格;
(2)驶入隧道后不按规定车道行驶、变道的,不合格;
(3)驶抵隧道入(出)口时未鸣喇叭的,扣10分;
(4)驶出隧道后未关闭前照灯的,扣10分。
15.模拟雨(雾)天行驶——模拟雨(雾)天行驶按下列规定评判:
(1)雨天未开启或正确使用雨刮器的,不合格;
(2)雾天未开启雾灯、示廓灯、前照灯、危险报警闪光灯的,不合格。
16.模拟湿滑路行驶——模拟湿滑路行驶按下列规定评判:
(1)未能使用低速挡平稳通过的,不合格;
(2)进入湿滑路前,未减速的,不合格;
(3)通过时急加速、急刹车的,不合格。
17.模拟紧急情况处置:
(1)前方突然出现障碍物—前方突然出现障碍物按下列规定评判:
①未及时制动的,不合格;
②停车后未开启危险报警闪光灯的,不合格。
(2)高速公路车辆故障—高速公路车辆故障按下列规定评判:
①未及时平稳靠边停车的,不合格;
②停车后未开启危险报警闪光灯的,不合格;
③未及时提示乘员疏散的,不合格;
④未正确摆放警告标志或未报警的,不合格;
⑤本人未撤离至护栏外侧的,不合格。
对整个学习过程进行总结,正确合理的评分。</td><td>复习讲解10min</td></tr>
</table>

六、机动车驾驶培训机构结业考试人员资格培训“专业知识应用”部分教学实施计划案例(表2-1-2-3)。

结业考试人员资格培训“专业知识应用”部分教学实施计划　　表2-1-2-3

<table>
<tr><td>科目</td><td>结业考试人员“专业知识应用”培训</td><td>开班号</td><td>13P222结业考试培训班</td><td>任课老师</td><td>×××</td></tr>
<tr><td>教材名称</td><td>道路客货运输驾驶员从业资格培训教材</td><td>编辑者</td><td>交通运输部职业资格中心</td><td>出版社</td><td>人民交通出版社</td></tr>
<tr><td>教学目的</td><td colspan="5">1.掌握制定阶段考试计划、考试评定标准。
2.掌握制定结业考试计划、考试评定标准,组织阶段考试、结业考试。
3.掌握将各类考试情况记录、存档。
4.掌握进行考试分析,提出改进训练方法参考意见。
5.掌握专业知识应用能力,相关法律法规。</td></tr>
</table>

续上表

教学总学时	7				
具体时间安排	周次	日期	课时	教学内容	授课方式
	一	2013/09/28	2	制定阶段考试计划、考试评定标准	讲解示范练习
	一	2013/09/28	2	定结业考试计划、考试评定标准	讲解示范练习
	二	2013/09/30	1	各类考试情况记录、存档	讲解示范练习
	二	2013/09/30	1	进行考试分析,提出改进训练方法参考意见	讲解示范练习
	二	2013/09/30	1	综合复习	讲解及测试

第三节 准备更换车轮专用工具

一、一般安全守则

工具不使用时应保持干净并放回到工具箱内;各种设备和工具要及时检查和维护;手上应避免油污,以免工具滑脱;车辆应保证驻车制动正常。

不要在实习场所内乱意走动;在实习场所内启动发动机要保持通风良好;在实习场所内穿戴、着装要合适,必要时佩戴安全防护装备,如手套、护目镜、耳塞等;不要将压缩空气对着人或设备吹。

尖锐的工具不要放到口袋里,以免扎伤自己或划伤车辆;常用通道上不要放工具、设备、车辆等;用正确的方法使用正确的工具。

手、衣服、工具应远离旋转设备或部件;开车进出实习场所时要格外小心;在极疲劳或消沉时不要参与实操训练,这种情况下会降低注意力,有可能会导致自身或他人的伤害。

如果不知道车间设备如何使用,应先询问老师,以得到正确、安全的使用方法;用举升器或千斤顶升起车辆时一定要按正确的规程操作;应知道车间灭火器、医疗急救包、洗眼处的位置。

二、更换货车车轮专用工具(表2-1-3-1)

更换货车车轮专用工具准备清单 表2-1-3-1

名称	符合标准	类型	规格
手锤	GB 3883.7—2012	圆头形状,硬头	0.5kg
汽车用轮胎气压表	QC/T 14—2009	手持胎压表	量程为0.07~0.4WPa
止动块	企业标准	橡胶止动块	与胎宽相关
千斤顶	GB/T 27697—2011	立式油压千斤	5t
套筒扳手	GB/T 3390.1—2013	轮胎螺母套筒	与轮胎螺母相关
撬棍	企业标准	直柄可定位撬棒	1m
三角警示牌	GB 2894—2008	反光三角警示牌	折叠式车载
备胎	GB/T 2981—2001	载重轮胎	全尺寸

（一）手锤（图 2-1-3-1）

手锤的种类较多，一般分为硬头手锤和软头手锤两种。硬头手锤用碳素工具钢 T7 制成。软头手锤的锤头是用铅、铜、硬木、牛皮或橡皮制成的，多用于装配和矫正工作。手锤，由锤头和手柄组成。手锤的规格以锤头的重量来表示，锤头重量有 0.25kg、0.5kg、0.75kg、1kg 等。锤头形状有圆头和方头。手柄用硬杂木制成，长一般为 320 ~ 350mm。

1. 手锤的使用

（1）手锤在使用前应清洁锤头工作面油污，以免敲击时发生滑脱而发生意外。手锤使用前，应检查锤柄与锤头是否松动，如有松动应重新安装牢靠，以防在使用时锤头脱出而发生事故；检查锤头是否有裂纹、卷边或毛刺，如有缺陷必须修好后再使用。

（2）手锤在使用中，应将手上和锤柄上的汗水和油污擦干净，以免锤子从手中滑脱。

（3）使用锤子时，手要握住锤柄后端，握柄的手用力要松紧适当。锤击时要靠手腕的运动，眼睛要注视工件，锤头工作面和工件锤击面应平行，以保证锤面平整地打在工件上。

（4）两人击锤，站立的位置要错开方向；扶钳、打锤要稳，落锤要准，动作要协调，以免击伤对方。

（5）使用铁锤时，不能直接击打零件的工作面、密封表面和铝质等软金属材料，如齿轮、轴类表面、缸盖接合面等；在击打非工作面时也应用力适当，否则会造成机件表面凹陷变形或破裂。

2. 手锤的选择

（1）听声音，好的工具噪声小，无杂音。

（2）掂重量，好的手锤在相同材质情况下相对较重。

（3）看外观，表面色泽均匀，细腻，手握舒适。

（二）汽车用轮胎气压表

汽车用机械指针气轮胎气压表（图 2-1-3-2），它由表头、活塞、表体、标尺、主弹簧等组成，表头上只有一个气压计量口，主弹簧的长度为 60 ~ 90mm、中径 Φ7 ~ 12mm、节距 2.7 ~ 3.0mm、钢丝直径 Φ0.6 ~ 1.5mm，气压计量口的中心线与表体轴线的夹角为 90° ~ 180°，标尺为四方体，量程刻度值为 0.07WPa ~ 0.4WPa。结构简单、量程较小，精度高，使用方便。

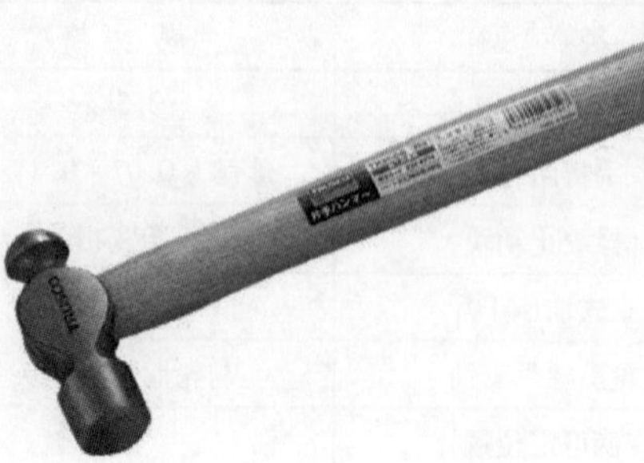

图 2-1-3-1　手锤

图 2-1-3-2　汽车用轮胎气压表

1. 使用方法

将轮胎气压表测量端槽口与轮胎气门嘴对正压紧。这时轮胎气压表指针发生偏转，其指示值即为该轮胎的充气压力，或者轮胎气压表的标杆在气压作用下被推出，这时标杆上所显示的数值即为该轮胎的充气压力。

2. 测量轮胎气压的方法

(1)手持胎压表

手持胎压表是最常见的测胎压工具，最大的优势就是使用方便、便宜。这类胎压表有机械指针和电子表两种。机械普遍来说要比电子产品可靠性好，不用电池，不用转换成电子数据，而且数据也是比较准确的。电子表原理和读取准确性与机械表一样，可以读出精确气压数值。数据由更加美观的电子显示屏来显示，样式种类也比机械表要多一些，有装电池的也有太阳能的。

(2)与打气泵一体的气压表

这类气压表与便携式打气泵接合为一体，可以单独测量轮胎气压，如果出现亏气现象可以直接用打气泵进行补气，使用车上的12V 电源即可，比较方便，不过这样的便携式打气泵功率很有限，只能是救急，充气后应当尽快去维修店进行再次检测。

(3)轮胎压力监测系统(TPMS，Tire Pressure Monitor System)

这是市场上比较主流的一种产品，也有不少人加装。其原理是通过安装在轮胎上的压力传感器发射无线信号，用主机读取显示，以实现实时监测胎压。这类产品分为内置和外置两种。

内置型的传感器安装在轮胎内部，替代原厂气门嘴，通过一块电子显示屏读取数据。不同的产品功能有所差别，低价位的一般是四个轮胎气压顺序显示，高级一点的可以同时显示四条轮胎的气压，另外还可以显示轮胎温度等参数。较其他类型的胎压监测产品来说，此类产品的最大优势就是精确测量，而且可以在行驶中读取胎压数据。传感器和显示器都是用电池作为电源的，安装时甚为麻烦。除了购买产品的费用，还要将拆装轮胎和做动平衡的费用计入预算，是一笔不小的费用。另外，安装这种胎压监测需要拆除原厂气门嘴，一般来说气门嘴是单向安装的，拆除即报废(不保证密封性或者直接损坏)。

外置胎压监测的传感器安装在气门嘴上，由于传感器安装在外面，形状与原车的气门嘴有区别，容易被盗走或者损坏。

(4)胎压警示帽

这种产品的原理很简单，直接安装在轮胎的气门芯上，用轮胎的气压将里面的阀体顶起，用顶起的高度和颜色来表明轮胎压力的高与低。最大的优点是非常直观而且价格便宜。它只能是很粗略地表明压力，绿色表示正常，黄色表示亏气，红色表示轮胎气压低必须补气，但是无从得知气压是多少。另一缺点就是容易丢失。

(5)胎压间接检测

这种胎压监测装置基本没有市售的，一般为原厂带有。原理是根据轮速传感器来读取四个车轮的转速，根据转速计算车轮的周长来判断车轮的压力变化。如果轮胎亏气了，轮胎的直径就会缩小；经过转动一段时间后，这条亏气的轮胎与其他轮胎的转动次数差距越来越大，电脑则判定这条轮胎的气压已经低于正常压力，发出报警。这类胎压监测也属于粗略计算。一般带有此装置的家用车都有一个复位开关，在轮胎重新充气后或者更换后需要手动复位。

（三）止动块（图 2-1-3-3）

止动块又称为止退器、逆止器，人们习惯上又称为倒车垫、防滑塞，木质材料制作的常称为三角木。主要是在车辆出故障或者其他有必要时使用，以确保车辆不往前后移动。每车应准备两块以上。

图 2-1-3-3 止动块

1. 三角木（表 2-1-3-2）

三角木规格 表 2-1-3-2

材质	湿地松、花旗松、多层板
常用的规格	150mm×150mm×150mm、200mm×200mm×200mm、100mm×100mm×100mm
产品型式	三角状、梯状
适用范围	物流集装箱、汽车轮胎、机械设备、圆状货物、管道、钢管、水桶等垫脚专用

2. 合成材料止退器

由于橡胶摩擦系数高，与地面接触能避免三脚垫二次打滑，比传统三角木性能更好。还可回收利用，节能环保。比传统木质止滑器更美观，质量更轻。还可以带金属环、加彩色。这种止退器的规格见表 2-1-3-3。

合成橡胶止退器规格 表 2-1-3-3

规　格(mm)	材　料	重　量(kg)
170×100×100	合成橡胶	1
170×88×100	合成橡胶	1.2
240×200×150	合成橡胶	3.2
290×160×190	合成橡胶	5
240×195×140	合成橡胶	4
270×210×185	合成橡胶	7
470×230×190	高分子塑料	1.3
155×98×95	ABS 树脂	0.35

(四)千斤顶

千斤顶(图2-1-3-4)是一种起重高度小(小于1m)的最简单的起重设备。一般有机械式和液压式两种。用于检测零部件时的支撑,产品分别为钢件和铸铁件,外表面有镀铬和涂漆两种。千斤顶规格见表2-1-3-4。

千斤顶规格　表2-1-3-4

规　格(mm)	可调高度(mm)	单件承载力(kg)	规　格(mm)	可调高度(mm)	单件承载力(kg)
∅35×60	60	35	∅50×80	80	50
∅70×100	100	70	∅100×150	150	100
∅150×250	250	150	∅200×300	300	200
∅260×400	400	260	∅280×450	450	280
∅300×500	500	300			

维修汽车用的千斤顶,可以分为齿条千斤顶、螺旋千斤顶和液压千斤顶和充气式千斤顶四种。常用的举升力为2t、3t、5t、8t等。

1. 千斤顶的种类

(1)齿条千斤顶

它分别由齿条、齿轮、手柄3部分组成,它依靠摇动手柄从而使齿条上升下降;这也是普通汽车常见的一种汽车千斤顶的种类。它体积不大,比较好存放。但也也正因如此,限制了它的支撑重量不能太大。

(2)液压千斤顶

液压千斤顶又分为通用液压千斤顶和专用液压千斤顶。它的工作原理较为复杂,优点是升降速度快,承重能力较齿条千斤顶大。但携带不方便,不是常见的汽车千斤顶。

图2-1-3-4　千斤顶

(3)螺旋千斤顶

螺旋千斤顶依靠螺纹自锁来撑住重物,结构并不复杂,但其支撑重量较大。但这种螺旋千斤顶的工作效率较低,上升慢,下降快。

(4)充气式千斤顶

充气式千斤顶依靠汽车尾气对其充气,因使用条件比较特别而鲜为人知。

2. 千斤顶的选购

千斤顶质量的好坏主要看主轴的好坏,好的主轴都是由高密度的合金钢制作而成,不仅硬度高,韧性好,更主要的是它的表面十分光滑,与橡胶圈的摩擦十分小,这样就保证了千斤顶不会出现漏油的情况,延长了千斤顶的使用寿命。

选购千斤顶的小巧门:准备一块磁铁,将磁铁吸附到千斤顶的缸体上或任意部位,然后用手去尝试着将磁铁取下。一般情况下,材质较好的千斤顶,取下磁铁时较费劲,反之如果材质不好,取下的时候便较轻松。

3. 千斤顶安全操作规范

(1)使用前应检查各部分是否完好，油液是否干净。油压式千斤顶的安全栓有没有损坏，如果螺旋、齿条式千斤顶的螺纹、齿条的磨损量达20%时，严禁使用。

(2)千斤顶应设置在平整、坚实处，并使用垫木垫平。

(3)千斤顶必须与荷重面垂直，其顶部与重物的接触面间应加防滑垫层。

(4)严禁超载使用千斤顶，不得加长手柄，不得超过规定人数操作。

(5)使用时，任何人不得站在安全栓的前面。

(6)在顶升的过程中，应随着重物的上升在重物下加设保险垫层，到达顶升高度后应及时将重物垫牢。

(7)用两台及数台千斤顶同时顶升一个物体时，千斤顶的总起重能力应不小于荷重的两倍及数倍。顶升时应由专人统一指挥，确保各千斤顶的顶升速度及受力基本一致。

(8)油压式千斤顶的顶升高度不得超过限位标志线；螺旋及齿条式千斤顶的顶升高度不得超过螺杆或齿条高度的3/4。

(9)千斤顶不得在长时间无人照料下承受荷重。千斤顶举升后，应用支车凳架好，在使支顶卸载后，方可在车下作业。

(10)千斤顶的下降速度必须缓慢，严禁在带负荷的情况下使其突然下降。

(五)轮胎螺母专用套筒扳手

1. 轮胎螺母专用套筒扳手的组成与规格

轮胎螺母专用套筒扳手由多个带内六角孔套筒以及手柄、加力杆、接杆等多种附件组成。一般规格有30~32、32~33、21~38、21~41、24~27，如图2-1-3-5所示。

2. 质量好坏区分方法

看表面：是否有毛边，规格是否符合大小标准，有无划痕等

内质：用特殊工具测量扭力和硬度；测量大小；盐雾测试等；当轮胎套筒的六角或许十二角对边尺度小于或等于32mm时，其硬度值不低于HRC39，大于32mm时，硬度不低于HRC35。

(六)撬棒

又称为撬棒、撬杠(图2-1-3-6)等，是利用杠杆原理让重物克服地心引力，将重物从地面或其他附着物上掀起，并发生位移的工具。

材质有铜合金、钢材、不锈钢等，铜合金撬棍也称为防爆撬棒，另外还有防磁撬棒等。钢材材质有六棱钢、圆钢、扁钢等。

撬棒一般制成一头扁，一头尖，也可以根据需要制成其他样式，比如，起重撬棒、直柄可定位撬棒、0°角撬棒、挖杆撬棒、两用撬棒、尖头撬棒、圆头撬棒、鹅颈钩撬棒等。更换车轮的是直柄可定位撬棒。

(七)三角警示牌

三角警示牌(图2-1-3-7)用于车辆发生故障抛锚时，放置在车子后方，以便提醒后面的来车注意安全。一般的道路上，驾驶员应该在来车方向50m以外设置警示牌；在高速路上应该在100m外设置警示牌；对于一些特殊情况，比如说，下雨天或在拐弯处，一定要在150m

外放置警示牌，这样才能让后方的车辆及早发现，夜间车辆出事时，摆放警示牌尤为重要。

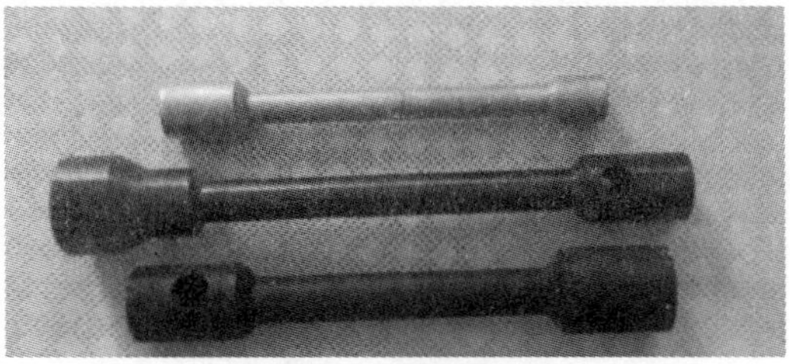

图 2-1-3-5　轮胎螺母套筒

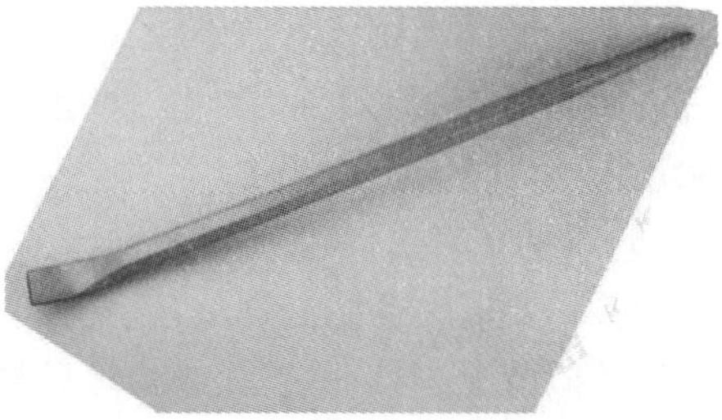

图 2-1-3-6　撬棒

标准结构合格的三角警示牌外面有一个反光三角，中间有一个荧光三角，同时底下有一个重量较沉的底座。外面反光的三角是为了夜间的时候，汽车灯照上之后会将一个非常强的光线反射给司机。中间的荧光三角是漫反射，白天用时，能使司机在白天看得比较清楚。底下重的结构是为了在有风的时候，不至于把三角警示牌吹倒。而不合格的三角警示牌，则只有反光三角，没有荧光三角，同时底座是用很薄的铁片做的，抗风性能比较差。另外，你如果遇见中间有一个感叹号的三角警示牌的话，请不要购买，因为这种三角警示牌是不符合国家标准的。

反光合格判断方法：鉴别三角警示牌的反光能力，可以用一个普通的手电筒，把三角警示牌放置在距离手电筒 5～10m 的位置，再用手电筒照射三角警示牌，如果反射光很强，那它就是合格的产品；如果反射光很弱或者根本就没有反光，这样的三角警示牌是不合格的。

（八）备胎（图 2-1-3-8）

图 2-1-3-7　三角警示牌

图 2-1-3-8　备胎

日常使用备胎时的注意事项：

（1）定期检测备胎

在日常维护或者长途旅行前，应检测备胎有无磨损或裂痕，如已磨损到标志线，那么就要尽早进行更换。而如果胎侧有细小裂纹就不能用它来跑长途或高速行驶，因为较薄的轮胎侧壁在高速运转时很容易发生爆胎。

(2)不要与腐蚀性物品放在一起

由于轮胎的主要成分是橡胶，而橡胶最怕各种油品侵蚀。某些车主经常会在后备厢内存放诸如润滑油等类似油品，当这些油沾到轮胎便会使轮胎发生一定程度胀蚀，会大大降低轮胎使用寿命。

(3)备胎也有寿命

千万不要以为备胎一直放在后备厢里不使用，就可以“长命百岁”。可能有些车主遇到过这种类似情况，当轮胎被扎或损坏后想用备胎调换时，却发现备胎已严重老化以至无法使用。这是因为轮胎是橡胶制品，存放时间太长会老化，一般老化期为4y左右。

(4)备胎不应长时间使用

由于备胎使用频率低、与另外四条轮胎的摩擦系数不同，而且非全尺寸备胎的扁平比、胎宽或轮胎直径都与正常使用的轮胎不同，因此长时间使用会对车辆的制动系统、转向系统及悬架系统产生一定的影响，给行车安全带来隐患，还会使同向的其他轮胎产生摩擦不均匀等现象。

(5)经修补后要放在后轮

经过修补的轮胎如果要再次使用，无论何种驱动方式车辆都要放在后轮上，这是因为前轮爆胎后的危险系数要相对更高，所以修补后的轮胎放在后轮会相对安全些。

第二章　牵引汽车的连接与分离

第一节　牵引汽车(汽车列车)与挂车连接

牵引汽车是指专门或主要用于牵引挂车的汽车。被牵引的从动车被称为挂车。连接装置是将牵引汽车与挂车连接起来的连接机构,其作用是方便地连接与摘脱,并将牵引汽车的牵引力传给挂车。

连接装置按照用途可以分为以下两种:

(1)牵引连接装置:用于全挂汽车列车,特点是主要承受纵向负荷,垂直负荷仅是本身的质量。

(2)支承连接装置:用于半挂汽车列车,特点是除承受纵向负荷外,还承受及传递垂直载荷,同时还是转向机构。

所谓汽车列车,是指一辆汽车(载货汽车或牵引汽车)与一辆或一辆以上挂车的组合。载货汽车和牵引汽车为汽车列车的驱动车节,称为主车;被主车牵引的从动车节称为挂车。

所谓全挂汽车列车,是指由一辆牵引汽车牵引一辆或一辆以上的全挂车组合而成的汽车列车,如图 2-2-1-1 所示。所谓半挂汽车列车,是指由一辆半挂牵引汽车和一辆半挂车组合而成的汽车列车,如图 2-2-1-2 所示。

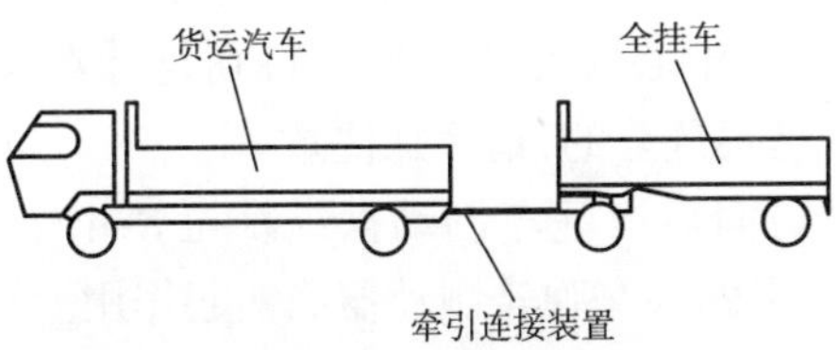

图 2-2-1-1　全挂汽车列车

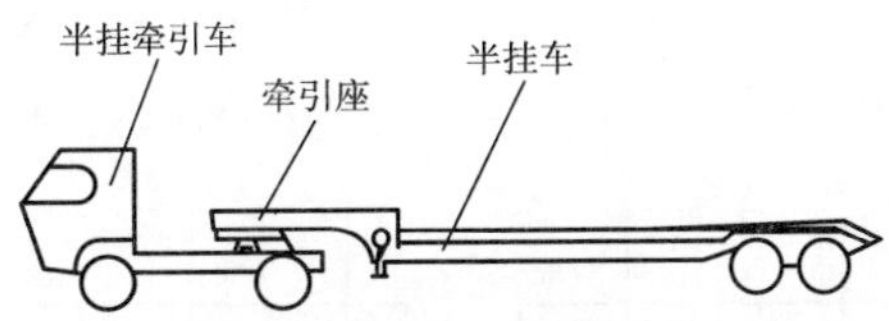

图 2-2-1-2　半挂汽车列车

所谓全挂车,是指由牵引汽车牵引,且其全部质量由本身承受的挂车,如图 2-2-1-3 所示;所谓半挂车,是指由牵引汽车牵引,且其部分质量由牵引车承受的挂车,如图 2-2-1-4 所示。

对牵引联接装置的基本要求如下:

(1)工作可靠,保证牵引汽车与挂车可靠而顺利地挂接,方便而迅速地脱挂;

(2)使汽车列车具有较好地机动灵活性;

(3)能平稳地将牵引力传给挂车,并能吸收汽车列车行驶中所产生冲击载荷;

(4)足够的强度、刚度、硬度,以承受行驶中各种力的作用和磨损。

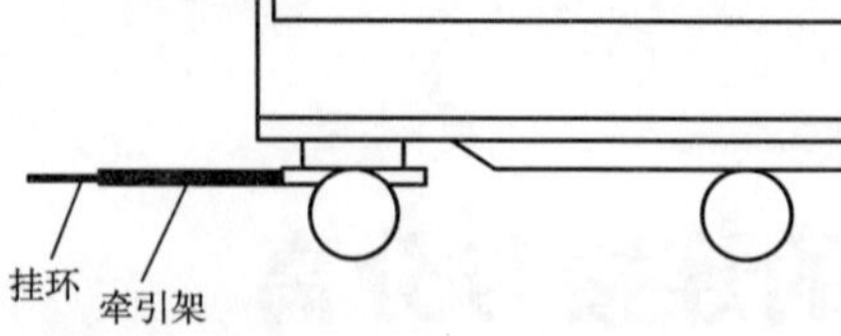

图 2-2-1-3　全挂车

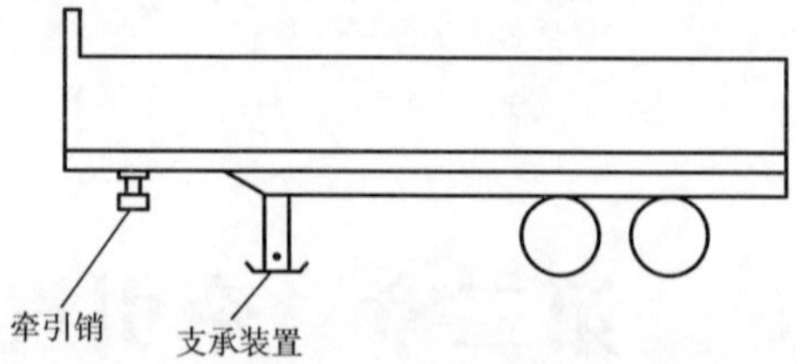

图 2-2-1-4　半挂车

一、挂车连接装置的操作要求(以半挂车为例)

(1)调整支撑脚,使牵引主销的接合平面高度与牵引汽车连接装置基面的间隙 a = 50 ~ 80mm,如图 2-2-1-5 所示。

注意:挂车连接操作应在平坦处进行,使挂车的驻车制动起作用,并用三角木固定车轮。

(2)将鞍座手柄向上提起,使手柄进入上部长孔中再向外拉出,直到手柄杆上的定位槽卡住鞍座壳体,此时鞍座便处于准备连接的张口状态,如图 2-2-1-6 所示。

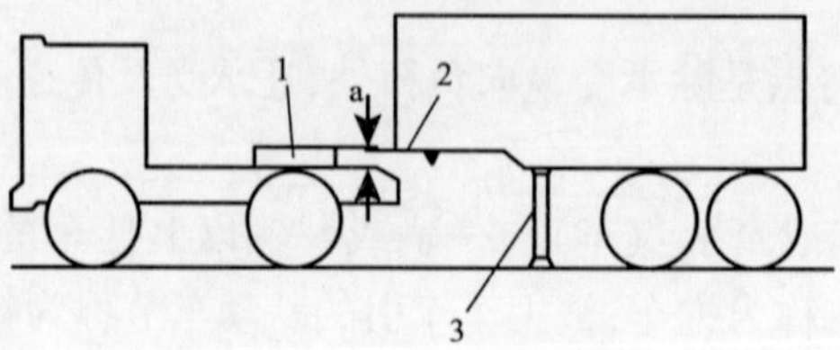

图 2-2-1-5　半挂车的连接

1-牵引鞍座;2-挂车连接装置接合面;3-支撑脚

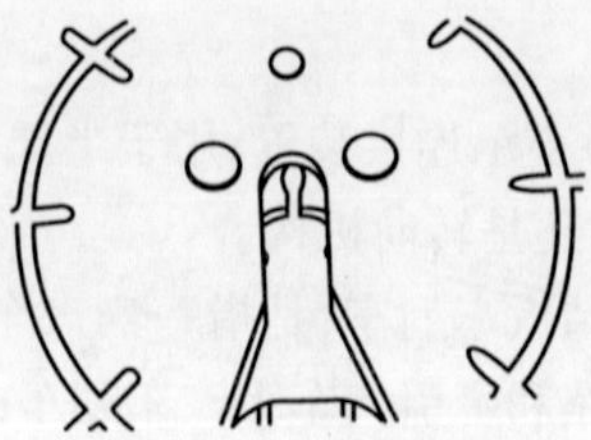

图 2-2-1-6　准备连接

(3)将连接装置基面的中心孔对好牵引主销后,使牵引车徐徐倒退,与挂车连接好。连接时,按图 2-1-1-7 所示,使挂车的中心线与牵引车的中心线互相对准。特别是挂车装货时,中心如不一致。支撑脚要承受过大的横向力,这是很危险的,请多加注意。

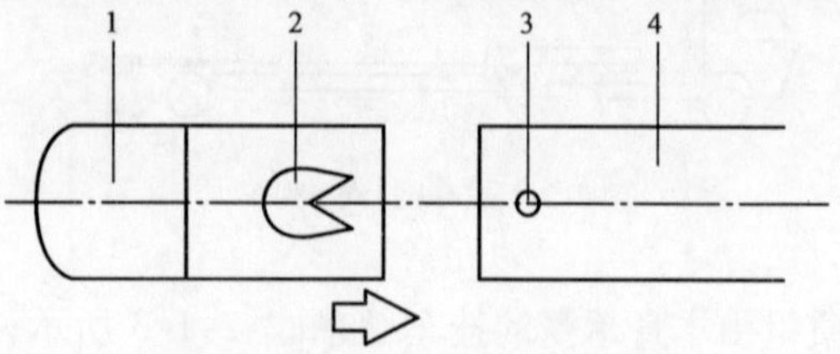

图 2-1-1-7　中心线互相对准

1-牵引车;2-连接装置;3-挂车主销;4-挂车

(4)向后扳驻车制动操纵杆至锁止位置,使牵引车的驻车弹簧制动器确实起作用。

(5)确认连接装置夹爪是否完全锁紧,固定杆是否已固定不动。

(6)先把挂车的电缆线插座盖打开,然后跨接电缆的插头凸出部分对准插座的凹处,使插头完全插进插座里。最后把插座盖合回去,插头便被固定,如图 2-1-1-8 所示。

(7)如果挂车装有 ABS 制动系统,连接挂车 ABS 电缆,如图 2-1-1-9 所示。

(8)将从牵引车向挂车输送压缩空气的两个软管接头,分别与挂车对应的接头连接上,如图 2-1-1-10 所示。注意:软管接头绝对不能接错。

(9)旋开牵引车驾驶室后面的两个制动分离开关,如图 2-1-1-11 所示。

(10)确认气路、电路工作正常;收起挂车的支撑脚;解除挂车的驻车制动,挪开三角垫木。

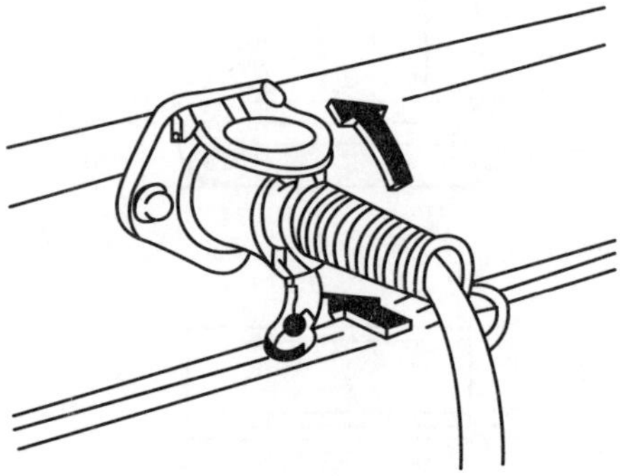

图 2-1-1-8 使插头完全插进插座

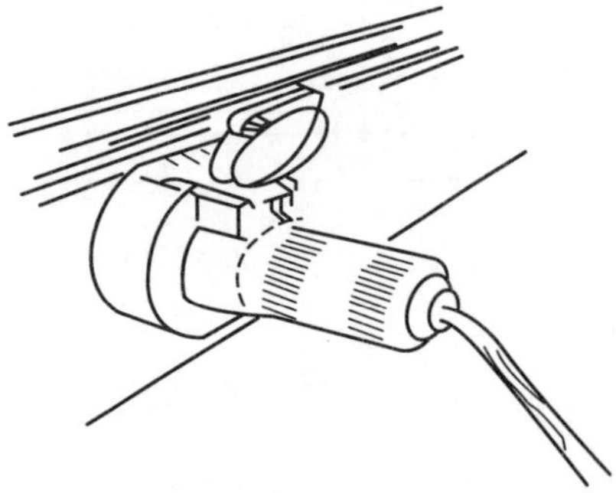

图 2-1-1-9 连接挂车 ABS 电缆

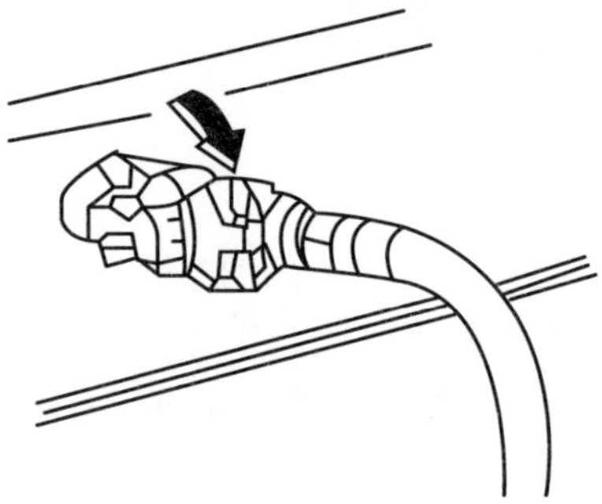

图 2-1-1-10 连接压缩空气软管接头

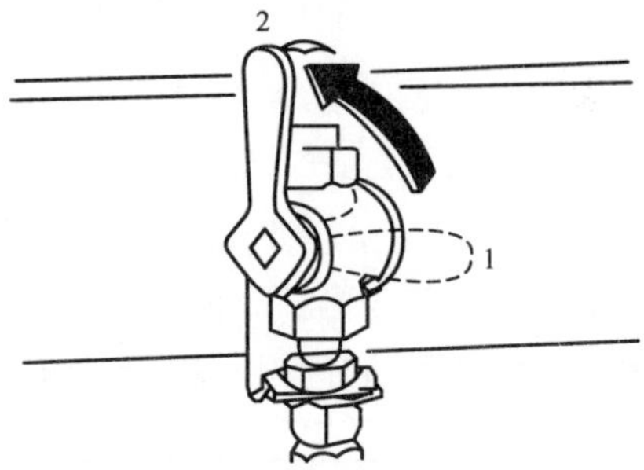

图 2-1-1-11 旋开制动分离开关

1-关闭;2-打开

二、牵引座与牵引销的连接

(一)鞍座与牵引销的连接

在连接前仔细检查牵引车鞍座板面上是否有足够的润滑油脂,半挂车的牵引销、牵引滑板上是否有其他异物,保证牵引滑板的清洁。

1. 半挂车牵引高度与牵引销大小、前回转半径、间隙半径等必须与牵引车匹配,连接前应进行检查。见图 2-2-1-12 牵引车鞍座工作侧面图,仔细检查牵引车鞍座工作面和半挂车的牵引销、牵引滑板上有无砂土、灰尘或和其他异物,是否有足够的润滑油脂。

2. 牵引车鞍座与牵引销的连接

调整支撑腿,使半挂车牵引滑板与牵引鞍座高度相适应,一般以半挂车牵引滑板比牵引车牵引鞍座的上平面中心位置低 10 ~ 30mm 为准(图 2-2-1-13)牵引车鞍座与牵引销的连接尺寸图。否则有时不仅不能连接,还会损坏牵引座、牵引销及有关零件。

3. 操纵牵引座锁止机构,使锁止块张开,成自由状态。牵引车倒退时,牵引车与半挂车中心线力求保持一致,两车中心线偏移限于 40mm 以下。两中心线夹角满载时≤5°,空载时≤7°(图 2-2-1-14)牵引车与半挂车中心线示意图。检查牵引座锁止块是否锁止了牵引销,是否锁止牢靠。稍微前进牵引车,检查连接情况是否良好。待鞍座口对准牵引销后听到

“咔咔”声响则表示牵引车与半挂车牵引成功。详见牵引车使用说明书。

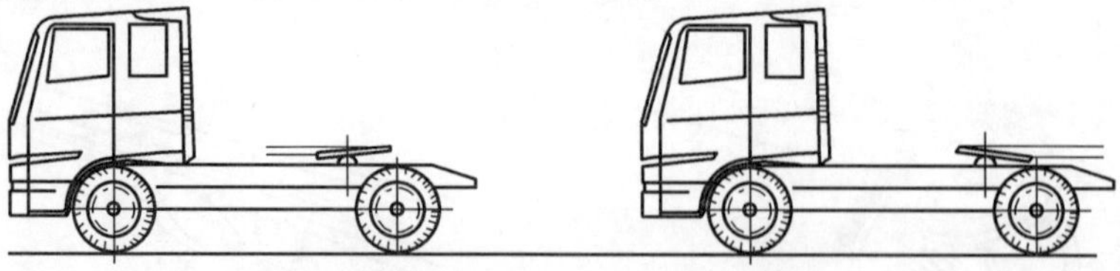

图 2-2-1-12　牵引车鞍座工作侧面图

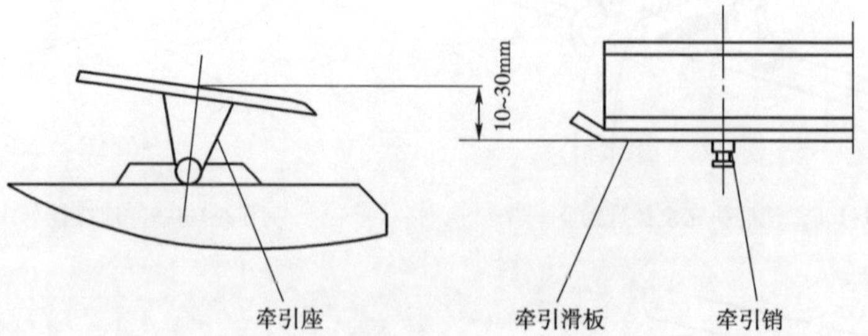

图 2-2-1-13　牵引车鞍座与牵引销的连接结构图

（二）电气路连接

（1）将牵引车上的两个气管接头（俗称握手）分别接在半挂车上的两个气管接头上。此时牵引车的供气管路与半挂车的供气管路连接，牵引车的控制管路与半挂车的控制管路连接（注意接头的颜色：同色相安装，不要安装反了）。见图 2-2-1-15 牵引车供气管路连接图。

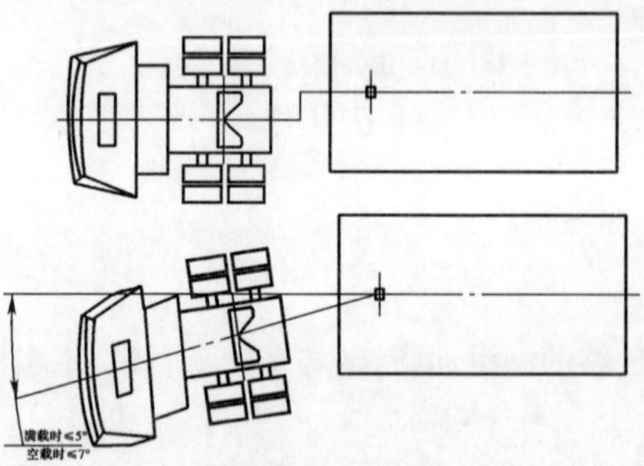

图 2-2-1-14　牵引车与半挂车中心线示意图

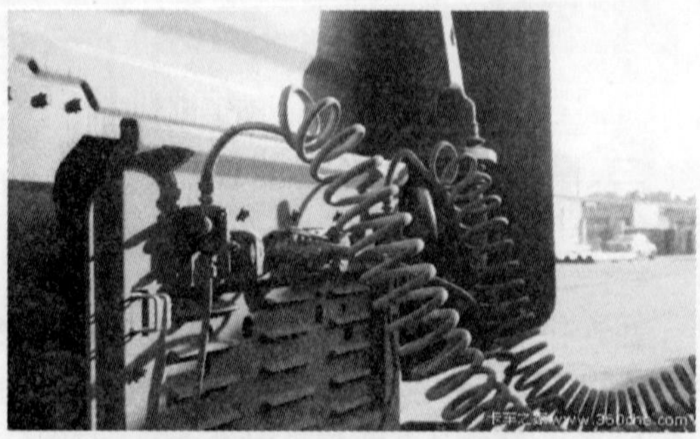

图 2-2-1-15　牵引车供气管路连接实景图

（2）气接头相互连通后，要拧开牵引车上的半挂车气路连接分离开关，使其处于通气状态，否则不能向半挂车制动系统供气，制动系统也无法工作。见图 2-2-1-16 牵引车供气管路连接效果图。

（3）起动发动机，观察驾驶室的气压表，把牵引车和半挂车储气筒内压力提高到规定的压力（一般为 650 ~ 750kPa）。

（4）检查气路有无漏气，检查制动系统是否正常工作。

（5）将牵引车的电缆连接插头插入半挂车前端的七孔插座里直到卡位在七孔插销的卡块上。

（6）检查各电极是否接合良好，确认边灯尾灯等各灯是否正常工作。

（三）半挂牵引车连续时的注意事项

1. 确认半挂车的驻车刹车和轮胎防滑以否挂上。

2. 确认牵引销高度，是否和鞍马架高度相等或略低于鞍马架。如不相配，调整半挂起落架。

图 2-2-1-16　牵引车供气管路连接效果图

3. 确认鞍马架爪是否打开。

4. 拖头部的半挂刹车处于全作动状态下，慢慢倒车连接。

5. 确认鞍马架处于锁紧状态后，按顺序连接刹车绿、红软管和电缆接头，打开刹车阀。

6. 收起起落架，打开半挂车的驻车刹车。

7. 确认指示灯头正常后，起动发动机使刹车气压连到正常区域。

8. 半挂车处于刹车状态，挂上 1 挡或 2 挡慢慢开车，确认以连接上。

第二节　牵引汽车（汽车列车）与挂车分离

一、牵引车与半挂车的分离操作要领

（1）选择平坦坚实地面停放半挂车和牵引车。检查挂车制动是否有效。操纵支撑装置使底座落地后继续旋转摇把，使半挂车牵引滑板抬起一定间隙，以便退出牵引车，如图 2-2-2-1 所示。

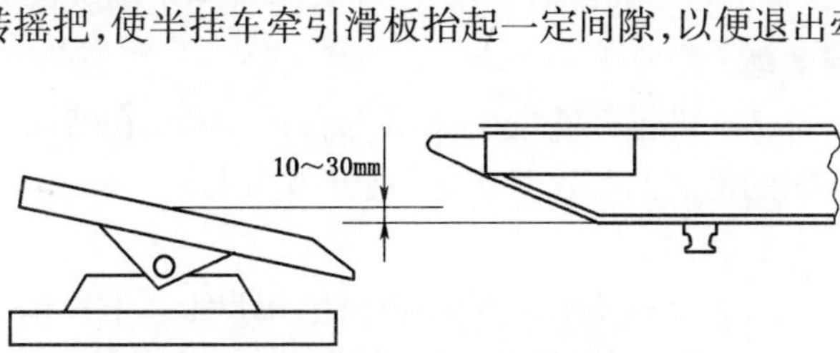

图 2-2-2-1　牵引车与半挂车的支撑装置与底座分离示意图

（2）关闭牵引车上的半挂车气路连接分离开关（如图 2-2-2-2 所示），然后从半挂车上卸下牵引车的供气和控制管路接头。

（3）从半挂车的电缆连接插座上拔下电缆插头并放置到牵引车上，如图 2-2-2-3 所示。

(4)操纵牵引座锁止机构,使锁止块张开,如图 2-2-2-4 所示。

(5)缓慢向前开出牵引车,使牵引销与牵引座脱离,从而分离半挂车和牵引车,如图 2-2-2-5所示。

(6)长时间驻车时,应操纵停车驻车制动阀,启用制动分泵的弹簧储能制动。

(7)分离后检查半挂车各部有无异常,松开储气筒下部的放水阀排出筒内积水。

(8)驾驶牵引车注意事项

①牵引车属于特种设备,须经培训考核合格并持有驾驶执照的司机才可以开车,牵引车的维护维护也应由经培训并考核合格的人员进行,以确保牵牵引车的安全正常使用。

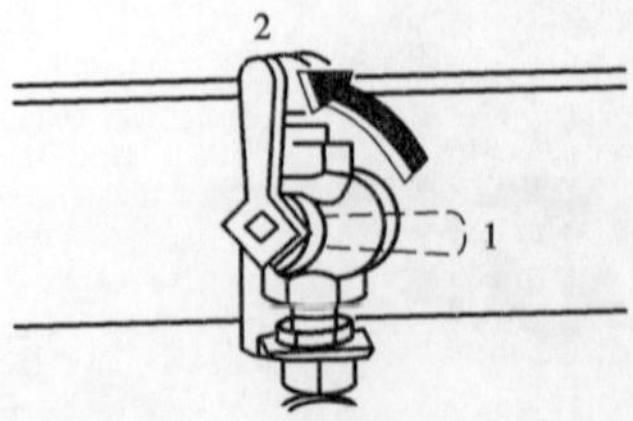

图2-2-2-2 气路连接分离开关操作图

1-关闭;2-打开

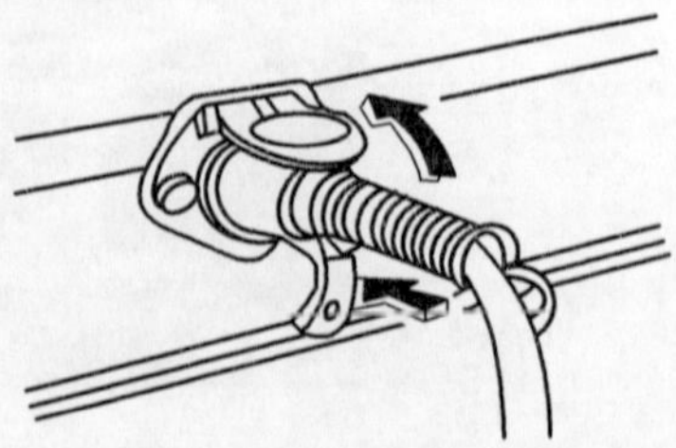

图 2-2-2-3 电缆连接插座图

图 2-2-2-4 牵引座锁止机构实况及示意图

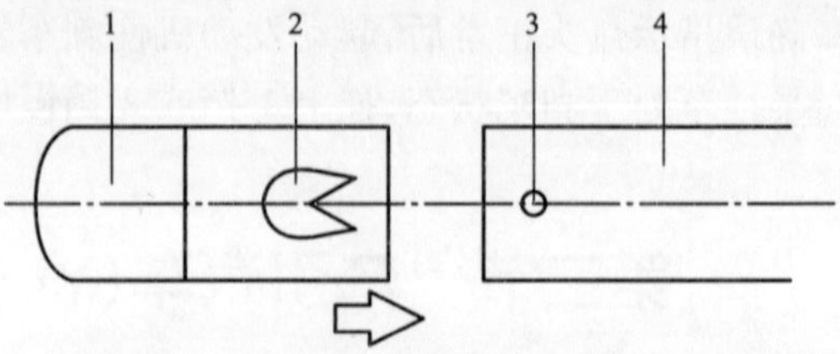

图 2-2-2-5 牵引车与半挂车脱离步骤示意图

1-牵引车;2-连接装置;3-挂车主销;4-挂车

②牵引重量应按牵引曲线图所规定的数值,严禁超载。

③牵引车只适合在平坦坚实的路面上作业,而且要有一定的摩擦力,路面上的油脂、泥水容易使车轮打滑,要清理干净。

④用牵引车前后,都必须进行日常检查,禁止带故障作业,在使用过程中要随时注意机械、电气及调速器和刹车的性能和工作状态,发现异常马上停车检查。待排除故障后,方可继续工作。

⑤特殊订购的牵引车,能令其使用范围更加广泛,用户千万不要私自改造牵车。

⑥开动车时,先打开钥匙开关,电源接通后选择好前进后退的方向开关的位置,转动转向盘观察车辆转向运行是否正常,再慢慢踩下加速踏板,注意车辆启动运行是否平稳正常。

⑦码头或临时铺板上行驶时应加倍小心,缓慢行驶。小心搬运尺寸超大的货物。

⑧牵引车应低速驶进货物区,同时要注意货物附近有无凸出的坚硬物体,以免引起车辆振动和刺伤车轮。牵牵引车行驶时应注意行人、障碍物和坑洼路面。

⑨牵引车行走时，禁止把手、脚和身体的其他部位伸出驾驶室外，车上不准载人。

⑩应小心驾驶，在较大坡道上牵引货运行时，不可在坡道上进行转向、横向行驶，否则牵引车有侧翻的危险；下坡行驶请使用脚制动，缓慢谨慎驾驶。

⑪开牵引车时要平顺地进行启动、转向、行驶、制动，尤其在潮湿的或光滑的路面转弯时必须减速行驶；禁止牵引车突然启动、加速、停止和高速急转弯，牵引车在负载行驶时，要避免紧急制动。如操作不当，可能会引起牵引车侧翻造成严重事故。

⑫观察电压表的电压，额定电压为48V，当电压显示为41V或电量低于30%时，应立即停止运行，对电瓶进行充电或更换充足电的电瓶。

二、牵引车与半挂车分离规范操作

(1)牵引车与半挂车分离时，必须确认车辆停妥，

(2)将半挂车轮胎的前后用三角木或石块塞住，使其不能溜动。

(3)将半挂车的辅助支承架下降与地面接触。

(4)将半挂车前部稍有抬高，解除对牵引车鞍式磨盘的全部载荷。

(5)将制动管路的接头和灯用电缆的插头解开。

(6)将鞍式磨盘的锁止机钩打开，然后将牵引车便驶离半挂车。

第三章　牵引汽车停靠货台驾驶

第一节　牵引汽车倒车尾靠货台驾驶

一、倒车尾靠货台注意事项

(1)进入货场尾靠货台，首先要目测车位的宽度是否足够，确认车辆尾部与货台的距离有多远，车位两侧是不是有其他车辆停放，车位长度是否适合本车停靠。

(2)倒车时尽量选择从左侧倒入(在条件许可的情况下)，这是因为左侧便于驾驶人的观察。在倒车的过程中，要先看后面，然后再注意两侧的后视镜。右侧的横向距离应比左侧稍微大一些，这是因为前轮的转弯半径比后轮转弯半径大，倒车时车头会向外移，因而右侧很容易刮擦。倒车时尽可能低速，并及时修正车身。

(3)倒车时要注意与相邻车的横向距离。从后视镜中看到车尾快到货台边时，应迅速打足方向，等车身一正就快速回方向。

(4)倒车时尽量把车头朝向视线开阔又有回旋空间的地方，以便于观察动态中的人或车。

(5)在操作上，不仅要注意车轮压在了什么位置，还要注意车厢四角到了什么位置，尤其是当主车和挂车之间夹角大于一定角度时，左右两个后视镜都进入盲区，挂车的车轮和车厢后角也处于盲区，此时更应该提高警惕。

(6)倒车时一定要注意把握主车、挂车的距离感和方向感，做到心中有数。

(7)注意调整心态，静心倒车(心情急燥会影响你倒车的效果)，并不断修正车身，直到安全尾靠货台。

(8)倒车前注意摇下车窗，以便观察；倒车时打开转向灯示意；车速不得高于2m/s；慢速可以给自己留更多的观察和反应的余地。倒车后车尾部与货台相距10～20cm为好。在直线倒车时，眼睛应注意看倒车镜，往左后倒时，要注意右车头；往右后倒时，要注意左车头。

二、倒车尾靠货台的方法

(1)倒车前，首先检查车辆，尤其是制动系统的气压、离合器、轮胎等，确保正常，并摇下车窗后方可倒车。

(2)倒车前，先看清车后的情况，估计好挂车倒车的行驶路线，确定挂车、主车不会碰到障碍物后才能倒车。

(3)根据车尾行驶方向的需要，用左手转动转向盘。假如车尾需要向右后方行驶，则将转向盘向左转动；反之则向右转动。

(4)倒车过程中不要一直看着车后，在确认车后安全的前提下，须不时地观察左右后视镜，留心障碍物与车身之间的距离，并不断修正车身位置。

(5)倒车转向应比前进转向时转动转向盘略早。倒车转向时先将转向盘向与转弯方向相反的方向转动，当看到挂车的后端已经开始转向，就应立即将转向盘回转，从而使主车与挂车转向一致。转向盘回转的速度不能太慢，否则很容易造成主车与挂车发生斜撞。

(6)如果地方狭小，车身两边都有障碍物，倒车时，尽可能让车身贴左，以便观察。

三、牵引汽车倒车尾靠货台教学技能鉴定参考评分标准

以下评分标准按照满分 15 分制定，仅供参考。

(1)倒车前，没有摇下车窗的，记 0 分；

(2)倒车前，不先看清车后的情况的，记 0 分；

(3)倒车时，没有打转向灯示意的，记 0 分；

(4)倒车时，车尾碰到货台的，记 0 分；

(5)倒车时，车辆任何部位碰到障碍物的，记 0 分；

(6)倒车后，车尾距离货台大于 50cm 的，记 0 分；

(7)倒车后，车身与边线不平行，倾斜度超过 30°的，记 0 分；

(8)倒车后，车身超出边线的，记 0 分；

(9)倒车后，车身与边线的倾斜度超过 20°的，扣 10 分；

(10)倒车后，车身与边线的倾斜度超过 10°的，扣 5 分；

(11)没有讲解倒车注意事项的，记 0 分；

(12)没有讲解倒车基本操作要领的，记 0 分；

(13)讲解倒车注意事项和基本操作要领不清晰的，酌情扣 5 ~ 10 分。

第二节　牵引车倒车侧靠货台驾驶

一、牵引汽车倒车侧靠货台步骤及注意事项

(1)检查车辆，确保状况良好，特别是制动系统、转向系统、信号系统、主车及挂车轮胎等正常；后视镜、倒车镜调整良好；

(2)必要时下车观察，确保要停靠的货台附近没有障碍物或其他可能造成危险的因素，并选定预期的停车位置(车辆预期的终点)；

(3)根据车辆的起点和预期的终点，制定最佳的倒车方案。为了能够实现制定的倒车方案，必要时需要移动车辆，将车辆调整到理想的倒车起点位置；

倒车方案的重点在于倒车轨迹的确定，而倒车轨迹又要依据车辆的起点和预期的终点而定，因此，倒车方案可能是一次到位的方案，也可能是二次或多次到位的方案，具体应视现场情况而定。

(4)选择主车上的参照点(例如:右后视镜),作为停车是否到位的参照;根据预期的倒车终点位置,选择能够与主车参照点对应的地面参照点(例如:某一块石头),必要时可以在选定的地面参照点处树立一个标杆或划一个记号;

注意:

①准确估计车辆的长度,特别是车尾到主车参照点的长度(例如:右后视镜),必要时可以下车"步测"(当然用米尺精确测量更好);

②准确估计预期停车位置的长度,特别是预期的车尾位置与地面参照点(例如:某一块石头)的距离,必要时可以下车,到预期停车的现场"步测"(当然用米尺精确测量更好);

③以上两个长度要确保相等。这两个长度估计得越准,最终停车位置的把控也就越准。

(5)摇下左右车窗,以便于观察,并打开应急灯,以提醒其他人,必要时对相关人员进行口头警告或沟通,确保其他人员的配合或警惕;

(6)缓慢倒车,一边通过后视镜、倒车镜、车窗等仔细观察,一边控制转向盘,确保车辆按照预期的倒车轨迹移动,发生偏离时应及时修正;

(7)实际操作时,如果车辆轨迹与预先制定的倒车方案偏离较大,有可能需要修订或调整倒车方案,并按照调整后的方案进行倒车操作;为了确保新方案的可行性,建议下车对现场情况重新进行评估。

(8)快到达预期停车位置时,注意观察主车上的参照点(例如:右后视镜)与地面参照点(例如:某一块石头)的相互位置,当然也不要忘记通过后视镜等观察车辆后部情况。

当主车上的参照点与地面参照点即将对正时,及时对车辆进行制动,在停车位置正确的情况下,拉起驻车制动,确保车辆停稳。

二、倒车侧停靠货台易犯的错误及避免

(1)速度太快:加速踏板一定要稳住,特别是打转向盘时,要有意识的放松一点儿,否则速度容易加快。

(2)位置看错:转弯时,一定要认准地面参考点。

(3)回转向盘的时机掌握不好:加强练习,多体会时机的掌握。

(4)车身出线:在倒车的时候,不注意判断车辆位置,容易造成车后挡板出线。为此,要做到手快、眼快、且车速尽量放慢。

三、牵引汽车倒车侧靠货台教学技能鉴定参考评分标准

以下评分标准按照满分15分制定,仅供参考:

(1)倒车前,没有摇下车窗的,记0分;

(2)倒车前,不先看清车后的情况的,记0分;

(3)倒车时,没有打转向灯示意的,记0分;

(4)倒车时,车身碰到货台的,记0分;

(5)倒车时,车辆任何部位碰到障碍物的,记0分;

(6)倒车后,车身距离货台大于50cm的,记0分;

(7)倒车后,车身与边线不平行,倾斜度超过30°的,记0分;
(8)倒车后,车身超出边线的,记0分;
(9)倒车后,车身与边线的倾斜度超过20°的,扣10分;
(10)倒车后,车身与边线的倾斜度超过10°的,扣5分;
(11)没有讲解倒车注意事项的,记0分;
(12)没有讲解倒车基本操作要领的,记0分;
(13)讲解倒车注意事项和基本操作要领不清晰的,酌情扣5~10分。

第三节　牵引车前进侧靠货台驾驶

一、牵引汽车前进侧靠货台的要求

(1)前进侧靠货台前,通过内、外后视镜观察后方交通情况。
(2)侧靠货台后,车身不超过道路右侧边缘线或人行道边缘。
(3)侧靠货台后,在车内开门前要侧头观察侧后方和左侧交通情况。
(4)侧靠货台后,车身距离道路右侧边缘线或人行道边缘不大于30cm。
(5)侧靠货台后,拉紧驻车制动器。
(6)拉紧驻车制动器前不放松行车制动器。
(7)下车后关车门。
(8)下车后将发动机熄火。
(9)夜间在路边临时侧靠货台时,应关闭前照灯,开启警告灯。

二、牵引汽车前进侧靠货台的方法

(1)在停车前,应观察货台空间、平面的位置是否适合侧靠。如果适合,应沿行进方向停在路面右侧,距货台不超过30cm。如与其他车辆临近停放时,应与其保持2m以上间距。不准异向停车。

(2)牵引汽车前进右侧靠货台停车,应采用“三把方向”的方法,即:先向右打转向盘,使车辆靠右行驶;再适时向左回转向盘,使车身也靠右;最后适当向右回转向盘,使车辆保持正直前进。

(3)目测目标时,仍使用“三点一线”的方法,即:以眼睛、停车标志点、风窗玻璃的某一处或发动机引擎盖某一点成一线。因为驾驶人身高不同,个人的目测点选择会有差异,可根据个人的具体情况灵活掌握。

(4)松开加速踏板,打开右转向灯。根据停车目标距离的远近,适当踏下制动踏板减速。当车速较慢时,踏下离合器踏板,使汽车平稳停下。

(5)车辆停稳后,拉紧驻车制动杆,将变速杆移至一挡位。松开离合器踏板和制动踏板,关闭转向灯,根据需要关闭点火开关。

(6)在坡道货台上停车时,应拉紧驻车制动杆,把变速器挂入与车辆可能移动方向相反的档位，并用三角木或石块塞住车轮，以防车轮溜移而发生事故，同时，还应关闭电路，锁好门窗。

（7）下车时应前观察后视镜，以防开车门时妨碍其他车辆行驶，甚至造成事故。

（8）夜间停车需开示廓灯及尾灯，以显示停车目标。

（9）在特殊情况下如：大雨、大雾、大风的天气停靠作业时，应开启小灯（示廓灯）；有危险报警闪灯装置的车辆，要打开危险报警闪灯，以提醒过往车辆、行人注意。

（10）车辆拖带挂车后，制动停车距离较长，同步性较差，连接部位容易产生撞击，制动后加速性差，因此，在行驶中尽量使用预见性制动，不可采用连续、突然制动的方法，以免挂车产生"痉挛"现象。当需要制动停车时，要及早选定停车货台地段，让车靠边，利用滑行或发动机牵制作用减速，待主车与挂车成一条直线时停下，以不妨碍其他车辆的通行，并便于顺利起步。停车后，除拉紧主车驻车制动器并挂入一档外，还应拉紧挂车驻车制动器。

（11）车辆拖带挂车，摘挂前应将主车、挂车停放在平坦的地段或场地上，操作时要特别注意安全，要预防摘挂人员在主车、挂车间被挤压。如挂车需要放在有坡度的地方，要用三角木等物将车轮固定好。严禁将应急制动作为驻车制动使用，以免因压缩空气泄漏而失去正常制动作用。

三、牵引汽车前进侧靠货台口诀

停车首先要想到，货台周边要安全；车辆停稳上下人，开门观察要做到；
坡道停车应注意，挂挡掩轮要牢靠；停车减速不要急，注意观察右边靠；
停稳之后要牢记，拉紧"手刹"很重要；临时停车人不离，妨碍交通让开道；
路边停车要注意，设立标记莫忘掉；车辆停放防擦碰，拔了钥匙门锁好；
停车莫忘关电源，牢记防火和防盗；地形不熟莫靠边，防止塌陷要牢记。

四、牵引汽车倒车侧靠货台教学技能鉴定参考评分标准

以下评分标准按照满分15分制定，仅供参考：

（1）前进前，没有摇下车窗的，记0分；

（2）前进前，不先看清车前的情况的，记0分；

（3）前进时，没有打转向灯示意的，记0分；

（4）前进时，车身碰到货台的，记0分；

（5）前进时，车辆任何部位碰到障碍物的，记0分；

（6）停靠货台后，车身距离货台大于50cm的，记0分；

（7）停靠货台后，车身与边线不平行，倾斜度超过30°的，记0分；

（8）停靠货台后，车身超出边线的，记0分；

（9）停靠货台后，车身与边线的倾斜度超过20°的，扣10分；

（10）停靠货台后，车身与边线的倾斜度超过10°的，扣5分；

（11）没有讲解前进停靠货台注意事项的，记0分；

（12）没有讲解前进停靠货台基本操作要领的，记0分；

（13）讲解前进停靠货台注意事项和基本操作要领不清晰的，酌情扣5～10分。

第四章　货运车辆安全检视

行车前的安全检视目的是为了避免行车中出现故障引发意外，提前发现问题，这关系到自身和他人的生命财产安全，所以一定要认真进行，教学中要强调安全检视的重要性。

可采用讲授教学法（录像、图片等辅助教学手段），以便让学员比较全面地掌握车辆安全检视的内容和方法；然后采用实操训练教学法，使学员通过动手操作掌握实操技能，以加深对安全检视技术要求的理解。教员在授课时，可结合实际，分阶段组织实施教学，以达到最佳的培训效果。

首先，让学员熟知检视路线、部位、项目、内容和要求。其次，让学员了解相关部件、总成的构造、材质、原理、作用、工作环境，并掌握其相应的调整标准、故障成因和维护技能，才能使检视更有成效。再次，进行实操训练，巩固操作技能；检视过程中仅需携带手锤、活动扳手和擦布等少量工具。其他工具可临时按需取用。最后，在训练中，让学员边检视，边操作，边讲述。操作要规范，讲述要准确。发现故障，要立即排除。

教练员应在适当时候，适时指导，适度提示，适量提问，强化教与学的双边活动。

第一节　货运车辆安全检视方法

汽车技术状况良好与否，是决定行车安全、营运品质、运输效益和环境保护的基本条件之一。它与汽车的使用、维护有着密切的关系。车辆安全检视工作又是保证良好技术状况的基本要求。

日常维护是日常性作业，以清洁、补给和安全检视为作业中心内容。每天出车前、行车中、收车后由驾驶人负责执行的车辆维护作业。其作业内容有：

一是对汽车外观、发动机外表进行清洁，保持车容整洁；二是对汽车各部润滑油（脂）、燃油、冷却液、制动液、各种工作介质、轮胎气压进行检视补给；三是对汽车制动、转向、传动、悬架、灯光、信号等安全部位和位置以及发动机运转状态进行检视、校紧，确保行车安全。

下面介绍对车辆进行安全检视的方法，常用方法有：目测检视法、手摸检查法、敲击检验法、耳听探试法、功能测试法等。

一、目测检视法

通过目测的方法，检查车辆和零部件表面质量，零部件的缺损或变形状况，工作介质的质量和密封性，灯光、信号的工作情况，附件齐全等，根据检验标准来判断被检部件的工作效果是否符合要求，对车辆的安全性能是否会造成影响。检查项目有：轮胎、轮胎螺栓、油底壳、散热器、传动、灯光、仪表、机油量等。目测检视法的特点是通过外观被检部件表面状况、工作情况来判断结果。以下举例说明该检视的内容及方法。

（一）轮胎

轮胎应无破裂及异常磨损；轮胎花纹及双轮胎间（后轮）无夹石；转向轮花纹深度不少于3.2mm，其他轮不少于1.6mm；轮胎气压应符合规定（使用轮胎气压检测仪，或根据轮胎着地面积，或者用手锤敲击予以判断）。

（二）轮胎螺栓

轮胎螺栓，应齐全、牢固。

（三）发动机润滑油密封性

发动机下方地面应没有润滑油迹，若有应作进一步的排查。

（四）发动机润滑油

发动机润滑油质量应符合技术要求（黏度、颜色、储量）。检查时，拔出机油尺用洁布擦净油尺后，将油尺插到底、然后拔出油尺检视（润滑油量应在2/4和4/4之间为宜）。若润滑油出现乳白状或水珠，可能润滑油与水混合；如润滑油颜色变黑或出现金属屑；应作进一步的排查。

（五）发动机燃油密封性

车下方地面应没有燃油渗漏痕迹，若有应作进一步的排查。

（六）发动机冷却系密封性

发动机、散热器下方地面应没有水迹（因开空调后而出现短时的小量滴水可视为正常）。

（七）蓄电池电解液

蓄电池电解液应符合技术要求。检查时，观察电解液的液面应处于蓄电池外壳上下刻度标线之间。若为免维护蓄电池，可从检视镜孔内观察，根据蓄电池上的标注要求，予以判断及维护。

（八）传动轴、传动轴承支架、中间轴

传动轴、传动轴承支架、中间轴等部位的防尘罩不得有裂纹、损坏，卡箍可靠，支架无松动；万向节不松旷，无卡滞；传动轴承支架无松动；中间轴承间隙符合规定。

有些项目的检查还需两人配合才能完成。

（九）仪表板和灯光

检查仪表板各个仪表和指示灯是否显示正常。接通点火开关（不起动），依次检查（开启、关闭）小灯、大灯（远光及近光）、雾灯、转向灯、危险警示灯、制动灯、倒车灯、充电指示灯、机油压力指示灯、水温指示和燃油存量显示等。两人同时配合检查灯光（一人在驾驶室开灯，另一人在车外观察）。

接通点火开关（不起动）约2～3s后，检查仪表板上发动机故障警示灯、制动防抱死装置（ABS）指示灯、安全气囊指示灯、安全带指示灯（系上安全带的情况下）等是否熄灭；如某装置指示灯不熄灭（可能某系统存有故障或故障排除后无消除故障记忆），需作进一步的检查。

二、手摸检查法

通过手摸的方法，检查零部件工作温度、部件间的松紧程度，根据检验标准来判断被检部件的工作性能和效果是否符合要求，对车辆的安全性能是否会造成影响。其检查项目有：发动机传动带，制动鼓、轮毂、驱动桥、传动轴中间轴承及变速器外表面等。手摸检查法的特点是通过手感被检部件的温度、松紧度来判断结果。以下举例说明该检查的内容及方法。

（一）发动机传动带松紧度

发动机传动带松紧度应符合技术要求，检查时，用 40～50N 按下皮带，其挠度为 10～15mm。

（二）制动鼓、轮毂、驱动桥、传动轴中间轴承及变速器

制动鼓、轮毂、驱动桥、传动轴中间轴承及变速器应在汽车连续运行 10km 以上，停车 5min 后检查。手摸部件外表面无过热现象。

在实际检视的过程中，很多时候目测和手摸两种方法是同时进行的。比如检查刮水器，需动手接通点火开关（不起动），先喷水、再开启刮水器开关，然而观察刮水器是否工作正常、刮擦范围是否清晰。有些项目的检查还需两人配合才能完成。

（三）检查转向横、直拉杆

横、直拉杆球座及球销应无裂纹和损伤，润滑良好，球销不得松旷或跳动。检视时，一人左右来回转动转向盘车轮摆动，另一人在车底观察横直拉杆所有球头有无松脱；将转向盘分别向左、向右打尽，在转向过程中横、直拉杆不得与其他部件碰擦。

三、敲击检验法

使用手锤敲击的方法，通过敲击所发出的声音，结合目视和手感被检部件的状况，检验零部件的金属组织变异、损伤的程度，部件的连接、紧固的状况，也可粗略检验轮胎气压，根据检验标准来判断被检部件的工作性能和效果是否符合要求，对车辆的安全性能是否会造成影响。其检查项目有：钢板弹簧、U 型螺栓、转向桥、驱动桥、车架（大梁）、轮胎气压等。敲击检验法的特点是通过敲击响声及观察部件松动状况来判断结果。手锤敲击金属部件，声音较为清脆可初步判断部件有裂痕。如有松动状，说明部件连接不牢。以下举例说明该检验的方法。

（一）钢板弹簧、U 型螺栓

钢板弹簧、U 型螺栓无断裂、错位、松动，可用手锤敲击被检部位，予以判断。

（二）转向桥、驱动桥

转向桥、驱动桥应无变形、断裂、脱焊，连接螺栓、铆钉应紧固。目视并结合手锤敲击被检部位，予以判断。

（三）车架（大梁）

车架纵横梁应无变形、断裂、脱焊，铆钉无松动，拖车钩、备胎架齐全，无裂损变形，连接牢固。目视并结合手锤敲击被检部位，予以判断。

（四）轮胎气压

轮胎气压的检查，无气压表时，可用手锤敲击，声音实而弹手为气压高，声音虚而不弹手为气压低。至于轮胎气压是否符合标准，需凭经验判断。

四、耳听探试法

通过耳听的方法，检查部件、系统工作状况和异响，根据检验标准来判断部件、系统的工作性能和效果是否符合要求，对车辆的安全性能是否会造成影响。耳听法主要是其检查项目有：发动机异响、制动阀等。耳听探试法的特点是通过耳听凭经验来判断结果。以下举例说明该探试的方法。

（一）发动机异响

着车预热后，分别在怠速、低速和急加速状态下，查听发动机声音，发动机应运转稳定，无振动，无爆震，无回火、放炮，无金属敲击声。

（二）气压式制动阀

着车打足气，熄火检查，踩下制动踏板时，各制动分泵动作是否迅速；抬起制动踏板时，探试排气是否迅速、彻底或排气不畅。

五、功能测试法

通过测试的方式，检查部件、系统的工作状况是否异常，功能和效果是否符合要求，根据检验标准来判断部件、系统的工作性能和效果是否符合要求，对车辆的安全性能是否会造成影响。其检查项目有：制动管路、转向盘、加速踏板、离合器踏板、制动踏板、驻车制动器等。功能测试法的特点是通过测量或着车、行车测试来判断结果。以下举例说明该测试的方法。

（一）气压式制动系密封性能

发动机在75%的标定功率转速下，4min（汽车列车为6min）内，气压表的指示气压应从零开始升至起步气压（未标起步气压的，按400kPa计）。当气压升至600kPa且不使用制动的情况下，停止空气压缩机3min后，其气压的降低值应不大于10kPa；在气压为600kPa的情况下，将制动踏板踩到底，待气压稳定后观察3min，气压降低值不大于20kPa（汽车列车不大于30kPa）。否则，应对制动系进行密封性能检查（可用肥皂水涂于管道、接头及部件上，如出现气泡，说明该部位漏气）。

（二）转向盘

转向盘转动灵活、操纵轻便、无阻滞。转向盘的最大自由转动量：最高设计车速不小于100km/h的机动车应小于15°，其他车应小于25°。测量时，汽车应处于直线行驶的状态，将转向轮置于平坦、干燥和清洁的硬质路面上；将检测仪安装在转向盘上，转动转向盘至一侧有阻力时止，再转至另一侧有阻力时止，测量其最大自由转动量。

（三）加速踏板

放松加速踏板，怠速正常运转稳定；缓缓踩下加速踏板，发动机从低、中、高速运转顺畅；

急踩下加速踏板，加速性能良好。

(四)离合器踏板自由行程

离合器踏板踩下自如，抬起回位迅速；离合器踏板自由行程一般为30~40mm(应符合该车型的技术要求)。

(五)制动踏板自由行程

制动踏板踩下自如，抬起回位迅速；制动踏板自由行程一般为10~15mm(应符合该车型的技术要求)。

液压行车制动在达到规定的制动效能时，踏板行程不得超过踏板全行程的3/4；制动器装有自动间隙调节装置的车辆的踏板行程不得超过踏板全行程的4/5。

液压制动系统，应在第一脚踏到底时制动力应能达最大值，在保持踏板力为700N达到1min时，踏板不允许有缓慢向前移动的现象。

(六)驻车制动器

驻车制动操纵杆锁止有效，操纵杆移动量(开关类操作装置除外)一般在操纵装置全行程的2/3(载货汽车一般为3~5齿)以内产生规定的制动效能；驻车制动机构装有自动调节装置时允许在全行程的3/4以内达到规定的制动效能。在空载状态下，驻车制动装置应能保证车辆在坡度为20%(总质量为整备质量的1.2倍以下的车辆为15%)、轮胎与路面间的附着系数不小于0.7的坡道上正、反两个方向保持固定不动，其时间不少于5min。

以上所列项目仅为部分内容，不能一一罗列，只作为举例说明安全检视的方法，仅供教员结合实际参考。

六、货运车辆安全检视方法教学技能鉴定参考评分标准

以下评分标准按照满分15分制定，仅供参考：

(1)目测检视法；适用范围：轮胎、轮胎螺栓、发动机润滑油及其密封性、发动机燃油密封性、发动机冷却系密封性、蓄电池电解液、仪表板和灯光、传动轴、传动轴承支架、中间轴、悬架等。

(2)手摸检查法；适用范围：发动机传动带松紧度、制动鼓、轮毂、驱动桥、传动轴中间轴承及变速器、检查转向横、直拉杆等。

(3)敲击检验法；适用范围：钢板弹簧、U型螺栓、转向桥、驱动桥、车架(大梁)、轮胎气压等。

(4)耳听探试法；适用范围：发动机异响、气压式制动阀、传动系统异响等。

(5)功能测试法；适用范围：制动系密封性及功能、转向盘及转向功能、加速踏板、离合器踏板自由行程及离合器功能、制动踏板自由行程、驻车制动器功能等。

以上各项要边讲解边模拟做，每项根据讲解和模拟做的情况控制在1~3分之间。某项目没有讲解或没有模拟做，则该项目记0分。

第二节　货运车辆安全检视部位和内容

一、货运车辆安全检视的部位和内容

货运车辆安全检视分为左前部、左中后部，车后部、右中后部、右前部、车前部、驾驶室内部等七个部分。各大部位的检视内容如下：

（一）左前部

主要检视轮胎、轮胎螺栓、制动鼓、轮毂、制动管路、储气筒、钢板弹簧、U 型螺栓、横拉杆、直拉杆、球头及油底壳。

（二）左中后部

主要检视左中后部的轮胎、轮胎螺栓、制动鼓、轮毂、制动管路、储气筒、钢板弹簧及 U 型螺栓（检查与左前部相同）。此外，还需增加以下的检视内容：油箱、油箱盖、传动轴螺栓、半轴螺栓、制动阀、侧拦板及货物。

（三）车后部

主要检视牌照、灯光，备胎、驱动桥壳、后栏板和货物。

（四）右中后部

主要检视右中后部的轮胎、轮胎螺栓、制动鼓、轮毂、制动管路、钢板弹簧、U 型螺栓、半轴螺栓、传动轴螺栓、储气筒、车架、侧拦板和货物（检查方法与左中后部相同）。此外，还要对差速器壳进行检视。

（五）右前部

主要检视右前部的横、直拉杆及球头、轮胎、轮胎螺栓、制动鼓、轮毂、制动管路、储气筒、钢板弹簧和 U 型螺栓（检查方法与左前部相同）。此外，还要对变速器壳进行检视。

（六）车前部

主要检视牌照、灯光和后视镜。若发动机位于车身前部，可在车前部打开发动机舱盖进行下一步的检查，其检视内容有：散热器、皮带、润滑油、高压线、制动液、蓄电池。若发动机位于车厢内部，可在驾驶室内部检查时一起进行，检查方法同前面一样。

（七）驾驶室内部

主要检视安全带、灯光、喇叭、仪表、后视镜、刮水器、门锁、转向盘、离合器踏板、制动踏板、驻车制动操纵杆及发动机异响。

货运车辆安全检视的部位、内容、要求和标准如表 2-4-2-1 所示。

货运车辆安全检视一览表

表 2-4-2-1

部　位	检 视 内 容	要 求 和 标 准	普通货运车辆	汽车列车
左前部	轮胎	气压标准，无夹石，无破裂	√	√
	轮胎螺栓	齐全，无松动	√	√
	制动鼓、轮毂	无破裂，行车途中温度正常	√	√
	制动管路	无漏油，漏气	√	√
	储气筒	完好，无漏气	√	√
	钢板弹簧	无断裂，无错位，挠度正常，无松动	√	√
	U 形螺栓	齐全，无松动	√	√
	横、直拉杆及球头	不松脱，不碰擦	√	√
	油底壳	无破裂，无漏油	√	√
左中后部	油箱及油箱盖	完好，无渗漏，油量充足	√	√
	轮胎	气压标准，无夹石，无破裂	√	√
	轮胎螺栓	齐全，无松动	√	√
	半轴螺栓	齐全，无松动	√	√
	制动鼓，轮毂	无破裂，行车途中温度正常	√	√
	制动管路	无漏油，漏气	√	√
	储气筒	完好，无漏气	√	√
	制动阀	排气迅速，彻底	√	√
	钢板弹簧	无断裂，无错位，挠度正常，无松动	√	√
	U 形螺栓	齐全，无松动	√	√
	传动轴螺栓	齐全，无松动	√	√
	车架	无弯曲，无断裂，无变形	√	√
	侧栏板	完好，安装牢固	√	—
	货物	扎紧	√	√
车后部	牌照，灯光	完好，有效，清晰	√	√
	备胎	齐全，无松动	√	√
	驱动桥壳	无漏油，行车途中温度正常	√	—
	后栏板	完好，挂钩牢靠	√	√
	货物	扎紧	√	√
右中后部	轮胎	气压标准，无夹石，无破裂	√	√
	轮胎螺栓	齐全，无松动	√	√
	半轴螺栓	齐全，无松动	√	√
	制动鼓，轮毂	无破裂，行车途中温度正常	√	√
	制动管路	无漏气	√	√
	储气筒	完好，无漏气	√	√

续上表

部 位	检视内容	要求和标准	普通货运车辆	汽车列车
右中后部	钢板弹簧	无断裂，无错位、挠度正常、无松动	√	√
	U形螺栓	齐全，无松动	√	√
	传动轴螺栓	齐全，无松动	√	√
	驱动桥壳	无漏油，行车途中温度正常	—	√
	差速器壳	无漏油，行车途中温度正常	√	√
	侧栏板	完好，安装牢固	√	—
	车架	无弯曲，无断裂、无变形	√	√
右前部	横，直拉杆及球头	不松脱，不碰擦	√	√
	轮胎	气压标准，无夹石，无破裂	√	√
	轮胎螺栓	齐全，无松动	√	√
	制动鼓，轮毂	无破裂，行车途中温度正常	√	√
	制动管路	无漏气	√	√
	储气筒	完好，无漏气	√	√
	钢板弹簧	无断裂，无错位，挠度正常，无松动	√	√
	U形螺栓	齐全，无松动	√	√
	变速器壳	无漏油，行车途中温度正常	√	√
车前部、发动机舱	牌照，灯光	完整，有效、清晰	√	√
	后视镜	完好，调整得当	√	√
	散热器	无漏水，冷却水量充足	√	√
	皮带	无起皮，脱壳、破损	√	√
	润滑油	正常，色清，无杂质	√	√
	制动液	充足	√	√
	高压线	无松脱	√	√
	畜电池	清洁，无漏液，连接牢靠	√	√
驾驶室内部	安全带	完好，有效	√	√
	灯光，喇叭，仪表	齐全，有效	√	√
	内后视镜	完好，调整得当	√	√
	刮水器	完好，有效	√	√
	门锁	齐全，灵活、可靠	√	√
	转向盘	最大自由转动量左右不大于30°	√	√
	制动踏板	自由行程为10～15mm	√	√
	离合器踏板	自由行程为30～40mm	√	√
	驻车制动操纵杆	移动盘为3～5齿	√	√
	发动机	无异响	√	√

注：表中打“√”为检视项目。

二、货运车辆安全检视的步骤及要求

每个驾驶人要养成这样一种良好的职业习惯，就是在停车时按逆时针方向检视汽车各外露部件是否有异常状况和失常现象，按照先车外，后车内的顺序进行检视，如图 2-4-2-1 所示。普通货运车辆，汽车列车安全检视项目示意图分别如图 2-4-2-2 和图 2-4-2-3 所示。

图 2-4-2-1　绕车一周检视示意图

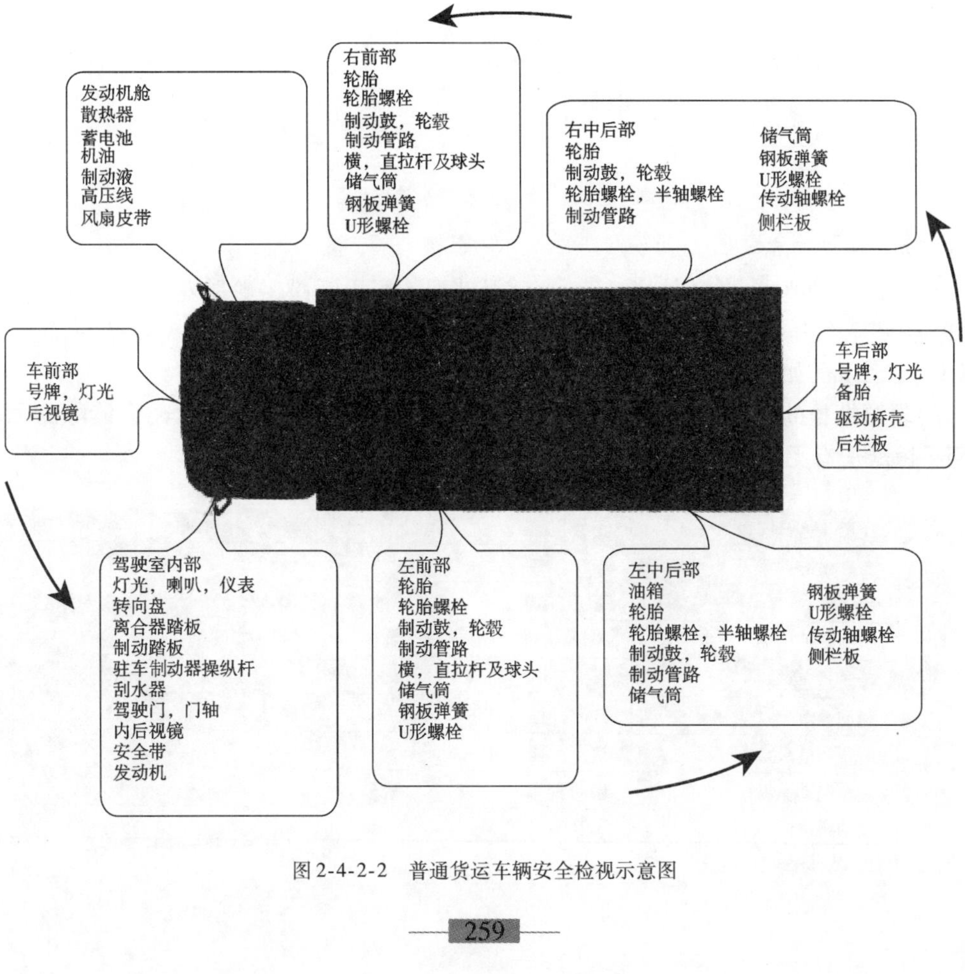

图 2-4-2-2　普通货运车辆安全检视示意图

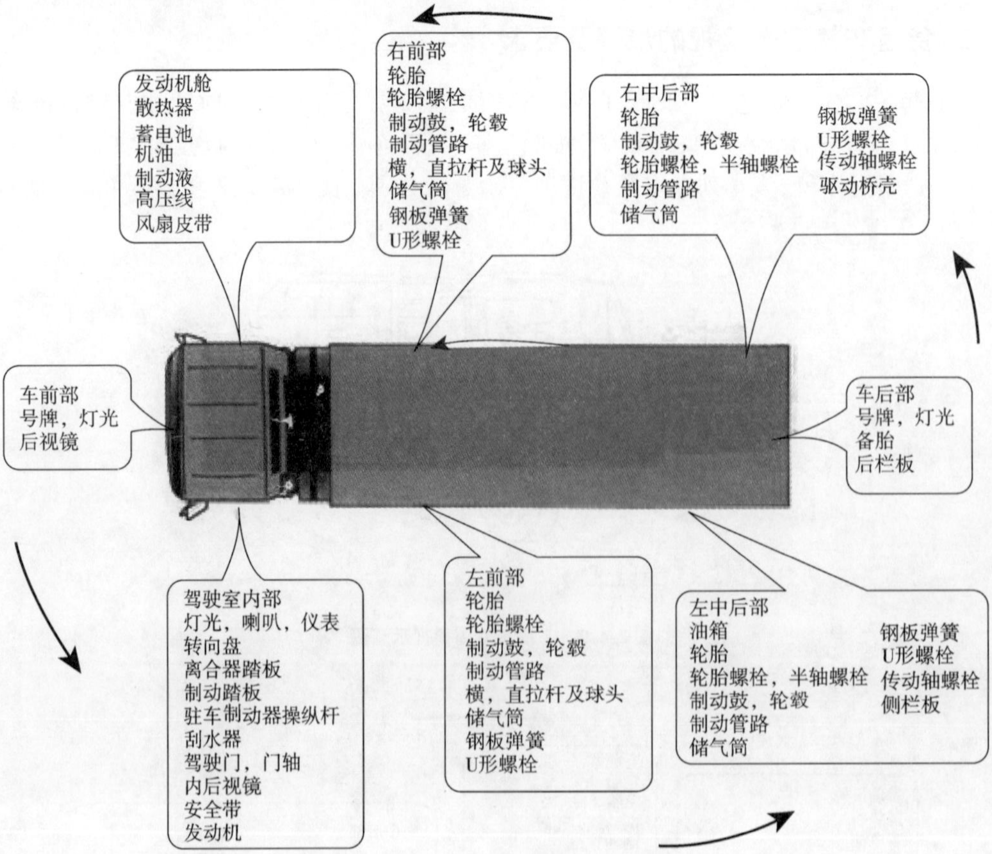

图 2-4-2-3　汽车列车安全检视示意图

（一）左前部安全检视

（1）前轮胎的要求是气压标准、无夹石、无破裂。用手锤敲击轮胎花纹表面或用气压表测量轮胎气压，气压不够则充气；轮胎表面有破裂就需更换，剔除花纹间夹石；转向轮花纹深度不少于 3.2mm，如图 2-4-2-4 所示。

（2）轮胎螺栓的要求是齐全，无松动。观察轮胎螺栓齐全，轮胎螺栓贴合缝隙的无新痕迹，用手锤敲击有无松动，如图 2-4-2-5 所示。

图 2-4-2-4　轮胎检查

图 2-4-2-5　轮胎螺栓检查

(3)制动鼓、轮毂的要求是无破裂,温度正常。手锤敲击制动鼓,观察有无破裂,检查轮毂有无破裂。行车途中温度正常,如图 2-4-2-6 所示。

(4)横、直拉杆及球头的要求是不松脱、不碰擦:检视时,一人左右来回打方向使车轮摆动,另一人在车底横直拉杆所有球头有无松动,有就修理;球头穿销齐全有效;向左或向右打尽方向,横直拉杆不得与其他部件碰擦,如图 2-4-2-7 所示。

图 2-4-2-6　制动鼓、轮毂检查

图 2-4-2-7　横、直拉杆及球头检查

(5)制动管路的要求是无漏气。检视时,着车打足气,熄火;一人踩刹车,另一人听管路和刹车分泵有无漏气,上紧各个接头,气管无老化或断裂,如图 2-4-2-8 所示。

(6)储气筒的要求是完好、无漏气;排气迅速、彻底。检视时,着车打足气,熄火;一人踩刹车,另一人听管路和接头有无漏气,储气筒安装牢固,各接头、支架、绑带齐全,上紧,如图 2-4-2-9 所示。

图 2-4-2-8　制动管路检查

图 2-4-2-9　储气筒检查

(7)钢板弹簧的要求是无断裂、无错位、挠度正常、无松动。用手锤敲击检查钢板有无断裂、错位、松动;钢板吊耳若失油则需打黄油,若松动则更换钢板销或套,上紧钢板销及支架,如图 2-4-2-10 所示。

(8)U 型螺栓的要求是齐全、无松动,如图 2-4-2-11 所示。

(9)油底壳的要求是无破裂、无漏油:观察油底壳有无破裂漏油,上紧所有固定螺栓,如图 2-4-2-12 所示。

图 2-4-2-10　钢板弹簧检查

图 2-4-2-11　U 型螺栓检查

（二）左中后部安全检视

（1）油箱及油箱盖要完好、无渗漏、油量充足。油箱支架要牢固，绑带和带垫齐全有效，油箱无破裂漏油；油箱盖密封有效；油量不够就加，如图 2-4-2-13 所示。

图 2-4-2-12　油底壳检查

图 2-4-2-13　油箱及油箱盖检查

（2）在汽车后轮胎的安全检视中，要求是气压标准、无夹石、无破裂。用手锤敲击轮胎花纹表面或用气压表测量轮胎气压，不够则充气；轮胎表面有破裂就需更换，剔除花纹间夹石；后轮花纹深度不少于 1.6mm，如图 2-4-2-14 所示。

（3）轮胎螺栓要求齐全、无松动。观察轮胎螺栓齐全，轮胎螺栓贴合缝隙的无新痕迹，用手锤敲击有无松动，如图 2-4-2-15 所示。

（4）对半轴螺栓进行安全检视时，要求齐全、无松动。半轴与凸缘连接处有漏油就换半轴垫，如图 2-4-2-16 所示。

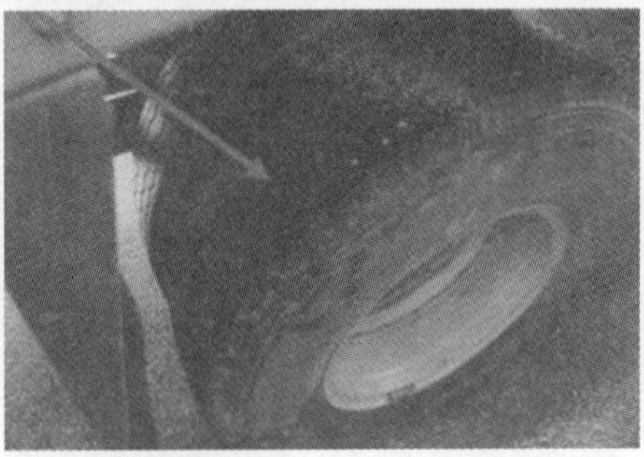

图 2-4-2-14　轮胎检查

图 2-4-2-15　轮胎螺栓检查

(5)制动鼓、轮毂的要求是无破裂、温度正常。手锤敲击制动鼓,观察有无破裂,检查轮毂有无破裂。行车途中温度是否正常,如图 2-4-2-17 所示。

(6)制动管路的要求是无漏气。检视时,着车打足气,熄火;一人踩刹车,另一人听管路和刹车分泵有无漏气,上紧各个接头,气管应无老化或断裂,如图 2-4-2-18 所示。

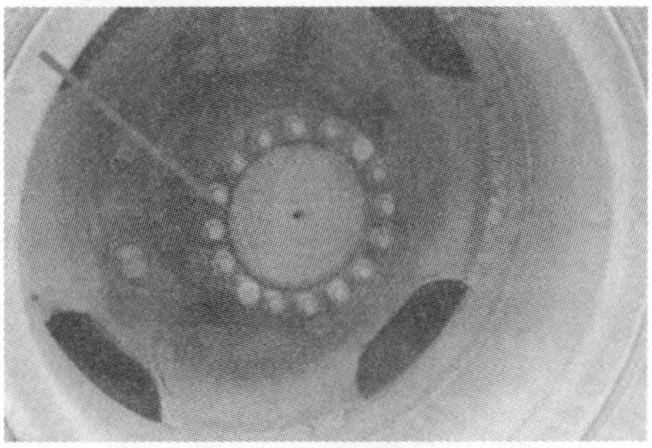

图 2-4-2-16　半轴螺栓检查

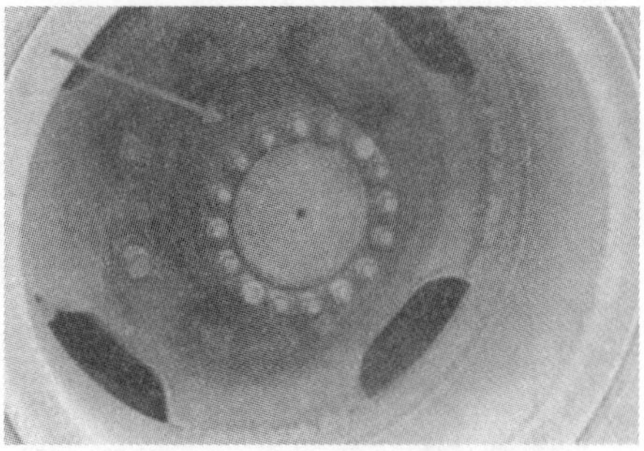

图 2-4-2-17　制动鼓、轮毂检查

(7)储气筒、制动阀的要求是完好、无漏气;排气迅速、彻底。检视时,着车打足气,熄火,一踩一松刹车,另一人听各管路和接头有无漏气,制动阀排气是否迅速彻底或排气不畅,有问题就修理。储气筒安装牢固,各接头、支架、绑带齐全,上紧,如图 2-4-2-19 所示。

图 2-4-2-18　制动管路检查

图 2-4-2-19　储气筒、制动阀检查

(8)钢板弹簧的要求是无断裂、无错位、挠度正常、无松动。用手锤敲击检查钢板有无断裂、错位、松动;钢板吊耳失油需用打黄油,松动则更换钢板销或套,上紧钢板销及支架,如图 2-4-2-20 所示。

(9)在 U 型螺栓安全检视中,要求是齐全、无松动,如图 2-4-2-21 所示。

图 2-4-2-20　钢板弹簧检查

图 2-4-2-21　U 型螺栓检查

(10)在传动轴螺栓安全检视中，要求是齐全、无松动。检视时，停稳车，垫枕木，挂空挡，松手刹。螺栓齐全、上紧，中间轴承座安装牢固，用手托传动轴，各万向节齐全，无松动；转动传动轴，中间轴承座的轴承运转顺滑，如图 2-4-2-22 所示。

(11)车架的要求是无弯曲、无断裂、无变形。检查车架（大梁）有无破裂、弯曲、变形，有就修理，如图 2-4-2-23 所示。

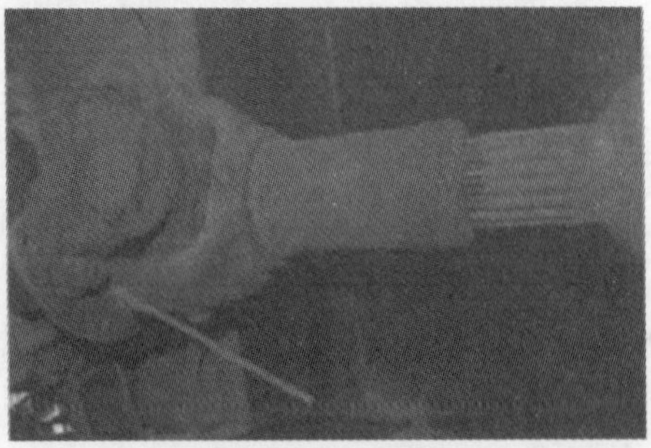

图 2-4-2-22　传动轴螺栓检查

图 2-4-2-23　车架（大梁）检查

(12)货车侧栏板的安全检视要求是完好、安装牢固，如图 2-4-2-24 所示。

(13)货物的安全检视要求是扎紧。

（三）车后部安全检视

(1)牌照、灯光要求完好、有效、清晰。检视时，一人在驾驶室开灯，另一人在车尾观察小灯、刹车灯、牌照灯、转向灯、倒车灯、后防雾灯，不亮就修，如图 2-4-2-25 所示。

图 2-4-2-24　侧栏板检查

图 2-4-2-25　牌照、灯光检查

(2)备胎要求是齐全、无松动。备胎同轮胎的检查一样，备胎支架灵活，牢固，如图 2-4-2-26所示。

(3)对驱动桥壳的要求是温度正常、无漏油。驱动桥有裂纹就换，行车途中停车检查驱动桥壳温度正常，桥壳如破裂漏油就修，上紧驱动桥壳所有螺栓，如图 2-4-2-27 所示。

(4)后栏板的要求是完好、挂钩牢靠，如图 2-4-2-28 所示。货物的安全检视要求是扎紧。

（四）右中后部安全检视

首先，轮胎、轮胎螺栓、制动鼓、轮毂、制动管路、钢板弹簧、U 型螺栓、半轴螺栓、传动轴螺栓、车架、侧栏板、货物的检查方法与左中后部相同。此外，还需增加以下的检视内容：

图 2-4-2-26 备胎检查

图 2-4-2-27 驱动桥壳检查

(1)储气筒的要求是完好、无漏气。与左中后部储气筒的要求是一样，只是储气筒大小及位置所有不同，如图 2-4-2-29 所示。

图 2-4-2-28 后栏板检查

图 2-4-2-29 储气筒检查

(2)对差速器壳的要求是温度正常、无漏油。行车途中停车检查差速器壳温度正常，差速器壳如破裂漏油就修，上紧差速器壳所有螺栓，如图 2-4-2-30 所示。

(五)右前部的安全检视

首先，轮胎、轮胎螺栓、制动鼓、轮毂、制动管路、储气筒、钢板弹簧、U 型螺栓的检查方法同左前部一样。此外，还需对变速器壳进行检视。

对变速器壳的要求是温度正常、无漏油。行车途中停车检查变速器壳温度正常；观察有无漏油，有就修理，上紧所有固定螺栓，如图 2-4-2-31 所示。

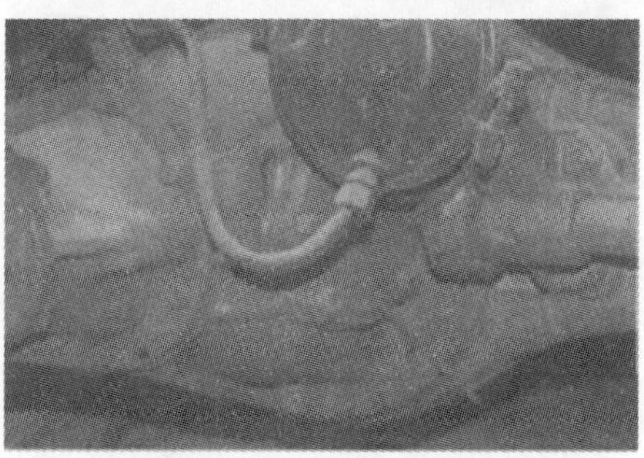

图 2-4-2-30 差速器壳检查

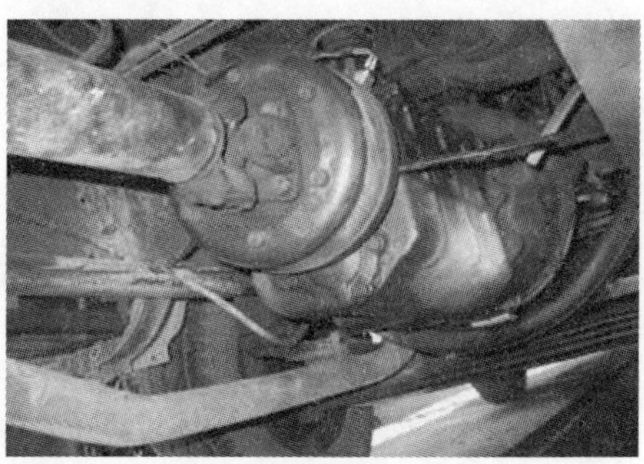

图 2-4-2-31 变速器壳检查

（六）车前部及发动机舱安全检视

（1）牌照、灯光的安全检视要求是完整、有效、清晰。检视时，一人在驾驶室开灯，另一人在车头检大灯光（远近光）、小灯、转向灯、防雾灯、侧灯，不亮就修，如图 2-4-2-32 所示。

（2）对汽车后视镜安全检视时，要求完好、调整得当，如图 2-4-2-33 所示。

图 2-4-2-32　牌照、灯光检查

图 2-4-2-33　后视镜检查

若发动机位于车身前部，可在车前部打开发动机舱盖进行下一步的检查。

（3）在汽车散热器的安全检视中，要求无漏水、冷却水量充足。检查散热器有无漏水，散热片是否被风扇叶扫坏，有就修复；上下水管连接牢固，无漏水。检查冷却水量，水不够就加，如图 2-4-2-34 所示。

（4）对皮带进行安全检视时，要求无起皮、无脱壳、无破损。大拇指按下风扇带、发电机带，松紧度为 10 ~ 15mm，皮带无起皮、脱壳、破损的现象，如图 2-4-2-35 所示。

图 2-4-2-34　散热器检查

图 2-4-2-35　发动机皮带检查

（5）安全检视发动机润滑油的标准是正常、色清、无杂质。拉出机油尺用布擦净，再插到底拉出，机油在 2/4 和 4/4 中间为合适。若有白沫状或水珠说明油底可能进水，要马上检修；颜色不能变黑，如图 2-4-2-36 所示。

（6）对制动液安全检视时，要求充足。检查制动液量应在贮液罐的上限（MAX 或 HIGH）与下限（MIN 或 LOW）刻线之间或标定位置处。不足需补充，如图 2-4-2-37 所示。

（7）安全检视发动机高压线的要求是无松脱。检查高压线安装是否牢固，松就插牢，如图 2-4-2-38 所示。

图 2-4-2-36　发动机润滑油检查

图 2-4-2-37　制动液检查

(8)对蓄电池进行安全检视时，要求清洁、无漏液、连接牢靠。蓄电池支架要牢固；蓄电池壳无破裂漏液，电解液浸过极板 10～15mm 为合适，不足加蒸馏水；接头更擦净、上紧，如图 2-4-2-39 所示。若发动机位于车厢内部，可在驾驶室内部检查时一起进行。检查方法与前面相同。

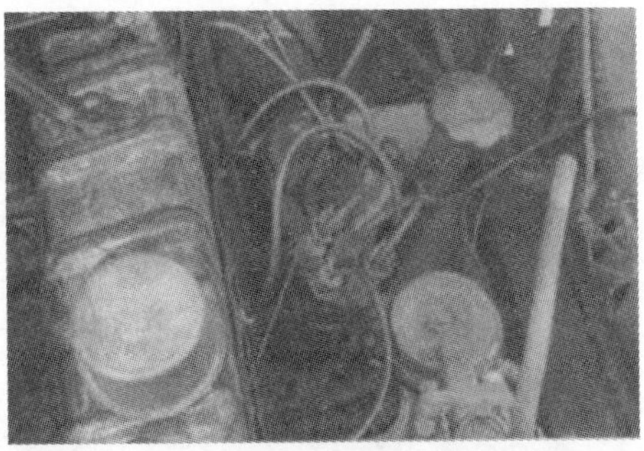

图 2-4-2-38　发动机高压线检查

图 2-4-2-39　蓄电池检查

(七)驾驶室内部安全检视

(1)汽车安全带要完好、有效，如图 2-4-2-40 所示。

(2)灯光、喇叭、仪表要齐全、有效。接通电源，开各种灯光，不亮就修；喇叭不响就修。着车检查电流表、气压表、水温表、机油表、燃油表是否正常，里程表行车后再检，如图 2-4-2-41 所示。

图 2-4-2-40　安全带检查

图 2-4-2-41　灯光、喇叭、仪表检查

（3）汽车驾驶室内后视镜要完好、调整得当镜面清晰，完整；角度不合适就调整，如图2-4-2-42所示。

（4）车辆刮水器器要完好、有效。检查刮水器是否正常工作，刮扫度不全程就调整，如图2-4-2-43 所示。

图 2-4-2-42　驾驶室内后视镜检查

图 2-4-2-43　刮水器检查

（5）车门锁要齐全、灵活、可靠。检查车门开关自如，有效，如图 2-4-2-44 所示。

（6）在转向盘的安全检视中，转向盘要灵活，自由转动量从中间位置向左向右转动量不得大于 15°，如图 2-4-2-45 所示。

图 2-4-2-44　车门锁检查

图 2-4-2-45　转向盘检查

（7）对制动踏板进行安全检视时，踩下自如，抬起回位迅速；制动踏板自由行程一般为10 ~ 15mm（具体应符合车辆生产厂的规定），如图 2-4-2-46 所示。

（8）对离合器踏板进行安全检视时，踩下自如，抬起回位迅速；离合器踏板的自由行程为30 ~ 40mm，如图 2-4-2-47 所示。

（9）在驻车制动操纵杆安全检视中，着车拉操纵杆，移动量 3 ~ 5 齿为合适，锁紧有效；挂 2 挡轻抬离合，发动机熄火或把车停在 20% 坡上拉手刹 5min，车不后滑为有效，如图2-4-2-48所示。

（10）对发动机进行安全检视时，要求是无异响。着车预热后，分别在怠速、低速和急加速状态下，查听发动机声音，发动机运转稳定，无振动，无爆震，无回火、放炮，无金属敲击声，如图 2-4-2-49 所示。

图 2-4-2-46 制动踏板检查

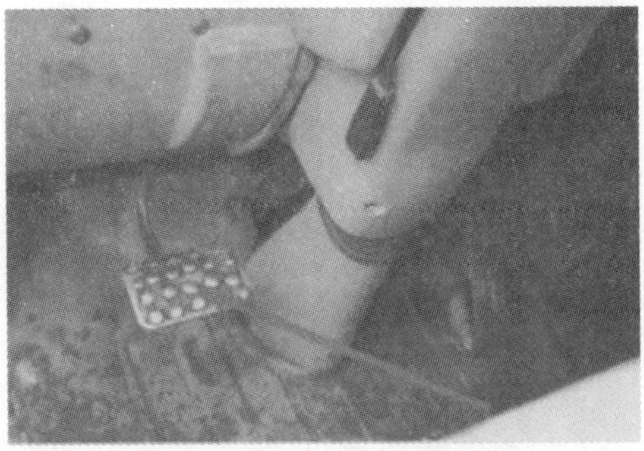

图 2-4-2-47 离合器踏板检查

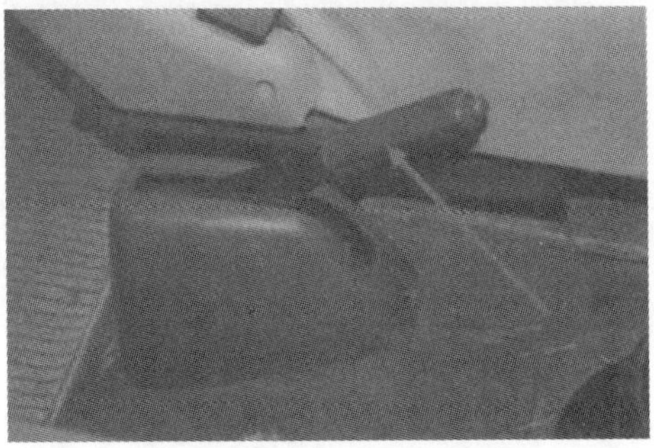

图 2-4-2-48 驻车制动操纵杆检查

图 2-4-2-49 发动机异响检查

三、货运车辆安全检视部位和内容教学技能鉴定参考评分标准

以下评分标准按照满分 15 分制定,仅供参考:

(1)左前部(2 分);包括:轮胎、轮胎螺栓、制动鼓、轮毂、制动管路、储气筒、钢板弹簧、U 型螺栓、横、直拉杆及球头、油底壳。

(2)左中后部(2 分);包括:轮胎、轮胎螺栓、制动鼓、轮毂、制动管路、储气筒、钢板弹簧、U 型螺栓、油箱、油箱盖、传动轴螺栓、半轴螺栓、制动阀、侧拦板、货物。

(3)车后部(2 分);包括:牌照、灯光、备胎、驱动桥壳、后栏板、货物。

(4)右中后部(1 分);包括:同左中后部、差速器壳。

(5)右前部(1 分);包括:同左前部、变速器壳。

(6)车前部(2 分);包括:牌照、灯光、后视镜。

打开发动机舱盖下一步的检查:散热器、皮带、润滑油、高压线、制动液、蓄电池。

若发动机位于车厢内部,可在驾驶室内部检查时一起进行。

(7)驾驶室内部(2 分);包括:安全带、灯光、喇叭、仪表、后视镜、雨刮器、门锁、转向盘、离合器踏板、制动踏板、驻车制动操纵杆、发动机异响。

(8)视讲解情况酌情给 1 ~ 3 分。

第五章　货运车辆更换轮胎

根据用途的不同，汽车装用不同规格的轮胎，其充气的标准也有所区别。比如子午线轮胎与斜交轮胎的径向、侧向以及切向刚度都不同。如果混装于同一轴上，由于各自刚性不同会引起地面对轮胎的反作用力不一样，而可能出现单胎打滑、磨损加剧的现象。若前轴装子午线轮胎，后轴装斜交轮胎，由于前轮侧偏刚度大而侧倾刚性较小，不仅后轮磨损加剧，而且还会严重影响车辆操纵稳定性。因此，驾驶人很有必要掌握这方面的技能，尤其是对更换车轮的要求和注意事项。

本章内容的教学，建议采用讲授教学法（录像、图片等辅助教学手段），以便让学员比较全面地掌握更换轮胎方法与步骤；然后采用实操训练教学法，使学员通过动手操作掌握实操技能，以加深对更换车轮要求和注意事项的理解。教员在授课时，可结合实际，分阶段组织实施教学，以达到最佳的培训效果。

第一节　更换车轮方法与步骤

汽车轮胎是较为容易损坏的部件，行车途中经常会遇到轮胎更换的事情，因此，驾驶人很有必要掌握这方面的技能。

一、更换车轮的安全操作规程

（1）将车辆停放在安全、平整、坚实的地面，关闭发动机实施停车制动，取下汽车钥匙自行保管。

（2）打开危险警告闪光灯，并在离汽车足够远的地方设置三角形警告牌、闪光信号灯等，让所有人离开汽车。

（3）为防止汽车被顶起时发生移动，将轮挡或止动块放置在被更换轮胎对角位置的轮胎处。

（4）工作前，应检查所用设备及工具是否完好和安全可靠。

（5）更换车轮前，选择满足负荷要求、性能完好的千斤顶，将千斤顶摆放到前桥或后桥正确位置进行安全顶升，使轮胎处于非承压状态。顶升前应确认车底无人、周边人员处在安全位置。必要时还需用安全凳或木方支承相应的部位，以确保安全。

（6）在给轮胎放气（或充气）、检查和更换车轮时，任何人员不得处在轮胎的正面。

（7）拆装任何车辆轮胎，不管是单轮还是双轮，只要是热剥离，割伤剥离，局部磨损、轮辋组件损坏等故障，必须把气放尽后，方可进行拆装工作。

(8)取轮胎夹石时,轮胎必须放气,必要时拆卸轮胎。

(9)安装车轮时,操作人员应避免正对轮胎轮辋锁圈,使用正确的扳手(或轮胎螺母拆装机),按对角顺序拆卸或安装,确保受力均衡。

(10)充气时,应采用相应的安全措施。充气时要勤测气压,专人看护,必须按照该型号轮胎规定的气压值充气,以防止充气压力过高发生意外事故。

(11)轮胎充气完毕后,应使用气压表对轮胎进行气压测量,达到规定气压后方可使用。

(12)夏天高温天气,应降低轮胎气压,一般不超过轮胎规定气压的90%。

(13)撤掉支车安全凳,将车辆顶升压力卸载,使车轮缓缓落地。

(14)若使用空气压缩机、轮胎螺母拆装机等专用设备,应严格按设备操作规程操作,工作完毕切断电源。

二、更换车轮的方法与步骤

(1)使用手捶敲击各轮胎胎面检查轮胎气压;使用气压表检测轮胎气压并正确读数,如图2-5-1-1所示。

(2)在前轮下加止动块,如图2-5-1-2所示。

图2-5-1-1 使用气压表检测轮胎气压

图2-5-1-2 放置止动块

(3)卸下备胎并将备胎移动至所需位置;使用气压表检测备胎气压,并正确读数,如图2-5-1-3所示。

(4)使用套筒、撬棒等工具旋松轮胎螺母,如图2-5-1-4所示。

图2-5-1-3 卸下备胎

图2-5-1-4 旋松轮胎螺母

(5)将千斤顶摆放到前或后桥正确位置，用千斤顶顶起车轮，如图 2-5-1-5 所示。

(6)松掉螺母（最后松掉高位轮胎螺母），卸下轮胎，如图 2-5-1-6 所示。

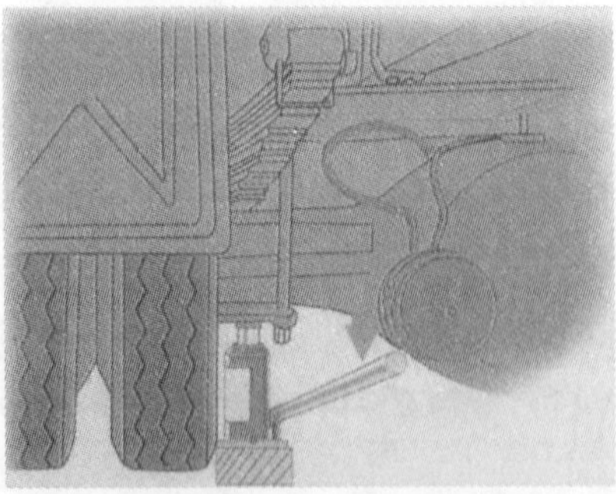

图 2-5-1-5　摆放千斤顶

图 2-5-1-6　卸下轮胎

(7)安装备胎时，两轮辋通风口应相对，两轮胎气门嘴应呈 180°对称排列，如图 2-5-1-7 所示。

(8)使用套筒、撬棒等工具按对角顺序紧固轮胎螺母，如图 2-5-1-8 所示。

图 2-5-1-7　安装轮胎

图 2-5-1-8　紧固轮胎螺母

(9)放下千斤顶，使用套筒、撬棒等工具再次紧固所有螺母，如图 2-5-1-9 所示。

(10)将换下轮胎固定到备胎架上，如图 2-5-1-10 所示。

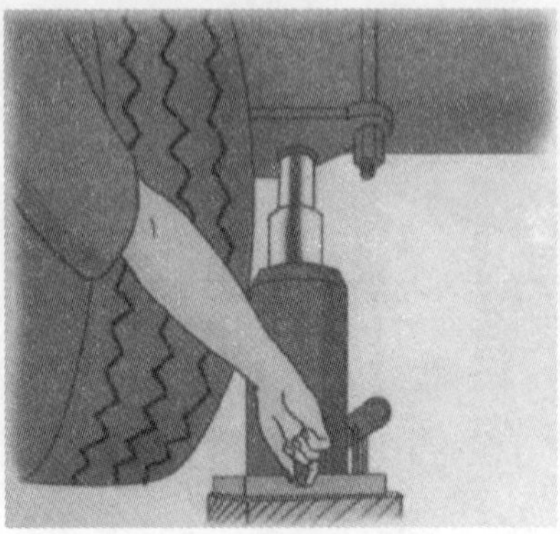

图 2-5-1-9　放下千斤顶

图 2-5-1-10　将换下轮胎装到备胎架

第二节 货运车辆更换车轮要求、注意事项

一、轮胎更换时机

汽车轮胎什么时候应该更换？这个与轮胎的质量有关，耐磨的轮胎可以跑 10 万 km，一般的轮胎 3 ~5 万 km，根据车辆行驶路况和驾驶习惯不同，磨损程度和使用寿命是不一样的。如何判断轮胎是否到达需要更换的程度。

（一）胎面损耗接近磨损标记

任何品牌的轮胎都会在胎面沟槽底部设置一个磨损标记。一般轿车轮胎的磨损标记高度为 1.6mm（这个高度也是法定的轮胎最小沟槽深度），载重轮胎上的磨损标记高度为 2.4mm，转向轮花纹深度不少于 3.2mm，如图 2-5-2-1 所示。

值得注意的是，有些人认为只要轮胎没破，即使轮胎花纹快磨光（如图 2-5-2-2 所示），仍继续使用，这样的旧轮胎其实是十分危险的；当遇上湿滑路面时，胎面花纹无法将轮胎下方的积水完全排出，很容易导致车辆失控。

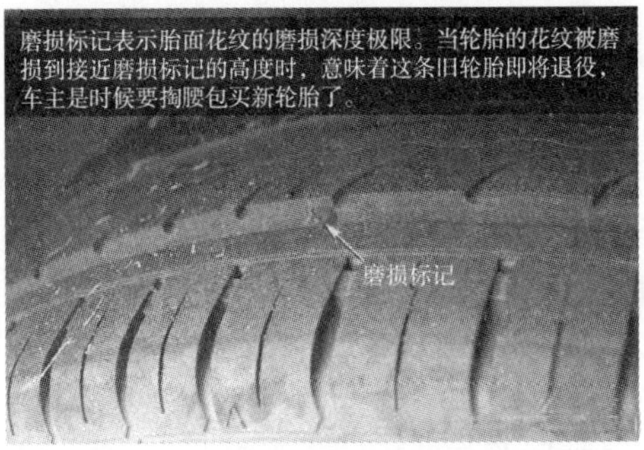

图 2-5-2-1 轮胎磨损标记

图 2-5-2-2 磨损（光头）轮胎

（二）轮胎出现裂缝或鼓包等受损

在日常用车的过程中，轮胎或会被异物扎到，或不小心撞到马路牙子，这些都会导致轮胎受损。轮胎受损的情况包括胎面裂缝（如图 2-5-2-3 所示）、胎面鼓包（如图 2-5-2-4 所示）、胎面橡胶缺失、胎侧磨损严重、轮胎多次被异物扎到等。尤其是鼓包，轮胎随时都会有爆裂的危险。只要发现轮胎出现上述的受损情况，应及时更换轮胎。

（三）轮胎过期使用

即使车辆行驶路况和驾驶操作如何的好、对轮胎的维护如何到位，轮胎使用时间长了，也是会逐渐老化的。轮胎的使用年限通常在 5 年左右，超过这个年限，轮胎就会开始老化。轮胎老化的主要表现就是表面硬化（如图 2-5-2-5 所示），继而出现龟裂纹。老化的轮胎会失去应有的弹性，继续使用的话会导致胎面变形，存在爆胎风险。所以，即使老化的轮胎看上去并没有严重的磨损，但轮胎的使用年限到期，应更换新轮胎。

图 2-5-2-3　胎面出现裂缝

图 2-5-2-4　胎面出现鼓包

二、更换车轮的要求

更换轮胎的原则为：同轴轮胎必须是同品牌，同花纹，同尺寸，同载重指数，同速度级别，相近花纹深度，这是为安全驾驶考虑。

（一）更换车轮的基本要求

（1）轮胎必须装配在规定的车型和轮轴上，且应装配相同规格、结构、花纹和层级的轮胎。

（2）装配有向花纹轮胎时，应使轮胎的旋转方向标志与车辆行驶前进方向一致。

（3）双胎并装时，应搭配相同规格、结构、层级、花纹、成色的轮胎，普通斜交轮胎和子午线轮胎不得混装，两胎气门嘴应按 180°对称排列，并与制动鼓观察孔呈 90°。

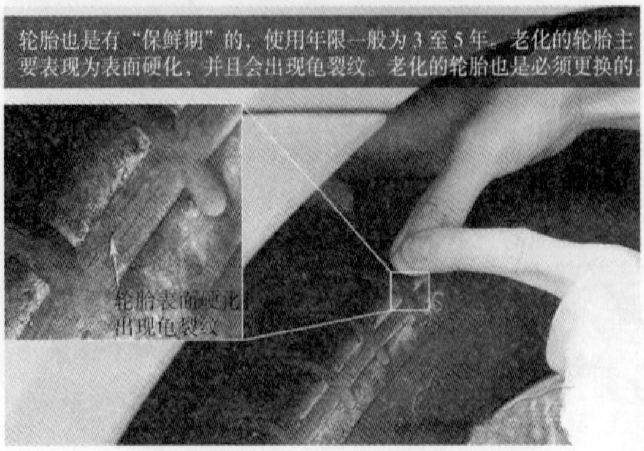

图 2-5-2-5　轮胎表面硬化

（4）换装新胎时，应尽量做到整车或同轴轮胎同时更换。

（5）转向轮不得装用翻新胎。

（6）新胎与翻新胎不得混装在同一轴上，高压胎与低压胎不得混装。

（二）更换车轮的具体要求

1. 轮胎规格与类型的要求

在轮胎胎侧上标有轮胎规格和型号。

（1）斜交轮胎的规格

低压胎规格用 B－d 表示，高压胎规格用 D×B 表示，单位均为（in）。例如 9.00－20 表示为低压斜交轮胎，轮胎断面宽度 9in、轮辋直径 20in。又如“34×7”，即表示该轮胎外径为 34in、断面宽度为 7in 的高压斜交轮胎。

（2）子午线轮胎的规格

用 BRd 表示，其中“R”代表子午线轮胎。如 9.00R20。国产轿车子午线轮胎断面宽 B 使用公制单位（mm）；货车轮胎断面宽 B 有英制单位（in）和公制单位两种。而轮辋直径 d 的单位仍为（in）。如 205/70SR15 其中“205”表示轮胎断面宽度为 205mm；“70” 表示轮胎高度为宽度的70%、"S"表示速度等级(符号),"R"表示子午线轮胎;"15"表示轮辋直径为15in。

(3)无内胎轮胎的规格

无内胎轮胎表示法一般与有内胎轮胎一样,不同的是在规格中加"TL"标志,例如货车子午线轮胎7.00 R16.5 TL、轿车子午线轮胎205/70SR15 TL等,其中"TL"表示无内胎轮胎。

2. 轮胎气压的要求

轮胎胎侧上有轮胎可承受的最高气压,一般合理的气压为轮胎上标注最高气压的80%,但气压最好不要高于轮胎上标注的最高气压(参阅汽车说明书),一般轿车轮胎夏季0.21MPa,冬季0.24MPa;普通货车0.46~0.47MPa,载重越高气压越大。轮胎气压可用胎压计测量。

子午线轮胎的充气标准比斜交轮胎高,货车子午线轮胎为0.5~1.5MPa;轿车子午线轮胎为0.2~0.3MPa。

3. 轮胎花纹的要求

轮胎的花纹一般分普通花纹、越野花纹和混合花纹。

普通花纹有横向和纵向花纹之分,如图2-5-2-6a)所示。其特点是花纹沟槽细而浅,花纹块的接地面积大,滚动阻力小。横向花纹轮胎有较高的耐磨损性和防纵滑性能,并不易夹石;纵向花纹轮胎滚动阻力小,防侧滑和散热性好,噪声小,适用于高速行驶的车辆。

越野花纹可分为无向花纹(如马牙花纹)和有向花纹(如人字花纹)两种,如图2-5-2-6c)所示。其特点是花纹沟槽宽而深,花纹块接地面积小,防滑性能好,适用于崎岖不平的山路、工地松软路面、泥泞路面等。

混合花纹轮胎兼有上述两种花纹的特点,如图2-5-2-6b)所示,适合在各种路面上使用。

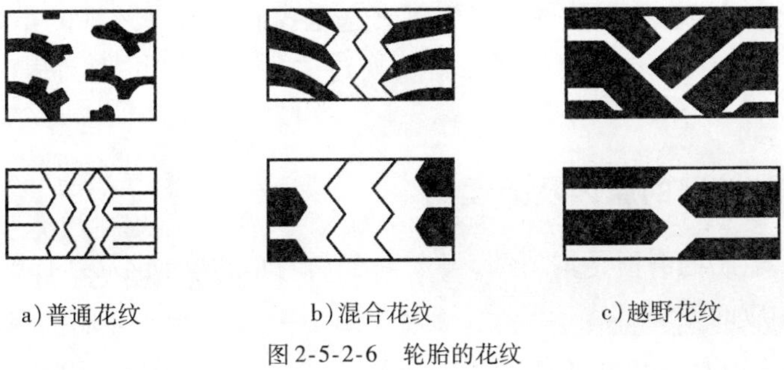

a)普通花纹　　b)混合花纹　　c)越野花纹

图2-5-2-6　轮胎的花纹

4. 车轮安装的要求

轮胎安装方向:如果使用的是原车配的胎,要按厂家要求安装,如果非原装轮胎,一般是带有生产日期的那头朝外,假如是方向性轮胎,则将车轮上的箭头与汽车前进方向相同安装。对于人字花纹的轮胎,安装时要注意人字尖端朝前进方向,以提高排泥性,增大与路面的附着力,减少轮胎的异常磨损。

车轮螺母和螺栓不要涂上润滑油或油脂,避免行驶时车轮螺母松脱,造成轮胎脱落,导致事故的发生。

车轮稳定着地后,按规定力矩、均匀交替(对角顺序)将轮胎螺母或螺栓紧固。对轮胎螺栓装配后必须使用扭力扳手复查，以保证扭紧力矩符合标准，不可凭经验装配。不要一个螺母拧紧后拧下一个，防止受力不均匀而损伤螺纹。

三、更换车轮的注意事项

(1)轮胎的清洁：更换轮胎时，须将轮毂表面、螺栓或安装孔清洁干净。若清理不当会导致车轮螺母在行驶中松脱，造成轮胎脱落，导致事故的发生。

(2)轮胎缺陷的检查：轮胎的缺陷有：胎侧起鼓、脱层（胎面、胎侧、胎圈）、胎冠变形、胎面及胎侧接头开裂、轮胎平衡不良、胎体碾轧等。更换车轮时需进行检查，不得安装存有缺陷的轮胎。

(3)轮胎螺栓螺母的检查：注意检查轮胎螺栓、螺母是否因使用失当或使用时间过长，造成损伤的隐患。如滑角、裂纹、断裂、螺纹磕碰损伤、扭力过载造成金属疲劳、拉长、变形等。更换车轮时需对轮胎螺栓、螺母进行检查。

(4)轮毂轴承松紧度的检查：应在轮胎安装前，检查轮毂轴承预紧度：轮毂应转动自如、无松旷。

(5)更换轮胎后，使汽车行驶约1000km，重新拧紧车轮螺母并确认它们未松动。

(6)如果更换轮胎后转向盘在行驶中振动，要检查轮胎的平衡。

(7)在安装完新轮胎之后，不要进行急刹车操作，轮胎需要磨合期，否则会大大减少正常轮胎使用寿命。

(8)新胎更换一定要做动平衡。理论上轮胎从轮辋上拆下，再装回去都要做动平衡，因为您无法复原拆下来的轮胎和轮辋对应的位置。

(9)新的轮胎最好安装在车辆的后轴，如果把磨损比较多的轮胎放在车辆后轴，会减少后轮的排水能力，从而增加了雨天行驶车辆转向过度的风险，可能出现车辆甩尾的现象。

(10)更换新轮胎时必须更换新的气门嘴。这是我们最容易忽视的小细节问题，因为气门嘴属于橡胶制品，存在老化的问题。新胎换过之后气门嘴可能会提前老化，造成安全隐患。

四、轮胎异常情况的原因及处理

正常情况下，轮胎的磨损是均匀的，当发现车辆的轮胎磨损不均匀，可能有以下几个方面的原因，并作相应的处理。

（一）轮胎的中心部分早期磨损

主要原因是充气量过大。适当提高轮胎的充气量，可以减少轮胎的滚动阻力，节约燃油。但充气量过大时，不但影响轮胎的减振性能，还会使轮胎变形量过大，与地面的接触面积减小，正常磨损只能由胎面中心部分承担，形成早期磨损。假如在窄轮辋上选用宽轮胎，也会造成中心部分早期磨损。

（二）轮胎两边磨损过大

主要原因是充气量不足，或长期超负荷行驶。充气量小或负荷重时，轮胎与地面的接触面大，使轮胎的两边与地面接触工作而形成早期磨损。应按规定补充轮胎气压。

（三）轮胎的一边磨损量过大

主要原因是前轮定位失准。当前轮的外倾角过大时，轮胎的外边形成早期磨损，外倾角过小或没有时，轮胎的内边形成早期磨损。应重新调整前轮定位。

（四）轮胎胎面出现锯齿状磨损

主要原因是前轮定位调整不当或前悬架系统位置失常、球头松脱等，使正常滚动的车轮发生滑动或行驶中车轮定位不断变动而形成轮胎锯齿状磨损。需作进一步检查。

（五）个别轮胎磨损量大

个别车轮的悬架系统失常、支承件弯曲或个别车轮不平衡都会造成个别轮胎早期磨损。出现这种情况后，应检查磨损车轮的定位情况、独立悬架弹簧和减振器的工作情况，同时应缩短车轮换位周期。

（六）轮胎出现斑秃形磨损

在轮胎的个别部位出现斑秃形磨损的原因是轮胎平衡性差。当不平衡的车轮高速转动时，个别部位受力大，磨损加快，同时转向不顺，操纵性能变差。若在行驶中发现某一个特定速度方向有稍微抖动时，就应该对车轮进行平衡，以防出现斑秃形磨损。

第三篇

教 学 管 理

第一章　学员管理

第一节　检查、准备学员结业考试车辆和场地

根据《道路运输条例》规定,机动车驾驶员培训机构对培训学员完成培训任务后,应当按规定对其进行结业考核,参加机动车驾驶培训的学员都必须参加并通过结业考试。结业考试车辆、场地、道路有严格规定。在结业考试开展前应该对结业考试车辆和场地检查、准备。

一、结业考试车辆检查和准备

(一)考试车辆规定

考试车辆应当使用取得公安机关交通管理部门登记并发放号牌和行驶证,取得机动车驾驶员培训机构注册的道路运输管理机构核发的教练车证(牌)。车辆要求满足:

(1)大型客车、城市公交车:车长不小于9m的大型载客汽车;

(2)大型货车:车长不小于9m、轴距不小于5m的重型载货汽车;

(3)小型汽车:车长不小于5m的轻型载货汽车或者车长不小于4m的小型载客汽车;

(4)小型自动挡汽车:车长不小于5m的轻型自动挡载货汽车或者车长不小于4m的小型自动挡载客汽车;

考试车辆标示应符合省级道路运输管理机构有关统一标识要求,考试车辆必须悬挂考试标志。

(二)结业考试车辆应当符合国家有关技术标准要求

教练车的技术状况应符合GB 7258—2012《机动车运行安全技术条件》、GB 18565—2012《道路运输车辆综合性能要求和检验方法》的技术要求和达到JT/T 198—2004《营运车辆技术等级划分和评定要求》所规定的二级车以上技术条件,并装有副后视镜、副制动踏板、车载计时计程终端、灭火器及其他安全防护装置。整车装备应齐全、完好、有效,各连接部件紧固完好,车体应周正;车体外缘左右对称。车架、车身、驾驶室表面无锈迹、无脱掉漆。车门、车窗玻璃应完好无损。对车辆外观、发动机外表进行清洁,保持车容整洁。在开始考试前应当对车辆以下方面进行检查,包括:

1. 检查驾驶室内部

包括转向盘、离合器踏板、制动踏板以及驻车制动器操纵杆的状况。检查刮水器的工作状况;检查转向盘的自由转动量,最大不得超过15°;检查离合器踏板是否能被顺利地踏下且自动回位:检查制动踏板的自由行程及与地板之间的间隙是否符合要求;检查驻车制动器操纵杆能否被顺利的拉起和放下。检查副加速踏板和副离合器踏板连接

情况是否正常有效。

2. 检查发动机舱

主要包括发动机机油、冷却液、蓄电池液、制动液、玻璃清洗液和风扇传动带等。检查发动机机油，要在车辆起动之前或停车冷却10min之后进行，检查机油是否在机油尺刻度的上、下限之间；检查冷却液的液面高度是否在补偿箱刻度的上、下限之间；检查蓄电池中电解液的液面高度是否在刻度的上、下限之间，并保持蓄电池通气孔的畅通，检查电气线路的固定支架是否松动，线路有无磨损，以防短路引发火灾；检查制动液的液面是否在刻度的上、下限之间，检查制动系统是否有渗漏；检查玻璃清洗液的液面高度是否在刻度的上、下限之间；检查风扇传动带的挠度并适时进行调整，如果传动带有损伤，应及时更换。

3. 检查车辆外部状况

对车辆外部的检查从车辆左前方开始，检查刮水器片橡胶条的磨损状况；检查前后号牌有无污染；检查车辆有无漏油、漏水等现象；检查车窗玻璃、风窗玻璃和后视镜玻璃有无污垢；检查前照灯、制动灯、转向灯、示廓灯、危险报警闪光灯、后位灯及号牌灯等照明是否正常。对车辆轮胎气压进行检视，微型车辆胎冠花纹深度不小于3.2mm，其他车辆转向轮的胎冠花纹深度不小于3.5mm，其余轮胎花纹深度不小于2.5mm，确保行车安全。

二、结业考试场地检查和准备

结业考试场地要符合《机动车驾驶员培训教练场技术要求（GB/T 30341—2013）》的标准要求，其中：

（1）计算机考试室面积要≥40m^2，计算机工作才能正常；

（2）考试场内路面应压实平整和硬化；

（3）场内考试项目实施配备要符合标准，桩位、标线准确；

（4）道路：考试路面应按照JTG B01—2014的要求建设。单车道的考试道路路基路面按不低于四级公路建设，行车道宽度不小于3.5m，圆曲线半径不小于30m；双车道的考试道路路基路面按不低于三级公路建设，行车道宽度不小于6.5m，圆曲线半径不小于65m；容易发生积雪或冰冻的场内道路坡度应不大于3.5%，其他地区场内道路坡度应不大于6.5%。

结业考试开始之前要对场地进行检查和准备。结业考试场地应该有围墙或利用天然屏障封闭，除有专人看守的通行口外，车辆、行人与外界不能通行，考场内应按人车分离原则布置人行通道，确保考试顺利进行。要对考试场地进行一次全面的安全大检查，检查各种隔离物是否符合要求，安全通道、消防设施设备是否符合有关规定，检查道路边缘设置的防护设施是否齐全有效，对经排查出的安全隐患应及时消除。检查路基标线、标志牌、标志杆、标志墩、单边桥、限宽门、连续障碍、龙门骨架吊杆等设施的使用和维护，保证安全有效。检查考试场地配备的照明设施和监控实施设备是否有效，配备的相关紧急救护药品和设备是否齐全有效。

第二节　对学员进行培训结业考试

机动车驾驶员培训结业考试是发放学员结业证的必经程序和依据，检验教学质量的重要途径，对提高培训质量有重要意义，也是考取驾驶证的根本保证。《中华人民共和国道路运输条例》第四十七条：机动车驾驶员培训机构应当按照国务院交通主管部门规定的教学大纲进行培训，确保培训质量。培训结业的，应当向参加培训的人员颁发培训结业证书。《机动车驾驶员培训管理规定》（交通部2006年第2号令）第三十七条：机动车驾驶员培训机构应当按照全国统一的教学大纲进行培训。培训结束时，应当向结业人员颁发《机动车驾驶员培训结业证书》。《结业证书》由省级道路运输管理机构按照全国统一式样印制并编号。各科目考核不合格的，不得进入下一阶段培训及提交培训记录审核申请。

一、结业考试内容

分为三个科目：考试科目的顺序按照交通法规与相关知识（简称科目一）、场地驾驶（简称科目二）、道路驾驶（简称科目三）依次进行，有一科目合格后，再进行后一科目的考试。

科目一的内容为：现行道路交通管理法规和规章；异常气候、复杂道路、危险情况时的安全驾驶知识，简单的伤员急救和危险物品的运输知识；所考车辆的总体构造、主要装置的作用，车辆日常检查、维护、使用知识，常见故障的判断方法、紧急情况的处理知识。

科目二的内容为：在设有障碍的场地驾驶车辆的能力。

科目三的内容为：在实际道路上正确操纵驾驶机动车的能力；遵守交通法规行驶的程度；驾驶姿势及观察、判断、预见能力及综合控制车辆的能力。

二、考试方式方法

科目一考试使用计算机无纸化考试，科目二、三以单车为单位由学校两名结业考核人员施考；考试不合格的允许当场补考一次，补考仍不合格的终止考试。下次补考应在三日后由教员提出，并做出补考计划，重新安排考试；学员结业考试成绩由结业考核人员填写在学员结业考核单上，并输入计算机登记并记录保存。科目一考试方法采用选择、判断正误的方法，考试时间为45min。科目二考试方法采用被考人单独驾驶的方法。科目三考试方法采用考试人员与被考人员同乘考试车（两轮车及无法同乘的车辆除外），按照道路考试必须考行为用减分法进行评判得分。被考人在道路考试时应持有相应的驾驶证件。

三、考试题目

应参照车辆管理要求所按照下列规定负责出题：

（一）科目一

试卷题量为100题，题量中《中华人民共和国道路交通管理条例》等法规的考题为70%；安全驾驶、伤员急救和危险物品运输知识的题量为15%；车辆的构造、使用、日常检查、维护知识，常见故障的判断方法等知识的考题为15%。

（二）科目二

根据公安机关、交通管理部门全国统一要求，按所考车型选定桩考图：

1. 大型客车、牵引车、城市公交车、中型客车、大型货车考试桩考、坡道定点停车和起步、侧方停车、通过单边桥、曲线行驶、直角转弯、通过限宽门、通过连续障碍、起伏路行驶、窄路掉头，以及模拟高速公路、连续急弯山区路、隧道、雨（雾）天、湿滑路、紧急情况处置。

2. 小型汽车、小型自动挡汽车、残疾人专用小型自动挡载客汽车和低速载货汽车考试倒车入库、坡道定点停车和起步、侧方停车、曲线行驶、直角转弯。

3. 三轮汽车、普通三轮摩托车、普通二轮摩托车和轻便摩托车考试桩考、坡道定点停车和起步、通过单边桥。

4. 轮式自行机械车、无轨电车、有轨电车的考试内容由省级公安机关交通管理部门确定。

（三）科目三

由操纵驾驶机动车，遵守交通法规行驶，观察、判断、预防、应变等综合驾驶能力三项内容组成，按不同车型设定必须考核的项目，并设定不合格、减20分、减10分、减5分的减分标准。汽车、摩托车的考核项目和减分标准化全国统一。内容包括：

1. 大型客车、牵引车、城市公交车、中型客车、大型货车、小型汽车、小型自动挡汽车、低速载货汽车和残疾人专用小型自动挡载客汽车：考试上车准备、起步、直线行驶、加减挡位操作、变更车道、靠边停车、直行通过路口、路口左转弯、路口右转弯、通过人行横道线、通过学校区域、通过公共汽车站、会车、超车、掉头、夜间行驶；其他准驾车型的考试内容，由省级公安机关交通管理部门确定。

2. 大型客车、中型客车考试里程：不少于20km，其中白天考试里程不少于10km，夜间考试里程不少于5km。牵引车、城市公交车、大型货车考试里程不少于10km，其中白天考试里程不少于5km，夜间考试里程不少于3km。小型汽车、小型自动挡汽车、低速载货汽车、残疾人专用小型自动挡载客汽车考试里程不少于3km，并抽取不少于20%进行夜间考试；不进行夜间考试的，应当进行模拟夜间灯光使用考试。

3. 对大型客车、牵引车、城市公交车、中型客车、大型货车，省级公安机关交通管理部门应当根据实际增加山区、隧道、陡坡等复杂道路驾驶考试内容。对其他汽车准驾车型，省级公安机关交通管理部门可以根据实际增加考试内容。

4. 安全文明驾驶常识考试

内容包括：安全文明驾驶操作要求、恶劣气象和复杂道路条件下的安全驾驶知识、爆胎等紧急情况下的临危处置方法以及发生交通事故后的处置知识等。

四、考试合格标准

（1）科目一考试满分为100分，成绩达到90分的为合格；

（2）科目二考试满分为100分，考试大型客车、牵引车、城市公交车、中型客车、大型货车准驾车型的，成绩达到90分的为合格，其他准驾车型的成绩达到80分的为合格；

科目二,未出现下列情况之一的:

①不按规定路线、顺序行驶;②碰擦桩杆;③车身出线;④移库不入;⑤中途停车两次;⑥熄火;⑦脚触地(两轮车)。

(3)科目三道路驾驶技能和安全文明驾驶常识考试满分分别为100分,成绩分别达到90分的为合格。

每个科目考试一次,补考一次。补考仍不合格的,本次考试终止。在学习驾驶证有效期内,可重新申请考试,重新考试的时间间隔不少于30d。考试结果应当场公布,对科目二或三考试不合格的,应当指出不合格的原因。

对考试中有舞弊行为的,应当场停止该科目考试,并视为不合格。

从事考试工作的人员,必须具备考试员资格,持有省级公安机关交通管理部门颁发的考试员证书。

第二章　学时和质量评估

所谓质量,从“适用性质量”来讲,它是以适合顾客需要的程度作为衡量的依据,即从使用的角度来定义质量,认为产品质量是产品在使用时能成功满足顾客需要的程度。

评估的定义:评价估量, 是用一套客观、特定的方法或步骤去测度一个人的发展状况或情绪行为表现。

学时:是指学习时间， 节课的时间称一学时。通常一学时为45min或50min。学时是教学的时间单位,也称课时。

第一节　填写货物运输驾驶员从业资格培训《教学日志》

一、教学日志的定义

教学日志是指教师记录当天所进行的教学活动以及这些活动实施的效果,影响课堂教学的关键细节等情况,有意识地生动地表达教师当天的教学动态。

二、教学日志的意义及要求

教学日志可以记录教学过程中的亮点,即自己在教学中引起学生共鸣的成功之处;也可以记录教学过程中的不足(教学过程有很多不确定因素,教学设计和教师的言行不免有失误之处);还可以记录教学中的智慧火花(教学活动中,随着教学内容的展开,问题情境的创设,或一件偶然事件的发生,教师有时候会灵光闪现、突如其来、转瞬即逝,所以教师要利用教学日志及时捕捉这些“偶得”,并逐步将其变成自己的精神财富);还可以记录教学中的难点(教师要善于通过各种途径发现学生学习中存在的问题,了解学生学习的困难所在)。

查阅教学日志,有利于总结教学经验,发现教学中的不足之处,可以为进一步提高教学质量提供原始依据,总之,写好教学日记是教学工作的重要环节,是在短时间内提高教学水平的有效途径。

三、货物运输驾驶员从业资格培训《教学日志》的填写

货物运输驾驶员从业资格培训《教学日志》表格(表3-2-1-1)的填写分为理论知识(总学时:34学时)及专业知识应用(总学时:8学时)两部分内容进行。

道路货物运输驾驶员从业资格培训教学日志

表 3-2-1-1

NO.

<table>
<tr><td colspan="3">培训机构名称：</td><td colspan="2">学员姓名：</td><td colspan="3">类别：</td></tr>
<tr><td colspan="8">培训目标：掌握道路运输法规及各种条件下安全行车知识；树立良好的职业道德和安全意识；了解汽车使用技术知识；掌握汽车常见故障的处理方法；掌握道路运输专业知识；培养专业知识应用能力。</td></tr>
<tr><td rowspan="2">理论知识
学时：34</td><td colspan="2">教 学 项 目</td><td colspan="5">教 学 目 标</td></tr>
<tr><td colspan="2">1. 道路运输法规
2. 职业道德与安全行车知识
3. 汽车使用技术
4. 汽车常见故障
5. 道路货物运输知识</td><td colspan="5">1. 熟练掌握道路运输法规的有关内容
2. 掌握各种条件下的安全行车知识，树立良好的职业道德和安全意识
3. 了解汽车使用技术知识；掌握轮胎的合理使用方法和节药燃料的基本知识
4. 掌握汽车发动机、底盘、电气设备常见故障的处理方法
5. 掌握道路货物运输的基本知识；掌握普通货物运输、特种货物运输知识</td></tr>
<tr><td>次数/日期</td><td>1/</td><td>2/</td><td>3/</td><td>4/</td><td>5/</td><td>6/</td><td>7/</td></tr>
<tr><td>教学项目</td><td>道路运输法规</td><td>道路运输法规</td><td>职业道德与安全行车知识</td><td>汽车使用技术</td><td>汽车使用技术</td><td>汽车常见故障</td><td>道路货物运输知识</td></tr>
<tr><td>所用学时</td><td>4</td><td>4</td><td>6</td><td>5</td><td>5</td><td>6</td><td>4</td></tr>
<tr><td>学员签字</td><td></td><td></td><td></td><td></td><td></td><td></td><td></td></tr>
<tr><td>教练员评价及签字</td><td></td><td></td><td></td><td></td><td></td><td></td><td></td></tr>
<tr><td colspan="8">考核意见：
考核人签字：</td></tr>
<tr><td>培训机构
审核意见</td><td colspan="7">（盖章）</td></tr>
</table>

<table>
<tr><td rowspan="2">专业知识
应用学时：8</td><td>教 学 项 目</td><td colspan="2">教 学 目 标</td></tr>
<tr><td>1. 车辆安全检视
2. 轮胎更换
3. 综合复习</td><td colspan="2">1. 掌握车辆驾驶室内部、左中后部、后部、右中后部、右前部、左前部、前部及发动机舱、客车内部主要零部件的安全检视的操作方法
2. 掌握轮胎气压的检查、后轮外侧轮胎的折卸、安装及千斤顶的操作方法
3. 掌握道路运输法规和有关理论知识，并能够规范地进行车辆安全检视、轮胎更换等实际操作</td></tr>
<tr><td>次数/日期</td><td>1/</td><td>2/</td><td>3/</td></tr>
<tr><td>教学项目</td><td>车辆安全检视</td><td>轮胎更换</td><td>综合复习</td></tr>
<tr><td>所用学时</td><td>3</td><td>4</td><td>1</td></tr>
<tr><td>学员签字</td><td></td><td></td><td></td></tr>
<tr><td>教练员评价及签字</td><td></td><td></td><td></td></tr>
<tr><td colspan="4">考核意见：
考核人签字：</td></tr>
<tr><td>培训机构
审核意见</td><td colspan="3">（盖章）</td></tr>
</table>

（一）理论知识的填写（总学时:34 学时）

1. 道路运输法规（8 学时）

通过学习《中华人民共和国道路运输条例》及《道路货物运输及站场管理规定》等相关法律行政法规，熟练掌握道路运输法规的有关内容，了解道路货物运输行业的相关规定，规范道路货物运输经营活动，维护道路货物运输市场秩序，保障道路货物运输安全，保护道路货物运输有关各方当事人的合法权益。

2. 职业道德与安全行车知识（6 学时）

学习道路货物运输驾驶员职业道德与驾驶员安全行车及文明驾驶，了解驾驶环境对安全行车的影响，避免驾驶行车中事故的发生，掌握各种条件下的安全行车知识，树立良好的职业道德和安全意识。

3. 汽车使用技术（10 学时）

培养掌握汽车运用技术专业必备的理论知识和技能，以汽车使用、维护、服务为对象，主要介绍汽车使用条件的特性，汽车使用性能及评价指标，汽车运行材料及其合理使用，汽车节能技术，汽车安全技术，汽车公害及其预防，汽车在特殊条件下的使用，汽车技术状况及其变化与维护，汽车检测诊断技术，汽车试验技术，汽车使用寿命与鉴定，汽车运用服务系统等。了解汽车使用技术知识；掌握轮胎的合理使用方法和节药燃料的基本知识。

4. 汽车常见故障（6 学时）

汽车在使用过程中由于某些原因，会使动力性、经济性和安全可靠性变坏，若不及时排除会对行车安全带来很大影响，如何预测汽车故障，以便制定有效的预防措施，对避免或减少故障具有重要的现实意义。汽车的运用条件十分复杂，形成故障的因素也多种多样，要准确地判断汽车故障，必须首先熟悉其表现出来的不同的内在和外表的特征，并根据这些症状来迅速排除。掌握汽车发动机、底盘、电气设备常见故障的处理方法。

5. 道路货物运输知识（4 学时）

道路货物运输是指以载货汽车为主要运输工具，通过道路使货物产生空间位移的生产活动。由于汽车运输具有适应性强、机动灵活、快速运达等特点，使得货物承运既可以在固定的站场、港口、码头装卸，又可以在街头巷尾、农贸市场、乡镇村庄等处就地装卸，实现“门到门”直达运输。因而在很多情况下比其他运输方式更为方便，能更好地满足用户需要。掌握道路货物运输的基本知识；掌握普通货物运输、特种货物运输知识。

（二）专业知识应用的填写（总学时:8 学时）

1. 车辆安全检视（3 学时）

车辆的安全检视是对车辆的安全状况、安全部件、操纵装置等经常性的检查，正确的执行安全检视是确保安全行车的重要环节。车辆安全检视对行车安全具有很重要的作用，学习培养安全意识，养成安全检视和观察的习惯，掌握车辆驾驶室内部、左中后部、后部、右中后部、右前部、左前部、前部及发动机舱、客车内部主要零部件的安全检视的操作方法。

2. 轮胎更换（4 学时）

学习汽车轮胎更换标准、周期、年限、操作方法及特别注意事项，根据汽车轮胎的保质期，及时更换汽车轮胎，确保车辆行驶安全，掌握轮胎气压的检查、后轮外侧轮胎的折卸、安装及千斤顶的操作方法。

3. 综合复习(1 学时)

通过综合复习，掌握道路运输法规和有关理论知识，并能够规范地进行车辆安全检视、轮胎更换等实际操作。

第二节　对货运驾驶员从业培训进行质量评估

一、质量评估目的

质量评估的根本目的是从各方面(学员、教师、课程设置、培训时间等)检查该培训是否达到目的，为以后的工作提供改进依据。

二、质量评估的作用

(一)培训质量的评估能促进教学管理

进行质量评估，主要是为了了解学员的学习反应、收获、变化以及培训的影响力等情况。如果不能进行适时的、有效的评估，就不能及时了解学员的满意度，就不能及时调整培训策略，不能够合理的修改培训内容。因此，评估的目的就是为了促进教学管理，根据培训需求，改变培训理念，促使培训课程在理论与实践的结合上更紧密，更适应学员的实际。

(二)培训质量的评估能促进学员的学习

从学员的角度看，有效评估能促进他们的学习。成人教育由于受时间、空间等条件的影响，导致学习比较被动，培训过程中不进行有效评估，效果往往不是很理想。合理的调整培训策略，提高信息化管理，有效地保证学员的学习效果。

此外，培训质量的评估还能促进教学教研。

三、培训效果与培训评估的含义

在组织培训的某一课程结束后，对培训的效果进行评估或检查，了解学员有哪些收获与提高。学员培训评估是指企业组织在学员培训过程中，依据培训的目的和要求，运用一定的评估指标和评估方法，检查和评定培训效果的活动过程。

培训效果是指企业和学员从培训当中所获得的收益，即通过系统的培训，学员可以端正工作态度，学习新的行为方式，掌握新的技术技巧；而企业侧可以提高培训质量增加培训量，促进培训效益的上升，提高顾客的满意度，取得更高的经济和社会效益。

学员培训效果评估是组织培训工作最后的也是极为重要的一个阶段。它是通过建立培训效果评估指标和标准体系，对学员培训是否达到了预期的目标，培训计划是否有效的实施等进行全面的检查、分析和评价，然后将评估结果反馈给上级部门，作为以后制定修订学员培训计划，以及进行培训需求分析的依据。

四、培训效果评估的作用和内容

培训评估实质上是对有关培训信息进行整理和应用的过程。要真正提高对培训评估的重视程度，首先要了解培训评估的重要作用。因此，培训评估意义的体现来自于对培训过程的全程评估。全程评估可以分为三个阶段，即培训前的评估、培训中的评估和培训后的评估。

（一）培训前评估的作用和评估内容

1. 作用

保证培训需求确认的科学性，确保培训计划与实际需求的合理衔接，帮助实现培训资源的合理配置，保证培训效果测定的科学性。

2. 评估内容

（1）培训需求整体评估；

（2）培训对象知识、技能和工作态度评估；

（3）培训对象工作成效及行为评估；

（4）培训计划评估。

（二）培训中评估的作用和主要内容

1. 作用

保证培训活动按照计划进行，培训执行情况的反馈和培训计划的调整，可以找出培训的不足，归纳出教训，以便改进今后的培训，同时能发现新的培训需要，从而为下一轮的培训提供重要依据。

2. 评估内容

（1）培训活动参与状况监测：目标群体的确认。培训项目的覆盖效率，培训对象参与热情和持久性；

（2）培训内容监测：培训的构成或成分，培训强度，提供的培训量，培训的频率，培训的时间安排；

（3）培训进度与中间效果监测评估：培训组织准备工作评估，学员参与培训情况评估，培训内容和形式的评估，培训讲师和培训工作者评估，现代培训设施应用的评估；

（4）培训环境监测评估；

（5）培训机构和培训人员监测评估：培训机构的规模和结构特征，培训机构的内部分工状况，培训机构服务网点分布状况，培训机构的领导体制，培训机构的沟通和协调机制，培训者的素质和能力，培训者的工作安排，培训者的工作态度。

（三）培训后评估的作用和主要内容

1. 作用

对培训效果进行正确合理的判断，了解某一项目是否达到原定的目标和要求；学员知识技术能力的提高或行为表现的改变是否直接来自培训的本身；检查培训的费用效益，评估培训活动的支出与效益情况，有助于资金合理的配置；可以比较客观地评价培训者的工作；可以为管理者决策提供所需的信息。

2. 评估内容

(1)培训目标达成情况评估;

(2)培训效果效益综合评估;

(3)培训工作者的工作绩效评估。

五、培训效果评估的形式

(一)非正式评估和正式评估

1. 非正式评估

非正式评估是指评估者依据自己的主观性的判断,而不是用事实和数字来加以证明。

虽然非正式的培训评估是建立在评估者的主观看法上,但在有些时候能够发挥很大的作用,尤其是在对培训者与培训对象之间的关系以及培训对象对待评估的态度等问题作出评估。要把一些抽象的问题数据化,再对这些数据进行客观的分析,这是一件既复杂又不切实际的事情,这时采用非正式评估比较适合。

非正式评估一般不需要记录太多信息,但有时要记下对评估有价值(如培训对象的有关表现、态度和一些特殊困难)的信息。

非正式评估的优点在于可以使评估者能够在培训对象不知不觉的自然状态下进行观察,这就减少了一般评估给学员带来的紧张不安,从而在某种意义上,增强了信息资料的真实性和评估结论的客观性和有效性;它的另一个优点在于方便易行,几乎不需要耗费什么额外的时间和资源,从成本收益的角度来看是很值得的。另外,不会给学员造成太大的压力,可以更真实而准确地反映出培训对象的态度变化,因为这些态度在非正式场合更容易表现出来,能使培训者发现意料不到的结果。

2. 正式评估

在一些正式的场合,尤其当评估结论要被作为决策的依据,或者为了向特定群体说明培训的效果时,就需要进行正式评估。

正式评估往往具有详细的评估方案、测度工具和评判标准。它尽量剔除主观因素的影响,从而使评估更有信度。在正式评估中,对评估者自身素质的要求降低,起关键作用的因素不再是评估者本身,而是评估方案和测试工具的选择是否恰当。

值得注意的是,即使在一些正式的评估中。也并不是完全排除了评估者的主观因素,还是可以发现一些主观性。例如,要对培训对象在培训中的满意度以及他们工作态度的变化等问题作出评价时。作为一名评估者,应该分清楚在对培训对象的评估中,哪些是正式的,哪些是非正式的,哪些是主观的,哪些是客观的。

正式评估的优点是在数据和事实的基础上做出判断,使评估结论更有说服力;更容易将评估结论用书面形式表现出来,如记录和报告等,可将评估结论与最初计划比较核对。

(二)建设性评估和总结性评估

1. 建设性评估

建设性评估就是在培训过程中以改进而不是以是否保留培训项目为目的的评估。如果评估结论表明培训并不像培训者所期望的那样良好地运转,就可以对培训项目做出适当的调整，如改变培训的形式等。建设性评估经常是一种非正式的主观的评估。

当进行建设性评估时，需要保证定期评估不过分频繁，也不能让培训对象有一种他们一直在进行简单乏味和重复学习的感觉。否则，建设性评估就无法发挥它的激励作用。评估频率的问题主要是针对建设性评估提出的，它是指进行两次连续评估之间所隔时间的长短。时间越短，频率越高；时间越长，频率越低。频率的适当程度要依据实际情况确定。

培训过程中的建设性评估作为培训项目改进的依据，优点是它有助于学员学习的改进，帮助学员明白自己的进步，从而使其产生某种满足感和成就感。这种满足感和成就感在学员后一阶段的学习中，将会发挥巨大的激励作用。

2. 总结性评估

总结性评估是指在培训结束时，对学员的学习效果和培训项目本身的有效性所进行的评估。这种评估经常是正式的和客观的。

总结性评估的结论正规，具有较强的说服力。它适用的情况包括：当评估结论将被作为决定给予学员某种资格，或为组织的决策提供依据时才采用。但是，最终测试毕竟是结束的象征，无论评估结论如何，只能用于决定培训项目的取舍，而不能作为培训项目改进的依据；只能用于决定是否给学员某种资格，而无助于学员学习的改进。

当进行总结性评估时必须注意，培训目标和培训效果必须从头到尾是清晰的，这不仅是对于培训者而言，同时也包括学员在内。

六、质量评估的方法

（一）问卷调查法

问卷调查法主要用于对培训教师、培训场地、培训教材等主要环节的调查。如检查培训目标与工作任务的匹配度，评价学员在工作中对培训内容的应用情况。了解学员偏爱的学习方法，了解学员对培训教师所使用的教学方法的态度等。

问卷调查的步骤如下：

1. 明确通过问卷调查了解的信息

2. 设计问卷（表 3-2-2-1）

培训情况综合意见评估表　　表 3-2-2-1

培训班名称				
培训地点		培训时间		
教学设施	优 □	良好 □	一般 □	差 □
教务组织	优 □	良好 □	一般 □	差 □
课程设计	优 □	良好 □	一般 □	差 □
授课教师评价				
教学态度（备课认真、内容丰富、语言表达条理清晰等）	优 □	良好 □	一般 □	差 □
教学方法（启发思维、重点突出、注重理论联系实际等）	优 □	良好 □	一般 □	差 □

续上表

对本期培训班的任务的意见或建议	
对本期培训授课教师的意见或建议	
对课程安排建议(您希望以后培训班开设哪些培训课题?)	

注:请每位学员认真填写(在相应的"□"中打"√")并交给会务工作人员,感谢您对我们工作的支持。

3. 正式开展调查

4. 进行资料分析,统计培训情况综合意见汇总表(见表3-2-2-2),编写调查信息报告

培训情况综合意见汇总表 表3-2-2-2

培训班名称					培训时间					
参与培训教师名单					参与调查人数			人		
培训过程评价汇总										
序号	项　　目	10分(人次)优		8分(人次)良好		6分(人次)一般		4分(人次)差		单项得分
A1	教学设施	a1		b1		c1		d1		
A2	教务组织	a2		b2		c2		d2		
A3	课程设计	a3		b3		c3		d3		
A4	教学态度(备课认真、内容丰富、语言表达条理清晰等)	a4		b4		c4		d4		
A5	教学方法(启发思维、重点突出、注重理论联系实际等)	a5		b5		c5		d5		
综合得分										
评价等级		优 □		良好 □		一般 □		差 □		
对本期培训班的会务意见或建议										
对本期培训授课教师意见或建议										
对课程安排建议(您希望以后培训班开设哪些培训课题?)										
会务组签名					日期					

注:1. 学员综合评价公式计算:分项目得分公式:A1 = (10a1 + 8b1 + 6c1 + 4d1)/S

注:A1—分项目1得分;a1—项目1评10分人数;S—参与总人数

综合得分公式:M = (A1 + A2 + A3 + A4 + A5) × 2

2. 本项目以总人数为基数,对应各项汇总人数的百分比,在总体评价100分中所占比例,总体评价的得分(90分以上优,71至89分良好,79至60分一般,低于60分为差)

（二）访谈法

访谈法的应用范围很广，如了解学员对培训方案和学习方法的反应，了解学员对培训目标、内容与实际工作之间的相关性看法，检查学员将培训内容在工作中应用的程度，了解影响培训成果转化的工作环境因素，了解学员对培训的感觉和态度，帮助学员设立个人发展目标，比较组织战略和培训之间的一致性，为下一步的问卷调查做准备等。

访谈法的具体步骤如下：

1. 明确你要采集的信息

2. 设计访谈方案

访谈方案是评估人员在访谈中要提问问题的清单，与调查问卷的设计类似。

3. 测试访谈方案

在访谈实施前进行依次测试，可以对访谈方案进行修改和完善，还可以提高访谈者的访谈技能。

4. 全面实施

5. 进行资料分析，编写调查信息报告

问卷调查法与访谈法的原理相同、步骤相似，不同的是，问卷调查法更适用于调查面广、以封闭式问题为主的调查；访谈法相似的方法还有电话调查法，又称电话访谈，是一种非面对面的访谈，它更适用于调查面广、封闭式问题和开放式问题并重的调查。

（三）座谈法

将学员召集到一起开讨论会，让每一个学员讲述自已通过培训学会了什么，是如何把所学到的知识和技能应用到工作中去的，以及他是否需要进一步帮助，需要什么帮助等问题，从中获取关于培训效果的信息。

（四）笔试法

笔试法用于了解学员已掌握的知识，它能在培训期间向学员反馈有关信息，考察一段时间内的学习成果等。具体步骤如下：

1. 确定培训目标

2. 起草测试题目

测试题目的形式主要有回忆型题目和识别型题目。前者是学员凭记忆就可回答的问题，包括问答题和简答题等形式；后者是要求学员从提示的答案选项中选出正确答案的问题，包括判断题和选择题等形式。

3. 选择、排列测试题目

4. 为学员准备考试说明

5. 准备记分卡

6. 进行测验

7. 分析测验结果

七、培训质量评估步骤

做好培训质量评估，遵循良好的培训评估流程是顺利有效进行培训质量评估活动的关

键。一般,有效的培训评估应该包括八个基本步骤:

(一)培训需求分析

培训评估应当从确定培训需求开始。培训需求分析的方法有很多,如问卷法、观察法、访谈法、小组讨论法、重大事件法、心理测试法等。根据培训课程、学员的具体情况决定培训需求分析的方法。

(二)确定培训目标

培训需求分析明确了企业员工所需提升的能力,评估的下一步就是要确立具体且可测量的培训目标。培训目标是指培训活动要达到的目的和预期成果,培训项目可以包括多层次的培训目标。针对每层次的培训目标可以制定相应的评估指标和标准。

(三)确定评估方法

培训质量评估的关键是确定评估方法,针对不同级别的评估运用不同的评估方法。评估方法的类型包括课程前后的测试、学员的反馈意见、对学员进行的培训后跟踪、采取的行动计划以及绩效的完成情况等。

(四)制定培训质量评估方案

一个有效的评估过程应该经过仔细周密的计划。在设计培训质量评估方案时首先要明确以下问题:为什么要进行评估?谁将要接受评估?评估什么内容?如何进行评估等。

(五)实施培训评估

根据制定好的培训质量评估方案的流程、方法、目标实施有效的培训评估。

(六)撰写培训评估报告

在培训评估后需要呈交书面报告,将评估过程、收集的信息、分析结果等内容进行整理,形成评估报告。

(七)沟通培训项目结果

培训评估是为了改进培训质量、提高培训效果、降低培训成本。必须建立良好的培训评估反馈系统。

(八)应用培训质量评估结果

通过培训质量评估,改进培训质量;对培训项目进程实现有效控制;帮助学员提高知识应用能力。

第三章　教学设施设备管理

第一节　对普通货物运输车辆和场地进行维护管理

一、对教学车辆和驾驶训练场地的基本要求

车辆管理是驾驶培训安全的基础。驾培机构安全管理工作的任务是：认真贯彻实施相关的交通安全法律、法规、规范和标准；以科学管理的思路坚持“安全第一、预防为主”的方针，建立“管教学必须管安全”、“谁主管谁负责”的安全生产管理责任制；设置安全生产管理机构，配备安全生产管理人员，落实各项安全生产制度，保证安全生产必要投入；制订切实可行的安全防范措施，强化安全管理自我约束机制，切实提高安全生产管理水平；采取科学有效的手段，制订切实可行的措施，把交通事故消灭在萌芽状态；保障教学安全，防止人员伤亡和经济损失。机动车驾驶培训机构应当按照国家有关规定对教学车辆进行定期维护和检测，保持车辆性能完好，满足教学和安全行车的要求，并按照国家有关规定及时更新；禁止报废的、检测不合格的和其他不符合国家规定的车辆用作教学车辆。

（一）教学车辆的要求

教练车技术状况应符合《机动车运行安全技术条件》（GB 7258—2012）的要求和《营运车辆技术等级划分和评定要求》（JT/T 198—2004）所规定的二级车以上技术条件，并装有副后视镜、副制动踏板、灭火器及其他安全防护装置。道路驾驶教练车还需装有副加速踏板和副离合器踏板。教练车技术参数应符合下列要求：

（1）通用货车半挂车（牵引车）车长不小于 12m；

（2）大型货车车长不小于 6m，轴距不小于 3.6m；

（3）其他教练车车型及其技术参数由省级道路运输管理机构确定。

此外，车辆还应具备以下条件：

（1）具有合格的《机动车综合性能检测报告》；

（2）《汽车技术等级评定检测结论表》（送车辆到机动车综合性能检测机构检测后，由机动车综合性能检测机构出具）；

（3）购买机动车保险（交强险及承运人责任险）；

（4）教练车应有统一的教练车标识，车辆喷涂符合所在地行业管理部门要求，车身能清晰反映教练车号牌色、车号和驾校名称；

（5）车辆排放符合地方环保要求，送车辆到机动车综合性能检测机构检测后，由机动车综合性能检测机构对车辆参数及配置核查后出具检测结果；

(6)持有合格的机动车驾驶培训教学车辆《道路运输证》;

(7)培训机构应注意考试车辆要求的变化,教练车尽量与考试车辆要求一致。

(二)驾驶训练场地的要求

1.教练场地是开展驾驶训练的必备设施

根据交通心理学、运动行为学等学科理论,在相对封闭、道路状况简单的环境下训练,学员能够更快、更好地掌握车辆基本操控技能,初步具备道路技师的心理适应能力,且驾驶训练能够更加安全、有效。教练场要根据学员驾驶技能训练的特点和要求,建设专用的训练场所,从而实现驾驶员培训标准、规范化、科学化的管理;同时,机动车驾驶员培训机构在设计、建设教练场地时应严格执行《机动车驾驶员培训管理规定》(交通部令2006年第2号)中的规定。机动车驾驶员培训机构教练场地的服务功能主要包括以下两个方面:

(1)满足场地项目训练、场内道路训练(上下车、起步、停车、变速换挡、倒车、行驶位置与路线等)的要求;

(2)具备模拟城市街道驾驶技能训练、跟车速度感知能力训练等训练功能。

2.机动车驾驶员培训机构教练场地面积计算

按照《机动车驾驶员培训教练场技术要求》(GB/T 30341—2013),对于机动车驾驶员培训机构教练场地面积计算方法,即教练场地总面积包括训练项目设施占地面积、场内道路占地面积。需要说明的是,对于机动车驾驶员培训机构自备的教练场地,考虑到其仅供自有教练车使用,容易实现教练车的统一管理,教练车在停训后可以充分利用场地训练项目、场地道路的占地安全停放,因此,为了节约土地资源,按照该标准没有要求设置专门的停车场。但有条件的机动车驾驶员培训机构宜设置适量的停车位。

(1)场内训练项目设施占地面积计算方法

场内训练项目设施总面积按下式计算。

$$S_1 \geqslant \Sigma(\alpha_i \times n_i) + \Sigma(1.5 \times \delta_i \times \beta_i \times m_i)$$

式中:α_i——单个训练项目设施的面积,单位为平方米每项,见表3-3-1-1;

n_i——不同车型对应的训练项目设施的数量(参照GB/T 30341—2013),单位为项;

δ_i——相应车型教练车长度,单位为米(m);

β_i——场内训练项目之间缓冲路段的行车道宽度,单位为米(m);

m_i——场内训练项目之间缓冲路段的数量,单位为段。

不同车型对应的训练项目设施的面积 表3-3-1-1

序号	项目名称	单个训练项目设施的面积(平方米/项)			
		小型汽车、小型自动挡汽车、低速载货汽车、残疾人专用小型自动挡载客汽车	大型客车、城市公交车、大型货车	牵引车	中型客车
1	倒车入库	200	—	—	—
2	倒车移位	—	1100	500	500
3	侧方停车	90	220	300	140

续上表

<table>
<tr><th rowspan="2">序　号</th><th rowspan="2">项 目 名 称</th><th colspan="4">单个训练项目设施的面积(平方米/项)</th></tr>
<tr><th>小型汽车、小型自动挡汽车、低速载货汽车、残疾人专用小型自动挡载客汽车</th><th>大型客车、城市公交车、大型货车</th><th>牵引车</th><th>中型客车</th></tr>
<tr><td>4</td><td>停靠站台</td><td>—</td><td>560</td><td>—</td><td>520</td></tr>
<tr><td>5</td><td>停靠货台</td><td>—</td><td>250</td><td>450</td><td>—</td></tr>
<tr><td>6</td><td>坡道定点停车和起步</td><td>200</td><td>260</td><td>260</td><td>260</td></tr>
<tr><td>7</td><td>曲线行驶</td><td>230</td><td>580</td><td>580</td><td>360</td></tr>
<tr><td>8</td><td>直角转弯</td><td>50</td><td>200</td><td>350</td><td>100</td></tr>
<tr><td>9</td><td>通过单边桥</td><td>—</td><td>140</td><td>250</td><td>100</td></tr>
<tr><td>10</td><td>通过限宽门</td><td>—</td><td>380</td><td>500</td><td>250</td></tr>
<tr><td>11</td><td>通过连续障碍路</td><td>—</td><td>380</td><td>290</td><td>300</td></tr>
<tr><td>12</td><td>起伏路行驶</td><td>—</td><td>40</td><td>60</td><td>30</td></tr>
<tr><td>13</td><td>模拟高速公路</td><td>—</td><td colspan="3">5500</td></tr>
<tr><td>14</td><td>模拟连续急弯山区路</td><td>—</td><td colspan="3">6700</td></tr>
<tr><td>15</td><td>窄路掉头</td><td>—</td><td>180</td><td>420</td><td>180</td></tr>
<tr><td>16</td><td>模拟隧道</td><td>—</td><td>900</td><td>900</td><td>900</td></tr>
<tr><td>17</td><td>模拟雨(雾)天湿滑路</td><td>—</td><td>360</td><td>360</td><td>360</td></tr>
</table>

(2)场内训练道路总面积

场内道路主要是将场内训练项目连接起来形成循环，同时，构建模拟城市街道、直线路段等训练环境，用于学员进行起步和停车、变速换挡、行驶位置与路线选择、模拟城市街道、跟车速度感等驾驶技能训练。场内道路占地面积主要与场内道路训练车辆数量、训练车辆之间的间距及道路行车道宽度等因素有关。

场内训练道路总面积按下式计算。

$$S_2 \geqslant \Sigma(K_i - 1) \times \gamma_i \times d \times b$$

式中：K_i——各车型教练车数量，单位为辆；

γ_i——不同车型教练车使用系数，大型客车、牵引车、城市公交车、中型客车、大型货车为60%，其他车型教练车为50%；

d——教练车平均车头间距，单位为米(m)，应不小于50m；

b——车道宽度，单位为米(m)。

另外，实际道路驾驶教练路线实际道路驾驶训练路线长度和训练科目，应满足教学大纲的要求。

(三)教学设施设备的要求

1. 应具备计算机单机或网络教学系统，满足运行多媒体理论教学软件和记录学时的要求。

2. 机动车驾驶培训机构应使用多媒体软件进行理论教学。多媒体教学软件的内容应满足教学大纲的要求,并具有集文字、图片、声音、动画、视频为一体的功能。

3. 机动车驾驶员培训机构教学设施设备要求见表 3-3-1-2。

教学设施设备表 表 3-3-1-2

设备类别	序号	设备名称
电化教学设备	1	计算机
	2	多媒体教学设备
	3	教学磁板
	4	机动车驾驶模拟器
	5	车辆安全带保护作用体验装置
教学管理信息系统	6	计时培训系统企业应用平台
	7	计时培训系统理论计时终端
	8	计时培训系统车载计时计程终端
	9	计时培训系统模拟计时终端
教学挂图	10	交通信号挂图
	11	机动车结构及工作原理挂图
模型教具	12	透明或实物整车解剖模型
	13	发动机透明或解剖模型
医学救护用具	14	心肺复苏训练模拟人
	15	急救用品(包括止血带、三角巾、固定夹板、包扎纱布及汽车急救包等)

注:汽车驾驶培训模拟器满足 JT/T 378 的要求。

二、教学车辆和驾驶训练场地的维护管理制度

(一)教学车辆安全管理制度

根据中华人民共和国交通部令 2005 年第 10 号第四十一条,结合各自驾校的实际情况特制定相应的制度,制度的订立应满足或包含以下条件:

1. 安全技术档案

必须严格按照上级行业主管部门要求,对驾校所有车辆建立安全技术档案。专人管理,妥善保管,对相关内容的记载应当及时、完整和准确,不得随意更改。车辆安全技术档案内容必须齐全。应当包括:车辆基本情况、主要部件更换情况、修理和二级保护记录(含出厂合格证)、技术等级评定记录、类型及等级评定记录、车辆变更记录、交通事故记录等。

2. 车辆维护

驾校安全管理人员必须提前通知驾校二保车辆准时进行二保、年审,确保车辆安全运行,将事故遏制在萌芽之中。所有车辆,必须贯彻预防为主,强制维护的原则,按规定的行驶里程或间隔时间强制执行,确保车辆安全技术状况良好和车辆行车安全。车辆维护分为日常维护、二级维护。

(1)日常维护

教练员应做好对车辆的日常维护,每日出车前、行车中和收车后应对车辆进行燃气、燃油、润滑油、冷却水的补充,检查轮胎气压、CNG 气瓶及管线是否正常,并对车辆外部清洁,进入安全机构检查,发现问题应及时处理,其主要目的是维护车辆的车容和车况,特别是安全部位,使车辆保持正常的工作状况。

(2)二级维护

驾校所有车辆必须按驾校安排的二级维护时间在驾校指定的具有二级维护作业资格的修理厂按二级维护技术要求规范全面作业，二保作业完工后，必须到车籍所在地公安机关车辆管理所机动车检测线上线进行安全技术检测。合格后，二保作业工单、检测表交回驾校留档，由学校安全科到当地交管部门对二级维护合格证盖章确认。为确保车辆安全技术状况良好，未经驾校同意不得私自在其他修理厂进行二级维护。

3. 车辆报废规定

车辆经长期使用后，技术性能变坏，经济效益变差，确无修复价值的，应作报废处理，报废程序及标准按国家有关规定办理。

4. 车辆报废的审批

凡符合报废条件的车辆，由驾校提出报废意见，并组织有关技术人员对总成部件进行技术分析鉴定，认定符合报废条件后写出报废申请，报驾校主管部门复审审批，按规定程序经学校批准下达报废文件后，方才生效。

5. 车辆的安全检查

确保驾校车辆安全运行，贯彻“安全第一，预防为主”的精神，达到遏制重大事故，减少一般事故的发生，教练员须做好安全自检工作。

(1)行车必须做到“三检查”。即：出车前的检查、行车中的检查、收车后的检查。

(2)教练员在日常维护中做到勤检查、勤维护。

(3)车辆必须配备“三防设备”(防雨、防雾、防滑)，按规定携带灭火装置。教练员在行车前检查灭火装置是否齐全有效和提取方便。

(4)教练员必须接受驾校安全管理人员对教练车每月2次以上(含2次)定期安全检查，并随时接受上级主管部门抽查和不定期的安全检查。

(5)逢重大节日学校安全科人员对车辆进行一次全面大检查，包括车况、车貌、教练员的文明教学等。

(6)检查发现的隐患及违章操作责令现场整改。对下发整改通知书的车辆必须在规定的时间内进行整改并回驾校进行复查后方可投入教学。

(7)车辆必须按时参加二级维护、维护和年审，以保证行车安全。

(二)车辆技术管理制度

教练员必须明确车辆技术管理的主要任务是保持车辆技术状况良好，延长使用寿命，充分发挥使用性能，达到安全、优质、高效、低耗的目标。对车辆管理应坚持预防为主，正确使用、合理润滑、精心维护、定期维护、计划检修、适时更新和报废的原则，实行定人、定任务、定台账。督促驾驶员自觉做好“三检”制度(出车前、行车中、收车后的检查)和爱车例保工作，要定期组织检查评比，奖优罚劣。

教练员直接参与或配合车管员必须逐车建立车辆技术档案。技术档案应及时、完整、准确地记录车辆主要装备、性能、运行使用和故障记录等情况。教练员要严格遵守车辆管理和维护制度，努力学习和熟悉掌握车辆使用、维修、操作知识和技术性能，做好车辆的维护和使用工作，确保车辆安全正常运行。教练员在对车辆进行技术管理要求做到以下几点：

(1)每次发车前，驾驶员必须前后绕车巡视一周，认真做好出车前的安全监察工作，特别是制动系统、转向系统、传动系统、轮胎、气压、灭火器、安全锤、安全带等关键部位的重点检查。对机油、燃油、灯光和雨刮器要认真检查，决不能让车辆带“病”出车。

(2)车辆早上启动时应做到预热启动，低缓速升温，低档稳妥起步。起步前必须检查制动气压，冷却温度是否达到规定要求，其他仪表是否正常。

(3)车辆行驶中驾驶员要随时注意观察各仪表显示数据及信号是否正常，发现问题应立即停车检查。

(4)驾驶员要按规定时速行驶，急加速、急刹车都会给乘客及车辆带来隐患和恶果，保持车辆安全距离，车辆下坡时严禁熄火及空挡滑行。

(5)车辆完全停止后才能挂倒挡。车辆在倒车时，在营运期间有乘务员随车发班时，乘务员必须到车侧后方指挥倒车，确保车辆倒车时人员安全，驾驶员须按指挥进行倒车。

(6)驾驶员要使车辆保持“四清”，即保持机油、空气、燃油等滤清器和蓄电池的清洁。防止“四漏”，即漏水、漏电、漏油、漏气。

(7)车辆运行结束回场后，驾驶员要配合检查人员对车辆进行安全技术检查，并负责把车辆在运行中发现的问题及时反馈给检验员，以便及时维修维护，保持良好的车辆技术状况。

(三)车辆技术管理制度制定

车辆技术管理制度的制定应包含以下内容：

(1)建立健全车队车辆、设备的基础档案、技术档案；

(2)制定车辆设备年度养护计划，车辆的一、二保计划，并督促执行；

(3)组织相关人员定期对车容车貌、车辆设备进行检查；

(4)车辆的安全生产检查，对违章作业和突发事件进行处理；

(5)负责对本单位营运车辆新车入户、年检、年审、转户、报废及换牌换证工作；

(6)负责办理本单位的新增、重新许可、临时等行政许可申请工作；

(7)负责本单位培训车辆车载 GPS 系统的日常监控管理工作，对车辆运行状态进行监控，并做好监控日志记录工作；

(8)负责购买车辆保险、通行附加费等工作；

(9)开展车辆的爱车例保工作，并按规定组织检查和评比。

三、教学车辆和驾驶训练场地的维护管理方法

按照规定对车辆进行维护与检测：驾培机构应当实行强制性维护制度，教练车每年必须完成 1 ~ 2 次的车辆技术等级评定；保证车辆按照国家和行业有关规定和标准以及驾培机构制度的相关要求进行维护和检测；及时报告不符合规定的情况及可能的原因；采取适当的纠正措施；保存这些活动的记录。

驾培机构应当建立教练车辆信息管理系统。作为教练员，应该严格按照驾驶培训车辆的管理要求使用教学车辆并配合驾培机构及相关管理部门完善对教学车辆的管理。

(一)普通货物运输车辆维护管理

1. 货物运输车辆技术管理

货物运输车辆作为营业性运输车辆的一种，需要严格按照国家有关规定进行管理。如一级维护是机油，机滤，空滤的更换，以及一些简单的检查和坚固；二级维护，就是车辆的综合性的检查和维护。

二级维护是对行驶一定里程的机动车辆进行的以检查、调整为中心的维护作业。维护范围，除一级维护的作业项目外，检查调整发动机和电气设备的工作情况，拆洗机油盘和机油滤清器，检查调整转向、制动机构，拆洗前后轮毂轴承。添加润滑油，拆检轮胎，并进行换位等。其目的在于维护车辆各零部件、机构和总成具有良好的工作性能，确保其在两次二级维护之间的正常运行。二级维护主要内容如下：

2. 车辆技术要求

(1) 车辆技术性能应当符合国家标准《营运车辆综合性能要求和检验方法》(GB 18565—2001)的要求；

(2) 车辆外廓尺寸、轴荷和载质量应当符合国家标准《道路车辆外廓尺寸、轴荷及质量限值》(GB 1589—2004)2014 年修订版的要求。

(3) 车辆其他要求

①从事大型物件运输经营的，应当具有与所运输大型物件相适应的超重型车组；

②从事冷藏保鲜、罐式容器等专用运输的，应当具有与运输货物相适应的专用容器、设备、设施，并固定在专用车辆上；

③从事集装箱运输的，车辆还应当有固定集装箱的转锁装置。

(4) 发动机部分

①启动发动机，倾听发动机的怠速、中速和高速运转时有无杂音异响。

②检验汽缸压力或真空度，必要时清除燃烧室积炭及研磨汽门、调整汽门脚间隙，检查油封及曲轴后轴承有无漏油现象。

③根据情况拆洗化油器、汽油泵，必要时在试验台上试验、调整，使其符合标准；拆换空气滤清器和更换机油，清理汽油滤清器检查管道和接头。

④检查紧固汽缸盖，进、排气歧管及消声器的螺栓、螺母，检查发动机固定情况，飞轮壳与缸体的连接和紧固情况。

⑤清理机油粗、细滤清器(更换细滤芯)，拆洗油底壳，清洗机油泵和机油集滤器，擦试和检查汽缸壁，检查轴瓦(必要时进行调整)，装上油底壳并紧固，按规定加注对号的新机油至规定油面。

⑥检查空气压缩机工作情况及管道密封性，调整皮带松紧度，排除贮气微内的油水及污物，检查刮水器及其气道。

⑦检查散热器及罩盖的固定情况、水泵工作情况，有无漏水，水泵轴加润滑脂，检查百叶窗工作效能。

(5) 离合器及传动部分

①检查离合器效能及底盖螺栓，调整跳板自由行程，向跳板轴加注润滑脂。

②检查变速器，放出齿轮油，清洗变速器及齿轮，检查齿轮、轴及变速机构的磨损与飞轮壳螺栓的紧固情况，装复变速器盖，加注对号的齿轮油至规定高度。

③检查万向节，根据情况调换十字轴的方向，检查传动轴、伸缩套的松旷情况，检查中间

支撑架及轴承,加注润滑脂,紧固拖车钩螺母。

④检查驻车制动器工作情况,机构连接紧固情况,调整驻车制动部分,制动蹄销加注润滑脂。

⑤根据情况拆检主减速器和差速器,检查齿轮的啮合情况,调整轴承的松紧度,添加或更换齿轮油,疏通通气孔,检查是否漏油,紧固螺丝栓、螺母。

(6)前桥部分

①拆检前制动鼓、制动片、弹簧、轴承、油封、蹄片轴、凸轮的磨损情况,调整制动蹄片间隙及前轮毂轴承的松紧。

②检查调整转向器,加注润滑脂,检查调整转向盘的转动量及游隙,紧固固定螺栓、螺母,拆检转向横、直拉杆,直拉杆臂、转向臂球头及弹簧等,调整松紧度,紧固并加注润滑脂。

③检查减振器固定情况及作用,根据情况补充减震液,拆检钢板弹簧、钢板销、支架和吊耳、夹子、骑马螺栓、螺母的技术状况,加注润滑脂,装复并紧固。

④紧固前保险杠,前拖钩、翼板、发动机罩、脚踏板、驾驶室的固定螺栓、螺母等,检查制动器的工作情况并紧固螺栓、螺母,制动凸轮轴,加注润滑脂。

⑤检查前轴(工字梁)有无弯曲、断裂现象,检查并调整前束,拆检转向横拉杆球头,加注润滑脂,并调整紧固。

(7)后桥部分

①拆检后制动鼓、制动蹄片、弹簧、轴承、轴承、油封、凸轮轴、凸轮的磨损情况,调整制动蹄片间隙及后轮毂轴承松紧度,补充或更换润滑脂,检查轴距,根据情况进行半轴换位,紧固半轴凸缘螺栓、螺母,紧固轮胎螺栓、螺母和制动器螺栓、螺母,制动凸轮轴加注润滑脂。

②拆检主、副钢板弹簧、钢板销、支架和吊耳、夹子、骑马螺栓、螺丝母的的技术状况,加注润滑脂,进行复原安装和紧固。

③检查紧固油箱架螺栓、螺母,车厢挡板、后门挡板,车厢固定螺栓、螺母,挡泥板螺栓、螺母等。

④检查和紧固备胎架、工具箱。

(8)电气设备

①检查蓄电池电解液,加注电解液,加注蒸馏水并充电。电桩头涂凡士林,以防腐蚀。疏通盖上的通气孔,检查起动线路,紧固蓄电池支架。

②检查汽车全部电气设备的完好状况,检查调整喇叭、指示灯、制动灯、转向灯、大灯等以及电气仪表的工作状况。拆检、清理和润滑分电器,检验离心块弹簧拉力和真空调节器的工作情况,检验电容器和点火线圈和工作性能。

③检查、清理润滑发电机、调节器起动机,试验其工作性能,每行驶6000~8000km(可根据具体情况适当增减)进行二级维护时,必须对发电机、起动机解体进行预防性检查,消除隐患。

(9)轮胎部分

①清除胎纹里的石子等夹杂物,检查外胎有无鼓泡、脱层、裂伤、变形、老化等故障。

②拆卸轮胎,对轮辋进行除锈,检查内胎和垫带有无损伤或拆摺现象,按规定气压充气,进行轮胎翻边或换位。

③检查轮胎与翼板、车箱底板、钢板弹簧、挡泥板等有无摩擦碰刮现象。

(10)整车检验项目

检查汽车全部外表完好状况及油漆情况，检查车架有无裂缝、铆钉有无松动。检查制动系统工作效能及管路密封情况，检查转向系统的工作情况以及信号、照明设备的工作情况，按照全车润滑图中的规定检查润滑情况，如发现有故障或不合要求时，分别由有关工种及工位调整修理。进行汽车路试，倾听发动机在加速、减速时的运转情况，有无不正常的响声，底盘部分有无不正常的响声，在各种不同速度下试验制动器的制动性能，应无跑偏、震颤及制动不灵现象和不正常的响声，汽车停在陡坡上，将驻车制动器拉紧，应停住不动。路试一段距离后，检查变速器壳、后桥主减速器壳、各制动鼓等处是否过热。路试后，发现有不正常现象，应立即予以检查、调整、排除。

(二)场地维护管理方法

货物运输培训的场地应该按相关的要求配备足够的资源，按照科学、合理的方式设置培训场地。以下是一些较为科学的场地为大中型货车教练车提供服务的经营性教练场按照最低容纳100台大中型货车教练车计算经营性教练场规模并进行配置：

(1)为大中型货车教练车提供训练服务的经营性教练场，须包括倒车入库、桩考、通过单边桥等项必考科目。根据项目建设标准及配置数量要求，可得出以上项目面积为约33000m^2。

(2)提供大中型货车教练车驾驶培训服务的，训练道路长度不少于8000m，可得出道路面积为28000m^2。

(3)经营性教练场还应提供停车场，总面积应满足全部训练车辆同时停放的要求，故停车场面积为4375m^2

(4)上述三项累加，可得出大中型客、货教练车场面积约为：33000 + 28000 + 4375 = 65375m^2。因此，每台大中型货车教练车占用面积约为:65000/100 = 650m^2。

(5)经营性教练场根据建设情况确定场地利用率，其中平原地区系数取位大于0.6，丘陵地区系数取值大于1.4，经营性教练场应有适当的绿化，项目之间设置安全隔离带并配备相应的办公场地、教练员(学员)休息场地等。大型经营性教练场按照训练场面积10%计算，约为6500m^2。

综合所述，可得出大中型货车教练车经营性教练场的总面积不少于7万m^2。

以上是根据一定的测算所作的场地规划要求，为参与学习的教练员提供了一个具体范本进行参考。

第二节　对危险货物运输人员从业资格培训教学场地和专用教学设备进行维护和调试

一、危险货物运输人员从业资格培训的基本内容

危险品运输人员从业资格分为三类，即：道路危险货物运输驾驶人员从业资格；道路危

险货物运输押运人员从业资格；道路危险货物运输装卸管理人员从业资格。

危险货物运输从业资格培训学习的内容包括：

（一）道路危险货物运输驾驶人员从业资格学习的内容

掌握道路危险货物运输的相关法规常识；掌握常见危险货物的分类和相关特性；了解道路危险货物运输包装常识；掌握道路危险货物运输车辆基本要求；熟悉常见危险货物应急处理措施。

（二）道路危险货物运输押运人员从业资格学习的内容

掌握道路危险货物运输的相关法规常识；掌握常见危险货物的分类和相关特性；掌握道路危险货物运输包装常识和押运安全知识；了解危险货物装卸基本常识；了解道路危险货物运输车辆基本要求；熟悉常见危险货物应急处理措施。

（三）道路危险货物运输装卸管理人员从业资格学习的内容

了解道路危险货物运输的相关法规常识；掌握常见危险货物的分类和相关特性；掌握道路危险货物运输包装常识和装卸安全知识；了解道路危险货物运输车辆基本要求；熟悉常见危险货物应急处理措施。

二、危险货物运输人员从业资格培训的场地与设备配置要求

（一）教学场地

由于危险货物与普通货物相比较，其最大特点是危险性，即能够引起重大事故的发生，致人重伤、死亡或使公私财产受到重大损失，直接关系公共安全。危险货物运输是一切道路运输活动中最具危险性的运输行为，其行为和后果直接关系到公共安全、社会公共秩序、生态环境保护、人身健康和人民生命财产安全。根据《中华人民共和国行政许可法》第十二条关于设定行政许可和国务院制定的《危险化学品安全普理条例》第三十七条规定，要求对危险化学品运输企业对驾驶员、船员、装卸管理人员、押运人员进行有关安全知识培训；驾驶员、船员、装卸管理人员、押运人员必须掌握危险化学品的安全知识，并经所在地设区的市级人民政府交通部门考核合格（船员经海事管理机构考核合格），取得上岗证方可上岗作业。基于上述原因，充分考虑道路运输驾驶员的职业特性、专业要求和高危性等，对道路运输从业人员的从业资格培训，根据培训内容划分为道路客货运输驾驶员和道路危险货物运输驾驶员从业资格培训。

在这里，必须明确的是道路运输驾驶员是指已取得机动车驾驶证，专业从事营业性道路旅客运输、营业性道路货物运输和道路危险货物运输的驾驶员。由于其从事的职业与道路交通安全及人民生命财产安全息息相关。因此，对道路运箱驾驶员的从业资格培训的要求更为严格，对其专业从事道路运输驾驶员从业资格培训经营者也就提出更高的要求。

对于危险品运输从业人员从业资格的培训无论在场地还是设备都有具体的要求，详细可见《机动车驾驶员培训教练场技术要求》（GB/T 30341—2013）的规定；以下是对场地道路的要求：

（1）训练道路应按《公路工程技术标准》（JTG B01—2014）的要求建设。

(2)单车道训练道路的路基路面按不低于四级公路建设，行车道宽度不小于3.5m（不提供大型客车、牵引车、城市公交车、中型客车和大型货车等车型驾驶培训服务的，行车道宽度不小于3.25m），圆曲线半径不小于30m。

(3)双车道训练道路的路基路面按不低于三级公路建设，行车道宽度不小于6.5m（不提供大型客车、牵引车、城市公交车、中型客车和大型货车等车型驾驶培训服务的，行车道宽度不小于6.0m），圆曲线半径不小于65m。

(4)除训练项目路段外，容易发生积雪或冰冻情形的场内道路坡度应不大于3.5%，其他地区场内道路坡度应不大于6%。

(5)训练道路应充分利用地形，形成多种复杂的路型、路况。并行的训练道路之间应设置安全隔离设施。

(6)训练道路应形成多条道路相互联通的循环路线网，增加路线交叉点和汇合点。应设置符合CJJ 152—2010要求的十字形、T字形、环形及模拟道路与铁路交叉口等道路交叉口至少各一个，也可设置互通式立体交叉。

(7)办公、教学和生活设施

应当按照开办驾校的有关规定配有相应的办公、教学和生活用房；为租用者提供相应的食堂、寄宿生宿舍和学员休息室等。

(8)维护服务设施

应当配备与其训练规模相适应的维修车间、加油站（或加油车）、车辆外部清洗设备等。

另外，危险品运输从业人员从业资格培训还需要配备危险品化学品实验室和相应的专用场地。

(二)教学设备

鉴于道路运输驾驶员从业资格培训是一种职业培训。因此，承担道路运输驾驶员从业资格培训的机构必须是具有与其培训业务相适应的专业机构，即首先应当是普通机动车驾驶员培训机构，其次必须具备与其道路客货运输驾驶员从业资格培训相适应的相应培训车型的客货运输教学车辆。即必须同时具备与培训业务相适应的大型客车、城市公交车、中型客车、小型汽车（含小型自动挡汽车）四种培训车型中的一种和通用货车半挂车（牵引车）、大型货车等两种培训车型的一种。从事危险货物运输从业资格培训的，必须具备与道路危险货物运输驾驶员从业资格培训相适应的通用货车半挂车（牵引车）、大型货车等培训车型。

对于教学设施、设备方面，根据交通行业标准《机动车驾驶员培训教练场技术要求》（GB/T 30341—2013），关于机动车驾驶员培训机构需要设置的教学设施、设备要求如下：学员人均使用教室面积不小于1.2m^2，理论教室面积不少于50m^2。具备计算机单机或网络教学系统，满足运行多媒体理论教学软件和记录学时的要求。机动车驾驶员培训机构应使用多媒体软件进行理论教学。多媒体教学软件的内容应满足教学大纲的要求，并具有集文字、图片、声音、动画、视频为一体的功能。尤其对于危险品运输方面需要在普通货车驾驶培训要求的基础上增加特定的教学教学设施设备；具体的教学设施设备如表3-3-2-1所示：

危险品货物运输教学场地及设备一览表　　表 3-3-2-1

序　号	(场地)设备名称	序　号	(场地)设备名称
1	危险化学品实验室(车辆专用场地)	7	行业 GPS 监控系统
2	GPS 或红外线桩考试仪	8	危险品常见包装容器模型
3	车载 GPS 监控系统	9	危险品运输车辆、危险货物品名挂图
4	汽车驾驶模拟器	10	医学救护器材
5	常见危险化学品样本	11	危险品运输车辆专用设备(防火星)
6	汽/柴油运输罐车快速阀门组仿真模型	12	危险品安全卡

注:部分设施设备根据所在地区管理部门具体要求配置

教学车辆是机动车驾驶培训的专用的核心教学设备,也是主要的驾驶培训设备;因此,对于危险品运输从业人员的培训,在教学车辆方面的要求也较为严格。按有关规定要求有必要的教学车辆。这里的"必要"具有两层含义:

其一是关于教练车配置。要求配备足够数量的与危险品运输驾驶员从业资格相适应的通用货车半挂车(牵引车)、大型货车等培训车型;

其二是关于车辆技术性能与设施配置的要求。教练车技术状况应当符合《机动车安全运行技术条件》(GB 7258—2012);并根据《营运车辆技术等级划分和评定要求》(JT/T 198—2004),技术等级达到二级车以上技术条件。装置副后视镜、副制动踏板、灭火器及其他安全防护装置,具有教练车统一标识。技术参数满足:通用货车半挂车(牵引车)车长不小于12m;大型货车车长不小于6m;其他教练车的技术参数由省道路运输管理机构具体规定。

另外,驾校还应该编制危险品货物运输教学设备相关项目检查登记表,对教学设施、设备进行有效的管理。

三、危险货物运输人员从业资格培训场地与设备维护管理制度

为了加强教学设施设备的管理,提高考训场地的利用率,保证训练或考试的安全,杜绝事故,特制定本制度,对危险品运输从业人员培训的场地与设备应建立相应的管理制度。制度的建立应包含以下内容:

(1)对教练场地的教学设施设备建立登记台账、档案;

(2)教练场地管理,坚持"以人为本、安全为天"的安全管理原则,教练场地实行封闭管理,休息区教练场地设立分隔实施。配备消防设施设备及紧急救护药品和设备;

(3)设立专门的场地管理员工作岗位,明确场地管理员职责;

(4)防火、防盗管理及责任落实;

(5)训场地内的训练设施设备损坏后的报修管理规定,其中严禁非专业人员修理教学设施设备,设施设备在经过修理后,管理人员应对其性能进行检测,并将检测结果向设施设备部报告;

(6)教练场设施的使用情况登记记录规定,(如:路机标线、标志牌、标志杆、标志墩、单边桥、限宽门、连续障碍、龙门骨架吊杆等)。

(7)设施设备部对考训场地月度检查规定;明确所有设施设备的数量、性能、维护情况、

使用情况等做出准确记录。

(8)对专用的危险品样板建立专门台账,并按要求配备安全卡;

(9)应具有建立训练场地教学设施设备的文字和电子档案;档案应包括设备购置发票的复印件、技术参数复印件、保修卡、教练场地平面图、场地使用证明,科目设置明细等。

四、危险货物运输人员从业资格培训场地与设备维护、调试与管理方法

危险货物运输人员从业资格培训场地与设备维护、调试与管理应该结合驾校实际情况制定相应的管理方法;在制定管理办法中应注意以下几点:

(1)教练员要充分掌握场地使用标准化管理的有关知识,实操设备和有关实验用品使用的注意事项;

(2)根据相关管理规定对综合性场地布置应结合平时实际使用,做出相应的评价;尤其对常用场地维护方案的制定应结合平时使用发生的各类问题或事故进行论证;

(3)对特殊危险性器材或物品的维护和使用,必须制定相应的操作规程;能进行建档管理;

(4)掌握场地专用设备应急处理方法以及安全操作规程的制定方法;

(5)能在技术改造和应用革新上提出自己的新理念、新方法;

(6)对各类设施、设备的功能性、安全性及维修价值能根据法律法规要求进行定期评估。

此外,教练员必须配合驾校按照设施、设备管理的规定维护,经常保持完好状态,具体办法如下:

常规维护:教练员在使用后,或者在操作间歇时间内,对使用的场地和设备进行维护和目测检查为主的维护作业;

一级维护:每月第一周组织进行,对场地进行巡检,检查各种设施完整性,对部分物件进行清洁维护,对一些机械部件进行润滑等作业;

二级维护:对场地相应的标识、标线恢复原貌,对实操用品进行更换或补充,对部分机械部件进行拆检。

参考文献

[1]中华人民共和国人力资源和社会保障部,中华人民共和国交通运输部.国家职业技能标准:机动车驾驶教练员[M].北京:人民交通出版社,2011.

[2]全国汽车驾驶员培训统编教材编委会.汽车驾驶员培训教材[M].北京:人民交通出版社,1997.

[3]北京中德安驾科技发展有限公司,人民交通出版社.安全驾驶的引路人[M].北京:人民交通出版社,2006.

[4]中华人民共和国交通部.安全驾驶从这里开始[M].北京:人民交通出版社,2005.

[5]云南省交通厅公路运输管理局.云南省机动车驾驶教练员培训教材[M].昆明:云南民族出版社,2005.

[6]中国道路运输协会.怎样当好教练员/机动车驾驶教练员培训教材[M].北京:人民交通出版社,2014.

[7]本书编写组.机动车驾驶培训教练员从业资格培训教材[M].北京:人民交通出版社,2014.

参考文献